日本銀行・通貨調節・公益性

日本銀行・通貨調節・公益性

金本位制から管理通貨制への経験と理論

深井英五

書肆心水

本書について

本書は日本銀行第十三代総裁深井英五の左記四著作から抄録して構成したものである。

・『新訂　通貨調節論』一九三八年、日本評論社刊行
・『人物と思想』一九三九年、日本評論社刊行
・『金本位制離脱後の通貨政策〔増補〕』一九四〇年、千倉書房刊行
・『回顧七十年』一九四一年、岩波書店刊行

ⅠからⅢの各部は各々独立したものであるので、どこから読んでも不都合はない。
『回顧七十年』の章番号は削除した（章番号による参照指示は適宜文言を調整した）。

目次

新訂　通貨調節論（抄）

Ⅲ　経　験

回顧七十年（抄）

*

日本銀行・通貨調節・公益性

——金本位制から管理通貨制への経験と理論

本書での表記について

一、本書では左記のように表記の現代化をはかっている。

一、現代仮名遣いで表記した。

一、新字体漢字（標準字体）で表記した。「聯亙劃輯丼」の各字は現代一般に使われる同義の「連亘画集並」におきかえ、「著」は「着」と同義の場合後者におきかえた（例、著手→着手）。

一、送り仮名を現代的に加減して統一した。ただし読みが幾通りか考えられる場合はそれを避けた（例、直《じき／じか／すぐ》に、向《むい／むき／むかっ》て、等）。

一、現在平仮名表記のほうが一般的である語を平仮名で表記した。

一、片仮名語と当て字は現代最も普通の表記に変更したものがある。

一、句読点と中黒点を（相互に）調整したところが多少ある。

一、踊り字は「々」のみを使用し、そのほかのものは文字におきかえた。二の字点は「々」におきかえた。

一、表記の揺れを統一的に整理したものがある（例、恢復→回復）。

一、敬礼の欠字は省いた。

一、書肆心水による注記は、文中では〔　〕で括り、段落を変える長い記述の場合は※印を以て示した。

I 導入

貨幣経済上の認識整理（講演）

経済的国力の実体

世界的に見ても、又日本の問題についても、財政経済の状態の変遷するに伴い、貨幣経済上に往々起る所の錯覚により、或いは観測を誤り、或いは徒らに議論を紛糾せしむることがあるように思われます。錯覚と云うのは言い過ぎであるかも知れませぬが、少なくとも認識の茫漠たるものがある。これを整理して認識を明らかにして置くことが望ましい。

第一には、近頃世間の財政経済に関する論議を見ますと、どうも国力と通貨とを同一視しているのではないかと思われるものが多々あります。或いは同一視とまで行かなくとも、国力は専ら通貨の勘定を以て測定することが出来ると考えているのではないかという疑いを生ずるのであります。これはいやしくも経済原論をお学びになった方に申す必要もないことでありますが、通貨は国富もしくは国力ではありません。経済的国力の実体は物資もしくは物資を生産する所の力であります。通貨はその物資を反映する所のものであると申しても宜しいでありましょう。或いは物資又は労務に対する要求権であるというような学問的な言い方をしても宜いのであります。とにかく国富もしくは国力の実体は通貨の外に存するのであって、通貨そのものが国富もしくは国力でないということは経済原論の上において明白であります。通貨は要求権でありますから、個人の立場においては、通貨を持っていれば、それに依って物資を獲得することが出来ます。他の周囲の人の上に支配を及ぼすことが出来る。周囲から物を獲得することが出来る。でありますから、個人の立場においては大概の場合において通貨と富とを同一視して宜しいようであります。しかしながら一方の人が周囲から獲得するならば、周囲においてそれだけの物が減るのであります。凡ての人の要求権が増加して物資生産の増加がこれに伴わなければ、各人が一定量の通貨によって獲得、享受し得る富の平均量は減少するのであります。故に一国もしくは一社会を単位として考える時には、通貨は国富もしくは国力ということは出来ないはずと思います。

勿論通貨が金もしくは銀の如く、それ自身において価値を持っている所の素材を以て構成されておりますならば、それだけは国富であります。対外的に要求権もしくは購買力として役に立つから国の力であります。けれども近頃の実情におきまして通貨の大部分を構成するものは、金銀の如くそれ自身において価値を持っているものではないのでありますから、この問題は種々複雑なる研究を要すると思いますが、今日の実際を考えるには、通貨が金銀たる場合をしばらく度外に置いても宜しかろうと思います。

通貨を国富と考える習慣

只今述べました如く、通貨は国富もしくは国力ではありませんが、貨幣経済が円滑に行われている場合、通貨の状態が健全である場合には、通貨があたかも国富もしくは国力の実体であるが如き働きをなすのであります。通貨の状態が健全であるというのは、必ずしも正貨準備が多いとか、通貨流通高に対する準備の割合が豊富であるとかいうことに依るのではありません。一国、一社会における物資生産力と通貨流通高と金融機能との間に妥当の関係が保たれていることを意味するのであります。さようの状態下においては、通貨もしくは資金を以て物を買わんとすれば、大概買えないことはない。又その値段も常に高低はありますけれども、大いに桁外れに動揺することはなくして、ほぼ一定の水準にある所の相場を以て、自由に物を買うことが出来る。いわゆる「浮世の沙汰はかね次第」というような諺が出て来るのは、そこにあると思います。それが貨幣経済の円滑に行われる状態でありまして、世界全体に付いて見れば、十九世紀の中頃から二十世紀初頭の大戦争に至るまではそういう状態が続いておったのであります。日本も明治十九年〔1886〕に、銀本位制度と言っても宜しかろうと思う所の制度が確立しました。以来世界戦争〔第一次世界大戦〕に至るまでの間はそういう状態であったのであります。その間、明治三十年〔1897〕において銀本位が金本位に変りましたけれども、貨幣経済が円滑に行われるということは変りはなかったのであります。世界全体も、又その一部たる日本も、只今申しますように貨幣経済が円滑に行われておりましたものですから、経済原論に遡って、通貨は国富もしくは国力の実体にあらずというようなことを考える必要はほとんどなかった。学界においては常にこの問題が考えられていたのでありましょう。いやしくも経済原論を説く人にして、その事を言わなかったはずはないと思いますが、社会の実際においては、そういうことを考えなくても済んだのであります。その数十年の間続いた所の状態に依って自ら考え方の習慣が出来た。その習慣を脱却することは実情が変っても中々難しい。それが今日世界においても、又日本においても、種々の問題が紛糾し、認識が茫漠として無用なる論争が起るゆえんであると思います。

金本位制下における通貨と国富

十九世紀の中頃から世界戦争までは金本位制度の広く施行された時代でありますが、金本位制度の場合には金の外に金の有り高よりもなお多く通貨がいわゆる兌換券の形を以て発行されております。しかしてその兌換券は金と同様の作用をなし来たったのであります。これが数十年の間続いた状態でありまして、その間は通貨の勘定を以て国富もしくは国力を測定して大概差支えがなかったのであります。如何にしてさような状態が出現したかと云うに、金本位制を維持するためには通貨の発行を自ら妥当の程度に制限しなければならない。金本位制は請求に応じて紙幣と金とを自由に交換するものでありますから、いつでも請求があれば金を渡すことの出来るようにして置かなければなりません。それには金の保有を多くすることが一方の途でありますが、金を獲得する力に限りがありますから、他方に通貨の発行を妥当に抑制しなければなりません。必ずしも正貨準備に比例すべきではありませんが、正貨準備と見合って相当の量以上に通貨を発行することは出来ないのであります。それで自然に通貨の発行が制限される。しかるが故に通貨の発行が、その国その社会の実体と離れて大変に多くなるということはなかったのであります。それで先程申しましたような通貨と国富もしくは国力の実体とを同一視したるが如き観測をなしても差支えない、即ち貨幣経済の円滑に行われる状態が出来たのであります。

資金調達の難易

そういう状態の下においては資金を調達することは楽に出来ません。通貨の発行が制限されておりますから、何千万円、何億円の資金を調達せんとすれば、中々の難事であります。しかしながら資金が出来た上は――ここに何千万円何億円の資金を握った以上は、それを以て欲する所の、必要とする所の物資又は労力を獲得することにはほとんど故障がなかったのであります。しかるに、金本位制度離脱の後は最早や金本位を維持するために通貨の発行を制限するという必要はなくなったのであります。経済的に影響の及ぶ所を考えますならば、全く無制限に通貨を幾ら発行しても宜しいとは誰も考えなかったのでありましょう。しかし金本位を維持するために必要なるが故に通貨の発行を制限するといえばはっきり分るが、瓢箪鯰で捉え難い所の経済上の影響を、しかも将来に起るべき影響を考えて、通貨の発行を適度に制限するというようなことは中々分りにくいことでありますから、目前の便宜に重きを置いて通貨の発行を多くするように傾くのは自然の勢いであります。金本位を維持するために通貨の発行を制限するという必要はなくなった後にも、法制上において通貨の発行に厳重の制限を加えている国もありますが、我が国においてはそういう制限は法制上にないのであります。よく新聞に、日本銀行の限内発行、限外発行ということが出て来ますので何か日本における通貨発行の上に限度があるが如く聞えるのでありますが、法律を読んで見れば直ぐに分りますように、日本の法制においては限度がないのであります。唯、或る境を超えて発行の条件が異なるというだけでありまして、これより以上発行してはならないという限度はないのであります。

かくの如く金本位を離脱し、法制上における通貨発行の限度がないという状態においては、通貨の発行権を運用する所の当局が通貨を発行しようと思えば、幾らでも出来るのであります。随ってその力を用いさえすれば、資金の調達は極めて楽なことになって来たのであります。先に金本位制の下においては資金を調達することが困難であったのであります。しかし資金を一旦調達した上は、それに依って物資を獲得することが楽に出来たのであります。今は資金を拵えることは楽に出来る。しかしながら資金が出来ても必要なる物資を獲得して所定の計画を実行することは必ずしも出来ない。こういう状態に変って来ているのであります。例えば、中央銀行の通貨発行権を使って国債を発行すれば、巨大の予算も楽に組める。或いは生産力の拡充のために資金を要する場合に、これを預金の蓄積せられたる金融資力に依るか、或いは株式、社債を公衆から募集して調達せんとすれば、種々なる困難があるのでありますが、ここにもまた通貨の発行権を使えば楽に出来るのであります。この方面には、我が国の実際を申しますと、政府の国債の如くに通貨の発行権が今まで多く使われているのではありませんが、もし必要があって、生産拡充のためにどうしても資金を拵えようと思えば、そうして通貨の発行権を使おうと思えば楽にこれも出来るのであります。その代り、その資金を作っても、その上、要る所の物を獲得し、労務を支配し、所定の計画を実行するという段階に至って困難を感じ、これを突破して実行することを第二段に考えなければならない。その二段目において困難がある。その他、経済上の影響が直ぐには現れませんけれども、漸次に広きに亘って現れる。これを考えなければならない。こういう複雑なる事態になったのでありまして、昔の如く、資金さえ調達すれば、それで万事が差支えなく進むという訳には行かなくなったのであります。即ち通貨の勘定のみを以て国力を測ることは出来なくなったのであります。

生産力と通貨との関係

今までは貨幣制度の方面から考えて参りましたが、これを我が国の生産力の方面から見ますと、なおよく分るだろうと思います。世界戦争後におきましては、戦争中に開発せられたる所の生産力が、軍需品の需要の減退したために余裕を生じたのであります。生産力はあっても、これを使う途がないという状態になったのであります。これは世界共通の状態でありまして、我が国もまたこれに漏れなかったのであります。そういう場合には通貨の発行を多くして、消費を盛んにして物資の需要を刺戟すれば、存在して眠っている所の生産力が活動し出しますから、通貨の発行が増加しても貨幣経済の円滑なる運行を妨げないのであります。通貨の発行の増加に伴って生産の増加があるから差支えない。むしろ通貨の増発が生産力を刺戟し、生産を多くして、多くの人に職業を与え、又事業の利潤を多くするに因り、社会一般の福祉に益したのであります。それが我が国においては金解禁の失敗、金再禁止の後、昭和七年〔1932〕から昭和十年〔1935〕に至るまでの間の状態であった。或いは昭和十一年〔1936〕もその方に入れても宜いかも知れん。昭和十一年〔1936〕は事態がすこぶる複雑になりまして、来たらんとする物資不足の方の時期に入るべきか、或いは前の物資生産力余裕の時期に入るべきか、意見の相異を免れないでしょうが、昭和十年〔1935〕までは明白に物資生産力余裕の時代であります。その時分においては金解禁中の通貨収縮を訂正して徐々に進行した所の通貨の増発が余裕ある生産力を刺戟し、貨幣経済を円滑にしたのであります。貨幣経済の円滑なる進行を妨げざるのみならず、産業の発達、社会一般の福祉の増進に役立ったと私は思います。その時の情勢から生じた所の考え方が、最近に至るまで社会人心を支配しておったようでありますが、実際の状態は既に変化しました。昭和十二年〔1937〕後半季からは物資不足の状態が明らかになりました。昭和七年〔1932〕から昭和十年〔1935〕に至るまでと、十二年〔1937〕以後とは正反対の状態になったのであります。ここで考え方を改めなければならない。もし前の状態に即して出来た所の考え方に固着しているならば、これは錯覚と言っても宜いのではないかと思いますが、錯覚というような言葉を避ければ、どうか検討を細かにして認識を明らかにしたいと思うのであります。

資金の予算と物資の予算

物資余裕の時においては資金さえ出来れば、それで計画は進んだのでありますから、財政上においても経済上においても問題は資金が幾ら出来るか、と云うことに重きを置いたのであります。満洲の開発をするにどれだけの資金が要る、それだけの資金は果して出来るかどうか。支那事変が起りましてからは、この時局を一年やって行くのにどれだけの資金が要るか、どれだけの資金が出来るか。長期戦争に入れば、どれだけの資金の用意をしなければならないか、これが果して出来るか。問題はそういう風に資金にからんで起ったのであります。昭和十一年〔1936〕の或る時から、昭和十二年〔1937〕以後においては疑いもなく、物資不足の状態に変っているのに、問題は依然として資金に即しておったのであります。所が段々進んで行くと、資金が調達されても、計画は必ずしも実行され得ないということが判りつつあるのであります。資金の調達で問題が解決すると思われた時には、なぜもっと大胆に資金を支出しないかと云う非難が財政当局者に対して起りました。それで昭和十一年〔1936〕以降におきましては資金の調達は随分思い切ってやることとなりました。しかるに生産力の状態は既に変っている。そこへ大予算を以て臨むのだから、資金の調達が出来ただけで問題は解決しない。ここに資金の予算の外に物の予算が必要だということが起って来たのであります。財政当局が物の予算の必要なる事を初めて言われました時には、世間は格別その深刻なる意義を感じなかったようでありますが、今日においては物資の予算の方が資金の予算よりも一層重要であるということが先ず社会一般に認められたようであります。この頃もなお資金は幾ら出来るかということを主たる問題にする人がないではありませんが、一般的に物の予算、物の計画に重きを置くことになったことは明白でありまして、それだけ認識が妥当になったのであります。もしくはなりつつあるのであります。しかしそこをもう一層深く考えて、経済原論にまで遡って明らかにして置く方が今の場合一層望ましいのではないかとこう思いまして、高等学府の諸君の注意を促すのであります。こういうことで学問が実際の役に立つのだろうと思うのであります。

消費節約の必要

既に物資不足の状態が現れたとすれば、消費の節約はやむを得ざる所であります。通貨の発行、資金の繰り廻しによって事業を経営し、生活を向上せしめ得たのは、生産力の余裕を背景としたためでありまして、通貨もしくは資金に魔力があるのではありません。資金の増加を以て物資の不足を補うことは出来ない。常識的に達観すれば、明白な話で、一方に消費する所が多ければ、他方にどうしても窮屈を負担しなければならない。生産力をその間に殖やすことが出来れば、そういうことがなくて済むけれども、生産力の伸びることに限りがあるとすれば、それを越えて一方に消費が殖えれば、他方ではどうしてもその窮屈を忍ばなければならないということは明白であります。しかるにそこに通貨という一つの瓢箪鯰のようなものが入って来るものですから、認識の明瞭を欠くことになるのだろうと思います。マーケット・オペレーションがどうであるとか、金融の事情がどうであるとか、証券市場がどうであるとか、公債政策、通貨政策の実行に当る人は無論そういうことを細かに知っておらなければなりませんけれども、大勢観察をする上には、そういうことに囚われない方が宜しい。一軒の家に付いて考えて見れば明白であります。火事で家が焼けた、或いは大病人のために、多くの費用を使った。その場合に資産に綽々たる余裕のある家は宜しいのでありますが、先ずかつかつに生活している家でそういうことが起ったならば、どうしても他の方の費用を節減するの外はないのであります。借金ということはありますけれども、しばらくそれを別にすれば、そういう臨時の入用があった時には、経常費の方を節約しなければならないということは明白なのであります。個人は借金によって入用なる物資の獲得を多くすることが出来ますが、一国の場合においては、内国債は政府の資金を豊富にするだけで、政府はそれによって必要の物資を獲得するけれども、必ずしも全国の物資が多くなるのでないから、どこかで不足を感ずることになるのであります。通貨の発行により資金を調達することは多々益々弁ずるかも知れませぬが、それで国力の実体に対する錯覚を起こしてはならない。急切なる必要のために或る方面に物資を多く需要するならば、他の方面に窮屈を生ずるのやむを得ざることを覚悟して大局に善処しなければなりません。

生産力の拡充

そこで、物資が不足であるならば生産力の拡充をすれば宜いじゃないかという人があります。出来るだけ生産力の拡充に尽力邁進しなければならんということは申すまでもありませんが、生産力なるものは天然の限りがあるのであります。遠い将来に亘っては無限と考えることも出来ましょうが、或る時期においてはどうしても限りがあることを免れないのであります。出来るだけ生産力の拡充に努めなければならないが、そう手軽に生産力の拡充が出来るものではないのであります。昭和七年〔1932〕から十年〔1935〕までは余裕ある潜在的生産力を発揮したから拡充が容易に出来たので、そう云う状態を何時でも期待することは出来ない。生産力を拡充するためには既存の物資及び労力を使わなければならない。それに依って既存の物資及び労力より以上の物が出来るにあらざれば、社会の福祉を増す訳には参らないのであります。余裕のあるときには単なる好奇心を満足させるために、多くの労力、多くの物資を使ってわずかな物を造っても宜しいでありましょう。又どうしても或る目的を達するために、例えば戦争を遂行するために是非或る物を必要とするならば、そういう物を造るためには多くの努力と多くの物資を使って、わずかな物を造り出すということもやむを得ない。しかしながら既に生産力の余裕のないときに強いて生産力を拡充せんとすれば、必要とする所のものは出来ても、一般の生活は甚だ窮屈になるということを覚悟しなければならない。これが消費の節約を必要とするゆえんであります。資金さえあれば物は買える、生産力の拡充も出来ると云う錯覚を清算して、国力の実体を直視し、これに応ずる深刻の覚悟を定めなければならないのであります。通貨を発行して金融資本を作って、ここに何億円の社債の発行が出来たとしてもそれで必ずしも実益ある生産力の増加にはならない。拡充資金は出来ても、拡充のために要する資材及び労力が欠乏するかも知れない。特殊の理由に依って必要とする所の物を生産するためには、犠牲を忍んでも努力しなければなりませんが、生産力の不足は生産力の拡充に依って解決すれば宜いじゃないかというような簡単なることには行かないのであります。

物資輸入の限界

そこで今度は、物資不足にして生産力の拡充が容易に出来ないならば、外国から輸入すれば宜いじゃないか、こういうことを言う人があります。ここにおいて対外購買力なるものに付いてもまた錯覚があるのではないかという疑いを生ずるのであります。少なくとも認識を一層明白にして置かねばならぬ点があるように思われます。即ち外国から物を買うに何か神秘的の作用があるように思っている人が多いようでありますが、ここにもまた貨幣の作用が介在し、それが我が貨幣と外国の貨幣とに跨がり、為替の手続が複雑を極むる故に、取引の実体を明瞭に認識し得ないのであろうと思われます。さすればこれを貨幣経済上の第二の錯覚と申しても宜しいでしょう。さきに申しました大勢を達観するには余り細かい手続に囚われない方が宜いと申したことがここにも適用されるのであります。外国から物を買うには為替の作用を経由する場合が多いので、能く分らないが何かその方面において力を発揮すべき余地があるのではないかというような感じを生ずるのであります。しかし外国から物を輸入するのに、何等そういう神秘的な作用のあるべきはずがありません。為替取引などということをしばらく念頭から去って、物を買うには対価を要するという簡単な事理に立脚して考えれば直に明瞭になると思います。要するに、外国から物を買うのには、我が輸出貿易に依るのが第一であります。輸出貿易という中にはいわゆる眼に見えざる貿易ということも私は含んで申す積りであります。即ち労務の提供に依って外国から受取勘定を生ずるものを輸出貿易という内に含めて申しているのであります。外国に物を売ってその代金を以て物を買うのであります。先ずその外に手段はないと申しても宜しいのであります。ただ細かに分けますれば、現在外国に売る物もしくは外国に提供する所の労務に依らずとも、外国に蓄積された所の我が資力を利用するということもあります。又国内の金を現送するという方法もあります。もう一つは外国から借金をすることである。先ずこれだけの極《きま》り切った手段の外に何等神秘的の手段はない、又あるべきはずはないのであります。これ等のものも元に戻して見れば、我が生産力に依って出来るのであります。輸出が生産力に依ることは申すまでもありません。国際収支の計算においては普通に金と外のものとを区別して勘定を立てますけれども、我が国に産出する所の金を輸出するということは、他の物資を輸出するのと同じであります。それから外国に蓄積されたる資力、又は国内産金以外に我が国に蓄積されている金というものは何に依って出来たかといえば、それが外債に依るものにあらざる限り、或る時期において輸出貿易が盛んになって、その代金として受取ったものでありますから、色々な形はありますけれども、結局我が輸出によって輸入をする外はない。輸出は我が方の生産力と先方の需要とに依存しますから、結局生産力の問題を離れません。これは一般的に考えれば明白なことで疑いはないと思うのでありますが、為替作用の複雑なるがために一種の錯覚を生じているかの如くに思われます。外国で借金をすれば輸出に依らずして輸入が出来ます。内国債では一国の物資を豊富にする訳に行かぬが、外国債ならば物資輸入の資源となるから、覿面に一国の物資を豊富にする。しかしながら外債は相手方たる貸手の意向によることですから、我が方の自由にはなりません。

錯覚を生じた事情

もっとも我が国の実情において只今申しました如き錯覚を生じた事情の諒とすべきものもあるのであります。我が国は日清戦争以後最近に至るまで、世界大戦争中の数年間を別として、数十年間種々なる形において外債を続け、それに依って産業開発の資金、もしくは戦争をする資金を調達し来たったのであります。日露戦争の如きは主として外債に依ってしたのであります。その後の経済界の発達、もしくは大地震後の復興、そういうようなものも外債に依ることが多かった。これを貿易の上に付いて見れば、外債と物資の輸入というものが向合って来ているのであります。これを二つ並べて見ればすこぶる明白でありますけれども、時は必ずしも同じでない。物資の輸入をする時は必ずしも外債を募集する時ではない。物資を輸入する人は必ずしも外債を起こす人でない。その関係がいわゆる毛抜合せに明白には出来ておりません。それを為替作用で結び付けているのです。それで実際は外国から借金をして物を買っておったのでありますが、その関係が覿面直接でないが故に、外債ということを忘れて外国から物を買う力が為替の作用で何処からか神秘的に出て来ると思う。為替作用で手品が出来ると思う。輸入超過を何十年続けて来た、それでどうにかやって来た、今後もどうにかやって行けないことはなかろう。こういうような感じの起ったのも必ずしも無理ではないと思います。

なお日本は外債に依って国の発達をやっておりました時に、在外正貨もしくは在外資金という方法を利用した。それは向うで借りた資金をば金として現送し来たらずして、資金のままで向うに置いたのであります。現送して持って来ることは出来ないことはありませんけれども、なるべくならばそういうことをしない方が向うで資金を借りるのに都合が宜しい。又持って来てもどうせ輸入代金として払うのだから、向うで借りた資金は向うにそのまま置いて輸入超過のために外国に支払を要する時は、国内にある所の正貨準備を減らして行く前に、その在外正貨もしくは在外資金を先ず以て使ったのであります。これは性質上日本銀行の週報に載らないのであります。外の色々な勘定科目の中に入っておりますけれども、在外資金の有高としては公表されない。それで大輸入超過をしても、一向日本銀行の正貨準備は影響を受けない。そういうことがしばしばあったのであります。何で輸入超過を決済したかということが一般の人には分らない。ここに何か神秘的の力があるが如くに思うようになったことも、その理由は想像出来るのであります。しかしながら我が国の在外資金は概して外債の結果として出来たので、別に神秘的の作用のあるべきはずはないのであります。この錯覚を早く清算しなければならない。国内だけの財政経済は、通貨の発行で一時を無理に過ごすことも出来ますが、外国から物を買うには国内通貨の発行では役に立たない。この点に付いて早く認識を明白にしませんと、とんだ所で大変な見込違いを生ずるのではないかと思います。我が輸出を殖やすか、外国から資金を借りる外に外国から物を買う途を殖やす方法はない。こういうと、子供の講釈みたいになりますが、どうにかなるだろうということで行くのは果して安全でありますか。ここに考えを廻らさなければならない。

貯蓄奨励と金利の問題

それで輸出を増進するためにはどうしても内地の生産原価を安くしなければならない。そのためには内地において消費を節約しなければならない。又外国から物を買う問題を別と致しましても前に申しました如く、国が或る方面に向って大いに物資を要する、これを消費せざるを得ぬという場合においては、生産力をその方に向けるために他の方面においては出来るだけ物資の節約をしなければならないということも明白であると思うのであります。これもつい近頃までは一般消費節約不必要論というものが大分あったのでありますが、この頃は通貨と生産力に関する認識の整理されるに伴い、消費節約の一つの形としまして貯蓄奨励、貯金奨励というものが盛んに行われるようになりました。これはまことに妥当のことと思われますが、ここに又貯金奨励に関連して再検討を要する一点があります。それは即ち金利の問題であります。

今日の貯蓄奨励は国策の遂行に貢献する精神運動に関連しているには違いありませぬが、これを献金運動とせずして貯蓄奨励とする以上は、その効果をなるべく多く発揮するために経済上の事情もまた相当考慮に入るべきではないかと私は思います。私は今金利引上を考えているのではありませんが、現在我が国の金利は従前に比し既に随分低くなっているのですから、この上なお低金利を無条件に、ほとんど道徳的に善事とするが如き感想について再検討を要するのではないかと思うのであります。

最近数年間金利の低下と云うことが、我が国財政経済政策の一要項となりました。今日まではそれが妥当であったに相違ない。又それによって著しき効果を挙げて来たのであります。しかしながら事情の如何に関せず、只一途に低金利を促進せんとするのは、これまた通貨を国富と考え、資金さえ出来れば宜しいと云う気分の現れではないかと思います。そうすると、ここにもまた貨幣経済上の錯覚が幾分交っているようにも考えられます。資金を調達するだけで諸般の実行が差支えなく出来るならば、その資金の調達が低利に出来るだけ結構であります。しかしながら資金調達の上になお物資の調達と云う問題があるならば、物資と資金との均衡を保つことも考えなければなりませぬ。同じ資金でも通貨の増発によって出来るのと、国民の蓄積によって出来るのとは、物資に対する関係が大いに違います。そうすると、金利の問題もすこぶる複雑になるのであります。

我が国金利の変遷

元来我が国は過去においては大変な高金利の国でありました。つい数年前まで産業資金は健全確実なる事業でも七分ないし八分の金利を負担し、一割以上の金利を負担していた所の事業も少なくない。六分という時代が余程多かったのであります。欧米の主要国に比しても大いに高いのでありますし、又産業の実情を見ましても、それでは産業が困難であるに違いないのであります。国債利子のために国庫の負担も嵩みます。そういう時代が続いたものですから、只一途に低金利を望むべきものとするような観念が発生したのでしょう。しかるに昭和七年〔1932〕以来、日本の金利は急激に低下致しました。それは主として政府の政策に依ると申しても宜しいのであります。その詳しい事情はここに述べるいとまがありませぬが、預金は大銀行の定期の協定利率なるものが三分三厘となりました。産業資金は社債の発行が四分一厘、四分二厘或いは四分三厘という所で出来るのであります。外国に比するに商業手形の割引率は日本の方がまだ大分高いけれども、産業資金、固定する所の事業資金は欧米諸国に比しても格別高い方ではなくなりました。最も金利の安い国に比すればまだ高いようでありますけれども、大した差はないのであります。最早産業が金利の重圧のために苦しむという実情ではないと思われます。国債の利廻りは一時六分以上になったこともあるが、この頃では三分五厘を少しく超えるのみであります。もとより産業発達のためから言えば金利の安い程宜いのでありますが、産業資金を拵うがために資金の蓄積に俟つということでありますならば、資金を蓄積するものに相当の利廻りを与えると云うことも考えなければなりませぬ。それでなければ産業資金が出来ない。そうすると産業発達のためにも望ましくない事態を生ずるのであります。通貨の発行に依って産業資金を拵おうと考えれば資金の蓄積を俟つにも及ばないことになりますが、そうすると結局は資金と物との均衡を失し、資金があっても物が自由に買えないと云うことになり、貨幣経済の円滑を害する惧れを生じます。通貨の増発によらざる資金の蓄積はその半面に消費の節約を伴いますから、節約されたる物資を他に流用し得ることとなる。さようの資金蓄積を奨励するには相当の利廻を必要とすると云う関係になるのであります。又国が国債を多く必要とする場合にその利子の出来るだけ低きことを望むべきは勿論でありますが、今日の国債利子は既に随分低くなっているのでありまするし、他方出来るだけ国債の消化も図らなければなりませんから、国債の利子を一般経済事情に適合せしむるように考えなければなりますまい。国債消化のために預金利子だけを引下げたらどうかと云う説もあるようですが、現在の金利で金融機関に集まる所の預金を以て比較的順調に国債消化が行われているのですから、当分推移を見ていても宜しいのではないかと思われます。

社会問題としての金利政策

以上は金利を経済上の問題として考えたのでありますが、これを社会上及び道徳上の問題として見れば一層複雑になります。利息は富める者を利益するように見える。金を貸すというのだから何か大変富める者のように見え、金を借りるというから大変貧しい憐れな者であるように考えられる。それで利息の低下ということは社会的、道徳的に望ましいものであるというような感じがあるのであろうと思います。高利貸というような者にはそれが当てはまるでありましょう。欧洲の中世において聖徒トーマス・アクィナスが金貸しを攻撃されたのは経済学史上有名なことでありますが、その対象として考えた金貸しや我が国の高利貸しと、今日の金融業者というものは大変に違うのであります。今の金融業者、即ち何々銀行、何々信託会社、何々保険会社と言えば石造りの大きな建物を立てて如何にも有力なものに見えますし、又実際有力でありますが、しかし自己の資金を以て大金融業を営んでいる者は今はほとんどないのであります。そこに集まる所の資金は多数の人の資金でありまして、それは蓄積もしくは何かの理由に依って預けている。大銀行といえどもその預金者の名前を見、金額を見るならば、その平均は余程小さいものになっているのでありまして、社会の広い方面からの細かく分れたる所の資金が集まってここに金融業の基を成すのでありますから、その利息は窮極何処へ行くかといえば、多数の人に分れて行くのであります。郵便貯金、貯蓄銀行まで入れれば益々零細なる資金に分かれるのであります。そうして巨額の資金を借りて使っている人々は商工業等に従事する有力者に多いのであります。預金者を窮極の債権者として見るならば、今日の実情においては、債務者の方が債権者より社会上の有力者であると云っても宜しい位であります。高利貸しに対する制裁や、真に同情すべき債務者に対する施設は別に考えることとして、一般金利の問題をこれと混合することなく、預金者等に相当の利子を与えることは社会問題としても考慮すべきことを記憶し、資金蓄積、国債消化等の経済問題と併せて、時々の事情に応じ適切の解決を図ることが望ましいと思うのであります。

通貨に対する信用の維持

もう一つ、金利政策上において考慮すべきことは通貨に対する信用維持の問題であります。貨幣経済が円滑に運行しているときには通貨に対する信用と云う如きことは、世間の問題にもならず、各人にも自覚されない。それが信用の完全に維持されている状態なのであります。その動揺の依って起る経路は、歴史上種々の例がありますが、必ずしも貨幣制度上の変化によるものではありませぬ。貨幣制度なるものは、一般大衆には明らかに認識されない場合がむしろ多いのです。只物価が急激に暴騰を続けるか、又は資金を持っていても物が自由に買えないと云う体験を生ずるときには、通貨又は通貨勘定の資産を持っているのは不安ではないかと云う感情を生ずる。これが通貨に対する信用動揺の端緒であります。しかしてこれと同時に、通貨勘定の資産より生ずる所得、即ち金利が余りに僅少であるならば、右の不安は一層増大することを免れますまい。通貨に対する信用の動揺が金利の低下のみによって起ると云うことはないでしょうが、他の原因と結び合うときには、その勢いを激成するでしょう。故にこの点から見ても、低金利促進を望ましいとするのは、その時の事情によることで、決して無条件でないことを記憶しなければなりませぬ。私は今我が国において如何なる金利水準を妥当とすべきやについて何等の結論をも提供するのではありませぬが、只金利問題の複雑性に注意を惹き、これに対して考慮すべき廉々を列挙したのであります。

結語

要するに、第一に国力の実体、第二には対外購買力、第三には金利政策に関し、貨幣経済上より起る所の錯覚を清算し、もしくは漠然たる認識を明瞭に整理することが、今日の場合特に必要ではないかと思われますので、その理義を検討して御参考に供したのであります。私の所論には、通貨、金融等に即する政策及び施設を軽視するかのように聞えた節があったかも知れませぬが、それは私の本意でありませぬ。いやしくも貨幣経済が行われている以上はそれ等の政策施設の重要なることは申すまでもありませぬ。只その中間的作用に衒惑され、その効果を過重視して、一層奥にある経済の本体を閑却してはならぬと云うことを強調したいのであります。

（昭和十三年〔1938〕六月三十日早稲田大学における講演）〔『人物と思想』所収〕

日本銀行の国債引受と財政経済（講演）

　国債の発行は何れの時においても財政経済と重要の関係をもつものでありますが、現在の我が国においてはその関係が殊に濃厚であると思います。一般時局の重大なるがためでもありますが、国債の発行が日本銀行引受の方法によってなされることが、その財政経済との関係を一層微妙重要ならしめる理由であると思います。

普通の国債募集

　しかるに国債の大部分を、現在の我が国の如く発券銀行の引受によって発行すると云うことは、従来何れの国においても余り例のないことであります。それで普通に経済学の教科書等で教えられることは端的直接に現在の事態に当て嵌まらない点があります。根本の理義の淵源する所は一に帰するのでありまして、私は従来の経済学が破産したと云うような見方には賛同いたしませぬ。只実情の変化に応じて適用を異にするのでありますます。私が今日御参考に供したいと思うことは、国債発行と財政経済との関係につき、普通に経済学が教える所の理義を発券銀行引受の場合に適用するに過ぎませぬが、いささか体験によって得る所もありますので、専ら外部からの観察による帰納、演繹の結果を待つよりもいくらか近道であるかも知れないと思うのであります。

　従来の例によりますと、最も普通なる国債発行の方法は募集であります。応募者は金融機関を主とすることもあり、広く法人、個人に及ぶこともあり、又一般に応募者を求むることもあり、特別に応募者たるべき方面に向て相談することもありますが、要するに発券銀行の通貨発行権を直接に使用せずして、国民のどの方面にか既に已《すで》に存在する所の応募力を利用するものであります。経済学の教科書では、概して国債は募集さるべきものと前提して、その影響等を説明しているようです。しかるにその前提が違って来たから、端的に実際には当て嵌まらないのであります。理義の変化ではない。前提の変化であります。その変化したる前提から根本の理義を辿って新たなる適用を演繹するのが活きた学問であろうと私は信ずるのであります。

国債発行の普通の方法は、発券銀行の通貨発行権を直接に使用せずして公衆の応募を求めるのでありますが、その応募を容易ならしめんがために、発券銀行が金融市場を調整することはしばしば行われる手段であります。そのためには幾分か通貨発行権を使用することもあります。それ故に私は直接に通貨発行権を使用せずと申したので、全くこれを使用せずと云うのではありませぬ。又募集の成績が充分でない場合に、発券銀行がその一部を引受けることもあります。これを金融市場の用語では背負込みと云うのであります。この場合には、発券銀行の通貨発行権が直接に国債発行のために使用されるに違いありませぬが、根本の建前は募集で発券銀行は概してその小部分を引受くるに過ぎませぬから、そのため格別大なる影響は起りませぬ。又戦争等のために財政が行き詰り、国債に対する信用が失墜した場合に、発券銀行が必要なる国債の全部又は大部分を引受け、且つ保有した例も少なくありませぬ。この場合における通貨に対する影響は政府紙幣の濫発に類似するものであります。以上の如く、募集を建前とする国債の発行、及び財政行詰りの結果たる発券銀行の国債引受については、経済学の教科書等に実例及び解説が挙げてあります。多少見解の差異はあっても、大体において通念が出来ているようです。

我が国最近の国債発行方法

しかるに昭和七年〔1932〕以来の我が国の実情はその何れにも該当しない。それだのに、前提の事実を異にする所の通念を以て手取り早く片付けようとするから、或いは不可解だと云ったり、或いは認識の錯誤を生ずるのであろうと思います。現在我が国における国債発行の方法は、募集を建前とするものではありませぬ。

主として日本銀行の通貨発行権を直接に使用するのであります。しかしながらそれは財政行詰りの結果だと云うべきではありませぬ。只一応日本銀行をして引受けしむると云う趣旨でありまして、日本銀行は国債を引受けてこれを保有するのでなく、一旦引受けた所の国債を金融機関その他国民一般へ売却するのでありま す。その売却の出来ることをこの頃の言葉で国債の消化と云うのであります。その消化が今日に至るまで実際順調に出来ております、即ち国債に対する信用は維持されております。それだから決して財政の行詰りではありませぬ。通貨発行権を使用して国債を発行するから、これ即ち財政の行詰りだと一足飛びに結論するのは、前提の差異を顧みずして概念に囚われたものであります。一旦引受けて置いてこれを売ると云う所に我が国債発行方法の特色があり、それが正に実行されて来たのだから、この事実を前提として理義を明らかにしなければならないのであります。

そこで、如何なる事情の下に、この国債発行方法が案出されたかと云うに、いわゆる金解禁の末期及び昭和六年〔1931〕十二月における金輸出再禁止の直後、我が国は一時金融梗塞の状態に陥りました。これは解禁に伴う為替思惑のために約六億円の正貨流出があったことを主たる原因とするものであります。我が国の主たる通貨たる日本銀行券発行高について云えば、解禁の前年たる昭和四年〔1929〕の平均十二億六千七百万円より昭和六年〔1931〕の平均十億四千四百万円に下りました。通貨の収縮が金融梗塞の一原因でありました。他方金解禁に伴ういわゆる緊粛政策のために、国民の消費は減退し、世界戦争後拡張発達に向いたる諸種の生産設備はその全能力を発揮すべき機会を得ずして財界は萎靡に陥ったのであります。この時において、最早金本位制維持のために緊粛政策を続ける必要がなくなっていたから、通貨を増発して金融の梗塞を解き、一般購買力の増加と産業の運転疏通を図ることが望ましかったのであります。しかしながら萎靡せる財界においては妥当なる資金の需要が容易に起りませぬ。相手を選ばなければ借手はいくらでもありますが、日本銀行はむやみに資金を放出する訳に参りませぬ。この情勢とあたかも時を同じくして、昭和六年〔1931〕九月に満洲事件が起りたる結果として政府は国債発行により資金を調達するの必要に迫られました。金融梗塞の時でありますから、募集は全く不可能でもないが、すこぶる困難でありました。ここにおいて日本銀行が国債を引受ければ、政府は必要なる資金を楽に調達することが出来ますし、政府がこれを使用し、撒布するに随い、通貨の発行が増加して金融の梗塞も解ける。一般購買力も増加し、必要なる産業資金の疏通も出来て、財界回復の端緒も開ける。即ち一挙両得の策でありました。しかして金融梗塞の解けるまでは日本銀行で引受けた国債を買おうと云うものもなし、日本銀行の方で売ろうともせず、随って通貨の発行が政府資金の撒布によって増加して行ったのであります。昭和七年〔1932〕の年末に近づき金融は著しく緩和し、一時懸念された年末資金の手当も順調に早く出来たので、金融界において余剰資金を以て日本銀行から国債を買受けんとする気分が発生しました。日本銀行はこれに向い、市場の一般状況と買受希望者の金繰の模様を察しながらボツボツ国債を売り出しました。これが世間で謂う所のマーケット・オペレーションなるものでありますその後この方法による国債の発行及び売却は引続いて行われ、今日に至っております。日本銀行の国債引受により政府に提供せられたる資金が政府の支出により撒布せられ、通貨発行高は増加に傾く。それで産業資金その他諸取引のために生ずる通貨の需要を充たし、なお余りあるときは金融界に遊資を生じ、それが日本銀行からの国債買受に向けられるときは、通貨発行高は減少に傾く。この作用が程好く連続したるが故に、金融は緩和し、産業資金の供給は豊かになり、その間産業の利潤による預金の増加も伴うが故に金融は益々緩和したのであります。さりとて、日本銀行の国債売却による通貨収縮の途もあるが故に、金融市場に過度の遊資を残すこともなく、通貨発行高は経済上の需要を充たす程度に徐々増加したるのみにて甚だしき膨脹を起すに至らなかったのです。

昭和十二年〔1937〕に支那事件の起りました後は一挙にして数十億円の経費増大を来たすことになりましたから、これを支弁するために国債を一般公衆から募集すると云うことでありましたならば、恐らくは多大の困難を感じたでありましょう。もし又大事変の生起したる後において特に国債の発行方法を変更し、日本銀行の引受にいたしましたならば、或いは財政行詰りの結果ではないかと云う疑いを生じ、国債の信用を害したかも知れませぬ。しかるに昭和七年〔1932〕、最も適当なる情勢の下においてこの方法が採用せられ、既に国債発行の常識の如くなっていた時に支那事件が起りましたので、毫も内外の視聴を驚かすことなく、すこぶる自然にこの方法を続行するだけで済みましたのは、まことに仕合せであると思います。

我が国の内国債は昭和六年〔1931〕末の四十八億円から昭和十三年〔1938〕七月末の百三十二億円に増加しております。即ちその間に八十四億円の純発行があったのです。その発行の内には募集されたものも幾分ありますが、大部分は日本銀行の引受によったものであります。同期間日本銀行の国債所有高は二億五千九百万円から十二億千二百万円に増加しております。即ち増加額は約九億五千万円でありまして、基本の計数に対しては随分巨額の増加でありますが、国債増加額八十四億円に対して見れば一割一分強に過ぎませぬ。即ち日本銀行の引受けたる国債の大部分は消化されているのであります。又銀行券の発行高は昭和六年〔1931〕の平均十億四千四百万円から昭和十三年〔1938〕七月末の二十億四千二百万円に増加しております。この比較は大勢達観に便利な方法を以てしましたので、増加額九億九千八百万円が国債所有高の増加に極めて近いのはむしろ偶然の一致であります。その間に精確なる函数的の関係がある訳ではありませぬが、とにかく大体において国債所有高の増加が通貨発行高増加の主たる原因となっているのであります。この通貨発行高の増加も生産及び諸取引の増加に照らして見れば、決して甚だしき膨脹と云うべきではありませぬ。日本銀行引受の方法による国債の発行は今日までの処、大体において当初所期の目的を達しております。即ち財政上所要資金はこれによりて調達せられ、国民はそのために当面大なる苦痛を感ずることなく、産業はこれに伴って振興して来たのであります。

日本銀行引受の妙味

国債発行技術上の問題としてこの方法の妙味は、政府資金の撒布が国債の消化に先立つと云う点にあります。募集の方法によれば、先ず金融市場及び一般国民から資金を吸い上げるのであります。随って既に資金の余裕があるときでなければ楽に出来ませぬ。財政上の必要から強いてこれを行えば、国民が苦痛を感ずるのであります。かくして吸い上げられたる資金を政府が使用して撒布すれば、それは国民に戻りますけれども、その中間において金融市場及び一般国民は窮屈を感ずるのであります。しかるに日本銀行引受の方法によりて国債を発行すれば、発行の時において国民から資金を吸い上げるのではなく、日本銀行が通貨発行権を使用し、新たに資金を造って政府に提供する。政府がこれを使用すればそれだけ国民の間における資金が殖える。その資金は、もし経済上の取引のため必要ならば、その方に使用されて輾々するであろうし、その必要を充たしてなお余りがあれば、そこに資金の余裕を生じて国債の消化に向けられる。その中間において金融は緩和に傾く。国債の発行が資金の余裕を作り、それが経済活動の増進と国債消化との両方面に向けられるのであります。かくの如く資金の余裕を作ることが連続して行われるならば、金融の大勢は緩慢に向い、経済上の資金需要が急激に増加するか、又は国債の信用を害するかの原因がない限り、国債消化も順調に行われ、通貨の状態も妥当に維持されるのであります。

国債発行は概して金融を引締むる原因と考えられております。しかるに昭和七年〔1932〕以後における我が国債の発行が金融を緩和する原因となったので、それを以て従来の経済学が当てにならないと云うことの例にする人もあります。しかしながら国債の発行が金融引締の原因となるのは、募集を前提とするからであります。元来国債の発行を募集に限ると限定すべき謂われはありませぬ。只従来募集が普通であったから経済学はこれを前提してその影響を推論したに過ぎませぬ。前提の事実が変れば、その事実に即して経済上の根本的理義に遡り解説を求むべきであります。それが経済学の進展拡充であると私は考えております。

警戒を要する諸点

発券銀行の国債引受には、右の如き便宜があります。最近我が国の実情においては、それが顕著なる好成績を挙げております。しからば従来何れの国においても国債の発行をなるべく募集の方法に依ろうとしたのは智慧の足りない努力であったか。発券銀行引受の方法を以てすれば、何処でも、何時までも、国債の発行によって財政経済を楽に処理することが出来るであろうか。それが可能である如く考える人もあるようですが、それは慎重なる検討を要することであります。発券銀行の国債引受が好成績を挙げ得るや否やはその時の一般国情、殊に経済状態によるのであります。又その影響について警戒を要する点もあるのであります。

国債の発行によって政費を支弁するのは、現在の国家経営の負担を将来に残すものでありまして、国運の発展を引当てとする意味においては差支えないが、程度によりて禍いの種を残すことになるかも知れませぬ。発券銀行引受の場合にもそれを考慮に入るべきは申すまでもありませぬが、これは発行方法の如何にかかわらずして起る所の問題でありますから、今日はこれに論及いたしませぬ。これから特に発券銀行引受の場合について注意すべき点を御話いたします。

発券銀行の国債引受は当面の財政計画を遂行するにはすこぶる便宜でありまして、飛躍的経綸を行わんとする場合には最も適当でありましょう。只財政と国力とを調和せしむる見地よりすれば現在これを考量すべき規準がほとんど無くなる。そこに警戒を要する点を生ずるのであります。租税又は国債の公募によりて政費を支弁することを建前といたしますならば、増税のために国民が苦痛を感ずる、又国債の募集が段々困難になる。もとより国民の覚悟如何によりて大いに可能の程度を異にするのでありますけれども、その苦痛と困難とを察して国力を考量せざるを得ないのであります。しかるに発券銀行引受の方法を以て国債を発行すれば、当面国民には何等の苦痛を与えず、経済界に何等の窮屈を感ぜしめずして済むのでありますから、直接に国力を測定すべき途がありませぬ。例えば、巨額の予算が一挙にして成立する。もしそれが租税及び募集国債を財源とするものでありましたならば、国力及び国民の覚悟の象徴として深甚の意義を看取すべきであります。しかしながらその財源の大部分が発券銀行の国債引受によるものでありましたならば、国民は当面それによって何等の苦痛も窮屈も受けないのでありますから、他の方面からの考察を加えずして単に予算成立の事だけを以て直にこれを国力の象徴と看做すことは当らないのであります。飛躍的国家経綸の途上において、焦眉の急に対処するためには、当面有効の手段を利用するに遅疑すべきではありませぬ。支那事件に当り、日本銀行の国債引受と云う便法が我が国経済上の常識の如くになっていたことは好都合でありましたが、長期計画の万全を期するためには国情及び事理を正当に認識して冷静の判断に立脚することが望ましいと考えます。

国債消化と通貨の状態

次に注意すべきは国債消化の問題であります。昭和七年〔1932〕以来我が国に行われて来た発券銀行の国債引受なるものは、一旦引受けた国債が売却されると云う所に特徴があり、妙味があるのでありますから、もしその売行が止まって国債が消化されないと云うことになりますならば、単純に財政の必要のために通貨を増発する場合に似た結果を生ずるでありましょう。その結果が如何なるものであるかは従来普通に経済学の教うる所であります。これまた焦眉の急に応ずるためにやむを得ない場合のあることは覚悟して置かなければなりませぬ。国家焦眉の急に応ずるは何よりも重しとしなければなりませぬ。世界戦争中甚だしく通貨の増発を行った国の財政及び通貨政策を苛烈に排撃した経済学者もありましたが、私は当時よりしてそれ等の学者の着眼の偏狭なることを幾度か指摘したことがあります。只当面通貨増発のやむを得ざる場合においても将来の影響を考慮してなるべく後害を少なくするように努むべきは云うまでもありませぬ。又国家全体の方向を決するに当り、この点も考慮に入れて軽重を察すべきであろうと思います。しかるが故に国債の消化が望ましいと云われるのであります。

しかしながら国債の不消化及びその結果たる通貨の増発が少しでも起れば、直にそれを大いに憂慮すべきこととして騒ぎ立てるのは神経過敏と云わなければなりますまい。程度によっては、必ずしも憂慮すべき結果を生ずるものではありませぬ。只それが累積重畳して甚だしきに至らざるように注意を要するのであります。又国債不消化の原因が何にあるかにより、その影響も同一でありませぬ。正当なる経済活動の増進により資金及び通貨の需要が多くなり、国債発行による政府の撒布資金がその方に向けられ、それで日本銀行における国債の売却が少なくなるのならば、それは国債の不消化であり、その結果として通貨の増発となりますけれども、さようの場合には日本銀行の貸出により通貨が増発せらるべき情勢にあるのでありまして、貸出増加の代りに国債保有の増加を以てしたと云うことに帰着いたします。発券銀行国債引受によりて放出される資金は、経済界の資金疏通にも向けられ、国債消化にも向けられる。そこに妙味があるとも云われるのであります。経済活動の増進に伴う相当程度の通貨増発は、増発ではありますが、通貨の状態を悪化したと云うべきではありませぬ。只他に正当なる資金の需要があるためでなく、国債その物を嫌う気分を生じ、それによって国債の不消化が起りますならば、その結果は憂慮すべきものとなるのであります。

国債消化の見透しと云うことがこの頃しばしば問題にされるようですが、これは何時まで、又は何百億円までは差支えないと云うように極《き》めることは出来ない問題だと思います。国家全体の行動、外交方針、財政計画、租税の制度、生産消費の状態、一般通貨政策、為替政策、物価政策等によって影響され、財界及び一般国民の精神にも大いに関係のある事柄でありまして、諸方面よりなるべく国債消化に都合好き施設をなし、実勢の推移を見て善処するの外はないと思います。漫然無限の可能性あるが如く安心すべきではありませぬが、今日までの処、憂慮すべき意味における行詰りの徴候はないようであります。

国債消化と金利政策

国債消化に関連する方面のすこぶる広いことは只今申しました通りでありまして、今日一々これに論及する訳に参りませぬが、その内の一点についてここに御注意を惹き起して置きたいと思います。それは金利の問題であります。国債消化のために低金利を必要とすると云うのが最近数年間における通論でありました。日本銀行国債引受の方法が始めて実行された頃には実情に即した考え方でありまして、数年間その方向に進んで来たのであります。しかして今後も更にその方針を強化すべしと云う意見がありますが、低金利が現在の処まで進んだ上において、これを強化するのが果して国債消化に好都合なるや否や、私はこれを疑問とするのであります。現在国債の消化は金融界の国債買受及び預金部の国債投資によるものが大部分でありまして、金融界も、預金部も、預金者があってはじめて国債に向ける資金が出来るのであります。金融界が預金利子と国債利子との間に得る利鞘は僅少でありますけれども、預金の増加に伴う薄利多業主義で国債を保有しているのが大金融業者の実情であります。それで今日まで国債の消化が出来ているのです。今日は国債利子を更に低下すべしと云う意見は格別多く聞えませぬ。金利低下と云うのは主として預金利子の低下を意味するようです。その結果貸出利率が下がって産業を利益するし、預金利子と国債利子との利鞘が大きくなるから金融界の国債保有も多くなるだろうと云うのが、低金利強化説の趣旨のようであります。一応もっとものように聞えますが、この上預金利子を低下せしめては預金の安定性を害しはしないかと云うのが金融界の一部の懸念する所であります。そうなれば国債の買入も安心して出来なくなる訳であります。それ故に、自然の金利低下及び特別高利の訂正は別とし、政策的に金利水準の低下を更に促進することは最早大いに疑問とすべきものと思います。産業のためには金利の安いだけ宜しいに違いありませぬが、今日では数年前の如く産業が高金利に圧迫されると云うことはありませぬ。又郵便貯金は云うまでもなく、銀行預金も多数の預金者に分散し、その内には零細なるものがむしろ多いのでありますから、その利子を余りに低下することは社会政策の見地からもすこぶる考え物と思います。これ等の諸点を綜合して詳論する時間もありませぬから、今日は只御研究の題目を提供するに止めて置きます。

国債発行と生産力との関係

最後に私が強調力説したいのは国債発行と生産力との関係であります。この点において国債募集の場合と発券銀行引受による国債発行の場合とは大いに趣を異にするのであります。租税及び国債の募集による政府の収入は、国民の間に既に存在する所の資力即ち購買力を政府に移転するのであります。既存の資力は過去の経済活動の結果として出来ているのですから、購買力と生産力との間に自ら均衡が保たれている訳です。その購買力の一部が国民から政府へ移転されるのでありますから、その購買力によって消費される物資の種類には変化が起るであろうけれども、大体において購買力と生産力との均衡は破れない。しかるに発券銀行の引受による国債発行の場合には、既存の購買力が政府に移転されるにあらずして、発券銀行が通貨発行権を行使して新たに購買力を造り、これを政府に提供するのであります。普通の経済活動の範囲において発生する各人の購買力は物資又は労務の代償として獲得せられるのでありますから、これを綜合して全体の購買力が増加するときは、その半面においてこれに伴う生産力の増加がある訳です。それ故に購買力と生産力との均衡が保たれるのであります。しかるに発券銀行の創造する購買力は物資又は労務の代償として発生するのではなく、通貨発行権の発動によるものでありますから、必ずしも生産力の増加を伴わずして購買力の増加となるのであります。それ故に購買力と生産力との均衡を破るべき傾向を包蔵するのであります。政府が発券銀行より提供されたる購買力を使用して物資を消費すれば、国民の何れかの方面において漸次物資の欠乏を感ずるに至るべきはずであります。これを自然に放任すれば物価の騰貴によって生活が窮屈となります。統制を行えば物価の騰貴を抑えることは出来るが、元々物資が足りないのだから消費制限等の形を以て生活が窮屈となることを免れないのであります。発券銀行の国債引受によって政費を調達すれば、国民には納税の負担も殖えず、既存の資力を提供するにも及ばないので、差し向きは甚だ楽でありますけれども、結局物資の欠乏によって生活の窮屈を感ずるに至る。そこに国民の負担が生ずるのであります。個人でも、国家でも、大事を遂行するには負担なきを得ないと云うことを覚悟すべきであります。当面便利なる政費調達の方法あるが故に、負担なしに大事を遂行し得ると云うが如き錯覚に陥ることを避けなければならぬと思うのであります。

或いは、発券銀行引受の方法を以て国債を発行しても、それが消化されるならば、発券銀行の手許に国債が残らないから、募集の場合と同じ結果となる。随って消化の出来る間は発券銀行の引受でも特に心配するには及ばないと云う感想が生じているようです。通貨に対する関係においてはまことにその通りでありまして、消化の出来る間は通貨の増発となりませぬ。随って通貨の過度なる増発に伴う憂慮すべき事態は起りませぬ。しかしながら生産力に対する関係において、発券銀行の国債引受の影響は、それが消化されるときにも、必ずしも募集の場合と同様ではありませぬ。引受と同時に消化されるならば、それは募集の場合と全然同じ結果になりますが、さようのことが可能である程の国情であるならば、発券銀行の引受を待たずして簡単に募集すれば宜しい。募集よりも発券銀行引受の発行が楽に出来ると云うのは、政府の資金撒布が国債の消化に先立つからであります。その撒布する所の資金は発券銀行が新たに創造した購買力でありますから、それが輾々して国債の消化に向けられ、発券銀行に収納せられ、随って通貨の状態は国債引受のなかりし前に戻りましても、政府がその資金を使用する時において、新しき購買力を以て物資を消費したと云う事実は拭い去る訳に参りませぬ。それだけ購買力と生産力との均衡を破るべき傾向が発生しているのです。もし国債が消化されず、通貨が増発のままに残りましたならば、その不均衡の傾向は益々拡大するのであります。国債の消化はその拡大を抑えるのみでありまして、少なくとも一たび新しき購買力によって物資が消費せられたと云う事実は、儼として存在するのであります。これに伴う生産の増加がなければ物資欠乏に傾く筋合であります。この点において既存の購買力の移転たる国債の募集と趣を異にするのであります。

もっとも右は基本的の理義を解説したのでありまして、一国の生産力には大なる弾力性がありまするし、実際の事態は他の経済事情と結び合って起るのでありますから、発券銀行国債引受のある毎に、必ず直に物資の欠乏を来たすと考うべきではありませぬ。そう云う風に、基本的の理義を以て一本筋に実際を律せんとするのがいわゆる学究の弊と云われるのでしょう。しかしながら長期に亘る趨勢を観察し、見透しのある計画を立てんとするには、基本的の理義を会得してこれに考慮を払わなければなりますまい。現に我が国は日本銀行引受の方法を以て国債の発行を連続すること数年に及び、その消化が順調に行われて、通貨の状態には甚だしき変化を生じておりませぬけれども、漸次物資の不足を感じつつあるのであります。国家経綸のために大消費を必要とするときに、外債によりて外国の物資を使用するにあらざる限り、普通生活上に物資の節約を必要とし、窮屈を忍ぶのやむを得ざることは、常識的達観において明白であります。只複雑なる貨幣経済の過程において、発券銀行の国債引受と云うが如き便法あるが故に、或る期間は、その影響が痛切に感知されない。それでいささか呑気に過ごし来ったかの如くにも見えますが、貨幣経済上の理義に透徹すれば常識的達観と一致するのでありますから、今や深刻の覚悟を以て時局に対処すべきであります。

生産力の弾力性

只今生産力の弾力性と云うことを申しましたが、これは一般的に消費者側における需要及び生産者側における努力の強度によるものでありますけれども、通貨政策上これに影響を及ぼすべき余地もあります。しかして発券銀行の国債引受は財政上の便法たると同時に、通貨政策上の手段として生産力を刺戟するの妙用があります。前に述べました如く、我が国において金解禁及び再禁止の後生産力に余裕があって消費力がこれに伴わなかった。その時に発券銀行の国債引受が始まったのでありますが、その時における新しき購買力の創造は消費力不足による不均衡を訂正するものでありました。即ち余裕があって、眠っていた生産力が、購買力増加の刺戟によって活動したのであります。次いでその刺戟の連発と、為替相場の下落による輸出貿易の増進と、満洲事件を契機とする発奮とによりまして、既存の生産力の余裕が活動したばかりでなく、新たに生産力が拡大されて来たのであります。かくの如く生産力の弾力性が大いに発揮せられましたが故に、購買力の創造が連続しても不均衡を生ずることなく、財政も、経済も、順調に進行し、国民の生活も窮屈を感ずるどころではなく、大体において向上し得たのであります。即ち日本銀行の国債引受が今日まで好成績を挙げて来たのは、生産力の余裕及びその弾力性の大なる情勢に乗ったからであります。生産力の拡大は主として生産界における物的、人的の要素に依存するものでありますが、日本銀行の国債引受による購買力の創造によりこれを刺戟したこともまたその一因と申しても宜しいでしょう。そこに因果の関係もあります。今後も国を挙げて生産力の拡充に邁進すべきは勿論であります。我が国の生産力にはなお拡充の余地の多いことを信じますけれども、生産界における物的、人的要素の関係よりして、一時収穫逓減の傾向を呈することあるべきを考えて置かなければなりませぬ。収穫逓減は必ずしも拡充の行詰りではありませぬが、生産のために要する資材及び労力に比し、得る所の生産物の割合の減少することを意味するのであります。しかして消費の需要がこれにかかわらず進行すれば、どこかで窮屈を感ずることを免れないのであります。生産力の余裕があるか、又はその弾力性の大なるときは購買力の創造による刺戟が敏感に働きます。昭和七年〔1932〕以後の情勢はその適例でありました。しかるに、収穫逓減の傾向が現れたる後になおその刺戟を続けまするならば、刺戟の効果が少なくなります。さきには購買力の不足、生産力の余剰による不均衡を、日本銀行の国債引受によって訂正し来たったのでありますが、今後はそれと方向を異にして、購買力の増加、生産力収穫逓減によって起るべき不均衡について警戒を要する情勢に向わんとするのではないかと思われるのであります。しかして生産力の拡充は主として国家経綸のために必要なる方面に向わなければなりませぬから、他の方面において国民は一層深刻なる覚悟をなし、消費の節約又は生産への貢献に努めなければならないのであります。

経済原論の活用

日本銀行引受の方法による国債の発行は普通経済史上の事実を前提とせる考え方によって律することが出来なかったのでありますが、更にその今後の影響は最近過去の経過に囚われたる考え方を以て単純に見透すことも出来ませぬ。活眼を以て実勢の推移を直視し、根本の理義に立脚して、妥当の進路に就くことを心掛けるの外はないように思われるのであります。

通貨の発行に厳格なる制限ある貨幣制度の下においては、その制限の結果として購買力と生産力との間に概して均衡が保たれます。随って資金の調達さえ出来れば政策又は事業を遂行するに必要なる物資は蹤《つ》いて来ます。その代りに資金の調達は楽に出来ませぬ。如何にして資金を調達すべきかと云うことが主要の問題となります。制度上の制限の範囲において如何にして資金の疏通を図るべきかと云うことが通貨政策上主として苦心の存する所であります。しかるに現在の我が国の如く通貨の発行にほとんど制限と云うべきものなき貨幣制度の下においては、資金の調達は比較的楽に出来ます。日本銀行の国債引受もその一方法でありまするし、他に色々の手段もあります。しかしながら通貨発行の自由なる結果、購買力と生産力との間にややもすれば不均衡を生ぜんとする傾きがあります。随って資金の調達は出来ても、必要なる物資は必ずしも楽に蹤《つ》いて来ないことがあります。故に政策及び事業の計画は、もとより資金取引を介在するけれども、なおその上に生産界の物的、人的要素に着眼してその規模を考慮しなければなりませぬ。これが政府において資金の予算の外に物の予算を要すと云うことになったゆえんでありましょう。通貨政策上においても、資金の疏通は楽に出来るが、如何にして購買力と生産力との不均衡を防ぐべきかと云うことに苦心をしなければならぬことになったはずと思います。一般国民も、貨幣制度に変化ありしことを忘れて、資金がいくら出来るとか、国債の消化が順調であるとか、金融界が平穏であるとか云う如き資金上の問題にのみ没頭することなく、それだけで安心することなく、国情の観察にも、銘々の計画にも、生産力の消長を窮極の対象とするように考え方を転向すべきであります。そこに、国力の実体は資金にあらずして生産力にあると云う経済原論を活用すべき機会が生じましょう。日本銀行国債引受の意義もこの見地よりして始めて正当に理解せらるべきであろうと思うのであります。

（昭和十三年〔1938〕十一月四日京都帝国大学経済学部における特別講演）〔『人物と思想』所収〕

II 理論

金本位制離脱後の通貨政策〔増補〕（抄）

序

本書の大部分は、私が日本銀行の営業局長、理事、副総裁及び総裁として、昭和十二年〔1937〕二月までに見聞し、商量したことの記録である。しかしながら単なる回顧ではない。変転する時勢に応じ将来の参考として益する所あらんことを期した。又通貨政策に関係ある我が国及び主要外国の重要事実についてはだけ最近までの経過を挙げて置いた。

丁度十年前の昭和三年〔1928〕に『通貨調節論』が出版してあるから、本書はその後の経過に重きを置いた。しかしながら接続のために前へ遡った点もある。金解禁の論争中と、金解禁を振り返って見る時と、着眼において多少の差異なきを得ない。

『通貨調節論』においては理論、政策等と共に中央銀行業務の技術的方面をも解説したが、最早技術的方面で新たに加うべきものは少ないから、本書は特に注意を要する場合の外、専ら政策上の事項と、その背景たる国家、社会の情勢とを対象とした。

趣旨の一貫連続するものはある積りだが、論述の形式は殊更に体系を整えず、只通読の便宜のために節を分ち、節毎に一応のまとまりを付けた。事理と実歴とを自由に取り交えて、一般の帰趨を察し、当為の方向を考えるのが本書の行き方である。世界的潮流及び主要数国の特徴を処々に摘示したる上、最後に我が国金解禁の経緯並びにその後の推移をやや詳しく叙述した。なお金解禁及びその後の事実に就いて他日一層詳悉すべき機会があるかも知れない。

金本位制の回復が少なくとも当分実行の圏外に去りたる今日において、これを前提とせる旧慣に膠着するは徒らに凝滞、紛糾を醸すものであると同時に、その束縛なきに乗じて無節制、無軌道の目前主義に流れることもまた戒慎しなければなるまい。両端の間において如何なる心構えを以て通貨政策を行うべきかと云うことが本書の課題である。強いて規準を立て、四囲の情勢を顧みずしてこれを固守するは、私の採らざる所であるが、心構えは妥当に定めて置かねばならぬ。それには目前の便否、局部的の利害を偏重することなく、広汎なる得失を達観しなければならぬ。その参考として、通貨政策上広汎なる得失と云うべきものを検討するのが本書の目的である。

論旨の責任は総て私の執る所であるが、前日本銀行調査局長洪純一氏が資料を精査し、原稿の全部を通読して幾多の有益なる注意を与え、印刷校正の労を取られたることを感謝する。本書の作成は氏の共力に負う所が多い。

附録は既刊の旧稿にして、本篇の註釈となり得る点もある。殊に最初発表の時期に多少の意義があるから、ここに再録した。

昭和十三年〔1938〕五月九日

深井英五

新序

増版に際し「本書初刊後の時勢」と云う一文を加えて、世評に応酬し、表現を補修すると同時に、最近事実の意義を尋ね、思潮の変化を点検した。通貨政策上の見地は、主として物価の急騰を契機として世間関心の圏内に入り来たったものの如く、時勢の推移には本書の論旨と方向を一にするものもあり、その検討は将来を察するの一助となるかも知れない。本書と共に何かの参考として多少の益する所があれば幸いである。

昭和十五年〔1940〕五月二十日

深井英五

※『金本位制離脱後の通貨政策』全体の目次は次の通り――

本書初刊後の時勢

本書を公にしてから約二ヶ年を経て、その考察がいささか我が国経済上の事情及び思潮と接触を生じ来ったように思われる。それだけ時勢が変ったのであろう。

本書の狙いどころ

私は本書において、金本位制再建が現下実際問題の圏外に去った時において、通貨政策上の心構えを如何にすべきやを考えて見た。即ち新しき情勢に向て対応せんとしたのであるが、推論の道程において、金本位制の普及、崩潰、再建計企失敗等の歴史、並びに失敗後の主要国施設をやや詳しく述べてあるので、世間にはこれを単に過去の追慕と誤認する向きもあった。大体私の首肯し得る理解に立脚して本書を細評せる舞出長五郎教授は、これを時代の苦悩の表現と看做した。困難なる情勢の推移に対応する苦悩は現代の実相にして、教授はこれを意味したのであろうと思われるが、もし金本位制なきときにおいて強いてこれに近似する状態を保存せんとするの苦悩と解する人があるならば、それは大いに私の本旨と違うのである。金本位制の有無を超越して、貨幣経済に共通なるべき道理を探求し、これを現時の情勢に適用せんとするのが、私の試みる所であった。その適用について強いて固定の規準を立てんとするは早計なるが故に、先ず大体の心構えを如何にすべきやを考え、実勢の推移に資益する所あらんことを期したのである。金本位制の有無により、通貨政策が当面の目標とする所は同じきを得ないが、主として資金供与の操縦によって行わるる実行上の手段には大なる差異がない。その他貨幣経済に共通なるべき道理が、金本位制の下における様相の一部と軌を一にするもまた当然であろう。これに言及するのは、何の理由もなく金本位制への近似を希求するものではない。

通貨政策の二方面

通貨政策の目標には二つの方面がある。第一は資金の疏通及び調達を便にし、経済活動の進展を幇助することにして、第二は通貨の価値と信用とを維持し、経済活動の基礎を安固にすることである。金本位制の撤廃は資金の疏通及び調達のためにはすこぶる好都合であるが、通貨の価値と信用とを維持するためには、金本位制による自然の作用がなくなるから、通貨政策上の心構えにおいて一層慎重なる注意を要する。しかして通貨の価値と信用とを維持するには、通貨発行権による資金の供与と、生産力増進の可能性との間に妥当の均衡を保たなければならぬ。これが私の力説した要旨である。

上記両方面の要望を妥当に調合し、時々の緩急軽重に従って宜しきを得るのが通貨政策の要諦であることは如何なる制度にも共通なるべき道理と信ずる。只金本位制の下においては資金の疏通及び調達がすこぶる窮屈たることを免れない。例えば、一国生産力の余剰又はその増進の可能性が多大に存する場合でも、金本位制の下においては、その時、その国に金を産出し又はこれを獲得する力がなければ、一般生産力の利用又は増進に必要なる資金を妥当の程度に供与する訳に行かない。金本位制の束縛なき信用通貨を発行し得る制度の下においては、それが容易に出来る。これが金本位制の有無によって起る所の著しき差異である。通貨政策上の心構えとして資金供与と生産力との均衡に重きを置くのは、金本位制運用上の規準を離れて新面目を開かんとするものである。金本位制は兌換の可能性を維持せんがために通貨の発行を抑制するが故に、生産力を超越する方向に均衡を失することは稀有だが、生産力の余剰又は増大に対応する融通性が少ない。随って資金の供与が生産力方面よりの妥当なる需要に及ばざるの意味において均衡を失する。概言すれば、金本位制はこの弱点あるによって再建の失敗を招いたのである。随って金本位制の束縛を脱したる後の通貨政策はこの弱点の匡正を目標の一とすべきだと信ずる。

しかしながら信用通貨の発行権を以てする資金の供与が無節制に行わるるときは、一時は経済活動の殷賑飛躍を来たしても、生産力の増進がこれに伴わざるに至って、物価の変動及び消費財の不足により国民生活を窮屈にし、更に進んでは生産資財調達の不便により経済活動を不安にし、その進行を渋滞せしむることとなる。かくの如き事態を生ぜざるように工夫することもまた通貨政策の目標の一であらねばならぬ。甚だしき物価の変動は通貨の価値の動揺である。その動揺が甚だしければ通貨の信用にも影響を与える。そこで通貨の価値と信用とを維持することが通貨政策の目標となる。しかして通貨の価値と信用とを維持するには資金の供与と生産力との均衡を顧念して通貨発行権の行使に節制を加えることを必要とするのである。もっとも生産力の状態を目安として節制を加えると云うのは、金本位制の下において兌換の可能性を目安としたように明白の規準を以てする訳に行かない。その実行上に融通性が多いので、戒慎を要すると同時に緩急適応の妙味もある。通貨の作用は経済活動の一部にして、専ら通貨政策上の見地を以て経済活動の全部を左右することは期し難い。他の事情と妥当に調合し、これに影響を与うることを工夫するの外はない。殊に国家経営上緊切の時機に際会するときは、通貨政策上の見地を顧慮するのいとまなく、経済事情を超越して当面の必要に対応することも是認せらるべきである。只通貨政策上の基本的心構えとしては、通貨の価値と信用とを維持するの方面もまた決して閑却すべきでない。それが概して窮極国家の長計に貢献するゆえんである。私はこの点に世上の注意を惹かんことを欲したのである。しかるに本書初刊の頃まで、世間一般には専ら資金の疏通及び調達を便にする通貨政策が要望されていたので、その反面を省みた私の真意は仲々世間に透徹し得なかったように思われる。

通貨政策と生産力との関連

顧みるに、昭和六年〔1931〕十二月における我が国金本位制再離脱の直後には、その前金本位制の再建に着手して失敗に終りたる結果として、通貨収縮、金融梗塞の状態が著しく出現していた。随って資金の供与を寛にし、その疏通及び調達を便にすることが痛切に希求され、これに適応する所の通貨政策が実行された。類似の事情は概ね世界の主要国に共通であったが、遠からざる過去において通貨の状態の甚だしき動揺を体験せる諸国は、その再来を惧れて相当に節制の心構えを持続し、徹底せる趣旨の明らかに示されたものはないが、実際には中庸の通貨政策を行った。しかるに我が国においては右の如き体験の殷鑑とすべきものなかりしが故に、世間一般は金本位制の窮屈を脱却せる便利を喜び、通貨の価値と信用とを維持する方面への注意が稀薄であった。しかして当時我が国には、多年産業技術及び経営に励精せる結果として生産力の余剰及びその増進の可能性が豊富にあり、通貨政策の刺戟によってそれが利用されたから、数年間格別憂慮すべき徴候も現れなかった。その間財政上の所要が益々増大したので資金の供与に主力を注ぐ所の通貨政策は次第に歩を進めた。もとより通貨の価値と信用との維持を全く閑却したのではない。前記の如く憂慮すべき徴候の現れなかったのは、当局者の施為に因由する所もあるに違いない。只この方面に対する用意が濃厚でなかったのは当時の時勢のしからしめた所であろう。

　金本位制の再離脱を契機として出発した所の通貨政策は最近に至るまで著しき効果を挙げ、国民生活の向上、経済活動の進展、及び国家経営の遂行に資する所が多かった。私はこれを認めるに吝《やぶさ》かなるものではないが、只その順調なる情勢が無条件に何時までも続くであろうと云うが如き感想の広まりつつあるを見て、これに対して疑いを挟まざるを得なかった。本書及びその他の機会に私の発表した考察は多くこの点に触れているのである。通貨発行権の行使による資金供与の累増が通貨の価値と信用とに悪影響を及ぼすことなしに進行し得るのは、生産力との均衡を失せざることを条件とする。私はこの道理を推究したのである。我が国の生産力にはなお増進の余地が多くあるに違いない。永き将来に亘りて達観すれば無限と云い得るだろう。しかしながら或る時期を限りて見れば、生産力の増進は逓減の絶無を期し難い。増進の逓減と云うのは増進の停止でもなく、いわんや生産力の減退を意味するものではない。生産は依然増進を続けるであろうけれども新しき生産を得るために要する資材及び労力が益々多くなり、これに対する収穫率の漸次減少することを意味するのである。その状態に達した後に、物資の需要が生産力増進の容易なりしときの如く続行すれば、国民生活の上にも、経済活動の上にも窮屈を感ずることを免れない。この趨勢を緩和するために、通貨政策上出来るだけ物資の消費又は使用を抑制する方に梶を採ることが望ましいのである。その手段は、購買力の創造となるべき資金供与に節制を施すことである。もっとも国運伸張の機会において欠くべからざる経営は如何なる困難を冒してもこれが遂行を期せなければならぬ。これに力を注ぐためには一般の窮屈を忍ぶべきである。この場合に通貨政策もまた当面国家経営上の必要に順応すべきは云うまでもないが、それには挙国一致の徹底せる覚悟が伴わなければならぬ。しからずして、通貨政策上の軽便なる方法により資金を調達するの途さえあれば、それで諸般の経営を楽易に遂行し得べしとするが如き感想は、むしろ妥当なる覚悟を定むるの妨げとなるから、早くこれを一掃しなければなるまい。この分岐点への反省を促すのが私の心に画きたる目的の一であった。

物価対策と通貨政策

本書は上来要約せる所の趣旨を演述したのであるが、その執筆の時までに現れた我が国諸般の指標には、趨勢の察すべきものがあるだけで、従前に比し甚だしき変化もなかったから、その意義を検討するにはまだ早いと留保して置いた。しかるにその後経済情勢の推移やや急にして、昭和十四年〔1939〕以降物価の騰勢顕著に進み、物資需給の均衡を失せんとする徴候を呈し、国民生活も、経済活動も現実に窮屈を感ずるに至った。殊に甚だしく一般人心を刺戟したのは物価の急騰である。本書に挙げた様式の物価指数はその後日本銀行で発表しなくなったので、最近の推移をこれに接続し得ないが、新たに日本銀行の発表する所の昭和八年〔1933〕を一〇〇とする卸売物価指数は左の通りである。

物価指数

昭和十二年〔1937〕平均　一三二、三
昭和十三年〔1938〕平均　一三九、六
昭和十四年〔1939〕平均　一五四、二
昭和十五年〔1940〕四月　一七四、四

この指数に現わるる所を見ても、昭和十四年〔1939〕に急進が起っている。なお実際の取引における相場の昂騰は指数の示す割合の如きものではない、更に大いに高度であると云う感想が発生した。その上に或る品物は相場の如何にかかわらず全く購買し得ないと云う体験が伴った。ここにおいて諸般の問題について再検討が行われるようになり、通貨政策に関しても、従来ほとんど閑却されていた方面が世上論議の対象として浮き上って来た。物価は通貨と物資との交換比率なるが故に、騰貴の原因は通貨の側にもあるとして、通貨の価値及びこれを維持すべき通貨政策が世上の注意を惹くことになったのであろう。物価委員会の決定せる統制大綱に対し、通貨の方面に充分重きを置いていないと云う批評の声が揚がった。これが思潮転向の兆しとして最も早く現れたものの一である。かつてインフレーションは悪性ならざる限りむしろ歓迎すべきものと看做す空気が濃厚であったのに、近頃では悪性としからざるものとを必ずしも区別せず、インフレーションの防止と云うことが多くの人の口にする所となり、その手段を主として通貨政策上に求め、今更に通貨発行高の増大に注目して、一途通貨収縮を敢行すべしと唱うるものもある。元来インフレーションの意義は精確に一定し難く、私はこの用語に即して論議を運ぶことを好まない。殊に我が国の現状は、本書にも述べた通り、先年ドイツがいわゆるインフレーションを経験せる時の事情に対比し、重要の点において趣を異にするものあることを銘記すべきである。しかしながら一般思潮変転の兆しはここにも認めることが出来る。通貨収縮敢行説には無条件に賛成し得ないが、もし低物価又は物価の安定が望ましいならば、通貨政策上通貨の価値と信用とを維持するの方面に、従来よりも一層緊密なる注意を払うことは当然である。当局者がこれを重視するの態度を示すだけでも、心理作用の上に好影響を生ずるであろう。今や物価問題を契機として通貨政策再検討の時機が到来したように思われる。本書の考察が時勢と接触し来たったと云うのはこの事である。

物価と通貨発行高

物価の急騰に関連して世上の注目を惹いたのは日本銀行券発行高の増大である。これについては本書に昭和十二年〔1937〕末までの計数を挙げておいたが、その後の推移は左の通りである。

日本銀行券発行状況

	発行高（百万円）	正貨準備（百万円）	国債所有額（百万円）
昭和十二年〔1937〕末	二、三〇五	八〇一	一、三八七
昭和十三年〔1938〕末	二、七五四	五〇一	一、八四一
昭和十四年〔1939〕末	三、六七九	五〇一	二、四一七
昭和十五年〔1940〕四月末	三、四六〇	五〇一	二、七一四

年末の計数は一時的の事情に動かされることが多いから、別に年平均発行高について見るに、昭和十三年〔1938〕は十九億千九百万円、昭和十四年〔1939〕は二十三億七千六百万円にしてそこにも増加の著しきものがある。しかしてその増勢は昭和十四年〔1939〕秋頃より急進し、年末に至って大新記録を現出し、越年後の回収も鈍化した。昭和十四年〔1939〕までは年末を除くの外、発行高が三十億円に達しなかったのに、昭和十五年〔1940〕に入っては三十億円以上が常態となった。偶々それが物価騰勢の急進と時を同じくしたるが故に、通貨と物価との関係について世上の注意を惹起し、延いて通貨政策に関する論議を擡頭せしめたのであろう。

もっとも発行高の増加を物価騰貴の主たる原因とし、通貨収縮の一途を以てこれに対応せんとするのは余りに単純なる方式論である。発行高の増勢と物価の騰勢とはほぼ同時に急進したが、発行高増加の外にも物価騰貴の原因があるかも知れない。両者の間に相互的の関係があって、因果何れにあるかを明らかに判定し難き場合もある。或いは一般事情を原因として両者が同時に起ったのかも知れない。発行高に即して対策を講ずるにしても、事前に牽制せずして、事後に引戻すことはすこぶる困難である。急激なる通貨収縮には好ましからざる副作用の懸念すべきものもある。物価騰貴の原因及びこれが対策は一層深く穿ち、遠く遡って考えなければなるまい。

しかしながら通貨発行高の増加が物価騰貴の一原因として重視すべきものであることは疑いがない。一層深き処にある原因も発行高の上に顕現するから、発行高を抑制せんとすれば、遡って資金の供与を一層慎重に考慮すべきこととなり、発行高増加の直接影響を軽減するの外、延いて一般情勢を妥当に誘導するの効もある。物価対策の一部として通貨発行の節制と云うことが論議の対象となったのは、当然の成行きと云うべきであろう。

保証発行限度の問題

この関係において、日本銀行券保証発行限度問題の最近推移は大いに意義があると思われる。保証発行限度が昭和七年〔1932〕十億円に、昭和十三年〔1938〕十七億円に拡張されたことまでは本書に叙述してある。その後昭和十四年〔1939〕に更に五億円の拡張があって、限度は二十二億円となった。昭和七年〔1932〕の拡張は従来甚だしく過少なりし限度を訂正したので、我が国情を達観し何程の限度を適当とするかを考慮して決定されたものである。昭和十三年〔1938〕及び十四年〔1939〕の改正は、単に当面発行高の増勢を見越し、限外発行の頻発を避け得る程度まであらかじめ限度を拡張したものの如くに見える。即ち資金の疏通及び調達に重点を置き、その結果たる発行高に対して関心の濃厚ならざる通貨政策の表現であった。敢えて発行高の増大を辞せざる態度のようにも見えた。しかして昭和十五年〔1940〕にも、更に保証発行の限度を拡張し又は全然これを撤廃せんとする法案が帝国議会に提出されるであろうと世上に伝えられた。昭和十四年〔1939〕末以来の発行高増勢により、従来の限度を以てしては限外発行の頻発又は常態化を見るべきことが明らかになったから、もし従来の方針が持続せられるならば、重ねて拡張が計企せられるのは自然の成行きであったろう。しかるに政府当局は右法案提出の意向なきことを会期の終りに近づいて言明した。

元来我が国の保証発行限度なるものは、金兌換の可能性を維持し得る程度に発行を止めんとする趣旨に出《い》でたのであるから、金本位制撤廃の現時においては以前の如き重要性はなくなったのである。主要の点は、発行権の運営を妥当ならしむるに、限度の大小何れが有効なりやと云うにある。その判断は発行の寛大を妥当とする時と、節制を妥当とする時とによって異なるべきである。既に発行高増大の趨勢を生じたる後において限度を拡張して限外発行を消滅せしめても実勢上に益する所はない。限外発行を頻発するのも、限度を拡張して限外発行を避けるのも、はた又限度を撤廃するのも、経済情勢への影響より見て格別の差異はない。只日本銀行が年三分の限外発行税を負担するや否やの問題である。限外発行税の高率なりしときには、その負担が金融及び金利に影響すると考えられたが、昭和七年〔1932〕の改正により低率となってから、その影響は極めて軽微である。しかしながら先ず限度を拡張して発行高の増大を辞せざるの態度を示すのと、なるべく発行を節制せんとする心構えを以て発行権の運営に臨むのとは、実際の取引上にも世間一般の心理作用の上にも、軽視すべからざる差異を生ずるであろう。前者は昭和十三年〔1938〕以来毎年の慣行であった。もし後者の心構えを以てするならば、限度の拡張を急ぐべきではない。もし発行状態の体裁を整うるためにこれを行うべしとせば、限外発行頻発の実勢を甚だしく現出した後において始めて考慮すべきこととなるはずである。もし又限外発行は財界を警戒するものだと云う観念に従うならば、今は警戒を要せざるの時なるやを考えて見なければなるまい。物価騰貴が人心を刺戟しつつあるときに、当局者が通貨発行高の増大を辞せざる態度を示すならば、通貨に対する信用に悪影響を及ぼすであろう。通貨政策上の施為のみを以て果して有効の程度まで発行高を抑制し得るや否やは疑問であるが、少なくとも限度拡張を見合せたる当局者の態度は通貨の価値と信用とを維持する方に関心の濃くなったことを示すものであろう。

ついでに、前段の初頭に掲げたる計表中の正貨準備の計数について説明を加える。正貨準備が昭和十三年

〔1938〕において八億百万円から五億百万円に減じたのは、新たに外国為替基金を設置し、正貨準備中の三億円を割いてこれに充当したためである。外国為替基金の目的は主として輸入資金を疏通するにあるので、その方面に便宜を与えたことと察せられる。その国内通貨の状態に及ぼす影響としては、その額だけ正貨準備発行が減少して保証発行が増加し、発行総高には変化を生じない。昭和十四年〔1939〕の発行限度拡張五億円中の三億円は実際右の保証発行増加を蓋掩したこととなる。それだけは限度の拡張に特殊の理由があったと看做すことも出来る。金本位制離脱後においても通貨の信用を厚くするために、なるべく正貨を保有することが望ましいけれども、既に兌換の必要がないのだから、最も緊切なる対外支払のために金を留保すると云う点において実際上の意義を有するのである。随って正貨の処分を如何にすべきやは軽重緩急の問題となるのである。

なお前記計表中の国債所有額の推移については、日本銀行の国債引受に関連して後段において言及するであろう。

物価騰貴の主因

物価騰貴の原因及びその対策は単に通貨発行高にのみ即して考察すべきにあらざることを前に述べた。その意味をここに敷衍する。

通貨発行高は発券銀行の諸取引を差引集計したる残高である。それ等取引の内には発行の原因となるものもあり、還収の原因となるものもある。その残高の増大は輾々流通して存続する所の購買力を増加するので物価騰貴の原因となるのである。私は本書において通貨の価値を維持するため、即ち物価を安定せしむるために通貨の総量に注意し、その発行高を節制すべきことを力説した。これは、資金供与が妥当の目的のために行われるならば、その結果として発行高の増大を来たすも差支えなしとする見解に対し、一口毎に見たる資金供与の妥当性の外に、通貨の総量より生ずる一般の影響を考慮する必要あることを宣明したのである。

通貨の総量の主要部分を占むる日本銀行券発行高に対し一般の関心が最近に至りすこぶる濃厚となったのは、私が説いた所の趣旨に一致する。しかるに今度はこの点を偏重し、専ら発行高に即して対策を講ずべしとするが如き傾向を生じた。この傾向に対しては物価騰貴の原因が一層深き処にあることを注意しなければならぬこととなるのである。

元来通貨の側における物価騰貴の原因は発行残高にのみ存するにあらずして、その残高を生ずるまでの諸取引の過程の内にも存するのである。その方が多くの場合においてむしろ第一次的である。具体的に云えば、購買力の創造となるべき資金供与が通貨政策上より見たる物価騰貴の根本原因である。資金の供与をそのままにして置いて、これによって起るべき発行高の増大を、国債消化の如き相殺作用によって防止したのでは、単に第二次的の原因を除去するだけで、購買力の創造による第一次的の原因には触れないのである。近時の我が国の事情について達観すれば、物価騰貴の根本原因は、政府の歳計、民間の生産拡充計画及び対満支大輸出超過等による物資の消費又は使用が当面生産力の増進を超越せんとする境に達したことにある。この事情の内には通貨政策上の作用を以て左右し難きものが多く、その方がすこぶる強力であるから、物価騰貴を専ら通貨政策上の責任に帰するのは当らない。物価騰貴に対する方策又は覚悟を根本に遡って定めなければならぬ。しかしながら右の根本情勢と通貨政策との接触点を求むるならば、発券銀行の直接資金供与と、発券銀行の融通を背景とする金融機関の信用拡大とによって新たに購買力を創造し、政府及び民間の物資消費又は使用を可能ならしめたことにある。しからば、その関係は昭和七年〔1932〕以来の事実なるに、何故に発行高の激増も物価の急騰も最近まで起らなかったかと云う疑問を生ずるであろう。それは、前にも述べた如く、生産力余剰の大なりしことと、生産力拡充の容易に出来たこととによるのである。物資の消費又は使用が増大しても、これに伴う生産の増加があれば、その間に均衡が保たれて物価騰貴を来たさない。実際には少しずつ不均衡に傾いて物価の漸騰を誘致し来たったが、甚だしきに至らなかったのである。通貨発行高もまた漸増し来たったが、物価の騰貴が、軽微なりし間は、取引のために要する通貨の需要も甚だしく増加せず、生産拡充が容易に出来たから、企業資金のために金融市場を圧迫するに至らず、発券銀行の供与せる資金は循環して市場の遊金となり、主として国債消化の経路により発券銀行に還帰した。それで資金供与の多かりしにかかわらず、発行高の増大は甚だしきに至らなかったのである。しかるに資金の供与及び信用の拡大とこれに伴う物資の需要とは累増の一途を辿り、生産力の余剰は漸次に消尽し、拡充施設の遂行には資材及び労力の不足を感ずるに至りたるを以て、ここに物資需給の不均衡の傾向が著しく進み、金融市場緩慢の状態も少しくその様相を変じ、日本銀行引受国債の消化が鈍化して、通貨発行高の急増となったのであろう。

生産力の全貌を簡単なる計数に現わすことは至難であるが、商工省の工鉱業生産指数によりその一端を窺い得る。即ち昭和六年〔1931〕ないし八年〔1933〕を一〇〇として最近の推移は左の通りである。

生産指数

昭和十一年〔1936〕	一五〇、二
昭和十二年〔1937〕	一六九、八
昭和十三年〔1938〕	一七二、〇
昭和十四年〔1939〕	一八〇、五

昭和十三年〔1938〕の増加は微少にしてほとんど停止に近く、昭和十四年〔1939〕には回復したけれども、なお昭和十二年〔1937〕の増加には遥かに及ばない。しかして昭和十二年〔1937〕七月の臨時帝国議会以来政府歳計の飛躍的増大が続いたのであるから、昭和十四年〔1939〕に至って物資需給の不均衡及びこれに伴う物価騰貴が顕著となったのも敢えて怪しむに足らない。政府歳計の増大は物資の消費又は使用の増大である。その所要に応ぜんとする生産力拡充計画もその効果の発生するまでの間は物資の欠乏を助長する。これ等の活動に伴う諸方面の収入増加は更に物資の消費を促進する。物価問題は畢竟主として物資問題である。

物価対策の要諦

物価騰貴の根本的事情は上記の如くであるが故に、その対策は経済活動、国家経営の全面に亘りて多角的に考究しなければならぬ。極力生産の増加に努むべきは云うまでもないが、効果発生の遅き拡充計画はその緩急を慎重に考慮しなければならぬ。消費の節約の必要なることは勿論である。殊に或る方面における消費のやむを得ざるものが多ければ、他の方面における節約は一層厳重であらねばならぬ。国民精神の緊張、経済倫理観念の更新、及び生産、消費、配給の統制がこれに伴わなければならぬ。通貨政策はこれ等の作用と調合して一の役割を演じ得るに過ぎない。

しかしながら他の条件をしばらく度外に措き、仮に通貨政策の作用だけに問題を局限するならば、物価安定策として最も重きを置くべきは通貨発行権の行使による購買力の創造を節制することである。通貨発行高の末よりも、資金供与の源に遡って考慮することが一層切要である。発行高と物価との関係は既に世間の注目を惹いたが、更に進んで資金供与の問題に遡らなければ通貨政策の効果を充分に発揮することは期し難い。資金の疏通及び調達を主とする通貨政策は生産力増進の容易なりし時の事情に即して出発し、時勢に順応して進行したので、もとより特にこれを指斥して非難すべきではないが、事情の変化の顕著なるに至っては再考すべき点もあるだろう。資金供与の節制に関して考慮すべき一つの方面は金融機関に対する資金統制である。従来とても日本銀行はその供与すべき融通の可能性を背景として金融の疏通を図ることを主とせるものの如く、直接金融市場に資金を注入することは、季節関係等によるものの外、格別巨額には達しなかったようである。そこに細心の注意が施されたことを認むべきである。只従来の資金統制は金融取引の方向を調整し、これを適当の企業に向けしむることを主たる目標としたようであったが、近頃では一般的節制の手心も加味せられつつあるように見える。これまた通貨政策上の心構えに変化を生じたる兆しであろう。しかしながら通貨発行権による購買力創造の経路として更に重きを置くべき方面は日本銀行の国債引受である。

日本銀行の国債引受

前掲日本銀行券の発行に関する計表を見れば、その国債所有額は、昭和十二年〔1937〕末と同十四年〔1939〕末との間において、銀行券発行高とほぼ併行的に約十億円の増加を示している。そこで発行高と共に国債所有額が世間の注目を惹いた。国債の消化が鈍化して日本銀行の所有額の増加したことが銀行券発行高の増大を来たし、延いては物価の騰貴を起した所の原因として重視された。随って国債の消化を促進することが物価対策として着目された。国債所有額の増加が銀行券発行高増大の直接原因であることは間違いない。これを減少せしめ得れば、銀行券発行高の増大による物価騰貴を防止するの効があるだろう。近頃当局者の努力はこの方面に向いつつあるように見える。それは首肯すべきであるが、通貨政策の範囲における物価騰貴の第一次的原因は、前に述べた通り、取引の経過中にあることを記憶しなければならぬ。国債について云えば、日本銀行所有額の増加のみに存するにあらずして、日本銀行の引受と云う資金供与の取引中に主として存するのである。ここに着目するのが物価を対象とする通貨政策の要諦である。

世間には国債の公募と日本銀行引受との区別を重視せざる人が多い。負担を後世に遺すの可否とか、他日の整理を如何にすべきやとか云う問題に即して考えれば、公募も日本銀行引受も大差はない。しかしながら現下の物価問題に即して考えれば、両者の間に大なる差異がある。公募は国民の間に既に存在する所の資金即ち購買力を吸収してこれを政府の用に供するのであるから、大体において購買力の移転である。購買力の移転は或る方面で起るべかりし消費を他の方面へ振向けるに過ぎない。しかるに日本銀行の引受は通貨発行権の行使による資金の供与であるから、購買力の移転にあらずして、その創造である。消費の方面の変換にあらずして新しき消費力を発生せしむるものである。随って生産の増進がこれに伴わざる限り、需給の均衡が破れるのである。政府が新たに創造されたる購買力を以て物資を消費し又は使用するだけ、他の方面において物資の不足を生ずるのである。公募の場合には、発券銀行がこれを背負込んで国債所有額を増加することさえなければ大体物価騰貴の原因とならない。しかしながら発券銀行引受の場合には、引受国債が消化されるにしても、それは概して政府支払により市場遊金を生じた後になるから、たとい消化が完全に出来て、結局発券銀行国債所有額及びこれに伴う銀行券発行高の増加を衷和することとなっても、引受国債の消化以前に新しき購買力により少なくとも一度だけ物資が消費又は使用されたと云う事実は消えない。引受と同時に消化の出来る部分もいくらかあるので、それだけは公募と同様の結果になるけれども、大部分は政府の支払があった後に消化されている。この順序による引受国債の消化も、創造されたる購買力が輾々存続して更に物価騰貴の作用を重ねることを防止する点において有意義である。しかしながら創造されたる購買力により物資が一度でも消費又は使用されると云うことは、その後の輾々存続を防止し得ても、なお物価騰貴の原因たるを免れない。勿論物価の騰落には種々の原因があるから、発券銀行国債引受の結果として必ず覿面に物価騰貴が起るとは極《き》まらない。只それが巨額にして且つ累積するとき物価に影響し来るべきはずである。

昭和七年〔1932〕以来日本銀行は毎年数億円の国債を引受け、その消化も概して順調に行われて来たが、昭和十二年〔1937〕より引受額が著しく増加した。最近三ヶ年間の推移は左の通りである。

	国債発行高（百万円）	日銀引受高（百万円）	日銀純売却高（百万円）
昭和十二年〔1937〕	一、四八五	一、一三五	五二八
昭和十三年〔1938〕	四、三三〇	三、六八〇	三、一三九
昭和十四年〔1939〕	五、二八一	三、九〇一	三、三二九

昭和十三年〔1938〕以来総発行高及び日本銀行引受高は激増したが、発行高と引受高との差額もまた幾分増加した。これは日本銀行経由以外に国債の消化を普及せしめんとせる努力の結果にして、その成績は見るべきものがある。又日本銀行引受国債の消化即ち純売却高の引受額に対する割合も相当増加して、二ヶ年を通じ、総発行高が百億円近くなりしにかかわらず、日本銀行国債所有額の増加は約十億円に止まった。これまた不良の成績とは云われない。通貨政策上の問題としては、この程度の国債所有額増加よりも、国債引受額

の激増を重視すべきであろう。日本銀行は連年国債を引受けたる上に、最近二ヶ年の通計は八十億円に近き巨額に達し、これに相当する資金を政府に供与した。その新たなる購買力により物資が消費又は使用せられ、更にその上に引受国債の売却し尽されざるだけ、右購買力の一部が輾々存続するものとして残った。それが生産力増進率の弛緩と時を同じくしたから、昭和十四年〔1939〕を境として物価の騰勢を急激にしたのであろう。

ここに推究した所の道理に照らすに、もし通貨政策上の作用を以て物価対策に寄与せんとするならば、主として日本銀行国債引受額について工夫しなければならぬ。引受は数次に分割され、その内から逐次消化されて行くものもあるので比較的目に付かない。引受と消化との差額が所有額の増加となって日本銀行の貸借対照表に現れるに至って、特に世間の注意を惹起したのであろう。消化を盛んにして日本銀行国債所有額を減少することはもとより望ましいが、それだけではまだ徹底しない。更に進んで日本銀行国債引受額を軽減せんとすれば、日本銀行を経由せざる国債消化の途を益々広くすることが一つの方法である。増税等による歳入の増加によって国債発行の総額を少なくすることもまたその効がある。しかしながら段々推詰めて行けば政府歳計の全般に亘って考慮しなければならぬこととなる。日本銀行の国債引受による歳入を財源とすれば、資金経済の関する限り、歳計の調理は楽々と出来る。その代りに、別に物資経済上の計画を立つる必要が残り、それが生産力との均衡を得なければ通貨の状態、物価の情勢に好ましからざる影響が現れるのである。しかしながらそこまで問題を推し拡げれば、国家経営の規模に触れ、通貨政策上の限定されたる目標を超越することになるから、他の事情を顧みずして一概に結論を出す訳に行かない。只諸般の事情を綜合する全局処理のために、一応通貨政策上の認識を明らかにして置くの必要があると思うのである。

低金利の限界

低金利の誘導促進は昭和七年〔1932〕以来の通貨政策の一目標であった。国庫の負担を軽減するためにも、産業の発展を幇助するためにも、低金利の望ましいことは勿論である。殊に従前我が国の金利水準は甚だしく高かったのだから、金本位制の束縛を脱したる機会にその低下を図ることは切要であった。しかしながら社会政策上及び通貨政策上、無制限に低金利を好しとすべきではないと云うことを、私は本書においても他の機会においても論述して置いた。社会政策上の理由は、零細なる資金が多くは定額利子付のものとして保有されているからである。通貨政策上の理由は、資金による所得が余りに少なければ、貯蓄に向うべき資金を消費に向わしめ、又は換物運動を起して通貨の価値と信用とに悪影響を及ぼすに至るだろうと云う点にある。殊に低金利と物価騰貴とが結び合うときはこの作用を起こし易い。又通貨の状態により金利が如何に動くかと云う問題については、通貨の増発により資金が潤沢となる場合に金利は一時低下するが、通貨価値の下落が人心を刺戟する程度に至って却って金利の昂騰を来たしたと云うドイツの実例を挙げて置いた。我が国においても近頃に至り、インフレーション防止のために金利を引上ぐべしと云う論が世間に現れた。やはり物価問題に刺戟せられて、通貨価値の維持を切要とする見地から推論してここに及んだのであろう。これまた通貨収縮敢行説と同じく余りに単純なる考え方である。今更金利政策の大転換をすると云うが如きことは、国債政策及び経済事情の基調を紛淆するものであるから、現下実際問題として考えられない。只今後更に低金利を促進すべきや否やは大いに考慮の余地があると思われる。従来の低金利政策もまた時宜に応じたるものであったが、事情の変化によりその限界を考慮すべきであろう。但しここに云う所の金利は金融機関の預金及び貸出、公社債の利廻等を主たる対象とする水準の意味にして、産業利潤の統制とは全く別である。

なお実勢について見るに、昭和十四年〔1939〕下半期以来物価騰貴等により資金の需要は増加し、預金の増勢はこれに及ばざるため金融は少しく引締りに傾きたるが如く、公社債の発行及び消化はいささか円滑を欠き、市場には貸出歩合の軽微なる引上を希望する向きもあるやに伝えられる。殊にコール歩合はやや硬化して、昭和十四年〔1939〕末その最低歩合は近年稀に見る所の七厘五毛に達し、その後も強含みを続けている。従来コール歩合昂騰の模様を呈するときは、特に資金を注入してこれを緩和する慣行であったが、近頃その作用が少なくなったように伝えられている。果して真ならば金融政策の上にも多少の変化を生じたのである。

消費の節約

生産力余剰の少なくなるに従い消費節約の必要なることは本書に力説した所である。私はそれより前、昭和十二年〔1937〕一月東京手形交換所の新年宴会において、既にその趣旨を述べて置いた。当時はむしろ世間の嘲笑を招いたが、今では消費節約が一般の通念となった。この点、多言を要しない。

資金経済と物資経済

経済活動の進展にも、国家経営の遂行にも、資金の調達を専一とする観念は、資金と富力とを同視する貨幣経済上の錯覚から出発しているようである。経済学教科書の説明のようで少し可笑しいとは思ったが、世間には正にその錯覚があると見たから、本書等において国力の実体は資金にあらずして、物資及びその生産力であると云う道理を解説した。しかるにそれは全く無用でもなかった。その後においても右錯覚の著しい例を耳にした。その一つとして、従来の軍費は金で賄ったから面倒であったが、今の戦争は一枚何銭かで出来る札を以て賄うのだから財政上心配に及ばないと云う人があった。百円札は何銭かで無限に出来るが、戦争のために必要なるは物資にして資金は中間の媒介たるに過ぎない。資金の調達は楽に出来ても、その資金を以て購入すべき物資の生産は必ずしもこれに伴わない。この道理が忘れられたのである。又巨額の政府予算が楽々と通過すること、預金増加の巨大なること、金融市場の平静なること等、主として資金に関する方面の事相を挙げて財政経済の鞏固なることを証明せんとする人もあった。資金の疏通及び調達を主たる目標とし、日本銀行の国債引受を財政処理の常識とし、これがために通貨発行権の行使を辞せざる通貨政策の下において、資金に関する方面が一応安易に進行するは当然である。しかしながらそれは国力の指標として重視すべきものではない。資金調達の次に、物資調達の階段に至って始めて真の試験石に逢着するのである。

我が国生産力の発揮には大いに心を強くすべきものがあるけれども、将来に亘る見透しにおいて、生産力の問題を直視せず、単に資金に関する方面の安易なるを理由とし、その依って来る所を思わずして意を安んぜんとするのは、これまた貨幣経済上の錯覚に陥ったものである。

通貨と生産との均衡が妥当に保たれているとき、又は生産力に余剰のあるときには、貨幣経済と物資経済とが併行するからここに云う所の錯覚も実際に支障を生じない。実際その併行の状態に即して錯覚が起ったのであろう。上記の例は極端であるが、世間一般の空気も一脈これと相通ずるの趣があった。しかるに今や資金潤沢にして物資は欠乏すると云う体験が顕現して、この錯覚は大概消散したようである。物資欠乏のときには、資金経済と物資経済とが必ずしも併行しないから、物資経済から遊離した資金の調達は効がない。生産力増進の可能性を超過して強いて資金の供与により生産を刺戟すれば、或る局面に益する所があっても、全局においてこれを償い得ざることとなるであろう。通貨政策に関する思潮の転向もこの認識の整理に負う所があるように思われる。

通貨政策の分野

度々繰返して留保せる如く、本書及びこの追記は通貨政策の分野を抽象し、その道理を推究したるものである。複雑緊切なる時勢の下にありては他の分野において更に重しとすべきものもあるだろう。随ってここに述べた所の趣旨がことごとく無条件に具現すべきことを期待するのでもなく、主張するのでもない。しかしながら通貨政策上の心構えと云うのは、徒らに過去の慣行に囚われたる執着でもなく、単なる観念論の実現を希求するものでもなく、国家経営、国民生活及び経済活動の消長に切実の関係がある。それが最近の物価情勢に関連して体験せられたのであるから、諸般の事情を綜合調和する全局の上において、緩急軽重に応じ相当の考慮を払わるべきものと信ずる。或いは通貨に関する道理の推究が諸方面における徹底的覚悟の凝結に寄与する所あらんことを希望する。

（昭和十五年〔1940〕五月二十日稿）

第一節　いわゆる金本位心理

金本位制の下における通貨政策は金本位の維持を目標とするものであったかの如くに見ゆる。或いは尊重の意味を以て、或いは嘲笑の意味を以て、これを金本位心理と謂うのである。嘲笑の意味を以てする側に云わせれば、金本位心理は金を一種の偶像として理由なしに崇拝するものであり、貨幣が社会福祉の手段たることを忘れて貨幣の一形態たる金本位の維持を目的化するものであり、その偏倚せる目的観のために他の経済事情を閑却せんとするものである。もし金本位心理を尊重する側において一切の事情を顧慮せずして金本位を金科玉条とするならば、嘲笑の標的とせらるるもまた当然と云わねばならぬ。久しく金本位制の施行に慣れたる社会において、それに相応する通貨政策の方式の熟成したる後には、成立の根源を思わずして方式を固執する頑冥者流もあるだろう。それが実勢の大変化に遭遇するときは、目的と手段とを顛倒して社会の福祉を害するに至ることもあるだろう。ギリシャ神話中のミダスは触るる所のものをことごとく金に化するの魔力を希求し、これを授けられたるために食餌とすべきものがなくなって餓死に瀕したと伝えられている。大衆の中には、このミダスの如く、金のために金を貴ぶの錯覚に陥るものもあるだろう。しかしながらいやしくも社会生活・国民経済の理義を解するものにして、金本位制の維持を経済上何事よりも重しとし、他の事情を顧慮せずしてこれのみを専念すべしと考うるものはあるまい。金本位を尊重する所の心理は、かくの如く無条件、無根拠、不合理なるものではなく、近代の歴史において経済発達のためにこれを便宜とすべき事情ありしによりて発生したものであろう。

金本位制が世界を通じて広く施行せられたのは十九世紀の中頃より二十世紀初頭の世界戦争に至るまでの

間であるが、その時期においては国民経済の堅実なる開発と国際経済の円滑なる運行とを併進せしむるために金本位制が大いに役に立ったのである。又その施行を可能ならしむべき事情が存在したのである。金本位制を施行しつつあるがために、一時的、局部的には多少窮屈を感ずることがあっても、これを堪え忍んで金本位制を維持することが、国際経済上便宜なりしことは言うまでもなく、国民経済上においても概して窮極の利益をもたらすと云う実情であった。金本位制の下においてももとよりその維持を単一絶対の目標とすべきではないが、一般経済事情をして金本位制維持の条件に順応せしむることが、大勢上一般経済の進展を資《たす》くるの結果を生ずる場合が多かった。これが金本位制を経済の枢軸として尊重する心理を発生せしめたゆえんである。いわゆる金本位心理はこの根拠に立脚して始めて合理的となり、有意義となるのである。金本位制が世界に広く施行せられたのは近代の一時期に限られたことで、遠く歴史に遡って達観すれば、必ずしも金本位制を施行せず、金を貨幣の基礎とせずして、社会経済が進行して来ているのであるから、金本位制に絶対の権威あるが如くに考うることはもとより許さるべきでない。さりとて金本位制を便宜とする事情の下に発生したる金本位心理を一概に嘲笑するもまた当らない。要するに歴史的の事情を前提条件として金本位制の効能を相当に認識すると共に、元来貨幣その物が態様の如何にかかわらず、社会福祉を増進するの手段に過ぎざることを体得し、金本位制を便宜とする前提条件に変化のあり得べきことを記憶すべきである。

十九世紀の中頃から漸次世界に普及した所の金本位制は二十世紀初頭の世界戦争によりて崩潰した。その後の通貨政策はもとより金本位制施行中の規準に依り得ないが、金本位制回復の希望はなお一般に濃厚であったから、その達成を目標とし、その準備を進むるの趣旨を含む所の通貨政策が一般に行われて来た。その間金本位制の再建は実際に試みられて失敗に終ったけれども、いわゆる金本位心理は全く消失するに至らず、一般大衆の感想においては、漠然ながら依然金と通貨との関係を重要視し、国際会議の決議及び各国当局者の意思表示は概して金本位制の回復を理想とするものの如くに見えた。他方金本位制の停止はやむを得ずとするのみならず、金本位制の束縛を脱したることをむしろ喜ぶべしとなし、目前の便宜を主として無軌道の通貨政策を行わんとするものもある。或いはその中間において、従来の窮屈を緩和したる修正金本位制を案出すべしと説くものもある。これがために貨幣制度及び通貨政策に関する思想は甚だしく混乱に陥っている。金と通貨との連絡が全く絶えるであろうことは容易に想像されないが、金本位制回復の理想が近き将来において実現するであろうこともまた期待し難いように思われる。殊に国際政局及び国内社会状態が大体安定せる時にあらざれば、貨幣制度の整理と云う如きことは到底考えられない。さすれば金本位制の規準が今日に適用すべからざるのみならず、金本位制の回復を目標とする通貨政策もまた実際に縁遠きものと云わねばならぬ。

近来の貨幣制度論又は通貨政策論を概観するに、或いはいわゆる金本位心理の延長にして実際に適切ならざるものか、或いは金本位制の不便を指摘し、その束縛を脱せんとする破壊的の態度に傾くものにして、金本位制なき場合に適用すべき制度又は規準を合理的に究明せんとする建設的の試みは甚だ尠《すくな》い。しかるが故に通貨政策がややもすれば無軌道となるのである。金本位制の帰趨は別問題としてしばらく措き、金本位制停止の実状に即し、その下において如何なる通貨政策を行うべきかを考うることが実際に適切なる課題であろう。或いは金本位制の場合としからざる場合とを綜合包含し、何れの場合にも適用すべきものが考え得られるならば一層宜しかろう。私はこの課題を眼中に置き、その解決の資料として金本位制離脱前後の経過を尋ね、推移の方向を察して見たい。各国にはそれぞれ特殊の事情があるけれども、これを詳述するは私の企つる所でない。只綜合的に大勢の嚮《むか》う所を挙示せんとするのである。事実及び施設の細目よりも、趨勢及び趣旨の大綱に重きを置く。その間主要国の顕著なる特徴を以て例示すべきこともあり、又大勢に合致せざる例外として挙ぐべきものもあるだろう。とにかくこれ等の事情を理解して置くことは金本位制離脱後の通貨政策を妥当に運営するの資《たす》けとなるだろう。

もっとも戦争の如き国家の大事に遭遇するときは、焦眉の急に応ずることを重しとするが故に、貨幣制度や通貨の状態を顧慮するいとまのない場合もある。国家の法制を根拠とする金本位制も世界戦争のために破壊された位だから、通貨政策の規準を如何に考えて見ても、一切の場合に適用すべき鉄則の如きものを発見し得るはずはない。貨幣制度も通貨政策もそれ自身のために存在するのではなく、畢竟国家の活動、社会の福祉のために存在するのであるから、時宜に応じて重点の変化を生ずべきことは云うまでもない。私がここに通貨政策の規準なるものを課題として提出する趣旨は、国家の活動における通貨方面の立場を決定して他の方面に対抗せんとするのではなく、只通貨方面の範囲において金本位制を前提とする規準が実際に適切でなくなったから、別に規準たるべきものを探求すべきではないかと云うにある。換言すれば、金本位制の前提を固守するものと無軌道の通貨政策を行わんとするものとの外に何等かの規準を立てる余地はないかと云うにある。通貨方面と他の方面とは共に国家活動の一部であるから、情勢の変化に応じ、妥当の調和によって全局の利益を図ることを期すべきは云うまでもない。何等かの規準を考え定め得たとしても、それは一般の心構えたるに止まり、これを以て無条件に他の方面を圧迫すべきではない。只焦眉の急に応ずるがために、貨幣の方面より起る所の得失を顧慮するいとまなき場合においても、なるべく当面の弊害を少なくし、なるべく善後の措置を容易ならしむることを忘れてはなるまい。それには妥当なる一応の規準を考えて置かねばなるまい。移ることを知らざる膠着は斥けねばならぬが、無軌道の目前主義もまた戒めなければならぬ。明確なる規準は出来なくても、何等か参考の役に立つものを摑み得ないであろうか。これが私の提出する課題である。以下私の開陳する所に対し誤解の生ずることを避けるために、先ずこの趣旨を宣明して置くのである。

第二節　金本位の特徴

金本位と云う言葉は衆人の口にする所であるけれども、その意味は必ずしも明確に理解されていない。金本位制離脱前後に亘って通貨政策の推移を究明せんとするに当っては、金本位とは何かと云うことを大体認識して置かねばならぬ。いわゆる修正金本位の説も出ている今日であるから、金本位に定義を下し、金本位に必要なる条件を概念的に決定すべく試みるならば、多分議論の紛糾を免れぬであろう。私は今さようの論争を惹き起すことを避けて、十九世紀の中頃から二十世紀初頭の世界戦争に至るまでの間、施行せられていた所の金本位制は如何なるものであったかと云う事実を実験的に挙示するに止める。その金本位制の特徴を簡単に要約すれば、左の諸点にあったと思う。

一、一国内に流通する種々なる通貨が同一の名目（例えば何円又は一円の何分の一）を以て表示せられ、各自の名目額を以て相互に平等に交換され得ること。

一、金地金の一定量（例えば一匁）と通貨の一定額（例えば五円）との間に自由の交換が行われ得ること。

一、金貨又は金地金の使用、処分、及び対外輸出入について強制的の制限なきこと。

更に括言すれば、一国内における諸種の通貨が窮極金地金の一定量に還元帰一せられると云うことである。しかして金貨又は金地金の輸出入が無制限である結果、金本位国の間においては各自の貨幣単位（例えば一円）の金量の比率によりて為替の平価が一定し、金貨又は金地金が完全なる国際通貨の役目を果たすこととなる。如何なる通貨でも所持人の希望により金貨又は金地金に換えられる途があるならば、平生実際に金貨の流通があるや否やは重要の問題ではないのである。

我々が実験せる金本位なるものの特徴は大体上述の通りで、或る国では法制又は施行上の手心において軽微なる欠漏があったかも知れないが、いやしくも金本位国と称する主要国においては、実際この標準を大いに離れることは無かったのである。そもそも金は古代より貨幣として用いられて来たのであるけれども、金だけでは足りない場合が多いので他の物を併用するのが常態であった。その場合金とその他の貨幣との間に明確一定の連絡が付けてなければ、金は貨幣の一種たるのみで本位とは云われない。金本位制の下においてはいわゆる保証発行なるものを認め、金準備相当額以上に巨額の通貨を発行し得ることにしてある。その外に補助貨の発行もある。しかして既に通貨として発行せられたる上は発行の基礎によりてこれを区別することなく、各種の通貨に金と同一の価値を持たせてその価値を維持する。金と同一の価値を持ち、しかも金の在高を超ゆる所の通貨を発行して通貨の供給に不足なからしめんとする。そこに金本位の妙味がある。同時にすこぶる複雑微妙の制度であるから、その運用に慎重の注意を要するのである。

この意味における金本位制施行上の枢軸と云うべきは自由なる金兌換である。金兌換とは通貨を金に換えることを意味するので、金地金を通貨に換えることの自由もまた金本位制の特徴であるが、その方は大概の場合実行上の故障が起こらない。金本位制が維持されるかどうか、と云う問題は主として通貨を金に換える方面に即して起るのだから、これを枢軸と云うのである。金と通貨との連絡と云うのも主として金兌換を対象とするのである。

金本位時代には、何れの国においても通貨の主要部分を占むるものは発券銀行たる中央銀行の発行する銀行券であった。学説上では銀行預金をも通貨と看做す人があるけれども、今その概念論に触れないで通貨と云う用語をいわゆる狭義に使用すれば、通貨の主要部分は銀行券だと云うことになる。この銀行券に対し所持人の請求次第に金貨又は金地金を交付することを自由なる金兌換と云うのである。或いは金兌換に代える に他の金本位国においてその国の通貨を以て支払わるべき為替の売渡を以てすることもある。国内において全然金兌換を行わず、金為替の売渡のみによりて貨幣制度を維持するのを、金為替本位制と云う。純然たる金為替本位制は、対内的関係において金と通貨との連絡が十全でないから、真の金本位制とは云い難い。しかしながら、金為替の相場が妥当の見当に一定せられ、その売渡が請求次第に制限なく行われるならば、対外的関係においては実際上金兌換と同じ効果を生ずる。対外的関係において金を入用とするものにとりては、国内で兌換を受け、その金を外国へ現送するのも、外国において金に換えらるべき為替の売渡を受くるのも同じである。専ら対外的関係の上について見れば金為替本位は金本位の一種だと云える。又金兌換を法制上の建前として置いて便宜上金為替の売渡を併用することもある。金兌換を請求するものがあればこれに応ずるが、金の現送に等しき結果を生ずる条件を以て為替を売渡すの途も開き、請求者と談議の上これを実行する。金本位制維持の便法として金為替本位の趣旨を加味すると云うのはこのことである。もしこの方法が円滑に行われるならば、対内的にも対外的にも金本位制が施行されていると云い得る。

金本位の特徴として、金の自由兌換に次いで重要なるは金輸出の自由である。たとい国内において兌換が停止されずとも、兌換したる金を外国に輸出することが自由でなければ、対外的にはその国の通貨と金との連絡が絶える。国内において金を入手してもこれを対外的に利用し得ないから、その金は同じ物質でも世界共通の効用がなくなる。兌換を停止せずして金の輸出を禁止し又は制限せるは国は、貨幣法上金本位国たるを失わないとしても、経済上の意義において金本位制を維持するものとは云い難いのである。もっとも金の輸出は金為替の売渡を以て代用することが出来る。金為替の売渡は金兌換に対して十全の代用とならぬが、金の輸出の代用としては遺憾なしと云い得る。

要するに、世界戦争以前の通念に従えば、請求に応じて通貨の金兌換を行うと同時に、金の輸出を自由にしもしくはこれに代るべき妥当の条件を以て金為替を売渡し、かくして対内的にも対外的にも通貨と金との連絡を保つのが、金本位制の常道と考えられたのである。

第三節　金本位制の下における通貨政策

金本位制の下における通貨政策は前節に述べた所の金本位の特徴から割り出される。金兌換も金為替の売渡も、発券銀行が発行する所の通貨たる銀行券を発券銀行に収納し、その代りとして金又は金為替を交付するものである。金を交付するには国内においてその準備たる金を保有しておらねばならず、金為替を交付するには他の金本位国においてその支払をなすの準備たる資金を保有しておらねばならぬ。この条件の下に金兌換又は金為替の売渡を支障なく実行せんとすれば、一方にその準備を豊富にすることを考えねばならぬが、それは無限に出来ることでないから、他方に金兌換又は金為替の売渡を請求し来る所の源を抑制することを考えねばならぬ。その請求をなすものは、対価として銀行券を提供しなければならないのだから、請求の源を抑制すると云うのは、対価として提供せらるべき銀行券の数量、即ち通貨の数量を少なくして置くことである。更に遠く遡れば、兌換の請求は一般経済状態、殊に国際収支の状態に淵源するのであるから、通貨の数量を調節することのみによりて、兌換の請求を適度に抑制することは必ずしも期し難いけれども、差し向き兌換の対価として提供せらるべき通貨の量が少なければ、兌換を欲求するものもこれを遂げ得ないこととなる。通貨政策の関する限り兌換に差支えないように金を持つか、しからざれば兌換請求を困難ならしむるように通貨の発行を制限すると云うのが金本位制を維持する手段である。その手段を強行すれば、他の経済事情はその影響を受け、これに順応して落着くべき処に落着く。それで宜しいと云うのが金本位制の建前である。実際の運用は仲々さように簡単には行かぬけれども、規準の定め方は簡単に考えられるのである。

かくの如く通貨政策の規準が一見簡単に定められるが故に、それは通貨至上主義にして、他の要請を排斥し、他の事情を犠牲とするものであると云う非難が起る。その非難は金本位制の盛んなりし時においても既に一部に唱えられたのである。しかしながら今までにも述べたる如く、金本位制はもとよりそれ自身のために存在するのではなく、それが一旦世界に普及したのは、一般経済のため、国家社会のために窮極の利益と思われたからだと見なければならぬ。金本位制を維持するための通貨政策は至上の権威を認められたるにあらずして、国利・民福のために有効なる手段と看做されたのである。

何故に金本位制の維持が国利・民福のために有効なる手段と看做されたかは、十九世紀における国民経済及び国際経済の一般情勢を背景とする広汎なる問題にして、既に論議も尽されているから、今これを反覆して詳述するには及ぶまい。只その重要なる点を簡短に摘出して見よう。第一は、主として私人の発意に依存する経済機構の下において、経済発達のために必要なる資金の蓄積を奨励し、その有効なる利用を図り、資金蓄積の安固と企業の堅実なる進展とを期するには、貨幣の価値の甚だしく動揺せざることが望ましく、それには金本位制が一番適当であると考えられたのである。金本位制は貨幣の価値が産金状況の影響を受けると云う弱点を持つけれども、他の貨幣制度に比すれば動揺が少ないと考えられたのである。第二、紙幣濫発の経済上、社会上における弊害は十八世紀より十九世紀に亘りて経験せられたる所にして、これを防止するために通貨の発行を適度に制限することの望ましきことを痛感し、それには金本位制が一番適当であると考えられた。金本位制の下において産金が莫大に増加すれば通貨過多となるだろうけれども、さようの事態の実現することは想像し難い。金と連絡せる通貨には数量過多となるべき虞《おそ》れが少ないと考えられたのである。第三、当時は世界の諸地方が各自天然の状況に適する産業を主として経営し、互に有無を通ずる所の国際分業がすこぶる顕著に行われていたので、国際貿易を円滑にすることが世界全体の利益であるのみならず、概して何れの国にも利益であった。輸入品を抑制して自国の産業を保護することもあったに違いないが、通商障壁よりも通商の利便を重しとする大勢であった。それには金本位制によって為替相場を安定することが望ましいと考えられたのである。

かくの如き一般情勢であったが故に、金本位制を維持することが世界全体のためにも、各国のためにも窮極の利益と考えられたのである。しかして世界の諸方面において容易に開発せらるべき富の余地が多くあったから、資金の豊富なる国は外国に資金を融通して富源の開発を幇助し、資金利用の途を広くすると共に貿易を盛んにして、各国互に利益の増進を図るのが流行となった。その結果、金準備の不足を感ずる国も外債によってこれを補充することが出来たのである。

しかしながら比較的好都合なる一般情勢の下においても金本位制を維持することは決して容易ではなかった。金本位制維持の条件に従って通貨の発行を制限し、一般経済事情をしてこれに順応せしめんとすれば、差し向き資金を需要する方面において窮屈を感ぜざるを得ない。最も睹《み》易き例を挙げれば、資金の潤沢ならざるために産業の発達を阻害すると云う苦情が起る。何れの国においても通貨政策の当局者は、大局のために金本位制の維持を利益とする見地と、時々の必要のために資金の潤沢を欲求する見地との間に立ちて、これを妥当に調和することに苦心して来たのである。何でも金本位制の維持さえ出来れば一般経済事情はどうなっても構わぬと云うが如き、偏狭単一の意図を以て通貨政策を行ったものはあるまいと思う。金本位制の維持に差支えなきように用心すると共に、妥当なる資金の需要に窮屈を感ぜしむることなきように工夫するのが通貨政策を担当するものの普通心理であった。如何にしてそれが出来たかと云えば、保証発行の手心である。通貨は金準備の多寡によって伸縮する外、保証発行によって伸縮する。そこに調節の余地がある。これを利用して両様の見地を調和するのである。只金本位制の施行されている間は、その維持に重きを置かねばならぬから、実際の運用は複雑微妙であるけれども、目標は簡単に定められる。それが金本位制の下における通貨政策の実情であった。なお詳細については前著『通貨調節論』を参照せられんことを望む。

新訂　通貨調節論（抄）

初版序

本書は業務上の体験より得たる私一個の感想をまとめたものである。只出来るだけこれを論理的に整理すべく試みた。そのために学説と歴史とを参照した。

実際生活に適切の関係ある範囲において、通貨の体用をなるべく明確に会得して見たいと云うのが私の願望である。

中央銀行の主たる職能と云うべき通貨の調節は、私が業務の関係上特に思いを致した所であるから、便宜これを中心点として思想及び事実の配列を工夫した。そこに多少の特色があるかも知れぬ。

事実を詳述するのは私の企図する所でないが、道理を例示する間に世界の趨勢及び我が国の事情の一斑《いっぱん》が判るようにした積りである。

私の特に力説せんとする事項の外、その理解の基礎として、平凡なる事項にも説明を加え、通貨問題の読本と云うべき形を成した節もある。又同一事にして種々の方面より考察せらるべきものについては、多少の重複を生じても、一部分毎に理義の透徹することを重しとした。

大体の構想は久しく私の心に往来したものであるが、近頃金輸出解禁問題、金融統制問題等の世に論議せらるるに当り、或いはその参考に資する所あらんことを思い、急遽筆を進めて、体裁の未だ整わざるものあるを顧みず、これを出版することとした。

もし本書により、通貨の発行のゆるがせにすべからざることを会得し、又はその感を深くする人があるならば、私の小さき企図は酬いられたものと云える。

昭和三年〔1928〕四月二十日

深井英五

新序

私の近著『金本位制離脱後の通貨政策』が刊行されてから旧著『通貨調節論』の注文も多くなったので、出版者はこれを改版増刷したいと云う。その機会において増訂を加えることとした。

旧著は私が日本銀行副総裁たりし時に発表せられ、近著は総裁辞任後久しからざる内の産物である。両者は考察の対象において共通の点が多いけれども、狙い所と取扱方とにおいて大いに趣を異にする。通貨政策上の心構えを合理的に根拠付けんとするのが共通の目標である。しかしながら『通貨調節論』においては、学界に知られたる重要の貨幣理論及び金融理論を挙示し、必ずしも一々断案を下さないが、政策の参考として採るべきものを採らんがためにこれを検討した。又通貨政策の行わるべき径路及び手段を明らかにし、これを政策と結び付けて世間の理解を得んがために、貨幣、金融、物価、為替等に関する諸般の事項、殊に中央銀行業務の技術的方面を細かに解説した。随って政策論たると同時に、一種の読本とも云うべく、教科書の延長とも云うべき趣があった。只教科書的なる取扱方の上にも私の日本銀行における体験を加味したものである。

『金本位制離脱後の通貨政策』は最近の時勢に対応せんとする純然たる政策論である。政策論として世間の常識に呼び掛けたのであるから、理論上の検討や、実行方法の解説の煩瑣なるを避けた。これ等は達観に任せ、或いは既に読者の知悉する所なるべきことを前提としたのである。その代りに、政策の背景たる政治上及び社会上の情勢を詳述した。これに対し、基礎的考察が不充分であるとか、実行上の径路が不明だとか云う感想も起るであろうが、その欠陥は『通貨調節論』によって充たさるべきはずと信ずる。

『通貨調節論』の基本的論旨は今においても訂正するの必要を感じない。殊に理論又は学説なるものと事実及び政策との関係につき、認識論に触れる私の見解がやや詳しく述べてある。時勢の推移に対応する新しき政策はそれ等から演繹せらるべきものである。又貨幣制度及び通貨政策上の事実にして世界的金本位制離脱以前に属するものは、近著には略述せるのみにして旧著には詳述してある。その内に今なお将来の参考とすべきものが尠《すくな》くない。例えば主要諸国貨幣制度の変遷又は我が国における在外正貨の歴史の如きはそれである。以上の論究及び叙述は当初執筆の際における気分の現れたままで保存したい。その方が論旨を維持するの意義も多い。只旧著中に例示した事実が現状と異なるに至った場合には論旨の切実味を失い、又誤解を招く虞《おそ》れもあるから、註を加えて出来るだけ最近に至るまでの重要事実を網羅した。この増訂を綜合すれば、現在主要諸国における貨幣制度及び通貨政策の大綱を窺い得るだろうと思う。

追録「金の価値と通貨の価値」は、『通貨調節論』に対する論評の示唆により、かつて『国家学会雑誌』に掲載せられた論文である。その論評の主たるものは山崎覚次郎博士によって与えられた。私は論旨を改むるの必要を認めなかったが、批評者の諒解を得んがために、少しく表現を変えて反覆詳説したのである。貨幣理論上では金属説と名目説とに渉る微妙の問題であり、思索の進行及び表現の方法についていささか苦心を重ねたものであるから、本書主文の意味を一層明白にするためにここに収録した。

『通貨調節論』の作成には、当初資料の整理においても、今回の増訂においても、前日本銀行調査局長洪純一氏の共力を得たことを感謝する。

昭和十三年〔1938〕十一月十日

深井英五

第一章　考察の目標

第一節　由　来

私は随分永く日本銀行の業務に従事して来た。その間通貨について学んだこと、考えたこと、実験したことを、なるべく取りまとめて云い表わして見たいと思う。そうして私の信ずる所に依れば、通貨調節は中央銀行の主たる職能であり、且つ又世界戦争〔第一次世界大戦〕の後を承けたる各国通貨制度の推移に重要の関係があるから、便宜これを以て考察の中心点とする。主たる目的は自覚を明らかにするにあるが、幾らか他の参考となることもあろうかと思う。

第二節　通貨問題の重要

日常の生活において私共は通貨の授受に慣れ、通貨の本質とか、通貨の職能とか云うことについて、格別考うることなしに過ごしている。例えば通貨で月給をもらって、通貨で衣食を買うのは、極めて簡単明瞭のことの様に思われるかも知れぬ。しかしながらそこに行われる通貨の作用は如何にして成立つのか、通貨で物を買うことの出来るのは何故か、通貨の購買力は何に因って定まるのか。一たびこれを考え詰めて見れば、その説明は必ずしも容易でないことを覚るであろう。そうして通貨の状態に変動が起るときは、これ等の問題が実際生活に切実なる関係のあることを体験するであろう。その一例として私の想い起すことがある。大正五年〔1916〕即ち世界戦争の中頃、東京の或るクラブの雑談において、甲の人はほとんど凡ての鉱物の市価が騰貴したのに、独り金の市価が騰貴せぬのは何故かと云う疑問を起した。これに対して乙の人は、金は価格の標準であるが故に決してその市価の変動することはないはずだと答えた。甲の人はこれに承服せず、乙の人は甲の人の粗漫を嘲笑する如き態度を示して物別れとなったが、大正六年〔1917〕九月我が政府が金貨の鋳潰を禁止し、金貨金塊の輸出を制限するに至って、我が市場における金塊相場は騰貴した。この問答の含蓄を分析すれば種々面白い考察が出来るであろう。金本位制度が有効に施行されていれば、通貨の価値と金の価値とは一致する。随って金地金の相場には、手数料として僅少の差異を生ずるの外、変動の起るべきはずがない。しかしながら金本位は唯一無二の通貨制度でない。通貨制度それ自身に動きがあれば、金の値段の変るのも怪しむに足らぬ。要するに甲の人は当時我が制度の下における通貨と金との関係を理解せず、乙の人は当時の制度に跼蹐《きょくせき》し、通貨の根本義に透徹せざる所があって、金の市価を考うるに当り、何れも混迷に陥ったものの様に思われる。

なお通貨の状態が実際生活に甚だしき影響を及ぼすと云うことは、世界戦争後の通貨価値の崩潰によって極めて痛切に体験せられた。ロシアの紙幣ルーブル及びドイツの紙幣マルクは世人の熟知する最も顕著の実例である。平時における通俗の直感は、通貨と富とを同一視するに傾いているので、通貨の購買力に甚だしき動きさえなければ、その直感のままで実際に格別の差はないかも知れぬが、ロシアにおいても、ドイツにおいても、従来の通貨はほとんど全く購買力を失った。ロシアの方は、混乱の間に種々の変遷を経て、従来の通貨が漸次に消滅し、一九二二年に新通貨チェルヴォネッツが発行せらるることとなったので、簡明にその計算を立て難いが、ドイツの方は、従来の紙幣マルクが低落に低落を重ね、一九二四年いわゆるドーズ案に基きて新通貨制度の制定せられたとき、従来の紙幣マルクは一兆を以て新しき一ライヒスマルクに交換せらるることとなった。新しきライヒスマルクは大体戦前のマルクに等しいものであるから、従来の通貨それ自身、又は従来の通貨を以て表示せる債権をもっていたものは、莫大の損失を蒙ったのである。ここにおいて通貨と富とを同一視する通俗の直感は裏切られた。ロシアでは、国家の統制が破壊せられ、社会の組織が変革せられたのであるから、通貨の崩潰の如きも、時勢の大洪水の一部であって、単純なる経済問題の範囲を超越しているとも云われるであろう。只ドイツでは政体の変更があったばかりで、国家の統制も、社会の組織も、過去との連絡を断つには至らなかった。しかるにもかかわらず通貨の崩潰を来たしたのであるから、経済問題としてその因由を考えて見なければならぬ。かくの如き事実に直面しては、通貨の価値を適当に維持する施設の必要なること、随って通貨に関する一般考察の等閑に附すべからざることが、何人にも会得されるであろう。

通貨が崩潰してほとんど全く無価値となるが如きは、稀に起る事柄に過ぎまいが、通貨の価値の変動は常時行われている。通貨の方面から見ると、用語に慣れないために、大層難しいことの様に思われるかも知れぬが、通貨の価値の変動とは、畢竟一般物価の騰落として私共の経験する所に外ならぬのである。物価の騰落によって損をするものもあれば、得をするものもある。そう考えれば通貨の状態が各人の利害、社会の休戚に影響を及ぼすことは明瞭であろう。なお通貨は、前記の如き意味において実際生活と交渉を有するのみでなく、生産、分配、企業、商況その他社会経済の全般に対し、微妙、複雑、広汎なる関係を持つ。或る人は社会経済の趨勢が主として通貨の状態によって左右せられる様に考え、或る人は社会経済の要素として通貨は従たる重さを有するに過ぎぬと云う。私の見る所によれば、前者は誇張であると云わねばならぬ。しかしながら後者といえども、通貨が経済状態に影響を及ぼすことを否定するものでないのは明らかである。

第三節　通貨調節の趣旨、手段、範囲

通貨の状態は大体の経済事情に随って自然に帰嚮すべき所があると同時に、法制と、財政上の施設と、金融政策とによって、或る程度までは人為的に定められ、又人為的に動かされる。公益上の趣旨、目的を以て行われるこの人為の作用が即ち通貨調節である。一般金融業者の営業振りは、もし各自の利益を専一とするならば、自然の経済事情の一部とのみ看るべきであるが、当業者が営利以外、財界の指導者たることを自覚、自任し、その趣旨を営業に加味するならば、通貨調節の要素となるであろう。殊に一般金融業者の共鳴協力

によって、通貨調節の効果を挙げ、又はその効果を一層大にすることを得る場合が多い。

通貨調節は如何なる趣旨を以てなすべきか、通貨調節には如何なる手段があるか、通貨調節は如何なる範囲において有効なり得るか。これ等の問題を討究し、通貨調節の基礎たるべき考え方を出来るだけ精確、明瞭にするのが、私の目標とする所である。そうして通貨調節を論ずるには自ら通貨問題の一般考察にも渉らねばならぬ。私は独創の見解を開発し得べしと思わざるも、調節を中心として通貨の考察をまとめることと、実際に即して、そうして論理的に考えることが、私の特に心を用いた所である。

第二章　考察の態度

第一節　社会の福祉

通貨調節の問題を考察するに当り私が執る所の態度は、前章に述べた通り、実際に即して論理的に考えると云うことに括約されているが、なお少しく説明を加えて置きたい。

＊

経済問題に関する考察は、純然たる知識の欲求として取扱われることもあろう。個人各自殊に営利業者の行動、経営の指針として使われることもあろう。又社会の福祉の増進に貢献するを主眼とすることもあろう。私は社会の福祉の増進に最も重きを置く。即ち公益上の効果を挙ぐるを以て経済考察の本旨としたいのである。

社会の福祉には種々の方面があって、経済考察の特に関係するのは物質的生活の方面である。これを解説すれば、社会全体の物質的生活を豊富にすることと、社会の内における分配を妥当にすることと云っても宜しかろう。物質的生活を豊富にすることの価値は人々の性情によって種々に評定される。一箪の食、一瓢の飲、陋巷に在って、その憂に堪えざる人もあり、顔回はその楽を改めざるによって孔夫子に嘉みせられた。私は今その問題に深く立ち入ることを敢えてしないが、物質的生活を無上に尊重するのは、私の採らざる所である。経済の発達と技術の進歩とによりて物質的生活に余裕を生じたならば、更に物質慾を拡大し、これを追うて齷齪《あくせく》するよりも、その余裕を以て精神文化の向上に志す方が賢明であるに違いない。しかしながら物質的生活の充実がそれ自身において社会の福祉の一要素たることは、世間の実情として認めなければならぬ。又理想として物質的生活の豊富よりも精神的生活の向上を尊重すべしとするも、衣食足って礼節を知ると云える如く、大多数の人間にとりては、物質的生活の充実が精神向上の条件であることを認めなければならぬ。私はこの意味において社会の福祉の増進を経済考察の目的としたいのである。

第二節　経済現象の傾向

経済考察の目的は何にあるとしても、考察の基礎として、人間が各自の利益を主とする所の経済的動機によりて行動することを仮に前提し、それ等の行動の自然に綜合帰嚮する所を討究しなければならぬであろう。しかしながら世間には経済的の動機を超越せる人もある、又普通の人間でも経済的動機のみによりて行動するものでない。経済的動機は公益観念、感情、意気、趣好等によりて抑制されている。故に経済的動機による行動の帰嚮する所を尋ね、何等かの結論に到達し得たとしても、それは経済現象の傾向が必ず事実として現わるることを意味するのでもなく、又その傾向に従わねばならぬとか、その傾向に従うのが善いとか云うことを直に意味するのでもない。宗教、道徳、学問、芸術等の力により経済以外の動機を旺んにするは、社会の向上のために望ましきことと考えらるべきが、それは経済考察の範囲外としてしばらく措く。経済的動機のみによりて行動するいわゆる経済人は普通に実在するものでなく、単に思想上の仮定に過ぎないが、経済的動機は普通にすこぶる強力であるから、一応仮にこれを切離して考察することも無意義とは云われまい。

経済政策の問題としては、経済的動機の発動を大体自然の傾向に委するのが、結局社会の福祉を増進するゆえんだと看做すものもあると同時に、自然の傾向を制御することを以て経済政策の主眼とするものもある。しかしながら、前の見解に従うも、いやしくも国家又は社会の統制の存する限り、絶対の自由放任と云うことは素より考えられまい。後の見解に従うも全く自然の傾向を圧倒することは望み難い。これ等二つの考え方は出発点を異にするも、実際において、畢竟程度の問題に落着くものと思われる。只如何なる程度においてするも、経済政策は経済的動機を利導、調節することによりて始めて効果を挙げ得べく、これを無視し、これを超越すれば、徒労に了り又は紛糾を招くことを免れぬであろう。通貨調節は経済政策の一方面である。その目的は社会の福祉の増進であらねばならぬ。そうしてその実行施設は経済現象の自然の傾向を基礎として工夫されなければならぬのである。

第三節　学説の論争

通貨に関しては由来種々の学説があって、各々の主張者の間に随分激しき論争が行われて来た。経済現象の全部又は一部に関する考え方を徹底的に整理、統一するのが経済学説の目的であろう。それは知識の欲求として敬重すべきである。私もこれに対して興味を持たぬのではない。又経済政策の基礎としても、もし徹底的の考え方を立て得るならば、最も好都合であるに相違ない。世界戦争の結果、経済上に激変が起ったので、従来の経済学説はその価値を失ったかの様に云う人もあるが、それは浅薄な観察だと私は思う。戦時及び戦後経済の推移を考察するにも、従来の学説は頼るべき光明である。少なくとも従来の学説を以て発起点としなければならぬ。只強いて絶対無二の考え方を定めようとすれば、容易に帰着する所を見出し得ずして、実際の目的には余り用のない葛藤に陥ることがある様に思われる。幾何学公理でさえ必ずしも絶対性を認められないと云う人もある位だから、社会人事に関して絶対無二の考え方を定めると云うことは、畢竟無理の注文であるかも知れぬ。私はかかる問題に立入ることを敢えてしないが、今通貨問題を考察するに当っては、必ずしも徹底的の考え方を立つることを企図せず、実際生活に適切なる関係のある範囲において、出来るだけ論理的の討究を試みる積りである。もっとも徹底的の解説を得た上でなければ、実際生活における利害得失の因って来る所を明らかにし得ぬはずだと云われるであろう。しかしながらそれは程度の問題である。物価現象を取扱うには、毫厘の差にも重きを置かねばならぬが、社会人事は必ずしも微細なる推理に因って動くものでないから、これに対する考え方も粗大にして却って実際に近いことがあり得る。学問としては、思索の徹底を期するが故に、未熟の結論を提出するよりもむしろ未決のままにして置くを好しとすべきであろうが、実際生活においては、絶対の結論に到着するを待つのいとまなく、能う限りの考慮を尽して行動の方向を決しなければならぬ場合が多い。私の考察は実際の処置、施設における判断の基礎をなるべく明確にして置きたいと云うに止まるのである。

＊

もっとも理論と実際とは違うと云って、気軽に問題を片付けて仕舞うのは私の甚だ快しとせざる所である。理論は実際を説明し、もしくは実行の指針たるべきものであらねばならぬ。只実際現象は種々の傾向の綜合帰結する所にして、時と処とに随い、各自特有の個性がある。しかるに理論はその間に通有性を発見し、これを概括的に考うべき方式を立てんとする。その方式にあらゆる実際現象の全体を包容するのが、理論の極致であろう。その極致に達すれば理論を以て直に実際現象を説明し、これを指針として直に実行上の判断をなし得べきはずである。しかしながら実際現象の全体を包容せんとしても、明確に帰着する所を得なければやはり実際の役に立たぬ。知識の欲求としては、飽くまで広く実際現象を包容することを志し、飽くまで討議論争を尽すべきであろうが、もし全体について帰着する所を確認し難いならば、実行の指針としては、むしろ一方面、一局部を切り離し、その傾向を明確にする方が有効である。例えば理化学実験室において人為的に外界と隔離したる或る現象を観察する。その現象は自然界の実際現象でもなく、工業技術上にも必ずしもそのままに実現するものでない。しかしながらこれを参考として自然の現象を説明し、又は工業上の効果を挙げる。社会人事については、理化学実験室における如き隔離を行うことが出来ぬから、他の事情にして同一ならばと云う条件を仮定して、思想上に隔離を行う。かく隔離されたる範囲において立てられたる思想の方式が、普通に謂う所の理論であろう。大概の理論は他の事情にして同一ならばと云う条件を明示し又は黙会している。しかるに実際現象は他の一切の事情と綜合して起るのであるから、必ずしも理論の通りに動かない。同一と仮定されたる他の事情に変化があれば、理論によりて示される一方面、一局部の傾向はそのままに実現しない。これは理論なるものの性質上、やむを得ざる所である。一片の理論を以て千差万別の実際を律し得ないと云う通俗の感想は、この意味において首肯せらるべきである。理論の構成に、他の事情にして同一ならばと云う条件の存する限り、実行上の判断は理論の演繹にのみ依り得ない。個々の場合において一切の事情を酌量したる打算と直観とを加えなければならぬ。

しかしながら理化学実験室の観察が自然現象の説明にも、工業技術の進歩にも役立つ如く、社会人事に関し、隔離されたる思想の方式も、その推理が正しければ、実行上の判断の基礎として裨益する所あるべきはずである。理論に仮定条件のあることを忘れてこれに盲従するのも危険であるが、仮定条件を設けるのは方面を限りて推理を明確ならしめんがためであるから、その結果として示されたる傾向を無視するのもまた危険である。なるべく多くの事情を包容して、仮定条件を少なくするだけ理論の適用が広くなる。それが理論の進歩である。只広き対象の統一を企てて結果の曖昧なるに終らんより、限られたる範囲の傾向を明確に把握する方が実行上の参考として価値が多い。仮定条件なしに、直に実際問題を解決すべき綜合的思想の方式が構成せらるるならば、この上もなき成功であるけれども、それが出来ない間は、理論によりて示さるる各種の傾向を酌量し、綜合的直観を加えて実行上の判断をなすのが最善の途であろう。そこに理論と実際との接触がある。仮定条件の下に限られたる方面を対象とする理論の帰結が直に実現しないからと云って、理論を無用視するは妥当でない。実際生活に適切の関係ある考察とは、実行上の参考となるべき理論の考察を云うのである。

通貨問題に関する極端なる考え方として、通貨は営利主義を助長し、富の分配の不平均を甚だしくする因由であると看做し、これを撤廃するに如かずとするものもある。通貨を要せざる経済組織の成立は考え得られぬこともない。単純なる社会においてその実例があったかも知れぬ。又人間の性情が一変すれば、通貨のなきを好しとする状態になるかも知れぬ。しかしながらこれは現在の社会において実際に縁遠き空想に過ぎぬであろう。共産主義を標榜せる革命後のロシアにおいてさえ、一たび通貨を撤廃せんと試み、更にこれを復活した位であるから、私は今かくの如き問題に立ち入らないで、如何に通貨を調節すべきかと云う問題に考察を局限する。

その他全般を通じ私はなるべく無用の論争を避ける様にしたい。或いは用語の意義を明らかにすることにより紛議を消滅せしめ得る場合もあろう。例えば通貨数量説の如き、これを主張する側でも、通貨の価値が無条件にその数量によりて定まると云うのではあるまい。これに反対する側でも、通貨の数量が全くその価値に関係なしと云うのではあるまい。行掛りを脱却して、冷静に用語の意義を検討したならば、意見の相違は案外少ないことを発見するかも知れぬ。又一の事柄について、反対の傾向の併存することもあろう。経済的動機と経済以外の動機とが傾向を異にすることのあるのは前にも述べたが、単にそればかりでなく、経済現象の範囲においても、反対傾向の併存する場合が少なくない。例えば金利の低下は資金の調達を容易ならしめ、延いて購買力を増加するにより物価騰貴の原因とも考えられ、生産費を軽減するにより物価下落の原因とも考えられる。異なれる傾向を綜合して、統一せる考え方を立て得れば、上乗であるけれども、もしそれが難しければ、それ等の傾向を共に認めて置いても宜しい。必ずしも何方が正しいかと云って争うには及ぶまい。異なれる傾向が併存して、実際に如何なる結果を現出するかは、時々一切の事情を計較して観測するの外はないのである。又一の事柄を種々の方面から説明し得る場合もあろう。例えば為替相場は国際収支の差額によって定まると云う考え方と、購買力平価によって定まると云う考え方の如きである。これ等は必ずしも一を採って、他を排するに及ぶまい。或いは両者を調和することが出来るかも知れぬ。或いは両者各々採るべき所があって、実際問題解説の役に立つかも知れぬ。以上は分り易い例を挙げたのであるが類似の場合は甚だ多い。要するに私の考察は概念の構成、整理、統一と云うようなことよりも、実際上の効果、影響に重きを置く。たとい徹底的に問題を解決することが出来なくとも、実行の見地から問題の要点を明らかにして見たいのである。

*

私の考察は大体現存の経済状態を基礎とするのであるが、事実を詳述するのは私の企図する所でない。只考え方を例示するために多少の事実を挙げ、その間において現代世界の通貨問題、殊に我が国の通貨制度とその実際の運行との梗概が判るようにして行きたいと思う。

第三章　通貨の意義

第一節　通俗の用例

無用の論争を避くるために、用語の意義を明らかにして置くことは望ましいが、さりとて余り窮屈な定義に囚われ、強いて事実をこれに引付けようとするのは、私の採らざる所である。只通貨と云うときは何を意味するかを、大体思い違いのないように押さえて置かねばならぬ。そうしてその意味は世間の用例になるべく広く適合するものを採って置きたい。

通貨とは経済上の論議において頻繁に用いられるけれども、元来日常の生活において使われる日本の俗語もしくは商用語ではない。私は実際生活に重きを置き、世間の用例に適合する意味を求めるのであるから、通貨に該当する俗語もしくは商用語は何かと云うことを先ず考えて見なければならぬ。「かね」と云うのが、即ちそれであろう。「かね」と云う言葉には、種々の使い方があって、「かね持」とか「かね儲け」とか云うときは、富もしくは財貨、又難しく云えば一切の経済価値を有するものを意味するようであるが、「かねを支払う」と云う如き場合には、経済上の論議において云う所の通貨と同義であるように思われる。そこでこの場合に「かね」と云う時は、何を意味するかと検討して見るに、租税の上納、買物の代金、労務の報酬、債務の弁済、その他支払決済のために一般に授受される物、殊に受取者の側において一般に認諾する物と云ったならば、大概通俗の用例に当てはまるだろうかと思う。これを括約して一般の支払手段として通用する物と云っても宜しかろう。私はこの通俗の「かね」と云う言葉の意味で通貨と云う言葉を用いることにしたい。これは通貨が如何なる物質から成立つか、如何なる条件によりて成立つか、価値観念の上から通貨を如何に思料するかと云うような問題を差措き、先ず実際生活における通貨の作用を観察して、この方面から通貨の意義を捕捉せんとするのである。いわゆる学理的の定義の内にも、同様の見地から出たのがあると思われる。厳格なる定義としては、その見地についても、その言い表わし方についても、論議の余地があるかも知れぬが私の考察のためには、只大摑みに用語の意義を指示し得れば足れりとする。

貨幣という言葉は、種々の意義に用いられる。普通には通貨とほぼ同じ意義と、鋳造されたる硬貨という狭き意義とに使われることが最も多いように思われるが、その外学説上の見地から与えられた種々の意義もあるようだ。これ等種々の異なりたる使い方から少なからざる混雑を起すことがあるけれども、たといその混雑を避けるために、考察上都合の好い意義を勝手に定めても、一般にその理解を徹底せしむることを望み難い。これに較べると通貨という言葉の使い方は、それ程紛糾しておらぬから、私はどちらでも好い場合には貨幣という言葉を使わないで、通貨という言葉を使うことにしたのである。もし特に貨幣という言葉を用いるの必要があるときは、意義の混雑を起さぬように注意するであろう。そうして鋳造されたる硬貨を意味するときは、略して鋳貨と云うこととする。

第二節　通貨の種類

前に説明した通貨の意義、即ち私が社会の通念と看做す所の考え方に従えば、通貨は必ずしも鋳貨に限らぬ。必ずしも金属の如きそれ自身において財貨としての実価を有する物にも限らぬ。なお必ずしも金属の如き有価物と確実に交換せらるる物とも限らぬ。「かね」又は貨と云う言葉の語源の示す如く、通貨はその起源において金属その他の実価ある物から成立ったのであろう。金属それ自身を欲求するが故に、他の財貨を以てこれと交換し、更に他の財貨を一層必要とするに至って、金属をこれと交換したのが、金属を一般の支払に使用するの起源であったろう。即ち地金としての効用が通貨の基礎であったろう。しかしながら永く通貨の使用に慣れた経済組織の下において、金貨で支払を受けるのは、通常それの含有する地金を欲求するがためにあらずして、金貨を以て他の財貨を買い得るがためである。即ち地金としての効用以外に、通貨としての効用が発生している。金貨、銀貨等に兌換せらるべき紙幣（銀行券を含む以下倣之《これにならう》）を受取る場合においても通常これを兌換せんとするのではなく、只一般の支払に通用するが故にこれを受取るのである。それだから兌換が停止されても必ずしも紙幣の流通に故障を生じない。金属の如き有価物を代表せざる不換紙幣が一般の支払に通用した実例はすこぶる多い。維新後の我が国において、明治十九年〔1986〕に紙幣と銀貨との交換が開始せらるるまでは、不換紙幣流通の期間が多くあった。欧米諸国にも古く不換紙幣の歴史があり、近くは、世界戦争中から世人の記憶に新たなる不換紙幣の実験がある。不換紙幣は濫発の極、通貨の機能を失う。即ちドイツでは一九二四年の幣制改革以前、従来の紙幣マルクを以て物を買うことが困難なるに至った。しかしながら如何に価値は下っても、いやしくも一般の支払に通用する限り、これを通貨にあらずと云うのは、社会の通念に合致せぬであろう。それ自身において実価を有せず、又金属の如き有価物と交換せられざる物でも通貨たり得ると云うことは、特に力瘤を入れて論究するの価値なき程、明らかである様に思われる。もっともこの考え方から直に金属本位無用論に飛ぶのは、許さるべきことでない。通貨は金本位の場合の如く、貴金属又はその代表物から成立たせる方が好いか、それとも通貨が貴金属の量によりて支配されない様に、貴金属の羈絆を離れ、合理的に構成する方が好いか。これは別に考慮しなければならぬ。そうして立法上及び政策上の重要なる問題なのである。一般の支払に通用するの事実があれば、通貨の機能は成立しているけれども、その通用の根拠如何は、立法者及び通貨調節の任に当るものの深く思いを致さざるべからざる所である。通貨とは何かと云う問題と、如何なる通貨が好いかと云う問題との間には、混同すべからざる区別がある。この事はなお後に詳論するであろうが、先ず以て間違いなく了解して置かねばならぬ。前者は一般的に考えを立てることが出来るが、後者は主として国により、時の事情に応じて判断しなければならぬと私は思う。

*

次に尋ねて見るべきは、具体的に如何なる物が通貨として用いられるかと云う実状の問題である。古代に在っては、貝殻や家畜なども通貨の作用をなしたと伝えられているが、何と言っても最も広く使われて来たのは金属であるに違いない。金属は鋳造されたのが最も便利であるけれども、国家の統制の充分緊密ならざる場合には、不便ながら地金の秤量取引によって支払の決済を行うことになるであろう。しかしながら現代多数の国家において、現実に存在し、そうして躊躇なく通貨として認めらるべき物は、国定の鋳貨と、政府の発行する紙幣と、国家の賦与せる特権に基く所の銀行券とである。通貨は国法によって制定された物に限ると断定するのは、一般的の考え方としては、狭きに失するだろうが、統制の緊密なる現代国家の実状としては、大体その当を得ているように思われる。

鋳貨は本位貨たると補助貨たるとを問わず、紙幣は兌換と不換とを問わず、法制上又は実際上それぞれの条件に従って通貨たることに差支えない。日本銀行の営業毎週報告に通貨及地金銀と云う科目があって[*1]〔注は各章末に配置〕、その通貨の内には金貨、補助貨及び政府の発行せる小額紙幣だけを含み、日本銀行の発行する銀行券を含んでおらぬが、それは日本銀行券を通貨と看做さざるの意味と解すべきでない。日本銀行券は世間に出《い》でて始めて通貨となるので、日本銀行の内に在っては只の紙片たるに過ぎぬ。随って他の銀行、会社等の貸借対照表においては、資産側の科目、例えば現金の内に日本銀行券を入れるのが当然だが、日本銀行の資産科目たる通貨及地金銀の内に日本銀行券を計上すべき謂われがないのである。そうして世間に出《い》でている日本銀行券は、日本銀行の債務科目たる兌換銀行券発行高に計上してある。イングランド銀行の如きは、発行部と営業部とを区別して貸借対照表を作るから、その発行に係る銀行券は発行部の債務であり、発行されたる銀行券の内、営業部の保有するものは、営業部の資産である。随って営業部の資産側の科目に自行の銀行券を含ませている。しかしながら日本銀行は発行部と営業部とを区別せざる計算方法を採っているので、営業報告の外に兌換銀行券発行高毎週平均高報告と云うものを出すけれども、それは営業報告から独立せる内容を有するのではなく、只兌換券発行の状況を、やや異なりたる形で詳しく表示するに過ぎぬ。イングランド銀行と日本銀行とが、貸借対照表の上で、自行銀行券の取扱方を異にするのは、この理由によるのである。

第三節　通貨の代用

小切手は銀行取引の発達せる国において、支払の手段として、随分広く使用せられるから、その理由を以て小切手、もしくはこれを振出すの源泉たる銀行預金を通貨と看做す人もある。或いはこの考え方に従うのを便宜とする場合もあろう。しかしながら小切手の授受は、鋳貨及び紙幣の如く、地金の価値、国定の制度又はその発行者に対する一般社会の信用に基くのでなく、互に信用ある特定の当事者の間に行われるのであって、その習慣の最も発達せる英国においてさえも通用の範囲が広いだけで、一般に授受されるとは云い難いようである。ロンドンの真中においても、未知の人の小切手が支払の決済に故障なく受理されるのではない。或る銀行の支配人がその店の向側の時計屋に小切手で支払をなさんとして拒絶されたと云う話もある。且つ小切手を授受するときの心持は、どうも鋳貨又は紙幣を授受するときと違っているようである。鋳貨又は紙幣を授受すれば、それで取引の結了を告げるのであるが、小切手の授受は更にこれを以て支払銀行から鋳貨又は紙幣を受取るとか、或いはこれを受取者の取引銀行に振込み、支払銀行に対して決済を求めしむるとか云うことが、必然予想されている。小切手の授受は中間行為に過ぎない。兌換券も鋳貨又はこれに相当する地金と交換せらるべき性質のものであるが、前にも述べたように、兌換券を受取るときには、通常これを兌換することを予想しておらぬから、小切手とその趣を異にする。随って鋳貨及び紙幣と小切手又はその源泉たる銀行預金とを同列に置き、これを一括して通貨と総称するのは、或いは徒らに思想の混雑を醸すかも知れぬ。殊に我が国の現状において、小切手又はその源泉たる銀行預金を通貨と看做すのは、通俗の考え方に適合せぬように思われる。故に私は小切手を通貨と看做さず、只通貨授受の便法並びに実際通貨を授受せずして通貨の勘定を決済するの方法と看做して置くこととする。

もっとも小切手の使用及びその源泉たる銀行預金が通貨と密接の関係を持つことは疑いを容れぬ。小切手使用の有無及びその程度により、一社会の必要とする通貨の量は大いに異なるであろう。小切手の使用により通貨の需要が節約せらるると同時に、小切手支払のために必要なることあるべき通貨を供給するの準備もなくてはならぬ。何れにしても、小切手の使用は現代の金融組織における重き要素であるから、通貨調節の問題を考察するに当って、鋳貨及び紙幣と併せてこれを対象としなければならぬことは勿論である。

されば小切手又はその源泉たる銀行預金を通貨と看做すのが、妥当だとか便宜だとか思惟する人があるならば、私は強いてその考え方を排斥するの必要を認めぬ。各自執る所に従って終始一貫その意味を紛糾せしめざる様に注意すべきのみである。又特に銀行通貨、預金通貨、私製通貨等の名称を用いて、普通の通貨と混同せざるようにするならばそれでも差支えない。これは金地金を国際通貨と称するが如きときの使い方と同様である。私も場合により預金通貨及び国際通貨と云う言葉を用いるかも知れぬが、単に通貨と云うときは国内通貨に限り、そうして小切手又はその源泉たる銀行預金を含まざるの意味を以てすることに定めて置く。

第四章　通貨調節の必要

第一節　本位貨の場合

金属の地金が秤量取引によりて支払決済に用いられる場合は勿論、国定鋳貨の場合においても、もしその鋳造と処分とが自由であるならば、そうしてその外に通貨が無かったならば、通貨調節の余地は極めて少ない。補助貨はその含有する地金の価値以上に通用するので、その利益を私人に得せしむるのは不都合だから、その鋳造、発行は国庫の勘定を以てしなければならぬが、本位貨は単に地金の変形で、その名目価値と地金価値とが同一であるから、国家が私人の請求にも応じてこれを鋳造するを普通とする。これが即ち自由鋳造である。国によりて鋳造手数料を徴求すると、しからざるとの区別があるが、その手数料が僅少であるならばやはり自由鋳造と看做して差支えなかろう。金貨の場合を例として言えば、自由鋳造制度の下においては、何人といえども、金の地金さえ提供すればこれを金貨に鋳造してもらうことが出来る。日本は無手数料自由鋳造の制度を採っているので、何人でも金地金を大阪の造幣局へ輸納すれば、試験済の上これに相当する貨幣払渡証書なるものを交付せられ、その後普通十数日を経てその証書と引換に日本銀行から金貨の払渡を受けることが出来る。[*1] もしその日限以前に通貨を手に入れたければ、日本銀行に貨幣払渡証書を売ってその代りに兌換券を受取るの途も開けてある。それだから新たに採掘せらるる金、外国より輸入せらるる金、従来貯蔵せられたる金、又は従来工芸品に成っていた金を鋳造し、これを通貨として使いたいと云う人があれば、

＊1　現在は「現金及地金」と改称されている。

調節の見地から通貨の増加を避け、或いはその縮小を図るを好しとすべき時においても、これを如何ともすることが出来ぬ。次に金貨の処分の自由とは、これを鋳潰して工芸に用い、又はこれを外国に輸出するに何等の故障なきを云う。世界戦争中から金貨の鋳潰及び輸出を禁止又は制限した国が多く、日本もその一例であるが、いやしくも金を本位とする以上は、金貨の処分を自由にして置くのが普通である。[*2]さすれば調節の見地から通貨の縮小を好ましからずとすべき時においても、金貨が工芸に転用せられ、又は外国に輸出されるのを防ぐ訳に行かぬ。又金貨を増加しようとしても、金の採掘、輸入、又は在来の地金の転用の外にその途のないのは明らかである。故に金貨の数量は金の輸出入、産金の多寡、並びに金に対する工芸上及び貯蔵のための需要と、通貨としての需要との釣合によりて、自然に伸縮すべく直接にこれを調節すべき手段はない。只産金の奨励、嗜好の指導、金利政策、貿易政策等により間接にこれに影響を及ぼし、国庫金収納、支払の手心等によりその流通高を多少調節し得るのみである。

第二節　補助貨の場合

本位貨と通貨調節との関係は前述の如くであるが、近時の実際において本位貨のみを通貨とする国はないと云えるだろう。本位貨以外の通貨として先ず指を屈すべきは補助貨である。補助貨の鋳造、発行は国庫の勘定を以てすることに限られている。日本では新鋳の補助貨は政府預金として日本銀行に払込まれ、日本銀行がこれを各種の支払に充てることによりて世上に流通するのである。補助貨たり得べき地金が如何に多くあっても、その所有者の都合次第にこれを補助貨に代える訳に行かぬ。又補助貨はその含有する地金以上の価値を与えられているから、地金の価値が異常に騰貴する場合の外、これを鋳潰し又は輸出して通貨以外の目的に転用されることはない。故に補助貨の数量は自然の伸縮性に乏しく、財務当局者の見込によって決定されねばならぬ。そこに調節の可能と必要とを生ずるのである。只補助貨には法貨として通用すべき額に制限があり、これを超ゆる額は受取者の意に反して補助貨を以て支払をなすことが出来ぬ。日本では銀貨は十円まで、白銅貨は五円まで、銅貨は一円までを以てその制限としている。*3 加之《しかのみならず》補助貨は携帯に不便であるから、その数量が多きに過ぐるときは、他の通貨と交換せられ、自然に中央銀行に帰来する傾向を著しく持っているので、過多の流通を調節するには、その帰来を阻止せざるだけで宜しい。詳言すれば、中央銀行で法定の制限にかかわらず補助貨を受入れれば宜しい。不足の場合の調節は、急にその施設をする訳に行かぬから、平生において相当の用意をして置かねばならぬ。即ちその不足を生ぜざらしむるように適度の予備補助貨を蓄え、もしくは鋳造能力を具えて置かねばならぬ。我が国では世界戦争中補助貨の入用が激増し、これに応ずる銀地金購入の不便と、鋳造能力増加の困難とのためにその甚だしき不足を経験し、大正六年〔1917〕十月から小額政府紙幣を発行してこれを補充したが、*4 平時において適度の補助貨を供給するは格別難しいことでない。要するに補助貨の数量が適度であるや否やは、日常の取引の便不便に少なからざる関係があるけれども、本位貨その他通用額に制限なき通貨の場合の如く、一般経済活動の消長に対して重大の影響を及ぼすものでもなく、その過不足を判断するにも甚だしき困難なく、その調節に微妙の手心を要するものでもない。随って補助貨の調節については格別詳細に考察するにも及ばぬ。経済政策としての通貨調節を考察するには、本位貨その他の無制限通貨を主たる対象とすべきであると私は思う。無制限通貨と同じ様に、補助貨の事を詳しく叙説して行くのは、むしろ徒らに煩雑を来たすの嫌いがあるから、これに関して言うべきことを先ずここに一括して挙げて置く次第である。

第三節　紙幣の場合

本位貨の外、流通に制限なき紙幣は、現代の通貨として重要の地位を占むるものである、そうして最も調節に意を用いなければならぬものである。本位貨については、如何なる物質を用ゆべきか、金属ならば金が好いか、銀が好いか、自由鋳造が好いかどうか、その自由処分を許すべきや否やと云うような、立法上の根本的問題があるに相違ない。これ等の問題は如何にせば通貨の数量を適当ならしむるを得べきかと云う見地から考慮されなければならぬ。しかしながら既に自由鋳造、自由処分の制度が定まった上は、前に述べた如く、調節の余地は極めて少ない。紙幣に至ってはその発行の条件につき立法上の考慮を要するの外、なお実際の運用に当り調節その宜しきを得るように不断の工夫と努力とを要する。これが本位貨と趣を異にする紙幣の特徴の一である。

もっとも紙幣と言っても米国政府の金証券の如く、金地金を提供するものの請求に応じて発行し、発行額と同額の金準備を置くものは、全く金貨の身代りに過ぎぬから、調節の余地に乏しきことは金貨に異ならない。しかしながらこれは稀有の場合である。紙幣の発行は通常正貨準備の額に限られておらぬ。兌換券の場合においても、請求があれば正貨と引換え得るように用意せねばならぬから、相当の正貨準備を置き、且つ発行高を適度に制限せねばならぬというだけで、必ずしも発行額と同額の正貨準備を置くには及ばない。正貨準備相当額を超過する発行が即ち保証発行である。そこに紙幣の妙味があるとも云える。されば正貨準備相当額に限られない発行は、何を根拠とすべきか、その高は幾何を適当とすべきかと云うにつき、別に何等かの理由を以て判断されなければならぬ。先ず法制上大体の条件を定めても、その条件の範囲内における実際の運用について更に判断を用いねばならぬ。これ等法制上及び運用上の判断による発行の伸縮が即ち通貨調節である。調節の余地少なき本位貨と、これと性質を同じくする正貨準備発行と、調節の余地多き保証発行との併存する場合には、通貨全体の調節は主として保証発行の上において施設されねばならぬ。この道理と実際の作用とは本書の主題に関する所として、追々考察さるべきであるが、先ずここにその核心を挙示して置く。不換紙幣に至っては、兌換の可能を維持するの必要から来る所の制限さえないのであるから、その伸縮の幅の大なるだけ、法制上の条件、運用上の調節もまた一層慎重に考慮されねばならぬはずである。

＊

日本において本位貨以外の通貨として最も重要なるは、日本銀行の兌換銀行券である。日本銀行の兌換券は、租税、海関税、その他一切の取引に差支えなく通用するものと規定されていて、実際においても無制限の通貨である。日本銀行の兌換券は、純金二分[*5]を以て一円とする本位金貨を以て兌換せられる。只大正六年〔1917〕以来金貨の鋳潰及び金の輸出が不自由であるから、兌換券を金貨に引換えても、これを地金として又は対外決済のために利用する途がない。随って引換の請求が少ないという実状にある。[*6]日本銀行の兌換券は金貨及び金地金を準備として発行するに、何等の制限もない。正貨準備の四分の一までは、銀貨及び銀地金を充当することを許されているけれども、明治三十年〔1897〕の貨幣法により金本位が採用せられてから、時々僅少の銀を準備に充当したことがあるばかりで、明治三十八年〔1905〕一月以降全くその迹《あと》を絶った。日本銀行は正貨準備と同額の兌換券を発行するの外、政府発行の公債証書、大蔵省証券、その他確実なる証券又は商業手形を保証として兌換券を発行することが出来る。この保証発行の内一億二千万円までは、発行額に対し一ヶ年一分二厘五毛に当る発行税を納めるだけで、特に政府の許可又は認可を受くるに及ばぬ。[*7]これが通俗に保証発行の制限と称せらるる所のもので、実際の発行高がこれに達せざるときは、その差を発行余力と云う。しかして市場の景況によりそれ以上に通貨の増加を必要と認むるときは、特に大蔵大臣の許可を得て保証発行をなすことが出来る。これが通俗に制限外発行と称せらるる所のもので、その額には全く法制上の限度がない。只一ヶ年五分を下らざる割合を以て、時々大蔵大臣の定むる所により発行税を納むるを要するのみである。制限内発行とか、制限外発行とか、発行余力とか云う言葉は世上に慣用せられ、日本銀行の文書にも用いられているけれども、これを法文の意義に照せば、正確の用語とは云えぬ。兌換銀行券条例は一億二千万円を境として保証発行の条件を区別しているのみで、発行に制限を設けたのではない。制限外発行と云う通用語に拘泥し、法定の制限を超えたる発行と解するのは間違いである。[*8]

日本銀行には兌換券を金貨に兌換するの義務があると同時に、金貨と引換に兌換券を交付するの義務がある。そうして金地金の所有者はこれを造幣局に提出して自由に金貨に鋳造してもらうことが出来る。[*9]実際金を通貨に換えんとするものは鋳造の手続を経ずして、地金のまま日本銀行に売却することが多い。何れにしても金の増減に伴う兌換券の伸縮は日本銀行の裁量を待たずして行われる。これに反し保証発行は日本銀行の判断によって調節することが出来る、又調節すべきである。素より財界の情勢を無視することは出来ぬが、その間判断を用ゆるの余地は尠《すくな》くない。殊に現行の制度においては保証発行に絶対の限度がないのだから、財界の情勢に応ずるの自由多きだけ、調節の必要もまたそれだけ多く切実なのである。

＊1　金貨の自由鋳造は昭和十二年〔1937〕八月以来当分停止されることとなった。

＊2　日本における金貨の鋳潰及び輸出に関する制限は昭和五年〔1930〕一月一応解除せられたるも、同六年〔1931〕十二月以来再び新たに制限を受くることとなった。

＊3　支那事変に関連して新たに発行さるることとなった臨時補助貨幣中十銭及び五銭は五円まで、一銭は一円までを限り法貨として通用する。

＊4　昭和十三年〔1938〕六月以後同じく支那事変に関連して臨時に五十銭の小額紙幣が発行されることとなった。

＊5　昭和八年〔1933〕八月貨幣法にメートル制を採用し、純金七百五十ミリグラムを以て一円とすることとなった。実質に変りはない。

＊6　昭和六年〔1931〕十二月金貨の鋳潰及び金の輸出再禁止に当り兌換券の金貨引換にも大蔵大臣の許可を要することとなったが、更に同十二年〔1937〕八月以来当分の内兌換は一般に停止された。

＊7　保証発行の限度は昭和七年〔1932〕六月一億二千万円より十億円に拡張せられ、同時に一ヶ年一分二厘五毛の発行税は廃止された。又保証発行が十億円を超過する場合においても、その超過発行が十五日を超えて継続する場合に限り大蔵大臣の許可を要し、且つ十億円を超ゆる超過発行額に対し、十六日以後一ヶ年三分を下らざる割合を以て大蔵大臣の定むる発行税を納むべきことに改められた。その後支那事変に関連し右十億円の発行限度は更に十七億円に拡大された。但しこれは事変終了後一年内を限りとすることとなっている。

＊8　前出の＊7参照。

＊9　前出の＊1及び＊6参照。

第五章　通貨制度及び思潮の変遷

第一節　十九世紀以来の一般趨勢

ナポレオン戦争中からの通貨混乱が英国を首として漸次整頓せられて来た十九世紀の思潮は、硬貨、殊に金貨を以て通貨の本体とし、たとい紙幣の流通を容認しても、硬貨流通の場合になるべく近似せる状態を保持するを好しとしたようである。一八四四年のイングランド銀行条例はその標本の最も厳格なるものであって、正貨準備に対して発行せらるる兌換券と金貨とを以て通貨の主要部分を占めしめ、保証発行の分も、勿論金貨に兌換せらるべきのみならず、その限度額を一定し、通貨の総量は主として金の流出入によりて伸縮すべき仕組とした。その他の国では、保証発行の条件がそれ程厳格でなく、伸縮の余地を存したけれども、立法の精神、運用の趣旨は概して英国のと方向を同じくする所の思潮に基いていたようである。十八世紀から十九世紀の始めにかけて、紙幣濫発の害毒に懲りた反動が、かくの如き思潮を生じたる一の原因と云えるだろう。

かくて十九世紀の終り方までに、金を本位とし、金に重きを置く所の通貨制度は広く世界の主なる国々に施行せらるることとなったが、金の在高の増加は人口及び経済活動の増加に伴う通貨の需要に適応することを必し難いから、保証発行による通貨の増加も避くべからざる勢いであった。通貨の基礎を金に置くのは、各国の努めた所であるけれども、金貨の流通、及び金を準備とする紙幣発行の外に、保証発行によりて通貨を供給し、又は小切手の如き通貨の代用物の使用を拡張し、通貨の調節によって兌換制度を維持すると同時に、通貨需要の増加に応じ、これを充たすの方法が工夫せらるることとなった。

第二節　英国の制度

イングランド銀行の保証発行限度額は一八四四年の条例によりて千四百万ポンドと定められ、その後数次の増額により世界戦争直前の限度は一九〇三年所定の千八百四十五万ポンドであり、最近一九二三年の増額によって千九百七十五万ポンドとなっている。これ等の増額は法律の規定に随い、他銀行の発行権を継承せる結果なので、保証発行を拡張するの趣旨に出《い》でたのではない。又イングランド銀行の保証発行限度は法制上絶対のもので、法律を停止するにあらざれば限度以上の発行をなすことは出来ない。この点において我が国のいわゆる保証発行の限度とは趣を異にするのである。*1

イングランド銀行は前にも述べた如く、発行部と営業部とに分れていて、発行部では常に法律の許す全額の保証発行をなし、時々これを増減することはないけれども、営業部では発行部の発行する銀行券の一部を保有し、これを貸出及び預金支払の準備としているから、世間に流通する銀行券の高は、営業部の手心によって多少伸縮するの余地がある。なお発行権によらざる営業部の作用を以て通貨及び信用を調節するの手段もある。それは更に後章において詳述するであろうが、元来保証発行に絶対の限度があるのだから、銀行券の発行総額は勿論、その流通高においても、大なる伸縮は正貨準備の増減によるの外はない。即ち発行総額は一八四四年の二千八百万ポンドから、一九一四年開戦直前の五千五百万ポンド、一九二八年二月十五日の一億七千六百万ポンドと激増したのに、その間保証発行額はわずかに五百七十五万ポンドの増加を見たばかりで、発行総額の大増加は正貨準備の増加によるのである。開戦後の正貨準備増加はその前世間に流通せる金貨をイングランド銀行に集中したのにも原因する。又開戦後は政府紙幣の発行があって、事態が複雑となったけれども、それまでは大体金の流出入によって通貨を伸縮せしむるの趣旨が実行されて来たと云うことが出来る。*2

英国がかくの如き通貨政策を実行し得たのは、その国力が充実し、貿易その他対外業務において優越の地位を占め、殊に巨大なる対外債権を持っていたからである。対外業務の収益、対外投資の利子等は断えず英国に流入すべく傾く。国内に資金の需要多くして金利高きときは、資金流入の傾向が現実化する。国内に資金の需要少なくして金利低きときは、流入すべき資金が対外投資に振向けられ、或いは更に進んで資金の流出となる。その上にロンドンが国際為替決済の中心である関係から、外国資金の出入がある。しかしてこれ等の諸原因を綜合したる結果、資金流入の勢いが進むときは、為替送金によるよりも金の現送輸入を利益とし、資金流出の勢いが進むときは、為替送金によるよりも金の現送輸出を利益とするに至る。かくして金融の繁閑により金が英国に呑吐せられ、英国において必要とするときは自然の勢いと金融上の手心とにより金の流入を促進し、又はその流出を抑制することが出来たのである。イングランド銀行の金利政策は主として金の流出入を目標とすると云われたが、その政策を容易に有効ならしめ得たのは、右の事情に基いていたようである。金利の高低は金の流出入に影響するに相違ないが、その傾向を顕著に、端的に現実化するのは、英国の如く経済上優越なる国でなければ、企及すべき所でない。

英国が主として金の流入によって、通貨の需要の増加に応ずるを得たのは、金を吸収すべき国力が充実していたからである。その上に小切手の使用により通貨の需要が節約されたから、比較的僅少なる保証発行限度を固守することが出来たのであろう。それでもなお平時においてさえ保証発行の限度を一時停止しなければならぬことが三回あった。英国の経済力を以てしてなお保証発行の絶対限度を維持することは出来なかったのである。その他の国が英国と同じ程度に金に重きを置く所の通貨制度を採用し得なかったのは怪しむに足らぬ。

第三節　フランスの制度

フランス銀行は、戦争等の場合に法律により免除されたることあるの外、その発行する紙幣を正貨に兌換するの義務を負うが、特に保証発行について法制上何等の制限もなく、正貨準備発行と保証発行とを区別せずして、只発行総額限度の規定あるのみ。[*3] その限度は時勢の必要に応じ、常に相当の余裕を存するようにしばしば拡大せられ、その範囲内において実際発行額を調節し、且つ適度の正貨準備を置きて兌換制度を維持することは、一に当局者の裁量に任せるの仕組である。発行総額の限度は一八七〇年八月に十八億フランと定められ、世界戦争直前には一九一一年十二月所定の六十八億フランであり、一九二五年十二月以降五百八十五億フランとなっている。しかして一八七〇年限度制定の頃、実際発行高は十五億フラン見当、正貨保有高（銀を含む）は十一億フラン見当、一九一一年限度制定の頃、実際発行高は五十七億フラン見当、正貨保有高は三十九億フラン見当、一九二五年限度制定の頃、実際発行高は四百九十五億フラン見当、正貨保有高は五十八億フラン見当であった。一九二八年二月十六日には、実際発行高が五百七十九億フランとなって、正貨保有高の科目には大なる変りがない。もっとも一九二六年八月以降、幣制整理の準備と思わるる趣旨を以て、時価にて買入れたる金銀及び在外資金は別の科目に計上してあるから、実際の正貨保有高は相当増加しているはずである。正貨保有高は随分豊富でないこともないが、その発行高に対する割合は、イングランド銀行の正貨準備の割合の多きに及ばない。又通貨の伸縮が正貨の増減によるの外、フランス銀行正貨保有高を超ゆる所の発行によりて調節されることの多いと云う点において、イングランド銀行とすこぶる趣を異にする。世界戦争後においては、兌換停止、通貨大膨脹のために益々その勢いを甚だしくしたけれども、平時においても、やはり同じ趨向を呈していたのである。なおフランスの貨幣は、事実上金を主としたが、法制上金銀両本位であったから、フランス銀行は金貨又は銀貨を以て兌換の義務を果たすの自由を持っていた。随って強いて金貨兌換を要求するものには幾分の打歩を課し、これを抑制することもあった。[*4] かくの如く、フランスは法制上及び慣行上、種々の点において、英国に比し、中央銀行の裁量により通貨を調節するの余地が多かったのである。

第四節　ドイツの制度

英国は金を通貨の主要なるものとし、金の流出入によりて通貨の伸縮するを好しとして、保証発行を少額に、簡明に、そうして厳格に制限した。フランスは主として中央銀行の裁量によりて、通貨の金価値を維持すると同時に、これを適度に調節せんことを期した。これ等に対比してドイツの特徴は、法制に重きを置き、発行に関する中央銀行の裁量範囲を種々に局限すると同時に、その発行を屈伸せしむべき規定を設けたと云う点にある。戦前のドイツ帝国銀行（一八七五年制定）はその発行せる銀行券を金貨に兌換すべき義務があった。正貨準備に相当する銀行券の発行には制限なきも、正貨準備発行と保証発行とを併せたる発行総額は正貨準備額の三倍を以て限度とした。法律上正貨準備と看做すべき資産の規定はやや複雑であったが、金を主としたのは勿論である。又或る法定額までの保証発行は無税であるが、それ以上の保証発行には年五分の発行税を課せられた。無税保証発行法定額は発行の制限ではない。只これを境として発行の条件を重くし、法制によりて通貨を調節するの手段であったと云うのが妥当であろう。又保証発行に対しては三ヶ月以内に満期に到達すべき手形又は小切手を保有することを必要とした。即ち発行高に対する正貨準備の比率は絶対であるけれども、発行総額の限度は正貨準備額に比例して移動せしめ、正貨の増加額以上に通貨を増加し得るの範囲を広くし、その範囲においても発行が或る額を過ぐるときは、課税によりて発行原価を高くし、金利昂騰の勢いを誘致することによって発行を抑制せんとし、正貨準備以上発行の保証を手形及び小切手に限りて、必要の場合に銀行券の回収を容易ならしめんとしたのである。要するに金を用ゆること比較的少なくして金価値を維持する所の通貨を構成し、これを適度に調節すべき法制上の仕組を立てたのである。無税保証発行法定額は最初二億五千万マルクであったが、世界戦争開始の直前には一九〇九年の所定により、常時五億五千万マルク、四半季末七億五千万マルクとなっていた。これに対し実際保証発行額は一八七六年（設立の翌年）の平均が一億二千万マルク、一九一四年七月末（開戦直前）が十三億三千万マルク、正貨準備額は一八七六年の平均が五億六千万マルク、一九一四年七月末が十五億七千万マルクであった。発行額は比例限度に達せざること遠きも、保証発行増加の割合は正貨準備増加の割合よりも多い。即ち金によらざる通貨の増加せる勢いを示すものである。世界戦争以来の事は、素より常軌を以て律すべからざるも、開戦後間もなく、兌換制度停止せられ、発行税に関する規定廃止せられ、手形及び小切手の外、帝国政府証券が発行の保証に充当せられ得ることとなり、一九二一年五月以後三分の一の正貨準備を必要とする規定また廃止せられ、発行額の最高は一九二三年十二月において四億九千六百万兆マルクと云ういわゆる天文学的計数に達し、その時の正貨準備はわずかに四億六千七百万マルクであった。

第五節　日本の制度

前章に述べた日本の発行制度は大体ドイツのと系統を同じくするものと云える。日本はドイツの如く比例準備制度を採っておらぬが、ドイツも平時においては、発行総額が比例限度に近づいたことがない位だから、実際の運用上この限度の有無は格別の問題でなかったと云える。ドイツは発行の保証に充当し得べき証券を手形及び小切手に限り、日本は商業手形の外、政府発行の証券その他確実なる証券を包含せしめた。これは重要なる差別と云わねばならぬ。以上二点においてドイツの法制は日本より厳重であった。保証発行税につきドイツは定額の無税発行を許したのに、日本は定額の発行に課する税を低率とするばかりである。又ドイツは定額以上の発行税を年五分の定率としたのに、日本はこれを五分以上としている。[*5] この点において日本の法制はドイツより厳重である。日本でも明治三十一年〔1998〕まで定額の無税保証発行を許していた。その定額は明治十九年〔1886〕に二千万円、明治二十一年〔1888〕に七千万円、明治二十三年〔1890〕に八千五百万円と定められ、明治三十一年〔1898〕から現行の一億二千万円となり、同時に年一分二厘五毛の税を課せらるることとなった。[*6] 大体において日本の発行制度も通貨に関する世界の思潮に触れていたのである。

第六節　米国の制度

北米合衆国は一八六〇年代の南北戦争以来、通貨混乱の状態に陥って、十九世紀の末頃には金貨、金証券、銀貨、銀証券、連邦政府紙幣、国立銀行紙幣等が種々の法規に基いて併存した。一九〇〇年の金本位法により ドル金貨を本位とするの趣旨が声明せられたけれども、直に他の通貨をことごとく金に兌換し得るようになったのでなく、制度としてはその後今に至るまでなお簡明に名状し難きものである。只連邦政府紙幣の増発は停止せられ、銀貨及び銀証券の発行は制限せられ、国立銀行紙幣はその保証たるべき特定の国債の在高に限りあり、且つその市価が額面以上に騰貴したるため、これを買って発行の保護とするも必ずしも利益を生ぜず、随って容易に増発をなし得ざるに至り、自由鋳造を許されたる金貨と、政府が全額準備を以て発行する金証券との流通が漸次に増加した。かくして事実上の金本位に近づきつつあったが、他の通貨の発行が局限せられたる結果、通貨の伸縮は主として金の流入、流出によることとなった。かくてその実情は英国の制度に似て来たけれども、当時の米国は外国から金を吸収する力が英国の如く強くなかったので、財界の事情により通貨の需要の増加するときは、これを充たすに困難を感じた。季節の関係から来る通貨需要の増加の如きは、国庫剰余金を銀行に預入るる手心によりて対応することが出来たが、一九〇七年十月の恐慌に際していわゆる通貨の飢饉を来たし、資産状態の不良ならざる銀行にても、現金支払の義務を故障なく果たすことが出来なくなって、全国要地の銀行はなるべく現金支払を謝絶し、手形交換所を経由すべき保証小切手等を以て現金の代用とするの申合せをなした。交換所経由の小切手とはこれに対して現金を支払わず、銀行帳簿上においてのみ決済せらるるものである。その結果現金は小切手に対し百分の二ないし百分の三の打歩を生じた。即ち小切手は一種の不換紙幣のようなものになり、その表示する金額だけの価値がなくなった。随って実際小切手を以て取引せられたる外国為替の相場は、甚だしく米国に逆となり、一ポンドに対し四ドル八十六セント六を平価とする対英為替相場が四ドル九十セント二五に達し、通貨価値下落の場合に類似せる現象を呈した。余談であるが、この時日本銀行のニューヨーク代理店は同地第一流の銀行に預金を持っていたけれども、現金を引出すことが出来ず、本邦国債所有者の内、利札に合衆国金貨を以て支払うと記してあるから、是非とも現金を渡してくれと頑張るものがあってすこぶる困却した。やむを得なければ英国から金を取寄せる積りでその準備をしたが、現金を支払わぬのは日本銀行代理店ばかりでないのだから、大事には至らなかった。

この時の通貨飢饉は手形交換所組合が一時通貨に代るべき証券を発行したると、政府が国庫金を多額に放出したると、漸次種々の径路によりて金が輸入せられたると、人心が漸次鎮静したるとによりて、二ヶ月程で経過し去った。しかしながらこれによりて、米国は金の流出入の外に通貨伸縮の途がなければならぬことを体験し、それから通貨制度改革の大調査に着手して、数年の後連邦準備制度の設立を見るに至ったのである。

連邦準備法は一九一三年十二月に制定せられ、創立準備中更に幾多の疑義を生じ、施行遷延しつつありしが、世界戦争勃発によりて促進せられ、一九一四年十一月連邦準備銀行の業務を開始することとなった。連邦準備制度の設定後従来の各種通貨はやはり存続し、制度としてはすこぶる混乱しているけれども、金貨に兌換せらるる連邦準備券が通貨として重要な地位を占むることとなった。一九二七年十二月一日の計数によれば、通貨流通高の内連邦準備券が十七億ドル、金証券が十億ドル、国立銀行紙幣が六億ドル、銀証券が四億ドル、連邦政府紙幣が二億九千万ドルと云う順序になっている。[*7]

連邦準備銀行と云うのは、諸銀行の準備金を集中して置く機関とするの趣旨によって名づけられたのであろう。連邦の字を冠するのは連邦を統一する国法によりて制定されたるものとして、各州[*8]の法律によるものと区別したのである。政府の任命する役員によりて構成せらるる在ワシントン連邦準備局の統轄の下に、全国を十二の準備区に分かち、一の準備区毎に一の連邦準備銀行が設けられてある。各々独立対等であるけれども、ニューヨークの連邦準備銀行が最も重きをなしている。連邦準備券は合衆国政府の債務として金を以て兌換せらるべく、連邦準備銀行はその割引又は買入たる手形、又は金を担保として連邦準備局より連邦準備券の交付を受け、これを流通に供するのである。[*9] もっとも国債を担保とする貸付金も手形の形を以てするときは発行の担保とすることが出来る。[*10] 即ち連邦準備券は直接に手形及び金、間接に国債を保証として発行せられるのである。そうして各連邦準備銀行はその取扱に係る連邦準備券の流通高に対し、四割の金準備を保有するを原則とするが、連邦準備局において特に必要と認むるときは、期間を限り準備に関する規定を停止することも出来る。もっともその場合には法定割合を超過する発行に対し累進税を課せられる。されば連邦準備券の発行制度は、金を基礎として兌換の方法を立つると同時に、必ずしも金の増減によらずして通貨を伸縮せしめ得るの趣旨に出《い》でたと云うべきである。南北戦争後の通貨混乱が整理されるに随って一時窮屈に過ぐる実状となり、しかして後現在の仕組に転じて来た。やはり欧洲における趨勢と方向を同じくしている。

第七節　世界戦争による金本位の破壊

金を基礎とする所の通貨制度は十九世紀を通じて主なる国々に築き上げられたが、これと併行して通貨調節の範囲の拡張されて来たのは既記の通りである。しかるに金本位は世界戦争によりて一旦破壊せられた。交戦国たると中立国たるとを問わず、ほとんど凡ての国は、或いは簡単明瞭に兌換を停止し、或いは兌換を停止せざるも金貨の鋳潰しを禁止し、金の自由輸出を禁止した。これ等は金を護持せんとするの方策であるが、他方には金の輸入により通貨の増加を来たし、一般財貨の外国に買い去らるるを迷惑として金の輸入を抑制した国もある。何れも金と通貨との連絡を断ち、もしくはこれを薄くしたものである。英国は主たる交戦国の一であったにかかわらず、戦時中兌換も停止せず、金の輸出も禁止しなかったが、列国の間における優越なる立場と国民の愛国的自制とによりて、事実上金の自由移動を防遏し、政府及び中央銀行の管理に帰せしめた。そうして戦争の進むに随い、海上の危険が甚だしくなったから、私人の手で金の輸出を企つることは問題とならぬようになった。英国が戦争中兌換停止も、金の輸出禁止もせずに済んだのはこれがためである。実際に金本位を維持したものとは云えない。それで戦後一九一九年四月に至って戦時中の曖昧なる事態を改め、金の自由輸出を禁止することとなったのである。米国は参戦後一九一七年九月金の自由輸出を禁止し、日本もその後間もなく金貨の鋳潰及び金の自由輸出を禁止した。多分戦時中この措置をなした最後のものであったろう。

金本位の破壊と同時に起った現象は通貨の濫発である。これは凡ての国に共通とは云えぬ。米国だの、日本だのは、決して無節制に通貨を増加してはおらぬ。しかしながら交戦国の多数は不換紙幣の発行によって戦費を調達した。英国は欧洲の交戦国中最も堅実なる財政及び通貨政策を採ったけれども、紙幣の発行によって通貨を増加することを免れなかった。イングランド銀行の銀行券は、その限度を停止し得る法律が発布せられたばかりで、実際に増発を見ることはなかったが、新たに政府紙幣が発行せらるることとなった。英国の政府紙幣は、担保を取って市中銀行に貸付けられたもので、その趣旨は財界の必要に応ずるにあり、直接に政府の財源に供せられたのではない。この点において他の欧洲交戦国が中央銀行をして銀行券を発行せしめ、これを政府に借上げたのとは大いに趣を異にするけれども、紙幣の増発たることは免れない。殊に政府の国債募集に応じたる銀行がその国債を担保として政府紙幣を借入れる場合もあったから、結局政府紙幣の発行によりて財政上の必要を充たしたと云うことになるのである。英国政府紙幣の現在高は一九二〇年十二月において最高の三億六千八百万ポンドに達し、一九二八年二月十五日には二億八千七百万ポンドとなっている。

第八節　戦後整理の趨向

戦後欧洲の通貨は戦時よりも一層甚だしき混乱に陥り、全く通貨の崩潰を来たした国も少なくないが、これを如何に整理すべきかにつき、ナポレオン戦争の後とはいささか趣を異にせる思潮が出現した。通貨の濫発を制止せねばならぬと云うことは、誰も認むる所であるけれども、金を以て通貨の基礎とすることの可能性又は妥当性に関して疑いを懐く人があった。少なくとも金本位を絶対に必要と認めざる人があった。

もっとも国際連盟によりて開催せられたる一九二〇年のブリュッセル経済会議、並びに英、仏、伊、白、及び日本の五主要国によりて招請せられ、三十一ヶ国の参加したる一九二二年のジェノヴァ経済会議は、何れも戦後通貨整理の方針として金本位回復の望ましきことを決議し、列国の実際趨勢もまたこれを目標として着々その歩を進めて来た。米国は一九一九年六月逸早く金の輸出禁止を解いた。ドイツは一九二四年の貨幣法及び銀行法により従来の通貨はその崩落せる価値を以て新通貨と交換せられることとなり、同時に新制度による通貨と金との連絡は回復せられた。英国は一九二五年四月から事実上金の輸出解禁を行った。その後通貨の金基礎を回復し、又は新たに設定した国は約二十である。戦前の主なる金本位国にして未だ金基礎を回復せざるは、フランス、スペイン及び日本だけとなった。しかしながらドイツも、英国も、その他の国も概して戦前の如き厳格なる金本位に復帰したのではない。[*11]

ドイツの新ライヒスバンクは必ずしもその銀行券を金貨に兌換するを要せず、金地金を以てこれに代えることが出来るのみならず、外国為替を以てしても差支えない。外国為替を以て兌換に代えると云うのは、内地で金を渡さずに外国でこれに相当する在外正貨を支払うことである。ベルギー、イタリア等の諸国が通貨の金基礎を維持する方法もドイツのと大同小異である。英国では一九二五年五月の金本位法により金貨の自由鋳造を停止し、イングランド銀行は金貨兌換の代りに、これに相当する値段で四百オンス以上の金塊を売却すべきこととなった。英独共に金貨の国内流通を抑制し、主として対外支払のために金を用いることを趣意としたようである。通貨を金と結び付けるには、それで差支えないかも知れぬが、従来の金本位の観念とは距りがある。なお英国の通貨制度について注意すべきことは、政府紙幣の処置問題である。政府紙幣は一九一四年の通貨及び銀行券法によりて法貨とせられ、且つ金貨と引換えらるべきものであったが、これに対して充分の正貨準備を置かれたのではない。戦時中及び金の輸出禁止中は、イングランド銀行の銀行券と等しく、政府紙幣に対しても実際金貨引換を請求するものがなく、曖昧な状態で過ごして来たが、金輸出禁止の解かれるのとほぼ同時に、政府紙幣の金貨引換が停止せられた。もっともイングランド銀行に政府紙幣を提供すれば、金塊を売渡してもらうことが出来る。政府紙幣はこの点においてイングランド銀行の銀行券と同じ立場に置かれているが、イングランド銀行券の如く金準備を具えていない。金輸出解禁前は政府が別に多少の金準備を持っていたが、解禁後これをイングランド銀行に移した。つまり実際においてはイングランド銀行の金準備を以て銀行券と政府紙幣との基礎とするのである。一九二八年二月十五日におけるイングランド銀行の金準備一億五千七百万ポンドは銀行券発行額一億七千六百万ポンドに対すれば充分であるけれども、政府紙幣二億八千七百万ポンドを併せて考うれば、余り豊富とは云われぬ。要するに政府紙幣を如何に処置すべきかは、実に英国の大問題であって、戦争の末期に任命せられた通貨及び外国為替調査委員会（この委員会はブリュッセル会議及びジェノヴァ会議と共に戦後の通貨問題に関する有力の典拠である）は、結局政府紙幣をイングランド銀行の銀行券に併合すべしとの意見を出しているが、その整理の済まぬ内は、英国の金本位が制度として鞏固なる基礎に立ったとは云い難い。現在においてイングランド銀行の正貨準備は銀行券と政府紙幣とを併せたる額の三分の一見当である。[*12] 英国の一般国力を背景として見れば必ずしも差支えなかろうが、一八四四年の条例が保証発行を極めて少額に局限し、主として金を以て通貨を構成せんとしたるの趣旨を距ることすこぶる遠いと云わざるを得ぬ。

第九節　保証発行の増加と調節の必要

何れの国でももし金本位不必要論が実際に行わるるならば、通貨は専ら政府及び発券銀行の裁量によりて調節されなければならぬ。又通貨の基礎を金に置くの趣旨は渝《かわ》らないとしても、金本位の観念は必ずしも従来の通りではなくなるかも知れぬ。世界を通じ戦争以前において既に保証発行増加の傾向があった処に、戦争によって世界的に通貨の大膨脹を来たした。如何にこれを整理しても俄かに戦前の程度に縮小することは望めまい。しかして金の在高を急激に増加することもまた期待し難いから、少なくとも当分の間、保証発行の割合が戦前に比し多きにいるは、世界の大勢として免るべからざる所であろう。保証発行の割合が多ければ、法制及び当事者の手心による調節の範囲が広くなる訳である。

＊

戦後通貨制度の改造を実行したドイツの例を見るに、既記の兌換に関する新規定の外、戦前の無税保証発行法定額は撤去せられた。随って定額を超過する保証発行に特別の税を課する旧制は廃止せられた。銀行券発行高に対する正貨準備の比率は三分の一から五分の二に引上げられたが、その割合は戦前の如く絶対のものではなく、単に原則を定めたるものにして、それ以下に降ることも出来るようになった。只その場合には累進税を課せられ、且つ法律の規定に従い割引歩合を引上ぐることを要求されているのみである。[*13] 又正貨準備の四分の一までは、短期日の外国為替及び要求払の対外債権を以て充当することが出来る。肝要の点において戦前の通りに復帰したのは、正貨準備を超過する発行の保証を手形及び小切手に限ったことである。要するにドイツ新ライヒスバンクの銀行券発行は、戦前よりも一層伸縮性が多くなったのである。一九二八年二月七日における新ライヒスバンクの銀行券流通高は四十億三千万ライヒスマルクで、これに対する正貨準備（在外準備を含む）は二十一億八千万ライヒスマルクである。これだけで見れば、正貨準備は発行額の半ばを超えているけれども、この外に通貨制度改造の中間方法として発行せられたレンテンマルクがなお六億マルク程残っている。レンテンマルクは金準備を置かず、土地、工場等を引当てとして発行せられた通貨で、新ライヒスバンクが漸次これを回収整理すべきことになっている。レンテンマルクの残存高を新ライヒスバンクの保証発行に合算すれば、保証発行の割合は決して少なからぬものである。[*14]

日本は戦時中から貿易及び対外業務盛況の結果として、在外正貨の増加と異常なる金の輸入とを来たした。これに伴い通貨の数量もまた拡大した。保証発行額には甚だしき変動があって、時としては皆無となったことさえあるが、時としては巨額に上ったこともある。戦前大正三年〔1914〕六月末の兌換券発行高は三億六千万円、これに対する正貨準備が二億二千万円、保証発行が一億四千万円であった。大正十年〔1921〕十一月三十日、正貨準備が最高記録に達したときの兌換券発行高は十二億八千三百万円、これに対する正貨準備が十二億六千四百万円、保証発行が千八百万円であった。大正十二年〔1923〕十二月三十一日即ち震災の年の末日における兌換券発行額は十七億円、これに対し正貨準備が十億五千万円、保証発行が六億四千万円であった。昭和二年〔1927〕四月二十五日即ち金融大動乱の時における兌換券発行高は二十六億五千万円、これに対する正貨準備十億六千万円であった。昭和三年〔1928〕三月二十四日における兌換券発行高は十二億一千万円、これに対する正貨準備が十億六千万円、保証発行が一億四千八百万円であった。[*15] 過去数年における我が国の通貨の増加は正貨の増加を基本としたのである。しかしながらこの正貨の増加は異常の原因から来たのである。我が国状として何程の正貨を保有するのが、可能又は適当であるかは、あらかじめ測定し難いが、常態として現在の正貨保有を続けることは必ずしも期待すべきであるまい。正貨が減少すれば、これに伴って通貨の縮小が起るべきであろうけれども、保証発行の割合の増加もまた全く避くることは出来なかろう。

米国は戦争の結果として正貨の増加を来たしたことの最も著しい国であるけれども、それによって事実上金本位の基礎を鞏固にすると同時に、保証発行の働きは、連邦準備制度の設立以前に比して著しく多くなっている。それが連邦準備制度の目標とせられたる趣旨の一であり、又実際の効能である。

＊

要するに保証発行の増加は世界的の趨勢である。通貨の基礎を金に置かずして専ら調節に依頼するのが好いか、どうかはしばらく別問題とするが、金本位の下においても保証発行の増加により通貨調節の余地が多くなれば、それだけ調節の目標を合理的にし、調節の裁量を妥当ならしむるよう、一層慎重の注意を払わなければならぬ。

*1　世界戦争中発行された政府紙幣を整理するためこれに属する国庫の勘定をイングランド銀行に引継ぐに当り、一九二八年（昭和三年）保証発行限度を二億六千万ポンドに増額し、且つ大蔵省において定むる或る一定期間保証発行額を一定額だけ減少又は増加するを得る仕組となし、或る程度の伸縮性を与えた。（補遺「英国発行制度の改正」参照）

*2　前出の*1参照。

*3　一九二八年（昭和三年）六月の幣制改革に伴いフランス銀行発行制度も改正せられ、従来の発行総額限度制定の方法を廃し、銀行券流通額及び当座預金額の合計に対してその三割五分以上の金貨及び金地金を保有せしむることとなった。（補遺「フランスの金本位制定」参照）

*4　フランスは一九二八年（昭和三年）六月法制上にも金本位たることを明らかにした。（補遺「フランスの金本位制定」参照）

*5　日本の発行制度も昭和七年〔1932〕の改正により、定額の保証発行は無税となり、制限外発行税は引下げられ、保証発行の限度も拡張された。（第四章〔通貨調整の必要〕*7参照）

*6　前出の*5参照。

*7　一九三八年（昭和十三年）四月末の数字によれば、通貨流通高六十三億ドル中連邦準備券は四十一億ドルで第一位を占め、銀証券が十一億ドル、連邦政府紙幣が二億六千万ドル、国立銀行紙幣が二億二千万ドル、金証券が八千万ドルとなっている。この外に補助銀貨、小額貨幣等がある。金証券が減じたのは一九三三年（昭和八年）の恐慌後金の集中政策により流通中の金証券引揚げの方策が講ぜられ、更に翌年金証券も準備銀行所有のものの外は金にて償還されざることとなったためである。代りに銀証券が増加したのは一九三四年（昭和九年）政府の銀買上政策の結果である。又国立銀行紙幣は連邦準備制度制定の当時より漸次引揚げを企図されていたものであるが、その発行担保とする特典を附与されていた公債が、一九三五年（昭和十年）に償還された結果、連邦準備券と交換さるるに至った。

*8　一九三五年（昭和十年）八月以来連邦準備局を連邦準備制度理事会と改称することとなった。

*9　米国は一九三四年（昭和九年）一月金を国有とし金貨の流通を禁止し、且つ工芸用として必要なるものの外、金の用途を連邦準備銀行による国際収支差額決済に限定したため、連邦準備券も金貨と兌換せず、単に合法貨幣と引換ゆることとなった。同時に連邦準備券の交付を受くるための担保物件中「金及金証券」とありしを「金証券」に限ることとした。

*10 一九三二年(昭和七年)二月以来連邦準備券発行の基礎を拡大して国債も直接に発行の担保とすることが出来るようになった。但しこれは一時的の便法で目下の所一九三九年(昭和十四年)六月末までとなっている。

*11 フランスは一九二八年六月から、日本も昭和五年〔1930〕一月から金輸出を解禁し、これで少数の例外を除き世界を通じて金本位制は一応再建せられたが、同六年(一九三一年)九月英国が兌換を停止して再び金本位制を離脱したので、これに倣う国続出し、日本もまた同年十二月金再禁止を行った。

*12 英国の政府紙幣は委員会の意見に従いイングランド銀行に引継がれた(補遺「英国発行制度の改正」参照)。一九三八年(昭和十三年)五月二十五日における銀行券発行額は五億二千六百万ポンド、正貨準備は三億二千六百万ポンドである。

*13 ドイツの発行法には一九三三年(昭和八年)十月重要なる改正行われ、爾来正貨準備が法定の比率以下に降ることあるも、その不足額に対して課税せらるることもなく、又割引歩合を引上げる義務もなきこととなった。勿論これは例外的事情ありと認められた結果である。

*14 一九三八年(昭和十三年)五月末日におけるライヒスバンク銀行券流通高は六十二億六千八百万ライヒスマルク、これに対する正貨準備は七千六百万ライヒスマルクに過ぎない。

*15 昭和十三年〔1938〕六月十八日における兌換券発行高は十八億百万円、これに対する正貨準備が八億百万円、保証発行が十億円である。これで見れば、昭和三年〔1928〕三月以来正貨準備は二億六千万円を減少したに過ぎないようだが、昭和十二年〔1937〕八月、貨幣法では純金七百五十ミリグラムが一円であるにかかわらず(第四章〔通貨調整の必要〕*5参照)金を兌換券の準備に充当する場合には、純金二百九十ミリグラムに付き一円の割合で評価することとなったのであるから、八億百万円の正貨準備と云っても、評価換前の価値にして見れば三億九百万円に過ぎない。更に昭和十三年〔1938〕七月二十三日正貨準備の内三億円を割いて外国為替基金を設置し正貨準備は五億百万円、即ち評価換前の一億九千三百万円に相当するものとなった。同日の兌換券発行高は十八億八千百万円である。

第六章　通貨調節の趣旨

通貨制度及び思潮の世界的趣向に鑑み、通貨調節の必要が益々切実になりつつあるは、前章までに叙説した通りであるが、しからばその通貨調節は如何なる趣旨を以てなすべきであるか。

第一節　通貨の価値

＊

通貨の価値が安定しておらねばならぬと云うのは、普通に容認せられている所の観念である。さすれば通貨の価値の安定が通貨調節の目的、少なくともその目的の一であらねばならぬ。通貨は価値の尺度であるから、通貨それ自身の価値の安定を要すと云う風に簡単に片付けて仕舞う人もあるが、通貨の価値と云い、その価値の安定と云うことを細かに分析すれば、種々の疑問を生ずるであろう。価値論上の或る見解に基き通貨の価値と云う用語を排斥する人もある位だから、通貨の価値の安定とは何を意味するか、果してそれが通貨調節の目的たるべきものかと云うことを一応検討して置かねばならぬ。私は前きに通貨の意義を括約して一般の支払に通用するものとしたときの如く、今また実際生活における通貨の作用から観察して、通貨の価値とは通貨の一般購買力を意味するものとする。なお精密に云えば、通貨の一定量、即ち一円とか、一ドルとか、一ポンドとか云うものが有する所の一般購買力である。一般購買力とは、一般の支払に充当せらるべき能力とも、一般に財貨及び労務と交換せらるべき能力とも云うべきである。労務に対して購買力と云う語を用いるのは、労働は商品に非ずと云うヴェルサイユ条約労働条項の精神を蹂躙するものとして叱責されるかも知れぬが、私は只労務もまた通貨と交換せらるる事実について立言するので、社会上商品の代償と労務の報酬との区別を無視するのではないから、徒らに用語の争いを起さざらんことを望む。

却説《かえってとく》通貨は或る財貨又はこれを代表するものでなければならぬと云う見解に従えば、通貨の価値は財貨の価値と同様に取扱わるるであろう。通貨は必ずしも財貨又はその代表たるを要せずと云う見解に従えば、財貨の価値と異なりたる意味において通貨の価値の意味を求めなければならぬであろう。即ち通貨の効用価値を認めずして、別に職能価値を認めるのである。又通貨の価値と云う用語を全然排斥する人は、経済価値の表現及び計算は通貨あるによりて始めて可能となるとの見解に出発し、更に歩を進めて経済価値は通貨あるを条件として始めて成立すと極論し、価値成立の条件たる物には価値の存在するはずがない、随って通貨の価値なるものを認め難しとするようである。又通貨は財貨及び労務に対する要求権であるから、要求の目的物たる財貨及び労務に価値あるのみにして、通貨それ自身に価値がないと唱うる人もある。私は今これ等の見解の当否を論じない。しかしながら価値論上の見解の如何にかかわらず、通貨に購買力のあることは実際生活の事実として認められるであろう。論争を避くるために、通貨の価値と云う言葉を用いず、単に通貨の購買力と云うことにして考察を進めても宜しいが、通貨の価値と云う方がむしろ普通の用例に適合するようだから、私は通貨の一般購買力と云う意味でこれを用いるのである。そうして専ら経済生活の上に現れる事実について、通貨の価値の安定と云うことを具体的に考察して見たいと思う。

＊

通俗に「かね」が高いとか、安いとか云うときに、金利の高下を意味することもある。この用例に従えば通貨の使用料とも云うべき金利が、通貨の価値と看做されているようである。私はその妥当なるや否やをここに論じない。只この意味における通貨の価値と、一般購買力を意味する通貨の価値とは、全く同語別義のものとして、混同を避けなければならぬことを一言して置く。

第二節　通貨の価値の表現

通貨の価値は対内的と対外的とに分れて表現する。もっとも通貨に二種の価値ありと云う意味ではない。通貨の価値はこれ等両方面を綜合したものでなければならぬ。しかしながら両方面を綜合して測定することが実際に困難であるから、その表現する所を別々に考察するの外はないのである。

対内的に通貨の価値を表現するものは主として物価である。素より労務に対する報酬を併せて考量しなければ十全ではないが、労務に対する報酬を一般的に測定することは、物価を一般的に測定するよりも一層困難である。そうして大体観察としては、物価が代表的に通貨の価値を表現するものと見ても大なる見当違いではない。何となれば労務に対する報酬と物価とは、時の遅速と順序の変化こそあれ、概して互に追随して動くからである。この代表的意義において物価は通貨の価値に反比例すると云える。物価の高きときは通貨の価値が低く、物価の低きときは通貨の価値が高い。例えば米一升の価格が五十銭から一円に騰貴すれば、その関係において物価が倍に上って、通貨の価値が半分に下ったのである。

次に対外的に通貨の価値を表現するものは外国為替相場である。対外的にも、通貨の価値は窮極外国の財貨及び労務に対する購買力に外ならぬが、外国の財貨を買い、在外の労務に酬ゆるには、外国の通貨を介在せしむるから、外国通貨に対する比率即ち外国為替相場が一国の通貨の価値を表現することとなるのである。為替相場が一国に順調なるときはその国の通貨の価値が高く、為替相場が一国に逆調なるときはその国の通貨の価値が低い。通貨の価値が為替相場に正比例するか、反比例するかは、相場の建方の商習慣によることで、概括的には云い得ぬが、我が国における対英、対米為替の商習慣を以て例とすれば、我が通貨の価値はこれに正比例する。即ち日米為替相場は日本の通貨百円を基本とし、これと交換せらるべき米貨を以て表示するのであるから、相場が五十ドルから四十ドルに下れば我が国に逆調となったので、その関係において我が通貨の価値は五分の一の下落を来たしたこととなる。

通貨の価値はかくの如く主として物価と外国為替相場とに表現せられる。通貨の価値と物価又は外国為替相場とは同一事の表裏両面であると云う方が一層適切だかも知れない。通貨の価値と云えば、何となく深遠にして捕捉し難きもののように感ぜられるが、私共の日常生活において体験自覚する所の事実としては、大体物価及び外国為替相場の安定が、即ち通貨の価値の安定であると見て置いて宜しかろう。

第三節　通貨の価値の変動とその影響

しかるに国内物価も、外国為替相場も、各々常に多少の変動を免れぬことは私共の実験する所であり、又両者必ずしも歩調を同じくして動くものでない。随って通貨の価値の絶対的安定と云うことは実際に期待し難い。且つ物価の騰落、外国為替相場の順逆には種々紛糾せる利害得失が伴うので、通貨の価値の変動はその程度及び方向にかかわらず、必ずしも常に社会の福祉を害するものとは限らない。しかしながら物価及び為替相場の変動が大なるとき、殊にそれが急激なるときは、経済生活の堅実なる発達を妨げ、更に進んではその紛糾を醸し、結局社会の福祉を害するに至る。かくの如き激甚なる変動のない状態が、通俗に云う所の通貨の価値の安定であろう。

＊

もっとも通貨の価値の高低がそれ自身において国富又は各人の資産の消長を意味するかのように感ずるのは、通貨経済に囚われたる錯覚である。もしも通貨の価値の変動が、各種の財貨の価格、各種の労務の報酬及び各種の債権債務と、外国為替相場との上に、同一の割合で、そうして端的に表現せられるならば、単に資産及び取引の計数的呼称が改まるだけで、経済生活の実体には何等の影響をも及ぼさぬであろう。財貨は呼値の大小によってその効用に差異を生ずるはずがない。米一石は五十円から百円に騰貴してもやはり米一石である。そうして他の物価もまた二倍に騰貴しているならば、米一石を以て他の財貨と交換する能力にも差異を生じない。機械、原料、製品等凡ての物価が二倍に昂騰したとすれば、各種製造業者、卸売商、小売商等の間において何等の損益も起らない。同時に俸給、労銀等が二倍に増加されたならば、それ等の給与を受くる人々も何等の痛痒を感じない。そうして有価証券、預金、貸金、借入金等の元利金額もまた二倍に変更せらるるならば、利子又は配当を以て生活の資とする消費者、商品を売って債務を弁済すべき商人、貸金を取立てて預金を支払うべき銀行等の如き種々の階級の間において利害の関係は全く従前と同様である。例えば従来百円と称せられたものを二百円と称するだけのことで、その表示する資産及び取引の実体には何の変りもないのである。外国為替相場についても、例えば百円に付き五十ドルの相場が二十五ドルに下ったとすれば、従来五十ドルの米国品を買うため百円を要したのに、今は二百円を要する。その代り米国市場に五十ドルで売れる品物の代金もまた従来百円にしか換えられなかったのに、今は二百円に換えられる。さすれば対外的に何の損益もなく、そうして内地物価もまた従来百円であったものが今は二百円になっているのだから、内外を通じて経済生活の実体には何の変りもないのである。

*

しかしながら右は通貨の価値の大小が必ずしも経済生活の実体に影響するものでないと云う根本の筋合を示すために、極端なる仮想をなしたるに過ぎぬ。国家が法制により通貨の単位を改定する場合には、この仮想に近似せる実状を現出することもあろうが、通常通貨の価値の変動は、この仮想における如く凡ての方面に亘りて平等且つ端的に表現するものでない。物価の変動は時により或いは上向きに、或いは下向きに、大勢の赴く所があるけれども、財貨の種類により、騰落の程度を異にし又は遅速の別がある。或いは特殊の事情によりて大勢と逆行するものもある。随ってその間利益を享けるものと、損失を蒙るものとを生ずる。通貨を以て計算せらるる労務の報酬は大体物価と趨向を同じくするけれども、その変動は物価に後れて進行する場合が多い。物価が騰貴するときは、農工商の産業主は概して最先に利潤を多くするの機会を得るが、労務に対する報酬は必ずしも直にこれに伴いて増加せず。もっとも労働者等の如く直接産業に従事するものの給与は比較的早く増加するであろうが、その外の職業に従事するものの収入はなおこれに伴わず、公債、社債の如き長期債権の定額利子に至っては、物価の変動に順応することが最も遅鈍である。所得金額の増加が物価騰貴の割合に達せざるものは、その実際収入を減少されたるに等しい。殊に通貨を以て表示されたる債権は、物価の騰貴によりてその実価値を減ずる。例えば米一石を買うに足るべき通貨を預金として、その払戻を受けるときに、物価が倍に騰貴していれば、これを米五斗に換え得るのみであるから、債権者には損失となり、債務者には利得となる。これ等種々の不均衡が甚だしきときは、社会の経済生活が平穏なることを望み難い。

加之《しかのみならず》物価の騰貴が余りに大いに、余りに急なるときは、産業主の利潤もまた終にすこぶる不安のものとなる。物価騰貴によりて産業主の利潤の増加するのは、原料の買入から生産品の仕上に至るの間、又は商品の仕入からその売却に至るの間に、計画、努力の効果以上の差益を通貨の勘定において生ずるが故である。しかるに生産品又は商品の売却によりて得たる通貨の価値が、その翌日更に崩落するならば、通貨の勘定において得たる利潤は実質において空に帰するから、生産品又は商品の代金として通貨を受取ることを躊躇する。消費者の側から云えば、通貨を所有していても、その欲求する財貨を買うことが不自由となる。これはドイツ旧通貨制度崩潰の末期において現に実験された所で、マルクによる取引の代りに、外国通貨による取引が行われるようになった。即ち物価の騰貴、通貨の価値の下落の極まる所、一国の通貨が一般の通用力を失うに至ったのである。

＊

物価が下落するとき即ち通貨の価値が騰貴するときは、経済現象の趨向が大体前段に述べたる所に逆行し、債権者及び定額の収入を受くるものは利益を享け、債務者は損失を蒙り、産業主の利潤は減少し、産業の経営は困難となる。その極まる所は産業の萎微である。消費者としての立場から見れば、物価の下落は喜ぶべきが如きも、その勢いやや久しきに亘るときは、各人の収入また次第に減少し、中には失職の非運に陥るものもあって、一般に経済生活の不賑を来たすことを免れない。殊に物価の急騰と物価の暴落とが循環して起るときは、産業主と従業者、生産者と消費者、債権者と債務者等の間において、頻繁なる利害の転変衝突を醸し、堅実なる計画を立てて企業、商業、その他一般の経済生活を営むことが出来なくなる。資産家、事業家はこれに乗じて巨利を博するの機会を得ると同時に、巨大なる損失を蒙るの危険もある。一般大衆に至っては、概して大勢に順応するの知識と能力とを欠くが故に、通貨の価値の変動する際、各自の思慮の及ばざる原因によりて損益を生ずる場合が多く、その結果富の分配が不公平に攪乱せらるることとなる。以上は粗大なる考察に過ぎぬが、以て物価の変動より来る影響の一斑《いっぱん》を想見し得るであろう。随って甚だしき物価の変動が社会の福祉のために望ましからざることは明瞭であろう。

第四節　外国為替相場の変動とその影響

外国為替相場の変動が一国の経済生活に及ぼす影響は一層複雑である。その変動は対外取引をして不確実ならしめる。又その変動は国内物価の変動の原因たることがある。故に国内物価の変動が望ましからざれば、外国為替相場の変動も望ましからざるに相違ない。これ等は比較的単純なる事柄であるが、外国為替相場の変動と、国内物価の変動とは互に関連する所があると云うだけで、何れが原因であり、何れが結果であるかは、時によりて異なり、又これを判別し難い場合もある。そうして両者の変動は必ずしも趨向を同じくせず、たとい趨向を同じくしても、程度と遅速とを別にする場合が多い。これがためにその影響が錯綜して甚だしく複雑となるのである。その影響の方向、径路及び結果については細かき考察を必要とするであろうが、事態が複雑であるだけ、それだけ経済生活上の堅実なる計画を困難ならしむるは疑いなき所である。殊に外国為替相場は変動の軽微なる限り格別一般世人の注目を惹かないけれども、一旦著しき変動に遭遇すれば、通貨の価値の表現として人心を刺激することが国内物価よりも一層強烈である。この心理作用が経済生活を脅威することもまた軽々に看過し難い。随って外国為替相場の甚だしき変動を避けるのは、社会の福祉のために望ましきことと云うべきである。

第五節　通貨の価値の安定

通貨の価値の表現たる物価及び外国為替相場の激しき変動が好ましからぬことは、常識の直感する所であり、又論理の指示する所であるが、その変動の起る原因については、議論紛糾して容易にその帰結を見定め得ぬ。物価の変動は通貨の側から起ることもあろう。財貨の側から起ることもあろう。その原因が双方に存することもあろう。又取引の状況によりて影響さるることもあろう。専ら通貨の状態によりて物価を左右することは出来ぬ。しかしながら通貨の状態が物価に影響を及ぼし得る限りにおいて、なるべく激しき物価の変動を起さぬように裁量することは可能たるべきはずである。外国為替相場の変動もまた必ずしも一国通貨の状態から生ずるのみでなく、内外における生産消費の状態によりて起ることもあろう。外国通貨の価値の変動より来たることもあろう。しかしながら一国の通貨の状態の関する限り、なるべく外国為替相場の激しき変動を起さぬように裁量することは可能たるべきはずである。これ等二方面の可能範囲において適宜の措置施設をなすのが、いわゆる通貨の価値の安定を目的とする所の通貨調節である。通貨調節の目的を以て、通貨の価値の安定にありとする観念は、この意味において是認せらるべきである。

第六節　価値安定以外の通貨政策

しかしながらいわゆる通貨の価値の安定のみを以て、通貨調節の能事了れりとすべきではない。その影響の如何にかかわらず通貨の価値を安定させるだけにて宜しいならば、通貨調節は簡単にして容易なる業であるかも知れぬが、通貨の価値の安定を図るのも、畢竟社会の福祉のためにこれを望ましいとするからである。随って社会の福祉のために必要とする他の条件を併せて考慮に入れなければならぬ。それ等の条件は必ずしも通貨の調節によって左右し得ぬであろうが、いやしくも通貨の状態に関係ある限り、時の事情に応じて軽重を斟酌し、妥当の裁量をなさねばならぬ。

*

なるべく通貨の価値を安定させるの外、通貨調節の趣旨として日常各種の取引に差支えなきように通貨を供給することを期すべきは云うまでもない。なおその上に通貨供給の手心が一般産業に及ぼす所の影響を顧慮しなければならぬ。通貨の価値の表現たる物価の騰落は、財貨の分配上各人の利害に影響を及ぼすのみならず、一般産業の盛衰及び財貨の生産の多寡にも影響を及ぼすものである。単に分配関係においては、通貨の価値の安定せる状態が最も公平且つ静穏であるに相違ないが、社会福祉の根本としては生産の多寡に重きを置かねばならぬ。生産を偏重せる過去の経済思想に対して、今は反動の気勢が揚っているけれども、それは生産を豊富ならしむると共に分配の妥当を期すべしと云うのであって、分配が妥当ならば、生産は貧弱でも宜しいと云うのではあるまい。もし分配の妥当より来る満足のために、社会の享受すべき財貨の総量の減少を忍ぶべしとするならば、高尚なる社会観として敬重すべきであろうが、それは経済的動機を超越している。経済的動機の働く範囲においては、生産を豊富ならしむることが、社会福祉の基礎であらねばならぬ。生産あってしかして後の分配である。しかるにいわゆる価格経済、即ち財貨が売買の径路によって消費者に分配せられる経済組織の下においては、産業に利潤あるを以て生産の条件とする。これは社会福祉の理想に照らして不合理であるかも知れぬが、経済組織の根本的改革は今私の問題とする所でない。現在の実状において生産を豊富ならしむるには、概して産業の利潤を得易からしむるを便利とする。産業の利潤は必ずしも物価の騰落にかかわらず、経営者及び従業者の智慮と努力とに因りて生じ得るけれども、物価騰貴の時はそれが特に容易である。随って物価の騰貴は生産に刺激を与え、財貨の量を豊富にするの傾向を有する。そうして利潤の増加は産業主を益するばかりでなく、労働者の如き従業者もその徳沢に与るのである。現在の社会において多数の人々は、直接又は間接に産業に関係を持つから、結局多数の人々が増加せる財貨を享受することとなる。これがいわゆる好景気の現象である。この際通貨の勘定を以てする収入の増加率が物価の騰貴率に及ばざるものもあって、分配の上に多少の不公平を生ずるとしても、生産を豊富にする方が、社会の福祉を増進するために望ましい場合もある。故に産業を擁護し、その発達に資するの見地より物価の騰貴は必ずしも一概に回避すべきでない。

又物価の下落は概して産業の萎微、生産の減退を来たし、いわゆる不景気の現象を導き出すからその一時の影響は好ましからぬものが多い。単に国内関係のみについて見れば、一旦騰貴したる物価は、これをその上騰せる平準に落付かしめ、諸般の関係をして漸次その平準に適合せしむるを以て、最善とすべきであろう。しかしながら国際交通の濃厚緊密なる現時においては、国内物価と世界物価との釣合を考慮しなければならぬ。一国の国内物価の平準が世界物価の平準より高きときは、その国の輸出貿易は阻害せられ、輸入貿易は昂進し、結局国内産業の基礎を危くするに至るべきを以て、一時の苦痛を忍んでも、産業の基礎を堅実にするの長計として国内物価の下落を図らなければならぬ場合がある。かくの如き場合においては、通貨の価値の安定を図るよりも、物価の下落を誘導することに重きを置くは、けだしやむを得ざる所であろう。

*

財政上の必要に応ずることもまた通貨供給の裁量をなすに当り全く無視する訳に行かぬ。歴史上及び近時の実例において、政府が通貨発行権を濫用したことの多いため、財政の影響を通貨に及ぼすは、ほとんど絶対の悪事のように看做す風潮を生じて来た。これはその極まる所を匡さんとする実際論として、剴切《がいせつ》であるかも知れぬ。しかしながら冷静に考えれば、政治の常道は国民の福祉を図るの外に出《い》でない。政治は産業と等しく、或いは産業以上に、社会の福祉のために必要の条件である。されば緊切なる財政上の施設を遂行するは、何事よりも重しとすべき場合もあろう。政府の計画にして妥当ならば、その遂行の便を図りて通貨の供給に適度の手心を加うるもまた必ずしも不可とすべきであるまい。

第七節　社会福祉の諸要件の調和

要するに通貨の調節には、社会福祉の要件たる産業及び財政の便を図るの必要もあるから、必ずしも通貨の価値の安定と云うことを墨守し得ない。しかしながら通貨の価値の激甚なる変動は、前に解説したる如き恐るべき重大の結果を生ずるから、これを防止することを以て、通貨調節の根本趣旨としなければならぬ。社会の福祉には種々の条件があって、通貨の価値の安定はそれ等条件の一である。それ等条件が或いは相頼り、或いは相制して、妥当の按配を得るのが一般に社会の福祉を増進するゆえんである。産業政策、社会政策等の見地からそれぞれ主とすべき条件が定まるであろうが、通貨調節の見地からは、通貨の価値の安定を以て主たる条件とし、その他の条件を従としなければならぬ。如何なる程度において従たる条件の考慮を加味調合すべきかということが時の事情によりて裁量すべき実際問題なのである。

もっとも場合によりては一の見地を以て、他の見地を圧倒することがあるだろう。即ち通貨制度を整理確立するの必要あるとき、他の事情を差措きて専らその達成に努力し、又は非常の事変に際して通貨調節の趣旨を超越し、焦眉の急に応ずるが如き場合もあるだろう。例えば不換紙幣の発行により、軍費の調達に資するが如きは、財政策としても、通貨政策としても、乱暴なる措置に違いないが、国命を賭する戦争に遭遇しては、通貨の健全なる状態を維持するよりも、勝利を得ることを重しとしなければなるまい。国力を測らずして戦端を開くのは無謀だと云われるであろうが、既に戦争となって、国家の興廃この一挙に繋がるの時に当り、他に財源を求むるのいとまなければ、目前の必要に応ずるために後害を顧みず、充分の基礎を有せざる通貨の発行によりて軍費を調達するもまたやむを得ざる成行きであろう。勿論戦時の危急に際しても、出来るだけ後害を残さざる財政策、通貨政策を採るべきであって、世界戦争中英国の措置の比較的健全なりしは、その他の欧洲諸国の甚しく不健全なりしに比して異彩を放っている。しかしながらこれは国力の厚薄にも因ることとして酌量しなければなるまい。一概に交戦国の不健全なる通貨発行を非難攻撃し、当局者を暗愚視する批評家もあったが、それはむしろ変通を解せざるものとも云われるだろう。戦争以外にも、大事変に際して、通貨調節の常道を守る能わざる場合があり得る。一般産業の基礎が破壊せられんとするの危機に遭遇する時に平生許すべからざる所の条件を以て通貨を供給するが如きは、即ちそれである。我が国において大正九年〔1920〕の財界変動後、殊に大正十二年〔1923〕の震災及び昭和二年〔1927〕の金融動乱に際して行われたる臨機措置はその範疇に入るとすべきであろう。

しかしながら非常の事変に処するの意気は、伝家の宝刀、軽々しく抜くべからざるものである。平時においては、通貨の価値の安定を主とするのが、通貨調節の見地よりして経済生活の堅実なる発達を図り、社会の福祉を増進するゆえんである。只通貨の価値の安定を主とすると云うことの意味は、上来解説したる如く、すこぶる複雑であるが故に、通貨調節の業には周到の用意と微妙の手心とを必要とするのである。

第八節　安定の二意義

なお本章の終りにおいて一言を要するは、世界戦争後の幣制整理に関する論議において、金価値を有する通貨の復興又は制定と云う意味で、通貨の安定と云う言葉が用いられていることである。この場合には通貨の価値の安定と云わずして、通貨の安定と云うのが普通のようである。これは金の価値が安定しているものとする独断的の考え方から生じて来たか、又は米国が現時経済上最も有力で、そうして金本位の国であるから、これに対し為替相場の安定を得ることが、即ち通貨の安定であると看做すのであろう。しかしながら金の価値は必ずしも安定でない。為替相場の安定は必ずしも国内物価の安定を伴わない。通貨に金価値を与えることが、現時において通貨の価値を比較的安定せしむる最良法であるかも知れぬが、それは研究の上において決せらるべきことで、予断すべきではない。私が通貨の価値の安定と云うのは、通貨に金価値を与えると云うが如き手段の問題に入る前に考察を要する所の根本観念である。それでその意味を明らかにするため、特に通貨の価値の安定と云う言葉を用い、通貨の安定と云う約語を避けたのである。

第七章　通貨の価値と通貨の調節

第一節　対内的関係

通貨の価値をなるべく安定せしむることが、通貨調節の主たる目的であるとすれば、その達成に資するため、通貨の価値が何に因って決定さるるかを考えて見るべきであろう。殊に通貨の調節によりて通貨の価値に影響を及ぼし得る方向と範囲とを出来るだけ明らかにして置かねばならぬ。通貨の価値は対内的には主として物価に、対外的には外国為替相場に表現せられるから、両者を併せて考察しなければならぬこと勿論であるが、問題の取扱方を簡単にするため、本章においては対内的関係に限りて一応考え方を取りまとめることを試みる。

第二節　通貨の価値の測定

物価が通貨の価値の表現だと云うときの物価なるものは、個々の財貨、又は各種の財貨の価格を別々に意味するのでなく、いわゆる一般物価を意味するのである。米の価格の騰貴すると同時に、綿糸の価格の下落することもある。その場合に通貨一円に換えらるべき米の量は減少するけれども、綿糸の量は増加するから、通貨の一般購買力には必ずしも変りがない。通貨の価値の表現たる物価は、各種の財貨の価格を綜合平均したものでなければならぬ。それが一般物価である。各種の財貨の価格がことごとく一定して動かなければ、一般物価は最も安定せる状態にあるに相違ないが、かかる状態は必ずしも社会の福祉のために望ましきものであるまい。或る種の財貨の効用、又はこれに対する社会の欲望は、時々に変化する。多く欲望せられる財貨は差向き価格の騰貴を来たすによりて、その生産が増加し、欲望せられることの少ない財貨は、差向き価格の下落を来たすによりて、その生産が減退する。かくの如く欲望の変化に応じて、生産の調節が自然に行われることは、価格経済の下において社会の物質的福祉を増進するゆえんである。各種の財貨の価格がことごとく一定して動かざる社会は、変化もなく、随って進歩もなき化石の状態にあるものと云わねばならぬ。されば社会の福祉のために望ましいとせらるる所の物価の安定は、諸種の財貨の間に価格の騰落ありて、これを綜合せる全体の上に、甚だしき変動なき状態であらねばならぬ。

＊

しかるに前記の意味における一般物価は実際すこぶる捕捉し難きものである。米の値段は一石に付き通貨何円として表示し得るが、米と綿糸と石炭とを綜合して直接にその値段を表示すべき方法がない。一石と云い、一梱と云い、一トンと云うが如く異なれる単位の値段を平均して見ても、何等の意義をなさない。各種の財貨をことごとく取入れれば、一層複雑混沌となる。一般物価を通貨何円として表示することは不可能である。一般物価の騰落は、米一石が五十円になったとか、三十円になったとか云うように、的確なる計数を以て覚知されない。しかしながら一般に物価が高くなったとか、安くなったとか云う感想は、実際生活において体験せられる所である。米が高い、綿糸が安いと云うこととは別に、今の十円は昔の五円にしか当らないと云う如き感想はしばしば通俗の話柄となる。これが一般物価の観念、即ち通貨の価値の観念を暗示しているのである。そうして一般物価騰落の割合は、不充分ながら物価指数によって測定せられる。

物価指数なるものは、市場において取引せられる重要なる数種の財貨を採取し、一種毎に過去の或る時期における価格と現在価格との比率を求め、これを平均したものである。値段それ自身は単位を異にするから、平均することが出来ぬが、値段の比率は単位を超越しているから、平均することが出来る。随って物価指数により、数種の財貨について、騰落の平均比率を測定することが出来るのである。只物価指数には種々多数の算法があって、何れも一長一短を免れない。殊に如何なる種類の財貨をどれだけ広く採取すれば、以て一般物価の代表とするに足るかは、すこぶる困難なる問題である。財貨の種類により重要の度を異にすることも考えねばならぬ。一般物価騰落の測定は到底完全を期し難いであろう。しかしながら実際生活上の感想と指数の測定と相俟って、ほぼ騰落の趨勢と程度とを察知し得る。通貨の価値に関する政策の決定には、物価指数が不完全のものであることを承知したる上、これを参考とするの外はない。ロンドン・エコノミスト、英国商務省、ニューヨーク・ブラッドストリート、米国労働省、パリ・スタチスチック・ジェネラール、ドイツ連邦統計局等の発表する物価指数は、或いはその来歴の久しきを以て、或いはその算法が新しき研究の結果に成るを以て、世界的に尊重せられている。米国連邦準備局は国際的物価比較のため、自国及び主要外国の指数を同一算法によりて作成していたが、一九二六年以後これを廃止した。日本銀行の物価指数は金本位制定後の明治三十三年〔1900〕十月を以て基準とし、これを百として、その後の物価のこれに対する割合を表すものである。この方法によれば、昭和三年〔1928〕二月の指数が二百二十三強となる。即ち、明治三十三年〔1900〕十月の物価に対し、二倍二三の騰貴を示している。我が国で長期に亘れる大勢を達観するには、この指数が一番便利だとして認められているようである。[*1] その外、日本銀行では世界戦争直前の大正三年〔1914〕七月を基準とせる指数を作成している。此方が戦前戦後の物価の変動を見るには便利である。二種の指数が往々混同されることがあるから、明治三十三年〔1900〕十月を基準とするものを標準指数とし、大正三年〔1914〕七月を基準とするものを戦後指数として区別したら好かろうと思う。[*2] 戦後指数は大正九年〔1920〕三月の三百三十八が最高である。各年の平均においても、大正九年〔1920〕の二百七十二を最高とし、その後大勢低下に傾き、大正十五年〔1926〕には百八十八、昭和二年〔1927〕には百七十八になっている。世界戦争直後より大正九年〔1920〕四月財界反動の起るまでの間は、物価騰貴に因る生活の脅威が高唱せられ、大正十五年〔1926〕、昭和二年〔1927〕は物価下落に伴う不景気の嘆声が頻発せられた時であるから、一般の感想と指数の示す所とが大体一致したと云い得るようである。日本銀行の指数の外に、ダイヤモンド社の指数は算法の研究に力を入れたる点において特色を発揮している。

一般物価の騰落はかくの如くして測定もしくは察知せられるのであるが、却《かえっ》て説《とく》その騰落の原因については種々の考え方がある。私は必ずしも一の考え方を定めてこれを固執せんとするのではない。只通貨調節の見地から考慮に入るべき重要の廉々を出来るだけ明らかにして見たいと思うのである。

＊

第三節　金の価値と通貨の価値

通貨の価値は通貨を構成する素材、例えば金の価値によりて定まると云うのが、通俗には一番会得し易いように思われている。しかしながら通貨は必ずしも財貨として価値を有する所の素材によりて構成されるとは限らぬ。不換紙幣はその最も著しき例である。不換紙幣の場合においては、通貨の価値がその素材たる財貨の価値によって決定されるかどうか、と云う問題さえも起らない。不換紙幣の価値の決定せられる因由は別に討究しなければならぬ。これは論議の余地のない所であろう。

＊

通貨の素材としては金が最も広く用いられているから、通貨の価値とその素材との関係は即ち金との関係だとして便宜考察を進めんに、世界戦争中多くの国において施行せられたる金貨の鋳潰禁止、金の輸出禁止の場合においては、兌換が停止されたのでないから、通貨が不換紙幣になったとは云えぬであろうが、通貨の価値と金の価値とは縁が薄くなった。金塊相場が貨幣の鋳造価格以上に騰貴したのは、右の政策を執った諸国の体験した所である。我が国でも大正六年〔1917〕九月、政府が金貨の鋳潰を禁止し、政府の特許によるにあらざれば、金貨又は金塊を輸出するを得ずとの法令を設けたとき、金塊相場は、造幣価格による平時の値段一匁五円から、五円七十銭位まで騰貴した。その事情は極めて明瞭である。平時金工業者等は兌換券を日本銀行に提示し、一匁五円の割合で金貨を受取り、これを鋳潰して使用していたのだから、一匁五円以上の相場で金塊を買う人はない。しかるに右の法令発布後、日本銀行は兌換を請求する人に向って、金貨の鋳潰及び輸出が違法なる故、金貨を受取っても、これを合法的に利用するの途なきことを注意した。それでもなお強いて兌換を請求すれば、これに応じたけれども、実際左様な請求をする人は少なかった。たとい金貨を受取っても、これを鋳潰して金工業に用いることが出来ないから、金工業者は産金業者から地金を買入れなければならぬ。産金業者は平生一匁五円の割合で金塊を日本銀行に売るのを一番便利としていたのだが、外に需要者が現れたから、値段を高めてこれに売ることとなったのである。そこに何等の不思議もないのであるが、金塊相場は一匁五円に極《き》まったものと思っていた所の世人には随分の刺激を与えた。又日本の産金だけでは、必要なる金工業の需要を充たすに足らないとの感もあったので、日本銀行は外国金貨を横浜正金銀行に売渡し、同行は造幣価格に近き相場でこれを金工業者に転売することとなった。実際横浜正金銀行の売値は米貨百ドルに付き二百一円五十一銭であって、純金一匁に付き五円二銭二厘四毛に相当した。平時においても金工業者を相手とする地金商は、一匁五円の割合で金貨の兌換を受け、これに手数料を加えて売っていたのだから、横浜正金銀行の売値が造幣価格より少し高いのは、何等の苦痛も与えなかった。外国金貨は本邦においては地金であるから、これを鋳潰すのは差支えない。そこで金塊相場は一旦平準に復した。当時は我が対外為替相場が順調であったから、金塊相場は単に国内問題たるに過ぎなかったが、その後我が対外為替相場が逆調を呈するに至って、横浜正金銀行の売却する外国金貨が、為替相場の割合に比し低価に過ぐるため、多く密輸出に用いられるらしいと云う疑いを生じたのと、米国の金輸出解禁後、金工業のためには相場次第で米国から金を輸入する途も開けたので、大正十三年〔1924〕十一月以降横浜正金銀行で売却する外国金貨の値段を引上げ、米国から金を輸入する場合の計算を基礎として時々これを定むることとした。その結果金塊相場は前と同じ事情によりて再び騰貴し、為替相場逆調の甚だしきときは六円五十銭見当に達したこともある。この場合における外国金貨売却の利益は誰に帰したかと云うことが、当時世間の問題となったが、その利益は売却値段が造幣価格より高いによって生ずるのである。最初は日本銀行所有の分を売却したが、造幣価格たる一匁五円の割合を以て正金銀行に交付したのだから別段の利益を生じない。輸入の計算を基礎として売却するようになってからは、その利益を国庫に帰せしむるの趣旨を以て政府保有の分を交付することとなった。何れの場合にも正金銀行は中間において手数料を得ているが、それは極めて僅少のものであるから、世間はこれを問題としたのではあるまい。余談としてここに説明して置く。

鋳潰禁止、輸出制限によりて金地金の価格が騰貴したる事実は、通貨の価値に関し、何を意味するであろうか。もし通貨の価値が金の価値によって決定さるるものならば、金塊相場の騰貴したときに、通貨の価値が上り、物価が下っているはずである。しかるに大正三年〔1914〕七月を百としたる戦後物価指数は、大正六年〔1917〕八月に百七十八で、九月、十月には百七十二である。即ち物価は下落したに相違ないが、その程度は軽微である。又大正十三年〔1924〕十月の戦後物価指数は二百二十四で、十一月には二百二十六、十二月には二百二十五である。即ち物価は却って少しく騰貴している。この間通貨の価値が金の価値によって動いたとは考えられない。故に我が国において金塊相場の騰貴に伴いて起りたる事実は、通貨の価値が金の価値によって定まるものでないことを証明したと云えるだろう。

しかしながら金貨の鋳潰が禁止された上は、金と通貨との縁は完全に繋がれていない。兌換は拒絶されなかったけれども、兌換を請求する人が極めて少なくなったのだから、実際兌換停止に等しいとも云われるだろう。もしそう考えるならば、不換紙幣の場合における如く、通貨の価値が金の価値によって決定されないのは当り前である。又兌換が不可能でなく、実際にも多少の兌換は行われたのだから、不換紙幣の場合と同視することは過言だとしても、兌換によりて取得する金貨の効用は地金の効用より狭小になっていた。地金は、造幣局に託して金貨に鋳造することも、日本銀行に売って兌換券に代えることも、工業の材料として用いることも自由に出来る。しかるに金貨はこれを鋳潰して工業に用いることを禁止せられたから、地金程に効用の範囲が広くない。金貨は、地金と同じ物質であるけれども、法令によりてその効用が狭められたのである。同じ物質でも、効用の狭小なる金貨と、効用の広大なる地金とは、経済価値を異にするのが当り前であろう。金の輸出禁止による対外関係はしばらく考慮の外に置くも、金貨の鋳潰を禁止する法制の下において、兌換券又は金貨の価値が地金の価値と一致せざるは、当然期待せらるべきことで、格別珍しい発見でもなく、金の価値と通貨の価値との一般的関係を説明するに大なる役に立つべき事実でもない。

＊

金の価値と通貨の価値との一般的関係としては、金本位が完全に維持せられている場合、即ち紙幣が無礙に金貨と交換せられ、地金を金貨とすることも、金貨を地金とすることも、又これを輸出することも、輸入することも自由に行わるる状態の下において、通貨の価値が地金の価値によって決定されるか、どうか、と云う問題を含む。これが主たる問題であらねばならぬ。この問題は、不換紙幣又は金貨鋳潰禁止の場合において通貨の価値が地金の価値と一致せざる事実によって直に否定せらるべきでないと同時に、通俗に思われている如く、簡単に肯定さるべきでもない。金本位が完全に施行されていれば、通貨の価値は金の価値と一致する。しかしながら通貨以外において、地金の価値なるものが存在し、それが通貨の価値を決定するのであるか。それとも通貨の価値が何等かの因由によりて決定せられ、地金の価値がそれに引き付けられるのであるか。金が通貨として用いられた始源においては、地金の効用価値が先ず存在して、それが通貨の価値となったのであろう。しかしながら既に金が通貨又はその準備として広く用いられている現代の実状においては、地金としての需要と通貨関係の需要とが金に対して併存する。そうして完全なる金本位の下においては、地金と通貨との間に自由の変通が行われるから、両者の価値は一括して定まるべきである。通貨以外において、特に地金の価値の定まるべきはずがない。随って通貨の価値が地金の価値によって定まると云うのは、厳格に考えれば無意味となる。地金の価値が先ず定まって、それが通貨の価値となるのではなく、通貨の価値と地金の価値が同時に定まるのである。通貨又はその準備として使用される金の方が、通貨以外に存在する地金より多額である。なお又金準備の額を超過して発行せられる通貨もあって、それが通貨の価値に影響する。故にもし強いて両者の間に区別を立てるならば、少額なる通貨以外の地金の価値が多額なる通貨の価値を定むると云うよりも、多額なる通貨の価値が少額なる通貨以外の地金の価値を定むると云うのが、むしろ妥当であろう。只私は、一方が他方を定むると云うよりも、両者同時に、そうして一様に定まると云うのが、一層妥当であろうと思う。何れにしても地金の価値が通貨の価値に関係なく定まることは有り得ない。完全なる金本位の下において、地金の価値は即ち通貨の価値だと云い得るが、両者を結び付けただけでは、その価値の定まるゆえんを解決していない。この問題の解決は別に考えて見なければならぬ。そこで通貨の価値は何によりて決定されるかと云う一般問題が起るのである。

＊

もし地金の価値が通貨以外に成立し、それが通貨の価値となるものならば、通貨と金との連絡が保たれている限り、通貨の調節によりて、通貨の価値に影響を及ぼすべき余地はないはずである。随って金の産出高、並びに工芸及び貯蔵のためにする金の需要の如き、専ら金に即したる原因によりて金の価値が定まり、それが通貨の価値となるであろう。しかしながら地金の価値と通貨の価値とが一括して定まるものならば、通貨として又はその準備として必要なる金の多寡、金準備の額を超過して発行せられる通貨の多寡、通貨流通の速度、通貨の代用物の作用、その他通貨の職能に即したる原因が、金の価値即ち通貨の価値を決定するに重きをなすと考えられる。ここに通貨の調節によりて、通貨の価値に影響を及ぼすべき可能性が胚胎するのである。

第四節　通貨の価値の歴史的性質

通貨の価値は、何によりて成立するにしても、必ずしも或る一時の事情によりて端的に定まるものでない。これを通貨の価値の歴史的性質と云うのであろう。通貨の単位例えば我が国の一円が凡そ何程の購買力を有するかと云えば、漠然ながら一般人心に浸み渡りたる目安がある。その目安は、過去の因習に基くもので、円貨の場合においては、遠く徳川時代の一両に淵源し、明治維新後における制度及び事情の変遷を経て、漸次に現在に至ったと見るべきであろう。通貨の制度が改革せられ、通貨の実質に変化があっても、又その外に物価変動の原因が発生しても、社会大衆の観念における価値の目安は必ずしもこれに伴って直に動かない。近時ドイツの幣制改革において、従前の一兆マルクを以て新しき一ライヒスマルクとし、ベルギーの幣制改革において、従前の五フランを新しき一ベルガとしたる如く、法制を以て明白に新旧の交換比率を定むるならば、社会大衆も直にこれを自覚し、それによって物価の新しき平準が実現するであろうが、通貨の単位の名目が同じで、単にその価値に変動を来たすべき事情が発生した場合には、社会大衆は容易にこれを自覚しないで、当分従前の目安に固着せんとする。即ち実情以外に、名目が或る力を有するのである。実際生活の現象について云えば、急に従前より高い値段で買物をすることは、切要やむを得ざるに至るまで何人も躊躇する。売方においても、買方のこの心持を斟酌せざるを得ぬ。物価下落の場合においてもその筋合は同じである。畢竟新しき事情は、旧き因習の抵抗を受け、その惰力を排して、しかして後に、新しき平準が出来るのである。或いは因習の惰力が排し尽されずして、新生の事情と調合されると云う方が、一層適切であるかも知れぬ。この意味において通貨の価値は歴史的経過によりて成立するに相違ない。

しかしながら歴史的経過によりて成立すると云うのは、特に通貨の価値にのみ限らず、社会の事相に通有のことである。単に通貨の価値が歴史的経過によりて成立すると云っただけでは、その成立するゆえんを説明したものであるまい。もし歴史的経過なるものが、偶発事実の綜合に過ぎぬとするならば、その上に説明の必要もなく、調節などと云うことを考えるにも及ばないのだが、歴史的経過の内にも因果の秩序が存在するのであろう。或る事実、或る施設、或る制度の影響が、直に、充分に、通貨の価値に実現することは必ずしも期待し難いが、その影響にそれぞれ合理的の傾向があって、その累積し、綜合されるのを歴史的経過と云うのであろう。さすれば通貨の価値の歴史的性質を認めても、更にその上に通貨の価値を決定する事由の何であるかを究めなければならぬ。そうして通貨の調節もまた歴史的経過に要素を注加するものとして意義を有することとなるのである。

第五節　財貨に対する需要供給

通貨の価値の変動、即ち物価の騰落を説明するに、通貨と物価との関係を顧みずして、物価は需要、供給の競合によって定まると一概に論じ去る人もある。もし需要増加の原因として通貨の増加を考慮に入れるならば、そこに通貨と物価との関係を認むるのであるが、私のここに指称する所の論者は、通貨関係以外において、財貨に対する需要、供給の対立によりて物価の騰落を説明せんとし、殊に財貨に対する欲望と、これに応ずる生産とを対立させて考えるものの如くである。その考え方は果して妥当であろうか。これを批判するには、先ず一種の財貨の価格、即ち局部物価と、各種の財貨を綜合したる一般物価との区別を明らかにしなければならぬ。

一種の財貨の価格は、その財貨に対する需要、供給の関係によりて説明するのが最も手近であるに相違ない。需要、供給の起る原因について、その財貨の効用とか、生産費とか、生産力の移動とか、更に説明を要するものがあるとしても、価格決定の終点は需要、供給の競合であろう。需要の強度が供給の強度より大なるときは、価格が高くなり、供給の強度が需要の強度より大なるときは、価格が低くなる。これは、一種の財貨の価格に関する限り、明瞭なる成行きである。しかしながら社会全体の購買力に変化なしと仮定すれば、一種の財貨に対する需要の増加は、他の財貨に対する需要の減少を伴わざるを得ない。需要は単なる欲望にあらずして、これを充たすべき購買力を具えたものでなければならぬから、一種の財貨に対する需要の増加は、多くの購買力をこれに振向くることを意味し、随って他の財貨に向うべき購買力の減殺を意味する。即ち一種の財貨の価格の騰貴する半面に、他の財貨の価格の下落が起るべきはずである。一種の財貨の供給が減少する場合にも、もしこれに対する需要が同じであれば、その財貨の価格は騰貴するであろうけれども、その需要を充たすために多くの購買力が使用せらるるにより、他の財貨に対する需要は減少し、その価格は下落すべきはずである。この筋合は一家の経済に照らして見れば容易に会得せられるであろう。一家の資力に変化なくして、米のために多くの出費を要する時は、衣服の方を節約しなければならぬ。社会の購買力は一家の資力の如く限定されているものでなかろうが、その購買力の消長を考慮せずして、単に財貨に対する需要、供給の関係のみによりて一般物価の騰落を説明する訳には行かぬ。財貨に対する需要、供給の関係は、局部的物価騰落の原因たるべきも、一方に騰貴を起すと同時に、他方に下落を起すべき筋合のものなるが故に、これを以て一般物価の騰落を説明せんとするのは、一局部の事を以て、他の局部に起るべき反対の傾向を無視し、直に全局に及ぼさんとするものである。財貨に繋属せる原因、即ち生産の原料、方法等の上から、供給の側に一般的の増減が起り、需要の変化これに伴わざるによって、一般物価の下落又は騰貴を来たすことあるべきは、想像し得ぬでもないが、それは稀有の現象であろう。需要に至ってはほとんど如何なる場合においても、その一般的増減の原因を、財貨に対する欲望にのみ繋属せしむることは出来ぬように思われる。飽くまで誤解なきように、繰返して云うが、需要は単なる欲望でない。購買力を具えたる欲望である。もし凡ての種類の財貨に対し、又は一般物価を左右する程多くの種類の財貨に対して、需要が増加するならば、即ち一方の需要を抑えて他方の需要を揚ぐるにあらずして、一般的に需要が昂進するならば、そうして財貨供給の側においてこれに対応すべき変化なくして一般物価の騰貴を来たすならば、財貨需要の増加に伴う購買力の増加がなければならぬ。随ってその購買力の増加は如何にして発生したるかと云うことを考えて見なければならぬ。この場合において購買力の増加と云うのは、勿論通貨の価値と同義である所の通貨の一定量の購買力でない。何となれば、通貨の一定量の購買力の増加は物価の下落を意味するのに、ここには物価の騰貴が起っているからである。ここで購買力の増加と云うのは、財貨の代価として提供せられる通貨及びその代用手段の総量の増加でなければならぬ。一般物価の騰貴を起す程に広汎なる需要の増加を説明するには、通貨との関係を無視することが出来ぬ。一般物価下落の場合もまた同じ筋合である。

通貨及びその代用手段に増減があっても、それが物価に影響するには、財貨に対する需要増減の径路に由らなければならぬ。それだから需要、供給の競合を以て一般物価騰落の原因と看做すべしと云うならば、それは一応の説明として首肯されるであろう。只そのいわゆる需要、供給の奥に、なお説明を要するものがあることを記憶しなければならぬ。しかるに需要、供給によりて一般物価の騰落を説明せんとする人は、財貨に対する欲望と財貨の生産とを専念し、通貨と財貨との関係を閑却する傾向があるから、私はその傾向、その態度に対して批判し来たったのである。誤解のないように用語の意義を明確にするならば、用語の何たるは、私の問う所でない。要するに、局部物価の変動は、欲望及び生産に起因する需要、供給の競合によって説明し得るであろうが、一般物価の変動を説明するには、通貨と財貨との対立関係を考慮に入れなければならぬ。通貨が一般物価の騰落に関係ありとすれば、通貨の調節によりてこれに影響を与うるの余地を生ずる。即ち通貨の調節が通貨の価値を決定する一要素となる訳である。

第六節　通貨に対する需要供給

専ら財貨に対する需要、供給の関係によって、一般物価の騰落を説明せんとするのとは別に、通貨に対する需要、供給の関係によって通貨の価値が定まりこれによって一般物価の騰落が起ると説く人もある。即ち通貨の供給が少ないか、これに対する需要が多いときは、通貨の価値が高くなって物価が下落し、通貨の供給が多いか、これに対する需要が少ないときは、通貨の価値が低くなって物価が騰貴すると云う。これは形式的に論理が整っているように見える。しかしながら通貨に対する需要、供給の競合は、財貨に対する場合の如く明瞭でない。通貨の供給が物価に及ぼすべき影響の径路は比較的考え易いが、通貨に対する需要なるものには、すこぶる難解の疑問がある。元来一種の財貨の価格が、需要、供給の競合によって決定されるのは、その財貨の量の増加するに随って、これに対する欲望の強度が逓減し、その財貨の量の減少するに随って、これに対する欲望の強度が逓増するからである。飢えを凌ぐ米は痛切に必要であるが、喰い尽されぬ米は不用となる。しかしながら各種の財貨の総体に対してはほとんど欲望に限りがない。米に飽満して、なお資力に余裕あれば、これを衣服に振向ける。そこで米の価格は下落し、織物の価格は騰貴に傾く。衣服充足して、なお力に余裕あれば、住宅の改良を図る。そこで織物の価格は下落し、木材の価格は騰貴に傾く。かくして欲望の向う所、転々移動し、財貨の種類によりて価格の騰落あるも、単にそれだけの原因では一般物価の平均を破らないはずである。しかるに通貨は、米にも、織物にも、その他各種の財貨に換えらるべき一般購買力であるから、これに対して果して欲望の逓減、飽満があるだろうか。欲望の強度に基き、需要、供給の径路による所の価値の変動が、一種の財貨における如く、一般購買力たる通貨においても起るであろうか。通貨に対する需要が通貨の価値に影響を及ぼすとしても、一種の財貨に対する需要がその価格に影響を及ぼす如く適切だろうか。これ等の根本的問題については種々の見解と、これに伴う幽微の説明もあるが、とにかく通貨の価値が通貨に対する需要、供給によりて定まると無造作には断定し難いようである。私は今これを問題として挙示するに止める。

*

もっともたとい通貨に対する欲望に際限なしとするも、その欲望が進んで実際の需要となって現れることは、無制限たるを得ない。財貨に対する場合において、欲望と購買力とが相俟って始めて実際の需要となる如く、通貨に対する場合においても、欲望を達成する手段があって始めて実際の需要となるのであろう。少なくともその手段について何等かの見込があって始めて経済現象の要素となるのであろう。その手段に制限があれば、需要にも制限がある。現に通貨の入用に時々増減があるのは、実際社会の事実として認めざるを得ない。増減があるものは、無限でない。実際生活の問題としては、通貨に対する欲望の性質を徹底的に究めずとも、その需要に増減があると云う事実を起点として宜しかろう。しかしながら実際の経済現象としても、通貨に対する需要が如何なる径路によりて、如何なる影響を通貨の価値に及ぼすかは、財貨の需要と財貨の価格との関係の如く、簡単に想定し難きようである。

もし通貨の需要なるものを、各人の手許現金及び銀行等の支払準備現金、又は特殊の事情によりて貯蔵せられる現金の入用と云うことに限定するならば、問題は比較的簡単であろうが、通貨の価値を決定するの要因として考うべき通貨の需要は、かくの如く、限定せらるべきにあらずして、広汎なる一般取引における支払能力の入用と云うことでなければなるまい。各種の支払のために用いらるる現金の量は手許現金等より多かるべきはずである。その外銀行勘定を経由して行わるる取引の決済も、この関係においては通貨授受の便法と看做すべきであろう。用語の当否について議論は起るか知れぬが、銀行勘定を以てする支払能力の入用をも考慮に入れなければ、この場合における通貨の需要と云うことの意味をなさぬであろう。しかしながら個々の支払に入用とせらるる現金及び銀行勘定を集計したものを社会の全体における通貨の需要と看做することは勿論出来ぬ。財貨は概して一度の使用によりて消費されて行くから、これに対する個々の需要を集計したものがほぼ社会全体の需要だと考え得るが、現金も、銀行勘定による支払能力も、甲の使用したものが、乙に移って、幾度も循環的に授受されて行くから、社会全体の需要は個々の需要を集計したものより少なくて済む訳である。そこで循環速度と云うようなことが問題となるのであろうが、とにかく通貨の需要なるものの実相は極めて複雑である。随ってこれが通貨の価値に対する関係も、概括的に想定することはすこぶる困難なのである。

＊

それでは、通貨に対する需要の成立する条件、即ち通貨に対する欲望を充足する手段を、色々の場合に分かちて、考えて見たならば、如何なる結論が出るであろうか。欲望に加うるに、これを達成すべき手段の見込があって、始めて実際の需要となることは前に述べた。通貨を取得する手段は単一でない。労務の提供と、財貨の売却と、信用の享受とがその主たるものであろう。判り易く云えば、稼ぐか、物を売るか、借金をするか、である。その内労務と財貨とは、通貨に対して、大体同じ関係にあるから、労務は財貨に準ずるものとして、言葉を簡略にするため、しばらく財貨と信用とを以て考察の対象とするのが便宜であろう。通貨の供給に変りがない状況の下において、財貨を売却して通貨を取得したいと云う気分が社会一般に強いときは、物価は下落の傾向を呈する。この場合には通貨に対する需要が多くして、通貨の価値が上ったと云えるだろう。しかしながら通貨に対する欲望は同じでも、これを遂げんとする手段が信用の享受、即ち借金であるならば、その影響は大いに趣を異にする。信用の享受によりて通貨を取得したいと云う気分が社会一般に強いときは、通貨に対する需要は多いに違いないが、それが物価の下落を来たす原因とはなるまい。財貨の提供による通貨の需要が増加するのは、同時に財貨の側における供給の増加を意味する。それ故に物価が下落するのである。しかるに信用の享受による通貨の需要は、財貨の側における供給に関係なくして起るから、その場合における通貨の需要の増加は、物価の下落を来たすべき因縁がない。むしろ反対の傾向を生ずべき因縁を包蔵すると考えるのが、妥当ではあるまいか。信用の享受によりて通貨を取得せんと欲するものは、概してこれを以て財貨に対する欲望を充たすの資たらしめんとするのである。財貨に対する需要の増加すべき因縁がそこに包蔵されている。そうして信用の享受が成就するときは、少なくとも一部の財貨に対して需要の増加が実現する。それ故に、信用の享受による通貨の需要は、むしろ物価騰貴の誘因たるべくして、直接に物価下落の原因たるべしとは考えられない。信用によりて通貨を取得せんと欲するものが多いときは、金利は昂騰する。金利昂騰のために通貨の需要が抑制せられて、物価の下落を来たすことはあるだろう。しかしながらこの場合における物価の下落は、通貨の需要が抑制せられたるの結果にして、通貨の需要が多かったことによって直接に起るのではない。金融市場の実験に徴するも、信用の享受を求むるものの多い時は、概して物価騰貴の時である。両者の間における因果の関係については種々の見解が立ち得るだろうが、両者の併存する事実は、信用の享受による通貨の需要が物価の下落に縁遠いことを証明すると云えるだろう。通貨に対する需要が多くとも、それが信用享受の径路によるものなるときは、その結果として物価は下落しない。即ち通貨の価値は上らない。

前段には、通貨に対する需要の増加する場合について考察したが、その減少する場合においても、物価に対する影響が需要成立の条件によって異なるの筋合は同じである。財貨を提供して通貨を取得せんと欲する気分が社会一般に薄いときは、物価が騰貴する。即ち通貨に対する需要が少なくて、通貨の価値が下る。しかしながら信用の享受による通貨の需要が減少したのでは、物価騰貴の原因とならない、即ち通貨の価値は下らない。要するに通貨の需要が通貨の価値に及ぼすべき影響は、その需要を充たすべき手段の如何によって異なるから、単一なる論理の方式に当て嵌めて考えることは出来ないように思われる。

＊

通貨に対する需要と通貨の価値との関係につき、今までは通貨の供給に変りがないものと仮定して、その需要の増減より来る影響の傾向を考察したのであるが、実際生活の現象としては通貨の供給の増減より来る所の影響をも併せて考慮しなければならぬことは勿論である。その影響は、通貨の需要の増減より来るものの如く複雑でない。径路の如何にかかわらず、通貨の供給の増加は物価の騰貴を来たすべき傾向を有し、通貨の供給の減少は物価の下落を来たすべき傾向を有すると、概括的に云い得るだろう。されば通貨供給の側における調節については、簡単に方式を立てることが出来るだろう。しかして通貨の供給を調節すべき径路は明瞭で、只実行上に微妙の手心を要するのみである。即ち通貨の発行及び信用の授与を寛大にするか、厳重にするかによりて、調節を行うことが出来るのである。

しかるに通貨に対する需要が通貨の価値に及ぼすべき影響は画一でないから、これを通貨の供給と対立させて考うるときは、調節の方式を簡単に立て難い。もし一種の財貨の価格の如く、通貨の価値もこれに対する需要、供給の対立競合によりて定まるものならば、需要のあるだけ、供給の途を講じ、両者の平衡を得せしむるのが、通貨の価値を安定するゆえんだと云われるだろう。しかしながら信用享受の径路による通貨の需要に対し、信用授与により限りなく通貨を供給するは、物価騰貴の原因たるべくして、通貨の価値を安定せしむるゆえんでない。故に如何なる程度において、通貨に対する需要を充たせば宜しいかと云うことが、通貨調節の問題として残るのである。

第七節　財貨と通貨との対立

通貨の価値の決定は、財貨に対する需要、供給の関係、又は通貨に対する需要、供給の関係によりて説明するよりも、財貨と通貨とを対立せしめ、その関係によりて、説明する方が会得し易いように思われる。物価は財貨と通貨との交換比率であるから、両者の数量的関係によりて定まると云うのが、その見解の要旨である。この考え方によれば、財貨の多く、或いは通貨の少なきは物価下落の原因にして、通貨の多く、或いは財貨の少なきは物価騰貴の原因であらねばならぬ。これは財貨と通貨との対立に重きを置くのであって、通貨の数量を偏重し、専らこれによりて物価の騰落を説明せんとするものと同視すべきでない。もし一社会における財貨の総量と通貨の総量とが固定して動かざるものであり、そうして各々一括して交換に供せらるるものならば、通貨の価値が財貨と通貨との数量的関係によりて定まると云う見解の論理に間然する所はあるまい。只財貨の量も、通貨の量も、絶えず変動するものであり、且つその交換は無数に分散して行わるるものなるが故に、右の論理の方式を以て、快刀乱麻を断つが如く、簡単明瞭に実際の経済現象を解説する訳に行かぬ。しかしながら、この見解を基礎とし、経済現象の変化に応じてその傾向を観測するは、通貨の価値の定まるゆえんを考察し、通貨調節の施設を裁量するの指針として、合理的のものではなかろうかと思われる。

通貨の価値を決定する要素としての財貨は必ずしも一社会に存在する財貨の全体ではない。時々交換に供せらるる所の財貨のみである。その代り、一の財貨も短き期間に幾度か転々して交換に供せられるならば、その度数もまた通貨の価値に影響する。されば財貨の量と云うよりも取引の量と云う方が妥当であろう。一社会における財貨の量を測定するのも容易でないが、取引の量を測定するのもまた難しい。財貨の総量は、交換に供せらるる財貨の量の基礎であり、交換に供せらるる財貨の量は取引の量の基礎である。しかしながらそれ等の間に必ずしも比例的の関係があるとは云い得ない。

通貨の側においても、価値決定の要素として財貨と対立するのは、単純なる量でない。通貨は本来転々流通して活動的にその用をなすものであるから、同一量の通貨でも、これによりて行わるる取引の量は時々変化する。その上通貨の代用となり、又は通貨の授受を節約するために銀行経由の手段がある。これ等をも通貨と看做すか、どうかは、用語の問題として各人の便宜とする所に随うべきであるが、財貨と通貨との対立関係によりて通貨の価値を説明するには、これを考慮に入れなければならぬ。通貨の代用となり、又は通貨の授受を節約する手段の伸縮は、結局通貨の量の多寡によりて影響されるであろうけれども、これまたその間に比例的の関係があるとは云い得ない。

かくの如く、財貨の側においても、通貨の側においても、すこぶる複雑なる考慮を要する廉があるから、或る時における通貨の価値が、何れの側における、何の事情によりて決定されたかと云うことは仲々簡単に突留め難い。しかしながら基本的の考え方として、他の事情が同一であるならば、通貨の多きは、物価騰貴即ち通貨の価値下落の原因にして、通貨の少なきは、物価下落即ち通貨の価値騰貴の原因であるとは云い得るだろう。その間に比例的関係があるとまで極言するのは、経済現象を数学的に考え過ぎたものであろうけれども、単に傾向を示すものとしては、他の事情が同一であるとの仮定の下に、通貨の数量を以てその価値騰落の原因とする考え方を肯定し得るだろう。この考え方は、通貨の価値に関係ある種々の事情の内から一種の事情を抽出してその影響の傾向を示したもので、勿論通貨の価値がそれだけで定まると云うのではない。又通貨の価値を決定する原因の内でそれが必ずしも常に最も重要だと断ずるのではない。他の事情の同一なることを仮定するけれども、他の事情を軽視し、又はこれに変化あるべきことを無視したのではない。諸種の事情の内から通貨それ自身に即する所の方面を切離して、その影響の傾向を借りに考定して見たのである。

＊

通貨の数量が通貨の価値に影響すべきことは、通貨の価値が通貨と財貨との交換比率であると云う関係から推論せらるるであろうが、それでは余りに抽象的で、実感的に会得首肯し難いと云う人もある。しかしなから右の筋合は実際生活における取引の径路によりてもまたこれを認知し得る。通貨の増加が財貨の増加に伴わずして起るときは、財貨の供給に変りなくしてこれに対する購買力が大きくなるから、物価は騰貴する。即ち通貨の価値は下落する。限られたる購買力を以てして、一種の財貨に対する需要が増加すれば、他種の財貨に対する需要が減少し、大体平均物価に及ぼすべき影響を相殺するの筋合は前段に説明した通りであるが、通貨の増加によりて社会の購買力が増加し、購買力の増加によりて需要が増加するときは、その需要が何種の財貨にして起るとしても、他種の財貨の上に相殺的影響を生じない。随って平均物価を高むべき筋合となるのである。

若干の通貨が一社会に新たに注加せられるとき、その新来の通貨によりて行わるる第一次の取引の性質を考えて見れば、右の筋合は一層明瞭となるだろうかと思われる。一社会における或る個人の購買力は、普通にその社会における財貨を売り、その代価として通貨を取得するによって生ずるのである。かくして生じたる購買力を以て他の財貨を買取る場合には、通貨は財貨と財貨との交換を仲介したるに過ぎぬ。仲介物たる通貨の数量が如何にして物価に影響するか。それが実感的に会得し難いとも云われるのである。しかしながら新たに注加せられたる通貨を以てする第一次の取引は、財貨と財貨との交換を仲介するにあらずして、単純に通貨と財貨との交換である。米を売って通貨を取得し、その通貨を以て衣服を買入れるならば、通貨は米と衣服との交換を仲介したのであるが、新たに注加せられたる通貨が衣服の買入に使用せられるならば、それは通貨と衣服との交換である。米と衣服との交換においては、衣服の価格の騰貴するとき、これを買入るるために多くの米の提供を必要とするのは即ち米価の下落を意味し、或いは騰貴せる衣服を買入るるために、器物の買入を節約するの必要によりて、器物の需要の減退及びそれに伴う価格の下落を来たし、平均物価は必ずしも騰貴せぬであろうが、単純なる通貨と衣服との交換において、通貨の数量の増加が衣服に対する需要を増加し、その価格の騰貴を来たすは自然の成行きであろう。そうしてその取引の結果としては他に反対現象を誘起すべき謂われがないから、平均物価の騰貴もまた自然の成行きであろう。

これまでが新たに注加せられたる通貨を以てする第一次の取引の径路である。その後に連続する取引においては、新たに注加せられたる通貨も、在来の通貨も、無差別に財貨の交換を仲介することになるから、通貨の増加の影響が複雑となるを免れない。しかしながら、第一次の取引において衣服を高く売り、もしくは多量に衣服を売り得たるものには、その結果として購買力の増加が起り、その購買力が他の財貨に注がるるにより、一般に物価騰貴の傾向を助成するものと見て宜しかろうと思う。

＊

一社会に通貨が新たに注加せらるるには種々の径路がある。通貨が専ら、もしくは主として、金を以て構成せらるる場合に、金鉱が発見せられるとか、金の輸入が容易になるとか云うのはその一つである。新たに発見せられた西半球の大陸から金が欧洲に輸入せられて、欧洲の物価が騰貴したのは歴史上の顕著なる事実である。金は一種の財貨であるから、その数量の増加によりてその価値の低下を来たすは当然だとも考えられるが、通貨の増加により物価の騰貴を来たす径路は、この場合において明白に例示せられる。即ち西半球より欧洲へ金を持来れるものは、欧洲における財貨を提供して通貨を取得するにあらずして、新来の金を以て欧洲における財貨と交換したのである。

不換紙幣の増発がその価値低落の原因たることは、自明の理のように見られている。元来不換紙幣にして何等かの価値を有することが、不思議と云えば不思議だから、その価値の変動について深く考えずに済まされるのであろう。しかしながら、既に価値があれば、その変動について相当の説明がなければならぬ。もし不換紙幣の価値がその数量の制限によりて維持されると云うならば、それは前提として、通貨の数量が通貨の価値に重要の関係を有することを承認したものである。もし通貨の増加による物価騰貴の径路を実感的に会得したいと云うならば、不換紙幣の場合はすこぶる適切の例である。不換紙幣の増発は空に購買力を創造するのだから、その物価に及ぼす影響は実感的に会得し易い。

最も顕著なる例として、不換紙幣の増発が財政上の必要によりて行わるる場合を考えて見よう。租税は国民から資金を政府に徴収するのだから、既に存在する国民の購買力を国庫に移し、結局誰かが使用すべかりし購買力を政府で使用するに過ぎぬ。その購買力は何れかの時において、何人かが財貨の提供によりて取得したものと推定すべきであるから、政府又は政府より給与を受くる人がこれを以て財貨を購買するときは、財貨と財貨との交換が、通貨の仲介により、多少の時を隔てて行われたと見るべきである。しかるに政府が不換紙幣を発行して政費の支弁に充つるときは、既存の購買力を使用するにあらずして、そこに新たなる購買力が創造せらるるのであり、増発通貨による第一次の取引は財貨と財貨との交換を仲介するにあらずして、新たに発行せられたる通貨が財貨と交換せらるるのである。随って通貨関係において財貨の需要が増加して、平均物価騰貴の原因となるのである。

政府でも、又は商工業者でも、発券銀行から借入をなす場合において、増発通貨を以てする第一次の取引が物価騰貴の原因たることは、政府自ら紙幣を発行する場合と大体同様である。只借入金が弁済せらるるときは、通貨の状態はその借入金のなかりし前に復帰するから、その期間が短ければ、物価の平準の上に格別顕著なる影響を及ぼさぬであろう。しかしながらもし発券銀行からの借入が固定するときは、政府借入の場合は勿論、産業上の需要に起因するものといえども、物価騰貴の原因として残留するであろう。発券銀行が産業上の需要に応ずるために紙幣を発行する場合は、政府自ら紙幣を発行する場合の如く甚だしき弊害を生ぜぬと云うのは、比較的健全の発行方法と、妥当の程度を保持し易いからであって、もし通貨が固定的に発行せらるるならば、発行者が政府たると、発券銀行たるとにより、又発行の原因が財政上にあると、産業上にあるとによりて、その影響を異にするものでない。

兌換券の場合は、発行方法の如何にかかわらず、硬貨に兌換しなければならぬと云う実際上の制限あるが故に、その増発は不換紙幣の場合の如く軽々に行われぬであろう。又兌換券は実価ある硬貨を代表するものなるが故に、不換紙幣の如く空に購買力を創造するものでないとも云われるだろう。しかしながら通貨が専ら金を以て構成せらるる場合に、産金の増加又は金の輸入が、物価騰貴の原因であるならば、兌換券の増発もまた同一の径路によりて物価騰貴の原因たるに違いない。

以上例示せる種々の場合における径路を逆に辿って見れば、通貨の縮小が物価下落の原因たるべきこともまた会得せられるであろう。詳述の煩わしきを避けて一例を挙げんに、通貨の所有者がその通貨を財貨の購買に使用せずして、これを銀行に預入れ、又はこれを以て銀行よりの借入金を返済したとする。その場合に銀行がこれを貸出に振向けるならば、通貨の数量に変りがなく、その融通を受けた人がこれを以て財貨を購買するならば、物価に及ぼす影響に変りがない。しかるに銀行がこれを以て発券銀行からの借入を返済するならば、そこに通貨の縮小が起り、そうして、財貨の購買せられることが、それだけ減少するから、物価は下落の傾向を呈すべきはずである。甲種の財貨の購買に使用せらるべかりし通貨が、乙種の財貨の購買に振向けられたのならば、甲種の財貨の価格が下落すると同時に、乙種の財貨の価格が騰貴するから、平均物価に変動を起さぬ筋合となるが、財貨の購買に使用せらるべかりし通貨が発券銀行に収納せらるるときは、一方に財貨の不購買が起って、他方これに代るべき購買が起らないから、平均物価に下落の影響を及ぼすべき筋合となるのである。

＊

元来通貨の数量が、物価の騰落、即ち通貨の価値の変動に重要の関係を有することは、抽象的の推理や、取引径路の分析的観察を待つまでもなく、ほとんど常識を以て直感されると云っても宜しいように思われる。只その関係を余りに極端に押詰めて、物価は専ら通貨の数量によって定まるとか、物価は通貨の数量に比例するとか云う人が出て来たために、その過言に対して異議を生じ、通貨の数量の重要さについて幽遠微細の思索が行われ、中間幾多の解説も出来て、終に通貨の数量は物価に関係なしと云う反対の極端説さえ出現するに至ったのであろう。通貨の価値を考察するには、その葛藤の纏綿を避け難いが、囚われざる考察の結果は、粗大なる常識に復帰するように思われる。即ち通貨の数量と通貨の価値との間に因果関係を認むるけれども、その関係は、最初に注意し置きたる如く、他の事情にして同一ならばと云う前提の下において肯定せらるるのである。他の事情に変化があれば、その因果関係が実現せぬかも知れない。それでは、格別異議もあるまいが、実際の経済現象を説明するの役に立たぬと云われるだろう。他の事情にして同一ならばと云う前提は余りに広汎で、その仮定の実現はほとんど期待し難いから、他の事情を併せて考慮しなければ、経済現象の説明として不充分たるに相違ない。しかしながら通貨の価値の決定せらるるゆえんを単一の方式に括約して、徹底的に説明することは、すこぶる難事である。故に私は粗大なる常識の指示する所に従って、通貨と財貨とが対立するの関係から出発し、通貨の数量が通貨の価値を決定する要因の一たることを認め、これを基本として他の事情を加味斟酌するのが、一番便宜であろうと思う。只これを便宜とするのであって、必ずしも他の説明を排斥しない。時としては他の事情の方に重きを置かねばならぬこともあろう。この考え方は説明として不充分であっても、政策の指針として、適切に一助の効がある。即ち或る時における通貨の価値が何の事情によって定まったかを徹底的に説明し得なくとも、将来通貨の価値を騰貴せしめ、又はその下落を防止することが望ましい場合に、その目的を達するには、通貨の供給を抑制するのが、確かに一方法である。これと反対の目的を達するには、通貨の供給を寛大にするのが、確かに一方法である。かくして通貨の調節によりて通貨の価値の安定を図ることの可能性が成立する。通貨の増加が原因となって物価の騰貴を来たしたか、物価の騰貴が原因で、通貨の増加を来たしたかと云うについては、意見が分れるとしても、通貨の供給の抑制が物価の騰貴を抑制する一の方法であることは疑いを容れぬであろう。

勿論政策の基礎としても、通貨の価値の決定せらるる因由につき、通貨の数量と共に、併せて他の事情を考慮しなければならぬ。時々の変化に応じて諸種の事情の重要さを計較し、これに対する措置の影響する所を斟酌して、始めて政策の妥当を期し得らるるのである。いわゆる他の事情とは何であるか。試みにその主なるものを挙げて見よう。取引に供せらるる財貨の数量は、通貨の数量と対立するの関係にあるから、最も重要なる要素である。通貨の数量が増加するも、それが財貨の増加に伴って起るならば、物価は騰貴せぬであろう。通貨の増加が先ず起っても、そのために生産が刺激せられて財貨の増加を来たし、久しからずして相互の影響が中和されるかも知れぬ。財貨の生産、運輸等の方法における変化も考量しなければなるまい。通貨の側においても、その流通速度の影響が、その数量の影響を、或いは拡大し或いは緩和することがあろう。通貨の代用物の多寡、及び信用取引の伸縮が、通貨それ自身の伸縮と方向を同じくして、その影響を助長し、或いは方向を異にして、その影響を抑制することもあろう。例えば、信用取引縮小の場合に、その欠陥を補うべく通貨を増発するならば、それは物価騰貴の原因とならぬであろう。季節関係等による一時的通貨の伸縮は必ずしも物価に影響せぬであろう。

＊

通貨流通の速度、通貨節約の方法、通貨代用物の多寡等を考量し、又は通貨の意義を拡張して小切手をも包含せしめ、これを財貨の取引量と計較して、通貨の価値に関する説明の方式を立てんとする人もあるが、これ等の要素を測定することはすこぶる困難であるから、たとい説明の方式が論理的に整ったとしても、これを実際の経済現象に当て嵌めるには、やはり紛議を免れぬであろう。故に私は強いて方式を定めて、これに拘泥するよりも、通貨の側、及び財貨の側における諸種の事情を時々の状況に応じて、自由に加味斟酌する方が、むしろ適実であろうと思う。これ等の事情については、通貨調節の手段、通貨調節の効果の範囲等に関連して追々考察を進むることとする。なお本章においては考察を対内的関係に限ったが、通貨の価値の説明として、並びに通貨政策の基礎として、対外的関係をも考察する必要あるは云うまでもない。

＊1　日本銀行物価指数算出の方法には昭和十一年〔1936〕十二月分より根本的の改正行われ、昭和八年〔1933〕を基準とせる新指数を作成して、これを明治三十三年〔1900〕十月基準の在来の指数に接続する仕組となった。昭和十三年〔1938〕八月の指数は二百五十一である。

＊2　戦後指数は昭和十三年〔1938〕二月限り廃止となり、代りに昭和八年〔1933〕基準の新指数を発表することとなった。

第八章　通貨の対内価値と対外価値

第一節　対内価値と対外価値との綜合

一国の通貨の価値が対内価値として国内物価に、対外価値として外国為替相場に表現せらるることは前に述べた。通貨の価値は両者を綜合したものでなければならぬ。しかしながら両者を括約して表示すべき方式はまだ見出されていない。その性質上恐らく不可能であるかも知れぬ。外国の通貨を対象とする所の対外価値と、国内財貨を対象とする所の対内価値とは、対象物の実量を以てこれを共通に表示し得ぬのみならず、平均指数によりてその騰落の割合を測定することも不可能である。両者を綜合するにはその関係を出来るだけ明確に会得すべく試みるの外はない。前章においては専ら対内価値について考察したから、本章においては対外価値と、その対内価値に対する関係とについて考察する。

第二節　対外価値の測定

通貨の対外価値の測定は見方によりては、対内価値の場合におけるよりも一層困難である。対内価値の表現たる国内物価は諸種の財貨を対象とするが故に、平均指数によりて一般騰落の割合を測定する。平均指数は各種財貨における特殊の原因から起る所の変動を中和して、一般騰落の趨勢を察知せんことを期するのである。対外価値の表現たる外国為替相場も、諸外国の通貨を対象とする点において、国内物価が諸種の財貨を対象とするに似ているけれども、各国特殊の原因から起る変動の区々にして且つ巨大なることは、一国における各種財貨の変動より遥かに甚だしい。随って平均指数によりてこれを中和することを期し難い。諸外国に対する為替相場の平均指数を作って見ても、一国の通貨の価値の表示として余り当てにならない。例えば我が対独為替相場は、世界戦争前において一円に付き二マルク見当であったが、ドイツ通貨崩潰の時は二兆マルク見当となった。世界戦争前一円に付き二フラン・六三見当なりし我が対仏為替相場は、大正十五年〔1926〕七月には二十三フラン見当に上り、昭和三年〔1928〕四月には十二フラン見当である。かくの如き突飛なる変動と、比較的変動の少なかりし対英為替相場、対米為替相場等とを併合して、平均指数を作ってもほとんど意義をなさぬものであることは明らかであろう。実際外国為替相場の平均指数を作ると云うが如きことは試みられていないのである。

しからば一国の通貨の対外価値は如何にして測定すべきやと云うに、主要取引国中の比較的制度確実にして基礎鞏固なる通貨を対象として、その為替相場を代表的のものと看做し、その他の国に対する為替相場を参酌して、大体の見当を定むるの外はない。それでは国内物価の場合において一商品を代表として通貨の価値を測定する如きもので、すこぶる不精確たるを免れぬとの感がある。しかしながら外国為替の取引は財貨の取引に比すれば遥かに変通自在で、自国の側における原因から起る所の相場の変動は、その発端が何れの国に対する取引に存しても、極めて敏感にそうしてほとんど端的に、その他の国に対する相場に影響する。これを具体的に説明せんに、甲国の通貨を入用とする場合に、必ずしも直接に甲国向の為替を買うを要せず、先ず乙国向の為替を買い、これによりて得たる乙国の通貨を以て甲国向の為替を買うことも出来る。世界中の為替業者は日々刻々、何れの径路に由るのが最も有利であるかを採算して、取引をなしている。為替業の術語でこれを為替の裁定と云う。例えば我が国において日英為替相場が下落する。そうして対米為替相場においてこれに相当する下落の起らないことがある。もしその不一致の原因が英米間の事情に存するならばそのままに過ぎ行くであろうが、もし日英為替相場下落の原因が日本の側に存するならば、日英と日米との間における不均衡は必ず久しからずして匡正せられる。即ち日英為替相場が下落して、日米為替相場が下落しない場合に、日本より英国へ送金するものは、直接にロンドン向為替を買うよりも、先ずニューヨーク向為替を買い、これによりて得たる米貨を以て、ニューヨークからロンドン向為替を買うのを利益とする。その結果日本における米貨為替の需要が増加する故に、米貨の対日価値の騰貴を来たし、百円に換えらるべき米貨の数量は減少する。それが日米為替相場の下落である。即ち日米為替相場が日英為替相場の平準に匡正せらるるのである。故に日々の為替業務の上においては、各方面の波動を漏さず、別々に観察して機敏の措置を執らねばならぬが、一国の通貨の対外価値の表現としては、主要取引国に対する為替相場を代表的のものと看做しても大なる差支えがない。世界戦争前の英国や、現時の米国の如く、世界の為替取引上優越なる地位を占むる国では、何れの外国を代表的対象として、自国の通貨の対外価値を測定すべきかと云う難しい問題があるだろうが、かくの如き優越なる為替取引国の存在することは、他の国にとりて、通貨の価値の測定上すこぶる便宜である。実際為替相場は、何れの国に対しても、概して中心市場を経由する裁定採算に基いて建てられている。例えば支那は地理的に我が近隣であるが、日支為替相場は必ずしも当該両国間の関係によりて決定せられず、むしろ日英と英支との組合せによりて裁定せられ、円をポンドに換算し、ポンドを両[*1]に換算したものが、我が上海向為替相場となる場合が多い。それだから主要取引国に対する為替相場を代表的のものと看做して、これによりて一国の通貨の対外価値を測定することが出来るのである。世界為替取引の中心市場として、今は英米併立の姿を呈している。米国の方が力は強大であろうけれども、英国の方に密接の関係を有する国も少なくない。各国の事情により、関係の重きに従って、対英又は対米を以て、代表的為替相場と看做すは、国内物価において、米とか、綿布とか、一重要商品を代表的対象とするのとは趣を異にし、相当合理的の根拠を有するものと云えるだろう。代表的為替相場によりて通貨の対外価値を測定し得べしとせば、その測定は平均指数による対内価値の測定の如き複雑なる計算を要しない。又平均指数は騰落の割合を表示し得るに過ぎぬが、代表的為替相場によれば、対象物の実量によりて価値を表示することが出来る。即ち百円は米貨四十何ドル[*2]として実感的に看取することが出来る。この点において通貨の対外価値の測定は、対内価値の測定に比し、却って簡単にして且つ適実だとも云えるだろう。

第三節　外国為替相場の決定と造幣比価

次に通貨の対外価値が何によりて決定せらるるかを考察する。対外価値は外国為替相場に表現せらるるが故に、為替相場の決定せらるるゆえんは、即ち対外価値の決定せらるるゆえんである。

外国為替相場の決定については、金本位国の間における場合と、双方又は一方が不換紙幣の国たる場合とを区別して考える人が多い。金本位国の間においては、造幣比価が為替相場の目安となると云うことを特徴とするに相違ない。しかしながら金本位国の間においても為替相場は変動する。只その変動が造幣比価を中心とする上下現送点の間に止まると云うに過ぎぬ。造幣比価とは両国の貨幣の含有する純金量によりて計算したる両者の比率である。例えば邦貨百円の含有純金と米貨四十九ドル八十五セントの含有金とが同量たるべき計算なるが故に、これを日米間の造幣比価と云うのである。[*3] 現送点とは運送諸費用を造幣比価に加除したものである。日本より米国へ資金を送るの必要ある場合に、金貨百円を現送すれば、造幣比価四十九ドル八十五セントから、運送諸費用約五十セントを控除したものが、米国における手取となる。それが日本から見た輸出現送点である。米国より日本へ資金を送るの必要ある場合に、日本において手取百円を得んには、造幣比価四十九ドル八十五セントに、運送諸費用を加えた米国金貨を現送しなければならぬ。それが日本から見た輸入現送点である。何れの場合においても、為替相場が現送点を超えて上下するならば、為替によるよりも、現送による方が有利であるから、為替相場の変動は現送点の範囲に止まるはずである。もし為替業者が現送点を超えた相場を建てているならば、為替業者以外の人が自ら現送を行って入用を充たし、為替の取引は無くなるであろうが、実際において為替相場が現送点に達するときは、為替業者が現送を行って、現送点の見当に相場を維持するのである。もっとも現送には運送費以外に手数と時間とを要する不便があるから、為替相場が厳密なる算出現送点を超えて動くことは、実際にしばしば見る所であるけれども、その差が甚しきに至ることは有り得ない。日米両国に金本位が完全に施行されているならば、そうして戦争等のために輸送上の故障が無いならば、日米為替相場の変動は四十九ドル八十五セントを中心として、その上下余り広からざる範囲に止まるべきはずである。

しかしながら外国為替相場の決定せらるるゆえんは、金本位国間の場合においても、かくの如き技術的方面の説明を以て尽きたりとすべきでない。相場の変動が狭き範囲に止まるとしても、その変動は何に因りて起るかを検討して見なければならぬ。そうしてその原因を把握し得るならば、それは不換紙幣の場合にも適用さるるであろう。不換紙幣の場合には造幣比価の拘束がないから相場は大幅に変動するけれども、変動の起る原因に区別のあるべき謂われがない。貨幣制度の改革によりて造幣比価に変化が起り、その結果として為替相場に変動が起るのは、金貨国の間、又金貨国を相手とする場合にのみ限らるべき現象であるが、これを外にして為替相場の変動する径路は、金貨本位の場合にも、不換紙幣の場合にも、共通であらねばならぬ。その径路を辿ることによりて、通貨の対外価値の決定せらるる事情を看取すべきである。

第四節　為替市場における需要供給

外国為替の問題は難解だ、と云うのが通り言葉になっている。如何にも為替業務の技術的方面から見れば、その通りに違いない。外国為替業の舞台は広汎でその径路はすこぶる複雑である。世界中の各為替市場の商習慣とか、或る市場と市場との間における特殊の関係とか、当業者間の符牒的用語とか、これ等の細目に通暁することは為替実務者にとりて欠くべからざる技能である。局外よりこれを窺えば奥秘の感があるかも知れぬ。しかしながら一国の通貨の対外価値の表現として外国為替相場を見るときは、その根本の理義は対内価値の表現たる国内一般物価の問題よりも、むしろ会得し易いように思われる。国内物価は通貨と財貨との交換比率であるが、交換の対象たる両者その性質を異にする。それ自身において必ずしも効用を有せざる所の通貨と、それ自身において必ず効用を有すべき財貨との間に、如何にして一般的の交換比率が成立するか。

そこに根本の難問がある。随って物価騰落の因由につき議論の紛糾を来たすのである。しかるに対外価値の表現たる外国為替相場は、窮極外国の財貨を対象とするに相違ないけれども、直接には自国の通貨と外国の通貨との交換比率である。通貨と通貨との間に交換比率の成立するは格別不思議でない。むしろ当然らしく直感せられる。その根本義は透明である。又実際の取引に照らして相場騰落の事情を看取することも、着眼一たび肯綮に当れば格別難しくない。外国為替の問題が難解と称せらるるのは、一方には必要なる技術的方面の理解を閑却し、他方には技術的方面の細目に必要以上の重きを置きその複雑なるに幻惑さるるがためではなかろうか。もし為替相場が自国の通貨と外国の通貨との交換比率であると云う根本義に立脚して、実際取引の大綱を把握し、細目の繋縛を截断すれば、いわゆる外国為替の奥秘なるものは大概消散するのではなかろうか。

＊

技術的方面において実務者たらずとも是非とも最先に承知して置かねばならぬことは、各市場の商習慣による相場の建方である。為替相場に種々の建方のあることを心得ていなければ、通貨の対外価値を考察するときに、全く混迷に陥るであろう。

外国為替相場の建方には、自国通貨の一定量を基本として、これに対する外国通貨の量を移動せしむるものと、外国通貨の一定量を基本として、これに対する自国通貨の量を移動せしむるものとの二種がある。自国通貨を基本とする場合には、相場の騰落は自国通貨の価値の騰落と一致するが、外国通貨を基本とする場合には、相場の騰落は自国通貨の価値の騰落と逆行する。例えば我が対英、又は対米為替相場の建方は既に第六章〔通貨調節の趣旨〕に述べた如く、邦貨を基本とするから、相場の騰落は円価の騰落と一致するが、米国における対英又は対日為替相場は、英貨又は日貨を基本とするから、相場の騰落はドル価の騰落と逆行する。故に各市場の商習慣による相場の建方を顧みずして、単に相場の騰落により通貨の価値の動く方向を速断する訳に行かぬ。一寸考えて見れば極めて明白の事理ながら、往々この速断のために錯誤を来たすことがあるから、これを避ける様に注意しなければならぬ。為替実務者は重要の方針を決する如き場合の外、必ずしも通貨の価値と云う様な事を考えずに、時々相場の変動に対する損益を直覚して目前の取引を行うであろうが、通貨の価値を考察するには、為替相場の騰落するとき、相場の建方に随い、何国の通貨の価値が如何なる方向に動いたかを錯誤なく看取しなければならぬ。一国の通貨の価値の高くなったことを表示する為替相場の動きは、その国に有利又は順調になったと云われ、一国の通貨の価値の低くなったことを表示する為替相場の動きは、その国に不利又は逆調になったと云われる。有利、不利、又は順調、逆調と云う言葉を使えば、相場の建方にかかわらず、一様に凡ての場合に適用することが出来て、相場の建方の相異から起る錯誤を避くるの便宜があるけれども、当該相手国の内の何れの側から見ての有利、不利又は順逆であるかについて錯誤を起すの不便がある。且つこの用語は実際の為替取引に余り行われていないから実感と懸け離れるの憾みがある。私は前後の関係によりて便宜と思われる用語に従い、出来るだけ錯誤を防ぐように注意するであろう。

＊

為替業の本態は外国為替即ち或る外国においてその国の通貨を受取るべき権利を売買するにある。取引の結末から見て外国の通貨を売買すると云っても差支えあるまい。為替業者が外国の通貨を売買するは、米屋が米を売買するに同じだと達観して仕舞えば、それで宜しい。外国為替相場の決定せられる事情は、国内において米の値段の決定せられるのと根本義を同じくする。しかしながら説明なしの達観では気が済まぬと云う人もあるだろうから、取引の実状に照らして為替相場騰落の径路を辿って見よう。その径路は必ずしも一様でないが、為替業務を詳解するが如きは、素より私の目的とする所でないから、種々の径路を列挙せず、又細目の曲折に入らずして、要領を例示すべく試みるであろう。そうして説明を実感的ならしむるため、日本における対米為替の取引を以て対象とする。

為替業者の手許においては、常に米貨為替の売買があるだろう。即ち一方に買ったものを他方に売っている。しかしながら或る時には買の方が多く、或る時には売の方が多い。買の場合には日本において円貨を引渡し、米国においてドル貨を受取り、売の場合には日本において円貨を受取り、米国においてドル貨を引渡すのである。為替業者の側から見て買の多いときは、これを為替業の術語にて買持過多の状態と云う。その時は米国における手許資金の余剰を生じ、日本において手許資金の不足を生ずべきにより、米国における余剰を取寄せて、日本における不足を補わんがために、為替業者より進んで米貨売の機会を求める。随って米貨を廉価に売ることとなる。例えば百円を受取りこれに対して引渡す所の米貨の量を四十九ドルから五十ドルに増加する。それは日米為替相場の昂騰であり、米国通貨の価値の下落であり、日本通貨の価値の騰貴である。これを括約すれば日本における為替業者の側から見て米貨買の多かるべき大勢を生じ、為替業者がその買持を処分するために米貨を売り進むときは、日本通貨の価値が騰貴するのである。為替業者の側におけ

る米貨買は商工業者その他一般公衆の側における米貨売であるから、為替業者の側から見て米貨買の多かるべき大勢を生ずるのは、その時の国情において一般にドル貨を提供して円貨を取得せんとする希望が強いことを意味する。為替業者が米貨を売進むのもまたドル貨を提供して円貨を取得せんとするものである。即ち為替市場における円貨の需要が多くしてその価値が騰貴すると云う平凡の現象に過ぎないのである。ドル貨の価値も日本に対する関係においてその供給の多いために下落したのである。

日本における為替業者の側から見て米貨為替の売の多かるべき大勢を生ずるとき、即ち売持過多の状態を呈するときは、前掲の関係が顚倒せられ、為替業者は米国における手許資金の不足を充たさんがために、進んで米貨買の機会を求め、百円に対して受取るべき米貨の量が四十九ドルから四十八ドルに減少してもなおこれを忍ぶべしとする。即ち日米為替相場は下落し、米国通貨の価値は騰貴し、日本通貨の価値は下落する。そうしてそれは為替市場においてドル貨が多く需要せられ、円貨が多く供給せらるるにより起る所の現象である。

要するに二国の間の為替相場は各当該国の通貨に対する為替市場の需要、供給の競合によりて決定せられ

る。即ち為替市場において甲国通貨に対し、乙国通貨の相場の決定せられる径路は一国内において米と云うが如き一種の財貨の価格の決定せらるるのと同様である。只一種の財貨の価格はこれを以て直に通貨の一般的価値を表示するものと云えぬ。一種の財貨に対する需要、供給はその財貨の価格を決定するけれども、他種の財貨の価格において反対の傾向を生ぜしむべき因縁を包蔵する故に、一般財貨を対象とする通貨の価値については、単純なる需要、供給の関係以外に騰落の原因を探求しなければならぬ。この筋合は第七章〔通貨の価値と通貨の調節〕において述べた通りである。しかるに外国為替の取引は国際的に変通自在で、いやしくも世界の為替市場に触れている諸国に対しては、時々相場の帰着すべき共通の平準が出来る。主要取引国に対する相場がその他の諸国に対する相場を支配すると云ってもよろしかろうが、凡ての外国の通貨に対する需要、供給の関係が綜合して共通の平準を生じ、それが主要取引国に対する相場によりて代表せらるると云う方が、一層妥当であろう。故に一国の通貨の対外価値は世界の為替市場において、その通貨に対して起る所の需要供給の競合によりて決定せられると云い得るだろう。即ち一方自国通貨と他方凡ての外国通貨とが対立する関係となるのである。そうして為替市場の需要供給は、畢竟通貨と通貨との間に起る交換の希望であるから、何れの側から見ても差支えない。自国通貨に対する需要はその代償として外国通貨の提供を意味するが故に、外国通貨の供給である。外国通貨に対する需要は、その代償として自国通貨の提供を意味するが故に、自国通貨の供給である。見方によりて需要が供給となり、供給が需要となるが、それは同一物の表裏が置き方によりて顚倒さるる如きもので、相対的関係に変りはない。世界の為替市場において一国の通貨に対して起る所の需要供給は、その国の対外関係から起る所の外国通貨の供給需要と同じである。為替取引は外国通貨を対象とするが故に、外国通貨に対する需要供給によりて説明する方が実感的に会得し易いかも知れぬ。便宜何れにても宜しいのである。

＊

これまでは外国為替相場を決定する直接原因を考えて見たのである。そうすれば問題は比較的簡単である。

これだけの範囲においては国内一般物価の場合よりも却って明瞭に看取し得るように思われる。しかしながら為替相場決定の直接原因たる為替市場の需要供給は、如何にして起るのであろうか。更にこれを考えて見なければならぬ。窮極の原因は国内事情と国際関係とに存する。そこに通貨の対内価値と対外価値との連絡が包蔵せられるのであろう。かくして始めて通貨の価値に関する問題の要諦に達すべきである。

第五節　為替相場変動の原因としての国際収支

普通に外国為替相場は国際収支の状態によりて定まると云われている。それは為替市場における需要供給が国際収支に起因すると看做すものである。大体それで宜しかろうが、国際収支と云う言葉は往々漠然と使用せられて、その意義を質せば人により場合により、必ずしも一様でない。例えば国際収支と国際貸借とを同視し、或いは貿易以外に収支の原因の存することを閑却せるが如き言論にしばしば逢着する。又資金の移動は凡て国際収支の内に含まるべきや否やと云う如き疑問もある。中には単なる不用意の錯誤もあるだろうが、とにかく用語の漠然たるがために、徒らに議論の紛糾を醸すことを免れない。私は概括的に国際収支を標語とし、その意義を詮索してこれに拘泥するよりも、先ず為替相場に影響を及ぼすべき事柄を類別的に挙げて見ようと思う。

＊

最初に指を屈すべきは輸出入貿易である。輸入財貨の代金を支払うためには、国内通貨を外国通貨に換えねばならぬ。そこに外国通貨の需要が起る。輸出財貨の代金を取寄せるには、外国通貨を国内通貨に換えねばならぬ。そこに外国通貨の供給が起る。故に輸入貿易は外国通貨の価値を高くし、国内通貨の価値を低くする原因にして、輸出貿易は外国通貨の価値を低くし、国内通貨の価値を高くする原因である。為替相場を以て云えば、日本への輸入は日米為替相場下落の原因にして、日本よりの輸出はその昂騰の原因である。もっとも為替相場に影響を及ぼすは財貨の移動それ自身でない。これに伴う代金の移送である。しかるに代金の移送は財貨の移動に先だつこともあり、後れることもある。随って輸出入貿易の状態が必ずしもその時に為替相場に反映することを期待すべきでない。代金の移送が実行せられ、又は取極《き》められるときにその影響を生ずるのである。貿易が為替相場に影響を及ぼす道行は、大体右に述べた如くで、それは為替市場における需要供給が如何にして起るかを例示し、以て他の場合を類推すべきものである。

＊

輸出入貿易はほとんど何れの国においても、対外的経済関係の根幹であり、且つその計数が最も実感的に人心に触るる故に、一国の為替相場は専らこれによりて左右せらるるかの如き感想をさえ生じている。輸出入貿易は最も顕著なる項目に相違ない。しかしながら他に重要なる項目のあることもまた明白である。国際的取引における運賃、保険料、利子、手数料等の収支、国際的に授受さるる労務の報酬、移民の送金、在外公館の経費、外国滞在者及び旅行者の費用等は、輸出入貿易の如く顕著に目に見えぬけれども、国情によりてはすこぶる大なる重要さを持つものである。これ等の諸項目は輸出入貿易品の代金と等しく真実に一国の収入又は支出となるもので、その為替相場に及ぼす影響から見ても、輸出入貿易と性質を同じくするから、輸出入貿易に準ずるものとして考えて宜しい。或いは真実の収支であると云う共通性によって両者を一括して考えても宜しかろう。

＊

外資輸入及び対外投資の如き国際的資金の移動は、一国にとりて真実の収支でない。その為替相場に及ぼす影響も上記の諸項目に比して複雑である。外資輸入は一国の対外債務を構成し、利払及び元金償還のため、将来に向て為替相場をその国に逆調ならしむべき原因となるけれども、外資の輸入せられるときにおいては、外国より送金を受くるにより為替相場を順調ならしむべき原因である。対外投資はこれと反対に一国の対外債権を構成し、将来為替相場を順調ならしむべき原因となるけれども、投資の行われるときにおいては為替相場を逆調ならしむべき原因である。国際貸借と云う言葉が対外債権及び対外債務を意味するならば、その為替相場に対する関係は単一でない。随って為替相場を説明するときの括約的用語としては錯誤を生ずるの虞れがある。外資輸入は根本的には借勘定に立てらるべきであるから、利払及び償還のために将来の為替相場を不利ならしむべき原因を包蔵するのみならず、目前の為替相場にも不利なる心理作用を伴生することがあるだろう。この点において輸出品代金や、運賃、保険料等を受取るのとは趣を異にする。しかしながら目前の冷やかなる計数的事実から云えば、外資輸入もまた受取勘定である。随って受取勘定として輸出貿易の場合と同じき影響を為替相場に及ぼすものである。対外投資もまたこの事情を逆にして、根本的には貸勘定に立てらるべきであるが、目前の支払勘定として輸入貿易の場合と同じき影響を為替相場に及ぼすのである。

外資を借入れてこれを元に取寄せるときは外国からの送金であるから、為替相場に有利の影響を及ぼすことは明白である。これを国元に取寄せずして外国において支払に充つる場合には、外国からの送金とはならぬが、外国において支払に充つるのは、その必要があるからである。もし外資の借入がなかったならば、外国への送金を必要とし、そのために為替相場に不利なる影響を受けたのであろう。されば前段に外資の輸入と云ったのは、広く行わるる用語によりて大体の理解を容易ならしめんがためで、実は狭きに失する。外資借入と云うのが妥当であろう。同じ理由により対外投資が為替相場に影響を及ぼすのも、必ずしも外国へ送金する場合のみに限らない。投資を外国へ送金せずとも、これを内地に置いて、外国へ売る財貨の代金に充てしむるならば、それだけ外国から送金するの必要を減ずるによりて、消極的の影響を生ずるのである。又外資輸入とか、対外投資とか云えば、公債、社債の募集もしくは引受の如き、少なくとも数年に亘る長期の資金取引を意味するものと了解されるのが普通であろうが、その外に短期又は期限の定めなき国際的資金取引もある。既発の公債、社債等の外国に売行き、又は外国より買入れらるるもまた国際的資金取引と看做すべきである。凡て一国に資金の流入あるときは、その国の為替相場に目前有利の影響を及ぼし、一国より資金の流出あるときは、その国の為替相場に目前不利の影響を及ぼす。その窮極の影響は資金移動の原因如何によりて異なるけれども、目前の影響は原因の如何にかかわらない。

＊

長期の対外投資は勿論、短期の取引といえども、外国へ資金を融通するのは、概して利子の収得を目的とするものであるが、その外に為替相場の変動による差益を目的として起る所の国際的資金取引もある。それがいわゆる為替の思惑売買である。一国の通貨の価値の騰貴せんとするとき、即ち為替相場がその国に順調に動かんとするとき、例えば我が国の対米為替において相場の昂騰せんとするときは、資金を日本に送り、又は日本の通貨を受取るべき権利を取得して置いて、相場昂騰の実現したとき、もしくは昂騰の頂上に近づいたと思わるるときに、これを外国の通貨に換えて差益を取得する。かくの如き為替思惑は空に起るものでなく、当該国の経済状態又は対外関係において為替相場が順調に動くべき原因を認むるによりて起るのであるが、基本的原因の外に、その国の通貨に対する思惑買の伴生するによりて相場昂騰の勢いを一層拡大する。そうして相場の動きが方向を転換すべき時機に達するときは、その国の通貨に対し、先の思惑買の逆戻しとして、売の取引を生ずるにより、相場下落の勢いを助長することとなる。思惑売が先に起って買の取引が後に来る場合も、凡て方向が反対になるだけでその筋合は同様である。

為替の思惑は一国の通貨に対し、主として外国人筋から起るように思っている人もあるが、必ずしもそうではない。自国人の為替思惑の盛んに行わるることは、世界戦争後通貨混乱の時期において多くの国の経験した所である。殊に一国の為替相場の崩落は外国人の思惑よりも、むしろ自国人が自国の通貨の状態を悲観し、資金を外国へ移すために、争って外国向為替を買入れんとするによりて起るようである。これがいわゆる資本の逃竄である。資本の逃竄は為替相場を崩落せしむるが、その国の通貨の価値が回復に向うときは、一旦逃竄せる資本が回帰するによりて、更に回復の勢いを進むるであろう。これはドイツが幣制改革の前後において、フランスが幣制整理に着手したる後において、著しく実験した所である。[*4]

為替の思惑は必ずしも単純露骨なる思惑取引のみに限らない。他の取引と結び合って行われることもある。

一国の為替相場が逆調に動かんとするときは、外国へ支払うべき勘定を有するものは、なるべくその決済を急ぎ、外国より受取るべき勘定を有するものは、なるべくその決済を延ばすであろう。これがために為替相場は益々逆調に傾く。これに反し一国の為替相場が順調に動かんとするときは、外国より受取るべき勘定を有するものはなるべくその決済を急ぎ、外国へ支払うべき勘定を有するものはなるべくその決済を延ばすであろう。これがために為替相場は益々順調に傾く。為替相場の変動を見越して、対外勘定決済の時期を按配せんとするは、一種の為替思惑である。かくの如く為替相場の変動は種々の取引に亘り、因果錯綜してその間に帰嚮すべき所が定まるのである。

＊

これを要するに、為替市場において一国の通貨に対する需要供給を起し、随って為替相場に影響を及ぼすべき事項は、概略四種に大別し得る。第一は輸出入貿易及びそれに準ずべき原因より起る所の真実の受取勘定と真実の支払勘定とである。これ等は単純なる目前の勘定たるに止まり、別に複雑なる関係を将来に残さない。第二は主として金利の打算に基く長期の国際的資金貸借である。資金の貸与は目前の支払勘定であり、資金の借入は目前の受取勘定であるが、各自将来において反対の勘定を起すべき原因を胚胎する。只その長期なるがために、反対勘定を現出すべき浮動性が少ない。第三はやはり主として金利の打算に基くも、短期又は期限の定めなき国際的資金貸借である。その目前の影響と窮極の影響とは、長期貸借の場合に同じであるが、何時反対勘定を現出するやも測り難い。つまり長期貸借の場合に比して浮動性が多い。既発有価証券の国際的売買は或いは第二の場合に準じ、或いは第三の場合に準ずる。第四は為替思惑による資金の移動である。一国の通貨に対する思惑買はその国の受取勘定であり、思惑売は支払勘定であるが、将来において反対の勘定を起すべき原因を胚胎することは、資金貸借の場合に同じである。そうして思惑取引は金利の打算による取引に比し、或る時は放胆に或る時は神経過敏に行わるるが故に、一層浮動性の多きを免れぬ。

一国の為替相場の趨勢を考察するには、その国の一般経済状態と一般対外関係とに注意しなければならぬ。

殊に将来起るべき受取勘定及び支払勘定の原因が知れているならば、最も顕著なる項目として打算に入れねばならぬ。故に将来に亘る趨勢の考察はすこぶる複雑である。しかしながら時々の為替相場は目前の受取勘定と目前の支払勘定との競合によりて決定せられるから、その径路は比較的簡単である。即ち目前受取勘定の方が多いときは、為替相場は順調に動き、目前支払勘定の方が多いときは逆調に動く。これは為替相場が受取勘定と支払勘定とにより影響せられるのであるが、その反面において受取勘定と支払勘定との多寡も為替相場によりて影響せられる。素より為替相場のみによりて受取勘定と支払勘定とが極《き》まるのではないが、為替相場が順調に動けば目前の受取勘定は抑制せられ、逆調に動けば目前の支払勘定は抑制せられる。そうして目前の受取勘定と目前の支払勘定とが均衡を得る所に為替相場が落着くのである。例えば日本の対米為替相場が四十九ドルであって、その相場によれば日本よりの輸出貿易及び日本への送金は便利にして、日本への輸入貿易及び日本よりの送金は不便だと仮定する。さすれば日本の受取勘定は増加し、支払勘定は減少すべきにより、為替相場は昴騰に（日本に順調に）傾くであろう。しかるにその勢いが続いて五十ドルに達すれば、日本よりの輸出貿易及び日本への送金は不便となり、日本への輸入貿易及び日本よりの送金は便利となるべきにより、日本の受取勘定は減少し、支払勘定は増加するであろう。さすれば為替相場は下落に（日本に逆調に）傾くであろう。その中間目前の受取勘定と目前の支払勘定との均衡を得る所において為替相場が定まるのである。この設例は大体の筋合を簡単に示したるに過ぎざるが、国際的資金の貸借及び為替の思惑売買もこれに交わりて、将来におけるその影響の如何にかかわらず、目前受取勘定たり支払勘定たる限りにおいて、その時の為替相場を決定する均衡の要素となるのである。

＊

為替相場が国際収支の状態によりて定まると云うときの国際収支なる言葉は、目前の受取勘定と目前の支払勘定とを意味するのであろう。用語の意義をそう極《き》めて置けば、それで宜しい。しかしながら外国からの借金や、為替の思惑による受取勘定を一国の収入と看做し、対外投資を一国の支出と看做すのは妥当ならざるようにも思われる。現に大正十二年〔1923〕の震災後暴落した我が国の為替相場が大正十四年〔1925〕から十五年〔1926〕に亘りて著しく昂騰したとき、それは為替思惑の結果であって、まだ国際収支の均衡を回復しておらぬから、油断がならぬと云うことが唱えられた。又外資輸入は国際収支の状態を我が国に不利ならしむるが故に軽々しくこれに頼るべきでないと云う論が唱えられた。その時の国際収支と云う言葉が目前の受取勘定と目前の支払勘定とを意味するのでないことは明瞭である。具体的に如何なる収支を指称するかについては意見が別れるかも知れないが、とにかく国力の根底から発生し、もしくはこれを反映すると云うような性質の基本的収支を意味するのであろう。輸出入貿易の代金は疑いもなくその内に包含せられる。その他の国際取引にしてこれに準ずべきものもある。この意味における国際収支は、為替相場趨向の大勢を決定する基礎たるに違いないが、通貨の対外的購買力の表現たる時々の為替相場は、必ずしもそれのみによりて決定さるるのでない。貸借又は思惑による資金の移動は真の国際収支と云うべきでないかも知れぬが、やはり為替相場を決定する要素である。又目に見えざる輸出入と云う言葉の用いられることがあるが、もし貿易以外において貿易に準ずべき取引、即ち貿易品代金と等しき真実の収支を意味するならば、それはすこぶる面白い比喩的用語である。しかしながら貸借又は思惑による資金の移動までも含むとすれば、それは果して妥当であろうかと云う疑問も起る。私は凡て用語の意義の如何なるべきを固執しない。只種々の言葉の用例の一様ならざるを記憶して錯誤を避けなければならぬ。用語の紛糾を超越したる実際問題としては、時々の為替相場が目前の収支勘定によりて決定せらるること、並びに資金の貸借及び為替の思惑より来る収支が目前の関係と将来の関係とにおいて、正反対になることを聢《し》かと認知して置くべきである。為替相場変動の説明も、外国為替に関連する通貨政策もこれに基いて考えらるべきである。

第六節　外国為替相場と国内経済事情

今までは主として市場における需要、供給の方面から為替相場の決定せられる事情を考えて来たのであるが、これから更に遡って国内経済事情との関係を考えて見よう。それは取りも直さず、通貨の対内価値と対外価値との関係である。為替相場が目前の国際収支によりて決定せられる事情は技術的に複雑であるだけだが、国内経済との関係に至って真に為替問題の難関に逢着するのである。これを簡単なる一定の方式に括約して、透徹せる見解を立てようとすれば、容易に解決すべからざる議論の紛糾を醸すから、私は通貨政策の指針として何等か拠るべきものを発見せんとする立場において、諸種の事相を如実に観察する。

*

金本位の有効に施行せらるる二国の間において、為替相場の変動が造幣比価を中心とし、上下現送点の限界に止まることは前に述べた。この場合に外国為替相場は国内経済事情の如何にかかわらず、狭き範囲に安定しているように見える。例えば国内物価に如何なる変動があっても、外国為替相場は限られたる程度以上に動かない。故に金本位は、国内経済事情から独立して外国為替相場を安定せしむるの力を有するかのように見える。しかしながらそれは皮相の見方である。金本位の作用が有効に行われているときにおいても、外国為替相場に多少の変動はある。その変動の原因たる国際収支の不均衡は、主として国内経済状態から来るのである。そうしてその不均衡を補填調節するために、金の現送が行わるれば、通貨の伸縮を起して、国内経済状態に影響を及ぼすであろう。その影響と国内経済上の底力とが相俟って、国際収支の均衡を回復するにより、為替相場の変動が狭き範囲に限られるのである。金の現送は目前の国際収支の不均衡を補填調節するけれども、その作用は無限に持続せらるべきでない。不均衡の状勢が永きに亘り、これを補填するため、現送に継ぐに現送を以てせば、終に現送すべき金の準備が涸渇して、金本位を維持することが出来なくなる。金本位の維持されている間は、外国為替相場が安定しているけれども、金本位を維持するには、国内経済状態において、根本に国際収支の均衡を保つの力がなければならぬ。即ち金本位による外国為替相場の安定は、国内経済事情から独立しているのでなく、窮極国内経済状態にその基礎を置かねばならないのである。

外国為替相場と国内経済事情とが相互に影響することは、窮極の関係において、金本位国間の場合も、金本位ならざる国の場合も同様であるが、目前の関係においては、金本位ならざる国の場合の方が遥かに顕著である。金本位国間の場合には、為替相場の動きに現送点の限界があって、国内経済事情の為替相場に対する影響は平常その範囲に抑止せられ、只鬱結甚だしきに至れば、金本位を破壊し、為替相場の大変動を起すことなきを保せずと云う勢いが潜在するのみである。しかるに金本位ならざる国の場合には、為替相場の動きに限界なきが故に、国内経済事情の影響が抑止せらるる所なく出現するのである。

第七節　購買力平価

外国為替相場に対して影響を及ぼし、もしくはこれと相互に影響するの関係を有する経済事情の内で、最も顕著なるは物価である。更に詳しく云えば内外物価の割合である。この点を高唱力説したのが購買力平価説であろう。これは世界戦争の頃から流行した用語で、その所説は通貨の対内価値と対外価値とを結び付けんとする試みなるが故に、すこぶる興味がある。只何説とか、何主義とか云う括約的標語は、人によりてその意義を種々に了解するために、徒らに紛争を惹起するから、私はいわゆる購買力平価説を標語としてその当否を論ずることを敢えてしない。種々に了解せらるべき意義の内容について考察して見よう。

甲国の通貨の国内購買力と、乙国の通貨の国内購買力との比率によりて算出したる仮定の外国為替相場が、いわゆる購買力平価だと私は了解する。技術上から云えば、基年を同じくする両国の物価指数の比率によりて、仮定の外国為替相場を算出するのである。例えば日米為替の場合において、世界戦争の前年たる大正二年〔1913〕を基年とし、その時の物価指数を日米共に一〇〇として起算する。そうして日本大震災の年たる大正十二年〔1923〕において、日本物価指数（日本銀行）は年中平均一九九、米国物価指数（連邦準備局）は年中平均一六五であるから、造幣比価四十九ドル八十五セントに一六五を乗じ、一九九にて除して得たる四十一ドル三十三セントが購買力平価となるのである。この算法において造幣比価を用いるのが妥当であるか、指数基年の実際為替相場四十九ドル五十一セントを用いるのが妥当であるかと云う如き疑問も起るが、何れにしても結果において大なる違いはない。又日本銀行の指数の代りに米国連邦準備局の作成せる日本物価指数を用いても、大体の趨向を同じくする。とにかく物価指数によりて仮定為替相場を算出する技術上の方式が、購買力平価説と云う用語と共に、その所説に新味を与えたもののようである。

却説《かえってとく》かくの如くして算出したる仮定為替相場は、如何なる意義を有するのであるか。ここに至って見解が分れる。もしこの仮定為替相場が、厳格なる意味において実際為替相場の規準となると云うならば、即ち金本位国間の為替相場が造幣比価の近辺に落着く如く、実際の為替相場が購買力平価の近辺に落着くと云うならば、通貨の対内価値と対外価値とが明白且つ的確に結び付けらるるであろう。しかしながらそれは必ずしも事実と一致しない。先に挙げた例を見ても、大正十二年〔1923〕の実際日米為替相場は平均四十八ドル五十八セントで、購買力平価による算出相場と相距ることすこぶる遠い。その前数年間もほぼ同様の状態にあった。震災後当分の間、日米の実際為替相場は、ほぼ購買力平価と一致したので、当時の為替相場が四十ドル前後に下ったのはいわゆる規準に落着いたのだと説く人もあったが、その後物価指数の関係には格別大なる変化もないのに、大正十四年〔1925〕以来我が為替相場は漸次に回復し、大正十五年〔1926〕には年中平均四十七ドル十一セント、昭和二年〔1927〕三月には四十九ドル十四セントに達した。この時日本の物価指数一七一、米国の物価指数一五〇で、購買力平価は四十三ドル七十三セントであった。更に顕著なるは、大正八年〔1919〕において実際為替相場の年中平均は五十一ドル十八セントと云う造幣比価以上の高位にあったが、購買力平価によるその時の算出為替相場は四十四ドル五十七セントであった。実際為替相場が購買力平価為替相場と一致しないのは、その時の特殊事情によるものとして、それぞれ相当の説明があるだろう。殊に不一致の原因が人為の為替相場維持策にあるならば、必ずしも規準たるの権威を傷つけぬであろう。我が国の対米為替相場は在外正貨の売却によりて規準を脱したのだと云う人もある。しかしながら大正八年〔1919〕において造幣比価以上の相場を現出したのは、人為の維持策に起因せざること、常識判断によるも明白である。その後我が国の外国為替相場の低落が甚だしきに至らざりしは、在外正貨の売却にもよると云い得るだろうが、当時の在外正貨売却は必要なる貨物の輸入のためやむを得ずと認むる場合にのみこれを行ったので、為替相場維持のために売向ったのでなく、売却高も格別多くなかった。震災直後の大正十二年〔1923〕下半季、十三年〔1924〕上半季には在外正貨の売却が多額に行われた。それにもかかわらず為替相場は低落したが、一層甚だしき低落を免れたのは在外正貨売却の結果だと云える。十三年〔1924〕下半季には在外正貨の売却が減少し、そうして為替相場は横浜正金銀行建相場の最低記録たる対米三十八ドル二分の一に下った。[*5] この辺では在外正貨売却の多少と為替相場との関係をやや適切に見ることが出来るが、それは単に一時的の現象であった。十四年〔1925〕上半季には在外正貨の売却が益々減少したるにかかわらず、為替相場は回復に向い、その後回復の歩調著しくして再び購買力平価を離れた時には、最早全く在外正貨の売却が無かったのである。世界戦争後我が対外為替相場が購買力平価相場と甚だしく一致しなかったのを、在外正貨売却の結果のみに帰するは、私の認め得ざる所である。在外正貨の売却は為替相場の大勢に幾分の影響を与えたには違いないが、これを以て実際相場と購買力平価との不一致を充分説明することは出来ぬ。不一致の原因として特殊の事情があっても、それが自然の現象であり、そうしてその結果たる不一致が余り甚だしければ、購買力平価相場は実際相場の規準たる権威を失うであろう。

＊

なお内外物価指数の比率によりて算出せる購買力平価を以て外国為替相場の規準とするは、理論上果して妥当であろうか。これについても疑問がある。外国為替相場を決定する要素の内、輸出入貿易は購買力平価と密接の関係を有するに違いないが、国内貨物には廉価でも外国に売れぬものがあり、外国貨物にして、高価でも代金調達の途ある限り輸入されるものがある。又割安でも外国から輸入するの必要なきものもある。内外貨物の需要は内外物価によりて影響されるであろうけれども、その高低に比例するとは限らない。故にたとい為替相場が専ら輸出入貿易の状態によりて決定せられるとしても、購買力平価は、厳密の意味において、その規準とはなり得ない。加之《しかのみならず》輸出入貿易は為替相場を決定する唯一の要素でない。その外に国際資金の移動、外国為替の思惑売買等の如き重要の原因がある。しかるに物価指数によりて算出せる購買力平価はこれ等の原因を度外に置いている。もっとも国際資金の移動等の事情も、内外物価に影響し、これによりて影響せられる関係があるから、間接に購買力平価の計算に入って来るとも云われるだろうが、その影響の実現するには、概して多少の時を要する。随って為替相場を決定する目前の事情としては、国際資金の移動等と内外物価との間に密接の関係がない。実際の為替相場は時々目前の事情によりて決定されて行くのだから、国際資金の移動等の如き重要の目前事情を度外に置き、単にこれと間接の関係があると云うだけの購買力平価なるものが実際の為替相場と一致しないのはむしろ当然のように思われる。内外物価の比率が国際資金の移動等と互に影響する所ありとしても、その影響の出現する頃には、購買力平価が既に変っているかも知れぬから、その時の購買力平価は必ずしもその時の為替相場の規準とならない。

＊

しかしながら購買力平価は、かくの如き厳格なる意味において実際為替相場の規準となると云うのでなく、大体において為替相場の趨勢を示すと云うに過ぎないならば、それは程度の問題として承認せられるであろう。物価と為替相場との間に重要の関係あることは、常識の直感する所である。長き期間に亘れる為替相場の趨勢は、長きに亘れる購買力平価の趨勢と方向を同じくすべきはずだと云い得るだろう。只目前の国際収支によりて決定せられる時々の為替相場は、物価と直接密接の関係なき事情によりても影響せられるが故に、実際為替相場の動きは、程度において必ずしも購買力平価と一致しないのみならず、時としては方向を異にすることもあるだろう。丁度通貨の数量と物価との間に重要の関係があるにもかかわらず、物価の高低はその程度及び方向において必ずしも通貨の数量の増減と一致しないのと同様である。

世界戦争中より通貨の濫発、物価の暴騰、為替相場の大変動が相併び、もしくは相次いで起りたるに当り、当該諸国の当局者、及びその施設を弁護する論者の内には、通貨膨脹をやむを得ずとすると同時に、物価の騰貴は必ずしも通貨膨脹の結果にあらず、又必ずしも為替相場変動の原因にあらずと説き去るの傾向があった。この種の論者は、物価の高低が通貨の増減と趨向を一にせざることあるの事実を指摘して、これを重要視した。これに対する反動として、通貨と物価との関係に重きを置き、通貨の発行を慎重に調節しなければならぬとする所の政策論が唱えられた。これは通貨数量説を背景とした考え方であるが、通貨数量説については、流石に理論的討究が既に尽きていたと見えて、格別注目すべき論争の繰返しもなく、只政策の問題として論議せられたのである。しかるに物価と為替相場との関係に重きを置く所の思想は、根本において必ずしも新奇と云うべからざるも、時勢の必要に応じ、その装いを更《あらた》めて、購買力平価説として現れたもののように思われる。国内の財政経済事情を顧念せずして、外国為替相場の問題を解決せんとする浅薄なる考え方に対しては確かに頂門の一針である。これを窮屈に解釈すれば、異論に逢着することを免れまいが、その根本観念には、通貨政策の参考として傾聴すべきものがある。私は前にも理《ことわ》って置いたように、徒らに標語に即して概説極論するよりも、通貨と物価と為替相場との関係を、平明なる事理に照らし、分解的に考察して見たいと思う。

第八節　物価と貿易と為替相場

国内物価が外国物価に比して割高なるときは、外国品の輸入を増加し、内国品の輸出を減少し、為替相場をその国に逆調ならしめ、国内物価が割安なるときは、外国品の輸入を減少し、内国品の輸出を増加し、為替相場をその国に順調ならしむる。内外品の需要、供給は変通自在と云う訳に行かぬから、輸出入貨物にして物価の影響を受けぬものもあり、その影響に鈍感なるものもあるが、大体の傾向は前記の通りに違いない。これは多言を費さずして明瞭であろう。

*

しかしながら物価の変動が為替相場に影響を及ぼすのは、輸出入貨物増減の径路にのみよるのであろうか。冷静に考えて見れば、ほとんど疑義はないようだが、ドイツ通貨混乱の初期において、この点につきて議論があった。即ち国内物価は騰貴しても、輸入超過さえなければ、為替相場に影響を生じないと論ずる人もあったから、一応これを問題として見る。

物価の為替相場に対する影響が輸出入貨物の数量に関係なくして起ることあるを会得するには、取引の実状を辿って見るのが一番捷径であろう。例えば外国における物価に変りなくして国内物価が騰貴したために、或る輸出品の外国における市価は従来と同じで、国内におけるその原価は高くなったと仮定する。その場合に外国の市価によりて売却したる輸出品代金を従来の為替相場で国内に回収したのでは、原価に対して引合わぬこととなるであろう。原価の引下に努力することも、広き経済事情の一として考慮されねばならぬが、それはここに論究する問題の外として、仮に原価引下の余地なしとすれば、どうなるであろうか。引合わぬからと云って、外国市場において高値を突張れば、輸出の減退となる。しかるに為替相場が下落（日米為替の場合を例として云う）すれば、米国市場において受取る代金は従来と同額でも、これを従来より多額の日本通貨に換えられるから、輸出品原価は騰貴しても、商売が引合うこととなる。例えば従来五十ドルであった日米為替相場が四十九ドルに下落すれば、原価二分の騰貴を補うことが出来る勘定である。他方輸入品は輸入国における物価騰貴の結果として従来よりも高く売れるから、外国市場における仕入値段と為替相場とが従来と同じであれば、輸入業者は利潤を多くし得るが、たとい為替相場が下落して、仕入代金の邦貨換算額が増しても、輸入商売は従来の通り引合うであろう。輸出業者は為替相場が下落しなければ商売が出来ず、輸入業者は為替相場が下落してもこれを忍ぶことが出来る。両方の胸算用が為替業者の手許に集って、外国為替の需要、供給に影響し、その均衡を得る所に為替相場が落着く。即ち他の事情による動きがなければ、為替相場は相当下落して、輸出入貿易は従来の数量を維持することとなるであろう。外国の物価に変りなくして国内物価の下落した場合には、前記の取引径路を逆に辿りて、為替相場は昂騰し、輸出入貿易は従来の数量を維持するであろう。

＊

要するに、輸出入貨物の数量に増減ある場合は勿論、その増減なき場合においても、国内物価の騰貴は、為替相場をその国に逆調（日米為替を例とすれば下落）ならしめ、国内物価の下落は、為替相場をその国に順調（日米為替を例とすれば昂騰）ならしむる原因である。故にこの関係だけで見れば、一国の通貨の対内価値の動きと対外価値の動きとは、たといその程度を一にせざるも、方向を同じくすると云える。随って通貨の調節が対内価値にして有効であるならば、対外価値に対しても有効であるべきはずである。

第九節　資金の移動と為替相場

もし外国為替相場が輸出入貿易のみによりて決定せらるるものならば、物価と為替相場との関係、即ち通貨の対内価値と対外価値との関係は比較的単純に考えられるであろう。又貿易以外の収支が貿易品代金に準ずべき真実のものに止まるならば、輸出入貿易とほぼ同様の径路を辿るものとして概括的に考えることが出来るであろう。しかしながら外国為替相場決定の要素たる国際収支は輸出入貿易及びこれに準ずべきものに止まらない。貸借及び思惑による国際資金の移動はすこぶる重要なるものである。

＊

先ず貸借による国際資金の移動だけについて考えて見るに、それは広汎悠遠の事情に起因し、将来発達の見込あるも現在資本の不足する国へ向て、現在資本の余剰ある国の資金が流入するのである。目前の事情としては、物価の高低、及びその影響によりて起る輸出入貿易の消長と、国際資金の移動との間において、一定の方式に括約すべき直接且つ明確の連絡を認め難い。物価及び輸出入貿易の状態から来る為替相場の変動と、国際資金の移動から来る為替相場の変動とは、必ずしもその方向を一にしない。物価の騰貴、又は輸入超過により為替相場が逆調に動くべきときにおいて、外資の流入があれば、反対の影響を以てその勢いを抑制する。外資の引揚、又は対外投資は、為替相場の順調に動くべき勢いを抑制する。それで為替相場の決定せられる事情が複雑となり、通貨の対内価値と対外価値とを一律に考えることが難しくなるのである。昭和二年〔1927〕の下半季に我が貿易の状態はむしろ好況を呈し、国内物価は低落に傾いていたにかかわらず、為替相場が逆調に進んだので、その原因の何れにあるかを怪しんだ人もあるが、それは上半季の金融動揺後、いわゆる資金偏在の結果として、有力銀行の間に外貨本邦公債の買入、又は借入外資の返済が行われた事情によりて説明し得る。具体的に云えば、生糸輸出代金がそれ等の用途に充てられたから、棉花輸入の資源に不足を来たしたのである。即ち資金の移動が貿易状態と逆行して、為替相場に影響を及ぼすの適例である。

しかしながら資金はそれ自身において入用なるものにあらずして、これを財貨に換え得るによりて入用なのである。外資輸入は、畢竟外国の財貨に対する購買力を借入れるのであり、対外投資は国内の財貨に対する購買力を貸与するのである。故に国際資金の移動は、或いは原因として、或いは結果として、窮極内外物資の移動に関係があるに違いない。そこに物価と、輸出入貿易と、資金の移動との交渉が生ずべきはずである。為替相場変動の趨勢はその交渉によりて定まると考えられるべきであろう。

なお方面を更《か》えて、為替取引の実状から考察して見るに、外資流入の時における影響は、外資引揚の時における反対の影響によりて相殺せられる。又外資の流入は一応為替相場に有利の影響を及ぼすべきも、物価の騰貴を誘致し、輸入貿易を助長するにより、引揚の時を待たずして反対の影響を生ずることもある。故に国際資金移動の影響は中間の波動を生ずるに過ぎずして、窮極為替相場の趨勢を支配するのは、物価と、貿易の状態と、貿易に準ずべき取引から来る真実の国際収支とであるとも考えられる。もっとも借入外は約束期限の長きもあり、約束期限の有無長短にかかわらず、ほとんど固定的に継続せらるるものもあるから、引揚の時の影響が借入の時の影響を打消すものとするのは余りに迂遠であるかも知れぬ。又外資流入の影響が輸入貿易助長の影響によりて相殺せられるのは、必ずしも的確なる程度において実現することを期し難い。外資の流入が産業の発達を幇助して貿易の状態を改善することもある。むしろそれが外資流入の主たる動機であると云わねばならぬ。かくの如く種々複雑なる関係があるから、外資流入の為替相場に及ぼす影響を単に中間の波動を起すに過ぎぬものとして、一般趨勢の測定上これを度外視するのは妥当であるまい。しかしながら借りたものは何時か返さなければならぬ。返さぬ間は利息を払わなければならぬ。故に貸借による資金移動の勘定と、無条件に一国の収支となる勘定との間に、区別のあるべきことは当然である。貸借による資金の移動の外、思惑による為替取引もまた時々の為替相場に甚大なる影響を及ぼすことがあるけれども、これは他の原因から来るべき為替相場の動きを見越すものにして、独立自発するものでない。時々の為替相場を決定する目前の事情としては、真実の収支勘定も、貸借による勘定も、思惑による勘定も、同様の力を有するが、長期に亘る為替相場の趨勢を決定する主要の原因は、真実の収支勘定であると考うべきであろう。そうして普通の国情においては、輸出入貿易による収支が真実の収支の内の最も顕著なるものである。故に為替相場が主として貿易の状態によりて定まると云う通俗の観念は、粗大にして欠漏なきにあらざるも、長期の趨勢に関する限り、大体肯綮に当っていると云っても差支えなかろう。

＊

以上の考察は、時々の外国為替相場の決定せらるるゆえんの綜合的説明、即ち通貨の対内価値と対外価値との関係の説明として、徹底的であるとは云い難い。只諸方面を敲いて見たと云うだけである。しかしながらその間政策の指針として服膺すべきものを看取することは出来るように思われる。時々の為替相場の決定は種々の事情に因るとしても、為替相場の趨勢に対して主要の関係を有するは、輸出入貿易及びこれに準ずべき真実の収支勘定であるとすれば、為替相場を維持し、その安定を図るには、国本を培養して、貿易及びこれに準ずべき対外活動を堅実旺盛にするを以て第一義としなければならぬ。通貨政策としては、通貨の調節によりその対内価値を維持するを以て、その対外価値を維持するゆえんの最も重要なるものと心得ねばならぬ。国際資金の移動を調節して為替相場を維持することも可能なるに相違ないが、流入する資金を産業の発達に利用し、その回収せらるるときは、発達したる国力を以てこれに対応することを期するものでなければならぬ。しからざれば外資の流入によりて一時為替相場を順調にしても、結局為替相場の趨勢を逆調に陥らしむるであろう。戦争の如き非常の事態に遭遇して前途を顧念するのいとまなき場合は、経済的考慮を超越せるものと考えなければなるまい。その他焦眉の急に処するため、弥縫的施為のやむを得ざることもあろうが、単に為替相場を維持せんがために、外資の流入を企つる如きは恒久の経済政策として効果なきものである。この結論は平凡だと思われるであろうが、いわゆる外国為替の奥義に迷って、平凡の結論を紛淆し、為替相場の調節に不可思議の妙案奇策あるが如く思う人もあるから、一応根本の理義を糺して置くこともあながちに無用とは云われまい。

第十節　金利と為替相場

国際資金の移動は複雑なる事情に起因するものであるが、金利はこれに対して一般的の関係を有するから、特に挙げて考察の項目とする。これまた為替相場が決定せられるゆえんの事情を説明する一端である。資金は金利の低き処より金利の高き処へ動くと云われるが、それはいわゆる楯の一面に過ぎない。資金の移動には、金利の高低以外に更に深き原因がなければならぬ。特に信用の厚薄は金利の高低よりも重要の原因である。しかしながら金利の高低が資金移動の一原因たることは云うまでもない。資金移動の種類に従って、それが金利の影響を受ける程度と態様とを考察して見よう。

*

固定性を有する長期の国際貸借は、一国内の資金移動よりも鈍重で、貸方国に資金の恒久的余裕があり、借方国に対して充分の信用があるのを条件とする上、両国の金利に相当の差異ある場合において始めて実現する。幾らでも金利の差異があれば直に資金の移動が起るとは云われない。貸方国においては、国内投資に比して高き利廻を得るにあらざれば外国に投資しない。それでもなお借方国の国内金利に比して金利の低率なる場合において始めて取引が行われるのである。長期の国際貸借は概して公債、社債等の発行によるもので、その場合に金利比較の対象となるのは、この種証券の利廻である。商業手形の割引歩合や、短期融通の利率とは別である。随って時々の金利の小高下によりて影響されることは比較的少ない。しかしながら貸方国が外国投資において要求する利廻にも、借方国の国内起債利率にも、金融事情によりて時々の変化がある。両者の差異の有無、大小によりて、国際貸借の成立、不成立が分れるのである。かくの如くして金利の高低が資金の移動に影響するのである。長期の国際貸借は借方国に資金の需要があるときに、概して大口に特別の交渉によりて成立する。そうしてこの径路によりて流入したる資金は金利の変動によりて直に流出するものでないから、その為替相場に及ぼす影響は必ずしも常続的でないが、貸借成立の時、及び償還の時には目立ちたる影響を生ずるのである。

＊

浮動性を有する国際資金の出入、即ち短期に、又は何時にても決済すべき国際貸借は、当該国の間にその習慣を生ずること必ずしも容易ならざるも、一たびその習慣を生じたる上は、目前金利の高低に対してすこぶる敏感である。そうしてその取引は多くの口数に分れて行われる。随って一口の取引は必ずしも目立ちたる影響を為替相場に及ぼさないが、これを綜合すれば、為替相場を決定する事情として軽視すべからざるものである。英、米、独、仏の如き市場の間においてはこの種国際資金の移動がすこぶる頻繁である。イングランド銀行が金利政策によりて為替相場を調節すると云うのは、主としてこの種資金の出入を誘導し、或いは抑制するのである。日本においても近年英米との間にこの種資金の移動が行われるようになった。その方法として、本邦内国公債を担保とし、これを外国債権者のために日本銀行に保護預とし、随時必要に応じてロンドン又はニューヨークにおいて融通を受けるものもある。そうして借方に必要なきに至るか、又は貸方の都合によりてこれを返済する。方法の如何を問わず、その種の取引は随分頻繁に行われる。これとても単に金利の関係だけで発生するのではない。別にこれを可能ならしむる条件があるに違いないが、時々の金利の変動による影響は長期貸借の場合におけるよりも一層適切である。

＊

国際資金の移動には、利子の収得を主たる目的としないものもある。対外支払準備を外国市場に送って置くとか、その余分を外国市場から取寄せるとか云うのは即ちそれである。ロンドン又はニューヨークの如き金融の中心市場においてはその出入が巨額に達し、利子の収得を目的とする短期の国際貸借と同様の影響を為替相場に与えている。その種の資金の主たる目的は他にあっても、或る市場に留置せられる間は運用により て利子を生ずるから、金利の高き処には多く送られ、多く保留せられ、金利の低き処から多く回収せられる傾向を生ずるは自然の勢いである。実際において、利子の取得を目的とする国際貸借と支払準備のために起る国際資金の移動とは、明確に区別し難い場合が多い。イングランド銀行の如きはこれを一括して、金利政策の対象としているように見える。我が国は、まだ外国から支払準備を置かれると云う状態を顕著に呈していないが、世界戦争中の外国収入を他日の支払準備として外国市場に保留し、戦後国内金利の昂騰せる時に至ってこれを取寄せたと云う如き事実はある。ここに云うのは政府又は日本銀行の保有せる在外正貨の回収を意味するのでなく、財界各方面の手許の都合による資金の国際的移動が、国内金利の事情によって起ったことを意味するのである。これが戦後我が為替相場の逆調を甚だしきに至らしめなかった一の原因であるとも考えられる。

外国為替の思惑による資金の移動もまた、相場の差益を主たる目的とするもので、利子の収得は副産物に過ぎぬと云うべきであろうが、金利の高低によりて、或いはその勢いを助長し或いはこれを抑制する。例えば日米為替相場の昂騰を見越して円貨の思惑買をなすとき、日本における金利が高ければ、他日売戻の差益を期待すると同時に、資金を日本に留置する間、多くの利子を収得すべきにより、思惑買の勢いは益々助長されるであろう。これに反し、日本における金利が低ければ、幾分これを抑制することとなるであろう。

＊

要するに、他の事情にして同一ならば、一国における金利の高きはその国に資金の流入を誘導し、又はその流出を抑制し、金利の低きはその国より資金の流出を誘導し、又はその流入を抑制する。随ってその為替相場に及ぼす影響について云えば、やはり他の事情の同一であることを条件として、一国における金利の高きは、為替相場をその国に順調ならしめ、金利の低きは為替相場をその国に逆調ならしむる原因となる。世界戦争前の英国、世界戦争後の米国の如きは、大体金利の平準の低きにかかわらず、為替相場は概して有利に維持されている。それは各自の国情及び国際関係において、金利よりも更に有力なる反対の原因があるからだ。それでも時々の為替相場の小波動には金利の影響が現れる。英国が金本位を回復してからの英米為替相場には、両国金利の差異の影響が著しく看取せられる。即ち米国の金利が低くして、英国の金利の高きときは、英米為替相場が英国に順調に動いている。世界戦争後、英国が金本位を回復してからも、英米為替相場は英国からの輸出現送点に引付けられて四ドル八十四、五セント台を往来していたが、一九二七年の八月、イングランド銀行の割引歩合が四分半で米国準備銀行の割引歩合が三分半に降ってから、始めて造幣比価四ドル八十六セント六五に接近し、更にこれを突破して四ドル八十七セント台に達した。米国準備銀行は、主要中央銀行間の協調に基き、欧洲の通貨制度安定を幇助するため、特に低利政策を採ったのだと云う観察を下すものさえあった程である。その後英米為替相場が四ドル八十八セント台に上ったのは、米国の欧洲向長期投資の盛んになったにも因るに違いないが、その英国に順調となるの端緒が英米金利の差異著しき時に起ったのはすこぶる注目すべきことである。

金利高低の根本原因は各国の一般経済状態に存するので、人為的施設によりてその大勢を左右する訳に行かぬ。しかしながら通貨供給の手心によりて幾分これに影響を与えることは出来る。それだけ金利政策によりて為替相場を調節するの余地がある。金利の国内物価に対する関係は、為替相場に対する関係の如く簡単でないが、これを達観すれば、他の事情が同一である限り、通貨需給の関係において金利高は物価下落（通貨の価値の昂騰）の原因であり、金利安は物価騰貴（通貨の価値の下落）の原因である。さすれば、金利の高低は通貨の対内価値に対しても、対外価値に対しても、その影響の方向を同じくする。ここに対内価値と対外価値との連絡、接触があると云えるだろう。少なくとも、政策の見地よりは、この点において対内価値と対外価値とを共通の対象とすることが出来るはずである。

第十一節　為替相場からの影響

今までは物価、貿易、資金の移動等が為替相場に如何なる影響を及ぼすかと云う方面を主として考察したのであるが、為替相場も受働的たるに止まらない。為替相場の方から物価等に及ぼす影響もある。それ等相互の影響によりて物価及び為替相場の帰着する所が定まるのである。今度は為替相場からの影響を主として考察して見よう。

為替相場が一国に順調なるは、その国の物価を下落せしむる原因であり、為替相場が一国に逆調なるは、その国の物価を騰貴せしむる原因であると普通に看做されている。即ち通貨の対外価値の騰落は対内価値騰落の原因だと看做されている。両者併起する場合の多いのは事実である。しかしながら因果関係として為替相場の方を原因と見ることは、一概に断定し得るであろうか。種々の場合について検討して見なければなるまい。

＊

外国における物価の変動によりて為替相場が変動するとき、もしその変動の割合が同じであるならば、国内物価はその影響によりて変動すべき理由がない。例えば米国の物価が下落して、日米為替相場がこれに準じて米国に順調に、日本に逆調に動くならば、米国品の原価は小さくなるが、少ないドル貨が為替の上で多くの円貨に換えられるから、その影響が相殺されて、米国よりの輸入品の日本における価格に変動を来たさないはずである。又日本品の米国における市価は、他の物価との釣合上、下落を免れぬであろうけれども、その売上代金を変動後の為替相場で換算すれば、変動前の米国市価による代金を変動前の為替相場で換算したものと同額の日本通貨を得るであろう。故に米国よりの輸入品も、米国への輸出品も、日本において市価の変動なしに取引さるべきはずである。もし為替相場に変動がなかったならば、日本における輸出入品の市価は、米国における物価変動の影響を受けることを免れぬであろうが、為替相場の変動によりて、米国物価変動の影響を遮断する。即ちこの場合における外国為替相場の変動は、国内物価変動の原因とならずして、却って国内物価の変動を防止するのである。これは一寸奇異に感ぜられるかも知れぬ。又実際には種々の事情と交錯して複雑の事態を現出するであろうが、商品の外国における売値は下がっても、為替相場で儲かるから、勘定が合うとか、商品の外国における仕入値段は高くとも、為替相場で補うから安く売れるとか云うことは、貿易商の口からしばしば聞く所である。英国において金本位回復の得失が論議せられたとき、金本位は為替相場を安定せしむるけれども、その結果として英国の物価が主要金本位国即ち米国における物価変動の影響を覿面に受けるを理由としてこれに反対し、むしろ適度の為替相場変動により、外国物価変動の国内物価に及ぼす影響を緩和し、英国の事情に適合する物価を維持するに如かずと云う説を唱うる人もあった。これ等は外国物価の変動から来る為替相場の変動と国内物価との根本関係を、或いは商業上の実感により、或いは理論の推究によりて発露したものである。

＊

国内物価の変動により外国為替相場の変動が起る径路は前に説述した所である（本章第八節参照）。その径路による変動は、国内物価の方が原因で、為替相場の方が結果となるのである。国内物価の変動に応じ、為替相場の変動が起って、両者その平衡を得たのであるから、別に新しい原因のない限り、大体において更に国内物価の変動を生ずべきはずがない。只各種の財貨の個々の取引には、日々の為替相場により影響を受けるものもあり、その程度も必ずしも同じでないから、それが国内一般物価の変動を起す端緒となることは常に可能であり、しばしば実現する所である。これは国内物価の変動から来る為替相場変動の場合においても、外国物価の変動から来る為替相場変動の場合においても、その他如何なる事情の下においても、同様である。

＊

貨幣制度の変更が、その時の外国為替相場にも、国内物価にも頓着なく、突発的に行われるならば、為替相場は先ず敏感にその影響を受け、為替相場変動の影響によりて国内物価の変動が起るであろう。国内物価は直接に幣制変更の影響を受くべき筋もあるが、その徐々に来るを待たずして、為替相場を経由する影響が実現するであろう。例えば金二分を以て一円とする我が貨幣が金一分を以て一円とすることに改められるならば、窮極物価は倍に騰貴すべき傾向を生ずるはずであるけれども、対内関係だけではそれが必ずしも直に実現せず、対米為替相場が先ず二十五ドル見当[*6]に下落し、そうして国内物価がこれに引付けられて騰貴して行くと云う形となるであろう。この意味において為替相場の変動が国内物価に影響すると云える。しかしながら貨幣制度の変更は多くの場合において、為替相場と国内物価とに頓着なく行われるものでなく、既に空文となりたる旧制度を改め、現在の物価又は為替相場と釣合を保つように新制度を立てるのが普通である。されば貨幣制度の変更が物価及び為替相場に影響を及ぼすの径路は、実行の方法及びその時の事情によりて考察しなければならぬ。これを一概に論断することは出来ぬ。

*

為替相場の変動は内外物価の変動にも、貨幣制度の変更にもよらずして起ることがある。資金の移動によりて起る為替相場の変動はその一例である（本章第五節及び第九節参照）。かかる場合には為替相場の変動が原因となって物価の変動を起すであろう。その影響は外国物価の上にも現れるであろうが、問題を単純にするため、外国物価には変化なきものと仮定して、国内物価の受くる影響を考えて見よう。例えば日本が米国よりの借入金を返済するため、資金が移動して、日米為替相場が日本に逆調（下落）となる。資金の流出は窮極通貨の縮小により国内物価の下落を来たすべき原因ともなるであろうが、それはしばらく別とし、為替相場の下落による覿面の影響は、どうであろうか。輸入品の米国における原価が同一であるならば、これを下落せる為替相場によりて換算せる日本市価は騰貴せざるを得ない。輸出品の米国における市価が同一であるならば、輸出商は為替相場の下落によりて先ず利益を増加するであろうが、同時に仕入値段を競り上ぐるの余地を生ずるによりて、輸出品の日本における原価は騰貴に傾くであろう。即ち日米為替相場下落は覿面に日本の輸出入品を騰貴せしむる原因となる。そうして内地において消費せらるる同種品及び代用品の価格も、これに伴れて騰貴するであろう。資金の移動が流入の方向にあるときは、同一径路の逆行によりて、反対の現象が起るであろう。

思惑による為替相場の変動も、その国内物価に及ぼす影響は資金の移動による場合とほぼ同様である。或いは思惑は一時的資金移動だと見ることも出来る。何れにしても、その国内物価に及ぼす影響はこれを一括して考えて差支えない。

*

資金の移動による場合の外にも、為替相場の変動が先ず起って、国内物価の変動がこれに次いで起る場合がある。輸入の増加は概して国内物価の割高なるによりて起るのであるけれども、時としては或る種の財貨が、価格の騰貴未だ著しからざるに、その欠乏のために、外国に供給を仰ぐことがある。素より欠乏は価格騰貴の原因でなければならぬが、発現の時期と程度とには、時として差等がある。大正十二年〔1923〕の震火災の後の輸入増加の如きは、外国品が割安だと云うよりも、目前欠乏の甚だしいのが、主たる原因であった。かくの如き場合には、値段の騰貴よりも輸入増加の方が先走る。そうして輸入増加のために対外支払が増加するによりて、為替相場が逆調となる。そこで輸入品の値段が騰貴し、元来物資欠乏の折柄であるから、為替相場の変動と、需給の関係と相俟って益々その勢いを甚だしくするのである。輸出も外国における物資需要のために、物価の変動に先走って増加する場合があるだろう。世界戦争中の日本の輸出増加はその一例である。その直接の結果は為替相場をして輸出国に順調（日本における対米為替相場の昂騰）ならしめる。そうして為替相場の影響の関する限りにおいては、その国の物価を下落に傾かしむるはずである。只輸出の増加は、輸出品の需要を増加するによりて、その価格を騰貴せしむべきが故に、為替相場の影響を相殺して、その実現を阻止するかも知れぬ。或いはこれを圧倒して実際に物価の騰貴を来たすかも知れぬ。しかしながら為替相場の影響だけを切り離して考うるならば、輸出増加による為替相場の順調は、輸入増加による為替相場の逆調と同一の径路を反対に辿りて、輸出国の物価の下落を来たすべきはずである。

＊

上記の如く、為替相場変動は、その起因の如何により或いは国内物価に影響を及ぼすこともあり、しからざることもある。左様の差別を生ずべき道理がある。随って為替相場の変動が必ず常に国内物価の変動を伴うと云う普通の感想を無条件に肯定する訳に行かぬ。只実際においては、国内物価が為替相場変動の影響を受ける場合が多い。手近い話が、米国における十ドルの品物が日米為替相場五十ドルの時は日本において二十円となり、日米為替相場四十ドルの時は日本において二十五円となるのであるから、為替相場の変動が先ず起るならば、それが物価に影響を及ぼすことは、当然のように見える。しかしながらここにも国内通貨との関係を考慮しなければならぬ。為替相場の国内物価に及ぼす影響を当然と云い得るのは、輸出入品に限りてのことに止まる。これを延長しても輸出入品に代用せらるべき種類の財貨のみに止まる。即ち或る限られたる種類の財貨の価格騰落の説明としては事理明白であるけれども、それを以て直に一般物価騰落の説明を尽したりと云うことは出来ぬ。第七章〔通貨の価値と通貨の調節〕第五節において論究したる如く、もし一国の購買力に変化がないならば、或る種の財貨の価格騰貴は、他種の財貨の価格下落を来たし、一般物価に変動を起さぬはずである。資金の流出によりて為替相場が逆調となった場合を例として考うるに、その影響として輸入品の価格は騰貴するに相違ない。しかしながらそれだけ多くの購買力が輸入品に振向けられるならば、他種の財貨に使用せらるる購買力がそれだけ減殺されなければならぬ。殊に資金の流出は、一般に当該国の購買力を縮小すべきはずであるから、為替相場の逆調によりて輸入品の価格を騰貴せしむるとも、一般物価は下落するのがむしろ当然である。しかるにもかかわらず、もし一般物価が騰貴するならば、そこに購買力の変化が起っているのだと考えなければならぬ。縮小すべき購買力が減少せずして、却って増大しているのだと考えなければならぬ。即ち通貨の増発、又は信用の膨脹があるのだと考えなければならぬ。かくの如くして為替相場の国内物価に及ぼす影響なるものも、窮極通貨の問題に触れて来るのである。

金本位が有効に施行されており、通貨の発行に厳重なる制限のある場合には、為替相場の逆調は金の流出を誘致するによりて通貨の縮小を来たし、通貨の縮小によりて物価下落の傾向を生じ、そこに為替相場を順調に転ぜしむべき端緒を開くのである。その間他の事情が纏綿するから、実際の動きには異変があるだろうが、通貨関係より見たる筋合は右の通りである。しかるに為替の逆調が単に輸出入品の価格を騰貴せしむるばかりでなく、一般物価の騰貴を来たすと云うのは、金の流出が自由でないか、又は金を準備とせざる通貨の発行が容易に出来るためである。覿面に起る輸出入品の騰貴に順応して通貨が増発せらるるにより、他種の財貨の価格下落を来たさずして済むからである。もしくは通貨の増発に代るべき信用の膨脹が起るからである。しかしてその結果は為替相場を順調に転回せしむべき機運の発生を阻止することとなるのである。ドイツのマルク崩潰は正にこの径路を踏んでいる。即ち通貨の増発と国際収支の不均衡とによりて為替相場の逆調を来たし、為替相場の逆調によりて更に通貨の増発を誘致し、因果重畳して、終にマルクの崩潰に至った。この因果の連鎖を断つには、通貨の発行を抑制するの外に方法がなかったと云うべきであろう。この根本義を顧念せざる為替維持策は凡て無効に帰し、万難を排して通貨の発行を抑制するの決心をなすに至って、始めて立直しが可能となったのである。

これを要するに、物価と為替相場とは互に関連する所があり、手近き小波瀾においては、為替相場の物価に及ぼす影響が顕著に見えることがあるけれども、窮極の関係においては、物価が主にして、為替相場が従である。通貨の対内価値は必ずしもその対外価値と一致しない。対内価値が対外価値を支配すと云い切るのは過言であろうが、対外価値が対内価値を支配すと云うのは更に甚だしき誤想である。両者の連繋において、対内価値が対外価値に及ぼす影響の方を重しと考えなければならぬ。もし対内価値と対外価値との区別を不必要として単一の考え方を立てんとするならば、一般物価を以て通貨の価値の表現とし、為替相場は物価によりて影響せらるるか、又は物価に対して局部的の影響、即ち主として輸出入品と云う或る種の財貨に対して影響を与うるものとして、これを従属的の地位に置くのもまた一見識と云い得るであろう。只私はかくの如き綜合を試みて、徒らに議論の紛糾を招かんより、対内価値と対外価値とを区別し、その関係を具体的に考察するのを便宜としてこれに従うのである。そうして具体的考察の結果として対内価値は対外価値を決定するに、唯一ならざるも重要なる原因なることを認め、対外価値（為替相場）が対内価値（一般物価）に影響を及ぼすには、通貨伸縮の関係の介在することを認めたのである。

＊

この考察は通貨政策の指針として如何なる結論を生ずるであろうか。物価が為替相場を決定する重要の原因であるとすれば、通貨の調節によりて物価に影響を与え得る（第七章〔通貨の価値と通貨の調節〕第七節参照）だけそれだけ、通貨を調節するは為替相場を調節するゆえんでなければならぬ。為替相場は世界の為替市場における各国通貨の需要供給によりて定まる（本章第四節参照）と云う道理から見ても、一国の通貨を調節するはその国の為替相場を調節するゆえんでなければならぬ。国際資金の移動即ち外資輸入の如きによりて為替相場を調節するの途もあるけれども、それは恒久に依頼すべき手段でない。在外正貨の売却と云うが如きに至っては、過去の蓄積ある場合においてのみ可能なる一時的の処置に過ぎない。生産状態の改善、貿易販路の拡張と云うが如き、産業政策、商業政策の上において考慮すべき重要なる事項の存することは勿論であるが、通貨政策の範囲においては、通貨を適当に伸縮して通貨の価値を維持するのが、為替相場を維持する第一義である。又為替相場が一般物価に及ぼす影響にも、通貨の作用が介在するならば、そこにも通貨調節の効果を生ずべき余地があるべきはずである。物価の変動は為替相場の影響によるとして為替相場の調節に没頭し、通貨の調節を疎外するは本末顚倒である。金を基礎とする厳重なる通貨制度の下においては、その調節が自然に行われるであろうが、金本位なきか、又は金を基礎とするも発行制限の厳重ならざる制度の下においては、適当の伸縮を政策の目的として考慮しなければならぬ。外国為替の調節は、日々の取引において為替銀行の関与する所が多いけれども、窮極の趨勢において中央銀行の問題である。金本位が有効に維持せらるる限り、為替相場の変動は造幣比価を中心とする現送点の間に止まるけれども、金の現送の外に為替相場を維持する手段がなければ、終には金準備の涸渇を来たし、金本位を維持し得ぬに至るであろう。

過去の蓄積による金の保有は、金本位の基礎として、又は為替相場を維持する資源として、恒久に依頼すべきでない。産金の豊富なる国、又は生産力旺盛にして貿易によりて容易に金を吸収し得る国は、それで宜しい。生産力を旺盛にすることは為替相場を維持するの根本義として最も望ましいけれども、その境涯に達せざる間は、為替相場調節の方策として通貨の調節に重きを置かねばならぬ。ここにおいて通貨の価値の安定を図るには、内的にも、対外的にも、通貨の調節を必要とすると云う一致点が出て来る。通貨調節の効果は端的に現出しない、又他の事情によりて紛淆せられるので往々閑却され易いから、道理のある所に従って深く思いを致さなければならぬ。

第十二節　通貨の価値騰落の得失

本章の余論として、一国の通貨の価値の騰落がその国にとりての得失如何を考察して見よう。根本の理義はこれまでの論究によりて明白に推知せらるべきはずと思うけれども、通貨の価値が経済生活に影響を及ぼす径路は簡単でない。随って往々思想の混雑を生ずる。殊に対外価値について、それが甚だしい。本節においては主としてこれを検討する。

＊

極端の例としては、通貨の対外価値の下落するだけ、それだけ、即ち為替相場の逆調となるだけ、それだけ、国富が減少するかのように思っている人がある。これは余りに幼稚な話で、真面目に取扱うのも可笑しいか知れぬが、大震火災後我が対米為替相場、対英為替相場の暴落した時、その後いわゆる金輸出解禁論の沸騰した時、現に右の感想に基ける如き意見を公言する人もあったから、全くこれを看過する訳に行かぬ。一国の為替相場の逆調は、外国の通貨を以て表示せられる所の通貨の呼値が下落するだけのことである（第六章〔通貨調節の趣旨〕第三節、第四節参照）。呼値が変っても必ずしも国富の実体に変りはない。只国富の一部たる金については、その影響がやや複雑であるから、先ずこれを考えて見る。

金本位が有効に施行せられている間は、為替相場の変動は現送点の範囲に限られるから、一国の保有する金の対外価値は現送費の計算以外に下落するはずがない。為替相場が甚だしく変動するのは金本位の有効に施行されていない時である。通貨と金との間に全く連絡が無く、金が単に財貨として自由に取扱わるるならば、金の価値は為替相場に関係なく、世界共通の点に維持されるであろう。日米為替相場は如何に変動しても、一匁の金は米貨約二ドル五十セントに通用する。[*7] 即ち金の対外価値に変化がない。しかるに通貨と金との連絡が曖昧で、金を以て通貨の基礎とする制度の形骸を存し、金貨の鋳潰及び金の輸出を禁止しているならば、その国における金の価値は人為的に減殺せられ、世界的の金の価値と一致しない（第七章〔通貨の価値と通貨の調節〕第三節参照）。日本の国内に一匁の金があっても、これが米貨二ドル五十セントに通用しない。金を世界的に使用するには、一匁を以て五円の国内通貨に換え、これを以て外国為替を買わなければならぬ。そこで我が対米為替相場が二割の下落をしているならば米貨約二ドルを得るのみである。即ち国富の一部たる金の対外価値は、為替相場と同じ割合において下落したこととなる。これだけの意味において、為替相場の逆調が国富の減少であるとの感想を生ずるのも、一概に無理とは云われない。汎く事情を顧慮せざる金輸出解禁論の起ったのも、不徹底なる通貨制度の弱点に刺激されたからであろう。

しかしながら金は単に国富の一部に過ぎぬ。むしろ一小部分に過ぎぬ。国富の大部分を構成する財貨の価値は、通貨の価値の変動によりて必ずしも変化するものでない。対外的に見ても、為替相場の変動のみによりて変化するものでない。一国の財貨の対外価値は、窮極する所、外国の財貨と交換され得べき力である。通貨又は外国為替の作用はその交換を媒介するに過ぎぬ。為替相場は国内通貨と外国通貨との交換比率で、それが直に国内財貨と外国財貨との交換比率にはならない。為替相場はどうであっても、窮極の問題は財貨と財貨との関係、例えば日本の生糸若干が米国の棉花若干と交換されるかと云うに帰着する。金貨鋳潰禁止、金輸出禁止と云う変態の下においては、金の国内価格が造幣価格即ち一匁五円に限定せられ、そうして金を直接に対外的に使用することが出来ぬから、金の対外価値は全く為替相場によりて支配されるけれども、金以外の一般財貨には、金に対する如き使用上の制限がない。一般財貨は、時々変動する国内価格によりて国内通貨と交換され、その国内通貨が為替相場によりて外国通貨と交換され、しかしてその外国通貨が外国財貨と交換されるのであるから、国内財貨と外国財貨との交換比率は、為替相場のみによりて決定せられず、国内物価と、為替相場と、外国物価とによりて決定せられるのである。外国物価は、国内の事情及び政策と縁が遠いから、問題を簡単にするために、しばらくこれを度外に置き、国内物価と為替相場とだけに考察を局限して見るに、百斤千五百円の生糸が、対米為替相場五十ドルの時は米貨七百五十ドルに換えられる。対米為替相場が四十ドルに下落すれば千五百円は米貨六百ドルにしか換えられない。しかしながら米国における生糸百斤の価格が、為替相場の如何にかかわらず、七百五十ドルを維持するならば、下落せる為替相場によりて換算したる日本通貨は千八百七十五円になる。そうして米国における棉花の価格に変化がなければ、生糸代金七百五十ドルを以て買取り得る棉花の数量にも変化がない。只その代金を下落せる為替相場によりて換算するが故に、同量の棉花に対して従前よりも多くの日本通貨を要することとなる。即ち従来百斤六十円なりし棉花相場が七十五円に騰貴する勘定となる。日本通貨を以て表示すれば輸出生糸の代金も、輸入棉花の代金も、共に変化しているが、物資について云えば従前と同量の生糸が従前と同量の棉花に換えられるのである。日本通貨の計算において、生糸を高く売るのは得であり、棉花を高く買うのは損の様に感ぜられる。輸出商、輸入商、製糸家、養蚕家、紡績業者、織物業者等の私経済には実際種々の損益関係が起るであろうけれども、余剰の生糸と必要の棉花とを交換する一国公経済の見地からは、別に得失を生じない。従前と同量の生糸を以て従前と同量の棉花と交換するが故に、我が財貨の対外価値に変りがない。その点において国富に増減がないのである。

もっとも実際の経済現象はここに述べたる如く単純でない。国内物価と外国為替相場とは必ずしも同じ割合に動かないのみならず、時としてその方向を異にすることもある。外国物価が為替相場と関連して変動することもある。内外物価と為替相場との関係から輸出入貿易の数量に増減を来たすこともある。これ等変動の錯綜する間に、国内財貨の対外価値に変動を生じ、又は産業の消長を招くこともある。私経済上の局部的損益も、それが互に相殺されるとは限らず、延いて一般経済生活を攪乱し、或いは利導することもある。されば私は為替相場の変動が公経済上の得失に関係なしと云うものでない。その関係があればこそ通貨の価値の安定を必要とし、安定の一手段として通貨の調節を必要とするのである。ここには只為替相場順逆が直に国富の増減を意味するかのように思うの早計なるを指摘せんがために、国富の実体は財貨にして、物価及び為替相場はその呼値に過ぎざるの理義を反復説明したのである。呼値は高低何れの処にあろうとも、甚だしき変動なしに永続するならば、実体に影響がないはずである。

＊

外国為替相場の逆調は国富の減少なりとして一概にこれを悲観するのとは反対に、それが輸出貿易を幇助するにより当該輸出国の利益なりとしてこれを歓迎せんとする人もある。為替相場の順調は輸出貿易を阻害するにより不利益なりとするのもまた同じ系統に属するものである。この感想は貿易業者の手近き実験において裏書されるかの如く見ゆる点もあるので、随分広く行き渡っている。しかしながらやはり為替相場と内外物価との関係を無視したる思想の混雑に基くと云わねばならぬ。例えば、我が対米為替相場が五十ドルから四十ドルに下落すれば、従来米国市場において一ポンド六ドルで買った生糸を四ドル八十セントまで引下げて売ることが出来る。そこで米国における販路が拡張せられ、輸出が増進すると云うのである。しかしながらそれは日本における生糸の仕入値段が従来と同一であることを前提しなければならぬ。もし仕入値段が為替相場と同じ割合を以て動いているならば、為替相場は下落しても、米国における売値を引下げる訳に行かぬ。即ち輸出の増進は単に為替相場の低きがために起るにあらずして、為替相場の下落するに当り、国内物価に変動なきか、又はその変動が為替相場の変動と一致しない場合において始めて起るのである。かくの如き事情はしばしば実現するに相違ない。只その径路によりて起る輸出貿易の増進は、一概に当該輸出国の利益だと断定し得るであろうか。

云うまでもなく、国内の財貨を輸出することは一国の経済生活における窮極の目的でない。輸出する財貨より更に有用なる財貨を輸入せんがための手段である。只輸出により外国において資金を獲得するは容易ならず、一たび資金を獲得すれば、普通の場合にこれを以て外国の財貨を輸入するは容易なるが故に、輸出を以て努力の目標とし、輸出万能の感想を生じているのである。各人日常の努力の目標としては、それで差支えないが、遠大の見地より得失を判断するには、国内財貨が如何なる条件を以て外国財貨と交換せられるかを考慮しなければならぬ。輸出品を外国の市場において安く売れば、その代金として受取る外国通貨が少なく、そうしてこれを以て輸入する財貨の外国市価に変りがないとすれば、結局多量の国内財貨を少量の外国財貨と交換することとなる。例えば米国における棉花の値段を一ポンド二十セントとして、生糸一ポンドが六ドルに売れる場合と四ドル八十セントに売れる場合とを比較すれば、前の場合には生糸一ポンドが棉花三十ポンドに換えられ、後の場合には棉花二十四ポンドにしか換えられないこととなる。それが、財貨と財貨との交換比率において、生糸の輸出国に利益であるとは如何にしても考えられない。もっとも生産費の減少、又は国内における需要の減少のために、生糸の国内値段が下り、その結果として外国においてこれを安く売り得るようになったのならば、それは必ずしも、輸出国の不利益でない。生糸の生産費が少なければ、もしくはその国内使用価値が少なくなっていれば、そうして棉花の国内使用価値に変りがなければ、従前と同量の生糸を以て従前より少量の棉花と交換しても、得失相償うであろう。しかしながら生糸の生産費にも、国内使用価値にも変りがないのに、為替相場下落の結果としてこれを少量の棉花と交換するのは不利益である。輸出業者及び製糸業者は、代金として受取る米貨を、下落せる為替相場により換算し、従前と同額の本邦通貨を得るから、差向き何等の不利益を感ぜぬであろう。もし米国における生糸の市価が為替相場下落の程度まで下落せず、仮にその中間に止まったとすれば、輸出業者及び製糸業者は従前よりも却って多額の本邦通貨を取得し、差向き利潤の増加を喜ぶであろう。それで輸出貿易が盛んに行われるのであるが、一国として生糸と棉花とを交換するの見地に立てば、その不利益は明瞭である。輸入棉花の値段は為替相場の下落に伴いて覿面に騰貴するから、綿製品の使用者は直に不利益を体験するであろう。一般物価も為替相場の下落に伴いて騰貴に傾くから、一時通貨の計算に現れたる輸出業者及び製糸業者の利潤は消失し、為替相場下落の前と同額の通貨を取得したのでは、生糸の生産費を償うに足らぬと云うようなことになるであろう。

*

もっとも為替相場の逆調による輸出貿易増進の得失は、単純に内外財貨交換の見地のみから判断すべきでないとも云われるだろう。為替相場の逆調を呈する時は、一般に対外支払の多い時である。その支払のために外国において資金を要するから、内外財貨交換の上において損失となっても、輸出を盛んにし、その代金として外国通貨を取得することが望ましい場合があるだろう。或る程度まではそれに違いない。しかしながら内外財貨交換上の損失が甚だしきに至る時は、即ち多量の内国財貨を以て少量の外国財貨に換えると云うことが甚だしきに至る時は、国内富源を涸渇せしむるに終るであろう。ドイツは為替相場崩落の初期において、輸出貿易の増進と、これに伴う産業の盛況とを喜んでいたが、国内物資が多く外国に買取られ、その代りに外国より輸入さるる物資僅少にして、一般国民の生活が貧弱となるに驚き、或いは輸出を制限し、或いは法令を以て輸出品の代価を特に高くし、以て為替相場の逆調による貿易上の影響を阻止せんとするに至った。これは極端の事例であるが、その傾向は如何なる場合にも伏在することを記憶しなければならぬ。

又一定量の国内財貨（例えば生糸百斤）を安く外国に売るにより、これを以て輸入し得る外国財貨の量は減少するとも、輸出の総量が増加すれば、これを以て輸入し得る外国財貨の総量は増加する。もしくは他の対外支払に充て得べき資金の総額は増加する。故に一国の経済状態において、外国財貨を需要するの度が強く、又は他の対外支払の切要なるものが多いときには、輸出の総量を増加するために一定量の国内財貨を安く売ることもまたやむを得ない。結局それが国の利益である。随って為替相場の逆調がその勢いを助成するならば、これを喜ぶべしとすべきでないかとも考えられる。これまた或る程度において肯定せらるべきことである。普通に為替相場の騰落が輸出入貿易、又は一般国際収支を調節すると云うのは、この作用を指称するのである。しかしながらこの作用が健全なる効果を生ずるのは一時的調節の範囲に限られる。即ち為替相場の逆調が国際収支の状態を改善するの端緒となりて、相当の期間にその順調を回復するだけの反撥力がなければならぬ。国際収支の根本的改善は、国内における生産力の増加、生産費の低減、国際的労務の提供力の増加、又は外国財貨及び外国労務の需要の減少によるべきである。もし為替相場の逆調に依頼して国際収支の改善を図らんとせば、一時は効果があっても、これを永続せしむるには逆調に次ぐに逆調を以てするの外なきに至るであろう。為替相場が輸出貿易を幇助するのは、単純に相場の高低によるのではなく、その変動が国内物価の変動に先走りて、これと一致せざるためである。しかるに輸出品原価は早晩為替相場と均衡を得るの点に接近し来る。日米為替相場が五十ドルから四十ドルに下落して、生糸の仕入値段千五百円に変りがないために、これを六百ドルで売り得るようになっても、為替相場がそこに落着いて仕舞えば仕入値段が漸次騰貴して、六百ドルで売っては引合わぬようになる。それを引続いて六百ドルで売るには、更に為替相場が下落しなければならぬ。これを限りなく繰返して行くならば、終に為替相場の崩落、通貨の破滅、経済生活の攪乱となるであろう。

＊

要するに、為替相場の逆調は輸出貿易のために一時的の便宜を来たすけれども、一国経済生活の一大局においてこれを恒久の利得なりと云うべきでない。堅実なる貿易の発展は、大体安定せる為替相場の下において、主として生産能力の増進によりて、始めて庶幾すべきである。通貨の価値の安定は対内的にも対外的にも、原則として、持続性ある経済生活向上の要件である。

＊1　現今は両の代りに元を用いる。
＊2　本章＊3参照。
＊3　一九三四年（昭和九年）一月米国の貨幣単位切下の結果日米間の造幣比価は法制上邦貨百円に対し米貨八十四ドル三十九セント二分の一となった。但日本は現に金本位を離脱しており貨幣法の規定は有効に働い

ていないから、この造幣比価と実際の為替相場との間には大なる懸隔がある。仮に昭和十二年〔1937〕八月評価換後の兌換券の準備たる金の価格に従って計算すれば（第五章〔通貨制度及び思潮の変遷〕＊15参照）邦貨百円は米貨三十二ドル六十三セントとなり実際に近くなる。

＊4 日本でも特に昭和五年〔1930〕金解禁の前後において、又同六年〔1931〕金再禁止の前後において、為替思惑のために為替相場は急激なる変動を来たした。これがやがて昭和七年〔1932〕六月の資本逃避防止法の制定となり、同八年〔1933〕三月の外国為替管理にまで進んだ原因となった。

＊5 対米三十八ドル二分の一は金解禁前の最低記録で、再禁止後昭和七年〔1932〕為替相場暴落の時期においては、最低十九ドル四分の三となった。

＊6 これは日米間の造幣比価が邦貨百円に対し四十九ドル八十五セントなりし場合の設例である。前出の＊3参照。

＊7 前出＊3参照。一匁の金は米貨約四ドル二十二セントに通用するようになった。

※　次章以下、本書に収録しなかった章の見出しは次の通り――

※　次章「第九章　金本位」「第一節　通貨の本質論と金本位」の冒頭一段落は次の通り――

通貨調節の趣旨は主として通貨の価値を安定せしむるにあること、これに関連して、通貨の価値とは何を意味するか、通貨の価値は如何にして決定されるかと云うことを、今までの考察によりて大略説明した。これからは通貨調節が如何にして行われるかを考察すべき順序である。先ず通貨の価値及び通貨の調節と金本位との関係から始めることとする。

Ⅲ 経験

回顧七十年（抄）

大蔵省から日本銀行へ

松方公〔松方正義〕には日清戦争中広島で面接したるを始めとし、その後公の功業の一たる金本位の制定に関し外国人より通信し来るものの多かったとき、これに対する応酬を手伝ったことがある。しかしながら公は私を好く知って秘書官に採ったのではなく、徳富先生〔徳富蘇峰〕の推薦又は依頼に応じたものらしい。間もなく内閣が更迭したので私の在官は明治三十三年〔1900〕の七月から十月まで、わずかに三ヶ月余に過ぎなかった。その間別に挙げて記すべき事歴はない。只官庁の中を覗くと同時に新たに面識が出来た。松尾臣善《しげよし》氏（後に男）、阪谷芳郎氏（後に男）、水町袈裟六氏等とはこの時から接触した。日本銀行の高橋是清氏、木村清四郎氏に始めて出逢ったのもこの時である。

大蔵大臣秘書官を退いた後、或る時山県内閣法制局長官たりし平田東助氏（後の伯）は、山県公が私の来訪を希望していると伝えた。これも全く期待しなかったことだが、もとより喜んでこれに応じた。在外の知人から送って来る雑誌の論文等を翻訳してもらいたいということで、これを端緒として公に近接し、日露戦争後財政困難の時に、経済情勢についてしばしば所見を求められた。浪人の際には翻訳の謝礼もあって、生活費の一部となった。

前途の進路については、平田東助氏、加藤高明氏（後の伯）等から具体的に就職又は一時的仕事の勧誘があった。加藤氏は駐英公使たりしときにロンドンで面接したのを縁として、私を外交方面に引き出そうとしたのである。しかしながら直に正式の経路に入る訳には行かない。私は専ら松方公と徳富先生とに依頼して成行きを待っていた。閑でいる間に成した一つの仕事は、大蔵省の依嘱により英文の財政経済年報創刊号の様式及び文言を立案したことである。

かようにして一ヶ年弱を過ごした後、日本銀行へならば松方公の斡旋により就職が出来ると云うことを徳富先生から話された。私の第一希望ではなかったけれども、謝してこれを受けた。この時も既に内打合わせが済んでいたものと見えて直に年俸傭となり、二、三ヶ月の後、即ち明治三十四年〔1901〕の十月に調査役たる辞令をもらった。その時の総裁は山本達雄氏であった。明治三十二年の日本銀行の内紛により重役及び上級行員の多数辞職した後であったから、私のために就職の余地が残っていたのだろう。しかしながら日本銀行へ外部からの横飛びは珍しいことだそうで、実に松方公及び徳富先生の斡旋と山本氏の好意との結果に外ならない。

山本総裁からは主として調査を以て行務に貢献せよと望まれた。副総裁高橋是清氏に挨拶に行ったら、「あなたは学問が好きだそうで、結構だが、後には仕事がして見たくなるかも知れない」と意味深長の言葉があった。私はとにかく山本総裁の希望に副うべく努力せんことを期した。学問としては、従来政治の一部として関心をもった所の経済学に主力を注ぐことにした。同時に実際に適切なる調査の成績を挙げるために経済界の人と交わり、事情に通ぜんことを期した。それには今までの経歴により便宜を得る所もあった。

営業局長木村清四郎氏、検査局長小野英二郎氏、秘書役土方久徴《ひさあきら》氏等は親切に行内を引廻してくれた。小野氏は同志社関係の先輩である。談論の相手として最も手答えのあったのは文書局長伊藤欽亮氏、検査役井上準之助氏、調査役井上辰九郎氏、三年程後に大蔵省から転じて来た調査役片山貞次郎氏、後に豊国銀行及び昭和銀行頭取となった生田定之氏等であった。行員中に同志社の同級生大八木義雄及び同志社出身の藤田軍太氏があって、それぞれの立場から行内の様子を話してくれた。

日本銀行における勤務の経過を、必ずしも年次によらずして摘録すれば、検査局（後に分れて調査局及び検査部となった）及び営業局の調査役、並びに秘書役、外事部主事、及び国債局長と云うのが大正二年〔1913〕頃までに私の歴在した地位である。その間山本総裁は明治三十六年〔1903〕の秋に退職し、松尾臣善男、高橋是清氏を経て、三島弥太郎子が総裁になった。私は明治三十五年〔1902〕に日本銀行員として松方正義公の外遊に随行し、日露開戦の明治三十七年〔1904〕より四十年〔1907〕までの間、外債募集事務のため三回副総裁高橋是清氏に随行して外国へ出張した。経歴中にはすこぶる興味の多いものもあり、世間との接触は広くなったが、要するに特殊の任務に追い廻されて、業務の本流の外にあった。就職のときに主として調査に従事するように希望されたのだから、その後の経過はむしろ当然である。しかしながら経歴の重なるに従い、自己の本分を挙げて世の中のために尽すのは何れにありやと云うことを考えざるを得なくなった。専ら学問に没頭して世を益する成績を挙げるのも、実行を主としてこれに力を注ぐのも、それぞれ有意義の事業であるが、実行の機関に属しながら中途半端の立場に彷徨するのでは自ら安んじない。今のままで漫然と年を過ごすならば、単に食禄を受けて安泰に一生を終ることに帰するであろう。環境の避くべからざるものもあるが、自主の機能の発動すべき余地もあるはずで、全くこれを没却し去るべきでない。丁度四十歳を少し超えたところで、まだ転身の余地のある内に、どちらかに方向を一定したいと思った。その頃行内制度改正の問題があって、国債局は廃止となるべき模様であった。そこで三島総裁及び副総裁水町袈裟六氏に心境を打ち開け、もし日本銀行業務の本流に参与するように向き得ないならば、制度改正の実現以前に辞職したいと申出《い》でた。しばらく待ってくれと云うことであったが、どうせ不徹底な慰諭を受けるに違いないと思って腹を極《き》めていた。十年以上日本銀行に勤務した御蔭で、同志社卒業後又は日本銀行就職前に比すれば一身上いくらか自由の立場にあったので、環境の如何により転身を実現すべき計画も心に抱いていた。その間私が日本興業銀行の理事に転出すると云う噂が新聞に出た。何処かでそんな評議があったのかも知れぬが、私の関知したことでない。しかるに制度改正発表の直前に私に営業局長を命ずると云う内示があった。意外であったが、それならば日本銀行に留まって実行の方面に努力を続ける甲斐があると思って、眷顧を謝してこれを受けた。私が一応退職の腹を極《き》めたとき、高橋是清氏には海外随伴以来特に眷顧を蒙った関係があるのでこれを報告した。高橋氏は場合によってはやむを得まいと答えた。後から聞く所によると、木村清四郎、土方久徴の二理事は私を営業局長に推薦したと云うことである。営業局長に就任したのは大正二年〔1913〕十一月で、その後一時調査局長を兼任したこともあり、大正七年〔1918〕四月理事を命ぜられた。その時の総裁はやはり三島子、大蔵大臣は勝田主計《しょうだかずえ》氏、総理大臣は寺内伯であった。三島総裁は理事に推薦することを内示するときに、仕事をするものは議論に勝ってはいけないと私に注意した。世界戦争は私が営業局長たりし時に始まり、理事の時に及んだ。理事就任の頃理事の一人が毎月半分ずつ大阪支店に出張することになっていたので、私は数ヶ月間これに当った。又パリ講和会議、ワシントン軍備制限会議及びジェノヴァ経済会議に帝国政府全権委員の随員として参列した。戦後反動期の財界動揺、関東大震火災、昭和二年〔1927〕の金融動乱等が理事在任中の顕著なる事件であった。その間三島総裁は病歿し、井上準之助氏、市来乙彦氏、更に又井上準之助氏が総裁となった。

　私が副総裁を仰せ付けられたのは昭和三年〔1928〕六月である。この時は総裁井上準之助氏が辞任し、副総裁土方久徴氏がこれに代り、私が理事から副総裁に進んだのである。その時の大蔵大臣は三土《みつち》忠造氏、総理大臣は田中義一男であった。副総裁在任中における我が経済界の最大事件は金解禁及び再禁止である。満洲事件の生起及び五・一五事件にも遭遇した。ロンドン国際経済会議には帝国政府全権委員の一人として参列した。

　総裁を仰せ付けられたのは昭和十年〔1935〕六月である。清水賢一郎氏は同時に理事から副総裁に進んだ。その時の大蔵大臣は高橋是清氏、総理大臣は岡田啓介氏であった。昭和十一年〔1936〕二月二十六日の事件で高橋氏は歿し、岡田内閣の後を承けて広田弘毅氏が総理大臣に、馬場鍈一氏が大蔵大臣になった。私は昭和十二年〔1937〕一月広田内閣辞職の後直に辞表を提出し、二月新内閣成立の後に聴許せられた。日本銀行に在職すること実に三十六年余である。

　日本銀行在職中私が特に濃厚の関係をもった事項は逐次後段において記述することとし、ここには経歴の梗概を挙げて置く。

※　次章との間に「父母の死去」の一章（三頁分）があるが本書では省略する。

松方正義公の知遇

私の一生における進路の方向を決したる最大契機として挙ぐべきものが三つある。一は、新島襄先生の眷顧により同志社教育を受けたること、二は、徳富蘇峰先生の指導により国民新聞の門を経て世の中に出たこと、三は、松方正義公の知遇により大蔵省及び日本銀行に就職したことである。人生の心構えについては新島先生に負う所が最も多く、学究的傾向から移って社会の実勢に関心をもつようになったのは主として徳富先生の感化により、財政経済の方面に実行の立場を与えられたのは松方公の御蔭である。

松方公には秘書官を止めてから益々親しく近接した。推輓も受けたが、経歴談を聞いて益したことが甚だ多い。事実は大概公の正伝中に収めてあるから、ここには主として、私の修養に資した二、三の点を挙げる。

私の聞いた所を綜合するに、公は重要事件に逢着する毎に、学生が教科書を学ぶような態度を以て根本の義を検討し、平凡と見ゆる大綱を把握して方針を決定したようである。又一時に諸方面に着手せずして、一方面の目鼻の付いた後に他の方面に移ると云うのが公の流儀であったらしい。又各人処世の段階において時々分に応じて努力の方向を妥当に定めなければならぬ、殊に所命の遂行を専一とすべき場合と、自己の所見を以て貢献すべき場合とを克く心得なければならぬと云うのが、公の訓言の一であった。公に教えられた古賢の格言中に「静定功夫試忙裡、和平気象看怒中」と云うのがあった。

公は外国語を解しないが、世界の大勢に通じ、外国人との交際を好んだ。それぞれの場合に当面必要の知識を吸収し、肯綮を把握した。東京駐在の外国使臣を始め、外客の公を訪問するものすこぶる多く、公はしばしば午餐を催してこれを接待した。公と外国人との接触に私の参加した場合がすこぶる多い。その内私に最も深刻な記憶を残したのは、日英同盟締結直後における露国公使イスヴォルスキー（Isvolsky）との会見である。この人は後に外務大臣となった。私は公の依嘱に依って通訳に当った。劈頭公使は不安の気色を呈し、今日は多分令息の内の誰方かが通訳されるだろうと思って来たのだが、この通訳者は如何なる人か、と訊いた。多分私を外務省の人ではないかと感じたのであろう。私は一寸てれたけれども、その通りに伝えたところが、公は通訳者の何人たるかを告げ、自分の信用する通訳者はあなたも信用してくれ、と答えた。それで公使は安心したらしく、随分突込んだ話になった。表面は日英露の関係、殊に日英同盟の真意につき公の所見を質したのだが、その間日英同盟を冷却せしめ、又はかつてビスマルクが露仏を対象とする独墺伊同盟の公然存在するにかかわらず、露国と秘密協定を結んで二重保険の外交政策を行った如き情勢に日本を導く隙はないかと探りを入れたものの如くであった。公は当時の我が国策の線に沿うて微妙の点を巧みに応酬し、日英同盟の不動なること、日露の関係は露国側の態度さえ妥当ならば何等憂うべきものなきことを堂々と説いた。私は活ける外交史に接するが如き感があった。

ついでに、軽重は比較にならないが、これに似た一挿話と云うべきものが後年にあった。それは日露戦争の後、日本が仏国から外資を輸入すべく試みた時の事であったが、アルベール・カーン（Cahn）と云う二流の仏国金融業者が渡来して公を訪問した。この人は日本証券類の仲継売却において相当の成績を挙げたが、基本的引受者の仲間に入り得ないのを不満として、当時の日本政府及び日本銀行の施為を猛烈に非難した。通訳者であった所の私が、日本銀行員として国際金融上の仕事を担任していることを先方は知らなかったのである。公はその人の尽力を多とするも、我が当局者に対する批評は首肯し得ないと直言した。私は通訳者として関知したことを一切他言しなかったが、他山の石として自分の仕事の参考とした。

私は上記の如く公の対外接触に参与していたので、その欧米巡遊の一行に加わることとなった。日本銀行は公の依頼によって私に命じたのである。明治三十五年〔1902〕の初春に出発して秋に帰朝した。大蔵省主税局長目賀田種太郎氏（後に男）、前文部次官木場貞長氏、及び公の令息五郎氏が一行中にあった。観光及び一般視察を目的とする旅行であったが、日英同盟締結後における我が対外国策の進展に連繋する所があったと私は思っている。巡遊の事歴は公の伝中に入るべきもので、ここに詳記すべきでない。只日本銀行及び私の一身のために多少の意義があったと思われる遭遇だけを挙げることとする。

私は主として、財界及び新聞方面に対する公の接触に参与し、又は代ってこれに接した。当時日本の金本位制定が経済上の顕著なる事実として世界の注目を惹いていたので、その立案及び施行を担当せる松方公を迎えてこれを話題とする人が多かった。殊に米国ではまだ貨幣制度が確立しないで、論議の紛糾せる時であったから、適切なる実際問題として日本の事例を知りたいと云う気分が濃厚であった。私は米国においても欧洲諸国においても、公の談話を通訳するの外、日本の貨幣及び銀行制度について質問を受け、これを説明するのが面白い仕事の一であった。又公には、その創設せる貨幣制度の維持に関連し、各国中央銀行運営の実情を知らんとする希望があり、私は山本総裁から、随行の機会を利用して日本銀行のために出来るだけこの点を調査することを命ぜられていた。特にドイツにおける政府と中央銀行との関係につき実情を知りたいと云うのが山本総裁の希望であった。私は公の会談に参して大綱を把握し、別に先方のしかるべき当局者と単に会見するの便宜を求めて足らざる所を補った。誰の云う所も一致したのは、目前の便宜を主とする財政経済上の資金需要を充たすこと、前途を見透して、貨幣制度の信用を維持することは、往々にして背反する、それを妥当に調和するために最も苦心すると云うことであった。これは後年に至るまで深き印象として私の心に残った。日本銀行でやや重き責任の地位についてから、私の終始商量した問題はこの妥当なる調和を如何にすべきやと云うにあった。

ロンドンにおいて、私は松方公の関係とは別に、先年徳富先生に随行したときの知人を訪問した。タイムス新聞のキャッパー氏は、松方公の経歴、殊に至尊の優遇を受くる元老としての地位を詳しく聞き取り、これを外報部長サー・ヴァレンタイン・チロル（Chirol）に伝えた。それからチロルは公を来訪して懇談を遂げ、欧洲大陸の要地におけるタイムスの通信員に訓令して、当該国の事情を公に説明せしめた。只パリにいるブロウィッツ（Blowitz）だけは気位が高いので、訪問を命ずる訳に行かない、会見の形式は彼に任せなければならぬと云うことであった。果して彼は公と私とを午餐に招いた。八十翁たる彼は、大蔵大臣、総理大臣の経歴ある松方公に向い、外国人が日本を称讃するのは子供扱にしているのだから喜んではいけない、ほんとうにえらくなればそう楽には行かないと、劈頭に喝破した。公はこれを首肯し、巡遊中に聞いた最も剴《がい》切《せつ》なる話の一だと、後から私に語った。公とブロウィッツとの談については拙著『人物と思想』の中に詳しく叙してある。

なお私は往年の縁故によってオックスフォード大学のホルランド教授を訪問し、今回は松方公の一行中にあることを告げた。その後教授は私を返訪し、もし松方公が招きに応じて来校されるならば名誉法学博士の称号を贈りたいと云う同大学の意向を伝え、公の内意を訊くことを依嘱した。理由は日本の貨幣制度整理確立の功績と云うことであったので、公はこれを快諾した。名誉学位を受くるものは、式日の前夜推薦者たる教授の私宅に宿泊するのが慣例だと云うことで、公はホルランド教授の客となった。畑違いの国際法学者が財政経済上の理由による学位贈与の推薦者たるのはすこぶる面白いと思った。私は学長がラテン語で式辞を述べるのを聞き、又同日校内にギリシャ語の演説会があると云うから、好奇心を以てこれを傍聴して、さっぱり判らぬがいわゆる古典気分を味わうことが出来た。

ケンブリッジ大学のウェストレーキ教授には、さきにその著書の翻訳に関して通信したが、今回更《あらた》めて高橋作衛氏の紹介を以て面会した。又穂積陳重男の依頼により、日本の祖先崇拝に関する英文著書を持参して届けた。教授は私の『国際法要論』の一部たる日本条約改正史を読んで見たいから英文に訳して示してくれぬかと希望したので、格別の長篇でもないから、帰朝後間もなくこれを果した。

松方公に随行したので、上記の如き副産物もあった。又外国人及び外国在留の日本人との面識も多く出来た。高楠順次郎氏は松方公と同時に名誉文学博士の称号を受けたので、私とも相識となり、私は長年に亘り、仏教及びインド哲学に関して啓発せられた。チロルとの関係は日露戦争中の外債募集にまで亘りて密接を加えた。かつて大蔵次官たりし米国のハムリン（Hamlin）と云う人もこの時からの面識だが、後に連邦準備院の幹部員となって日本銀行との交渉に当ったこともあり、広く社会の諸方面に地歩を占めていたらしく、その後数回私が米国に行ったとき、些末なことにまで亘って親切な相談者となってくれた。

高橋是清氏に随伴せる外国勤務

松方公に随行せる外国巡歴から帰った後、即ち明治三十五年〔1902〕の秋より約一年間私は日本銀行において主として調査事務に当った。明治三十六年〔1903〕の十月に山本総裁は退職し、松尾臣善氏（後に男）が大蔵省理財局長から転じてこれに代った。その十二月に私は秘書役を命ぜられた。その頃日本銀行の秘書役と云うのは、専ら総裁に随伴して雑用を弁ずるものではなく、重役会の機関として人事及び機密事項を取扱うものであった。当時日露の関係は既に緊迫を告げ、日本銀行は政府と財界との間に立ち、内々準備を進めつつあった。微職ながらいささかその裏面の消息に触れたのは、私にとって貴重の経験であった。しかしながらその期間は甚だ短く、明治三十七年〔1904〕初頭における日露開戦後副総裁高橋是清氏が外債募集の任務を帯びて欧米に出張することとなったとき、私は秘書役のままで随行を命ぜられた。二月二十四日に横浜を出発し、米国を経てロンドンに赴き、明治三十八年〔1905〕にも同三十九年〔1906〕にも一旦帰朝して又出張し、明治四十年〔1907〕五月十日の帰朝に至るまで三ヶ年有余の間、高橋氏の行動に伴ってその大部分を外国に過ごした。私がそれに選ばれたのは、松方公から高橋氏に勧めたためだと云うことを後に聞いた。高橋氏は英語の出来るものならば誰でも宜しいと云って無造作に応諾したと云う。

日露戦争に関連せる外債の募集はもとより高橋氏の事績である。私としては単に下働きとして事務を取扱ったに過ぎないが、実際の仕事の執行に携った最初の体験であった。高橋氏とはそれまで一行員として副総裁に対する普通の接触があったに過ぎないが、外国出張には唯一の随行者であったから、段々打開けた話を聴き得るようになった。横浜正金銀行支店の一、二行員が外辺の事務を手伝ってくれたけれども、機密の事項、殊に本国政府との交渉に属することは、細大を問わず高橋氏と私との二人だけで処理した。後に高橋氏と同じ任務に当った人が数名の事務員を揃えて執行したことを、最初は首脳者と一随行者とで片付けたのである。私は文書の起草、代理応接、暗号電信等から微細の事務に至るまで手当り次第に取り捌いた。徹夜に近いことも度々あった。しかし普通の随行者に期待せられる雑用はほとんど全くなかった。一番困ったのは字の拙いことである。高橋氏は云うまでもなく、交渉の計画、市場の観察、条件の商量等に力を注いだが、事務が私の手に余るときは暗号電信や文書の浄書の如き細事にまで自ら手を染めたこともある。二年目からは日本銀行の行員が代理店たる横浜正金銀行監督のために駐在することとなったので、いくらか加勢を頼むことも出来たが、それ等の人々は外に任務があるのだから、外債募集の方はやはり私が主として事務を担当した。私は食卓で居眠りをする程に疲労したこともあるが、とにかく無事に済ませた。外国側の交渉相手で懇意になった人々は、私を過労望郷の可憐児と呼んで同情してくれた。望郷と云うのは結婚後間もなく出張したことを聞いて揶揄したのである。かような状況であったために、私は低き地位にあったにかかわらず外債募集の表裏に触れ、高橋氏の腹中機略も大概察知することが出来た。それが手本として修養に資したことは云うまでもない。なお私は大きな仕事が如何にして出来上って行くかと云うこと、並びに実行のためには細事といえども、調査、研究、立論等の場合と異なった緊密なる注意を要することをしみじみと会得した。実にこれが私の心構えの上における一の転機であった。

単なる随行者たりし私の回顧中に高橋氏の事績を長く述べるのは釣合を失することでもあるし、又高橋氏の伝記資料として私の提供し得べきものは、別に拙著『人物と思想』の中に詳しく挙げてある。しかしながら私が受けた修養上の影響を語るにも、事績の概要だけは併記して置かねばならぬ。

財政経済上から云えば、日露戦争の遂行を可能ならしめた因子として、外債募集の成功は最も重要なるものの一であった。その戦費の決算は約十五億円にして、戦時中数回に出来た外債は額面八千二百万ポンド（概算八億二千万円）であった。即ち戦費の半額以上は外債によって賄われたのである。しかしてそれだけ外国から軍需品その他の物資を輸入し得たるが故に国内経済にも国民生活にも窮屈を感ぜしめずに済んだのである。なお戦後明治三十八年〔1905〕より四十年〔1907〕に亘り戦時外債の借換及び戦後経営のために額面四千八百万ポンド（概算四億八千万円）の外債募集があり、それも高橋氏が外国側との交渉を担当した。これ等を合計すれば、日露戦争に関連して高橋氏の担当せる外債募集は額面一億三千万ポンド（概算十三億円）となる。この計数は金一匁を五円とする当時の貨幣の単位によるのであるから、これを今日の金の価格によって換算すれば四十億円近くになるのである。開戦直前の明治三十六年〔1903〕末における正貨準備が一億一千六百万円に過ぎざりしを想えば、当時において戦争関係外債の規模の如何に大なりしかを察し得るであろう。

我が国は日露戦争前にも多少外債募集の経験があったけれども、それは東洋に支店を出している英国の銀行を相手とする小規模のものであった。大規模にして且つその成否が国運の消長に重大の関係を有する所の外債募集は日露戦争のために始めて試みられたのである。その後外債募集はすこぶる盛んに行われたが、その地盤を開拓したのは高橋氏であった。先ず英国側との交渉がまとまり、米国及びドイツが逐次これに参加し、講和直後にはフランスをも包含して、いわゆる国際的募債の型が出来たのである。その大開展は畢竟英国における最初の成功に淵源する。しかして当時は日本の勝利を希望するものも前途についてむしろ不安を懐いていたのだから、高橋氏の苦心は実に深刻であった。

高橋氏の最も慎重に考慮したのは、誰を交渉の相手とし、誰を表面の発行者として立てるかと云う点にあった。大規模の募債においては、限られたる一方面の資力を当てにすることは出来ない。一般市場及び投資者から資金を吸収するように工夫しなければならない。問題は吸収の門戸を何処に求むべきやにある。日本に対する同情は濃厚であったから、諸方から一応の接触を求めて来て、選り取り自由のように見えた。しかしながら軽率に一方に向って交渉を進むれば、他の感情を害するかも知れない。又最大有力者に対し交渉を開始して不調に帰すれば、他の方面ではこれに対抗することを嫌って容易に相手になってくれない。随って最初の交渉者の提示する件を甘受してまとめざるを得ぬこととなる。これ等の事情を商量したる上、高橋氏の決定したる方針は、従来日本と取引関係のある香港上海銀行及びパース銀行に横浜正金銀行ロンドン支店を加えたる三行を表面の発行団とし、ロスチャイルド家、カッセル（Cassel）家、ベーリング兄弟商会等を裏面の大口下引受者とするにあった。発行団の銀行は起債界において格別有力なる顔触れではない。大口下引受者たる三家は起債界の大有力者であった。そこで香上、パース二銀行に向って交渉を開始し、同時にロスチャイルド家及びカッセル家と密接に往来し、もし二銀行が応諾しなければロ家又はカ家に転向すべき気勢を示した。二銀行は日本のために尽力を辞せずと云いながら確定を躊躇していたが、この気勢を見て引受を決心した。彼等が発行者となることは従来の取引関係によるものであるから当然の成行きとして何れの方面にも反感を生ぜず、有力なる諸家の後援もあるので、一般投資界の人気を集め、最初の成功を来たしたのである。

明治三十七年〔1904〕五月始めに発表せる第一回募集に関し英国側との交渉が四月下旬にまとまりたる後、米国側の参加により発行額を増加することとなったが、これはカッセル家が裏面において米国側首脳者シッフ（Schiff）氏を誘導せる結果と信ずべき理由がある。明治三十八年〔1905〕の募集にドイツ側が参加したのにはシッフ氏の斡旋があった。その後更にフランスが参加したときには、ロンドン・ロスチャイルド家の一族たるパリ・ロッチルド家が発行者となった。仏の参加には政治上の理由もあったに違いないが、最初英国における発行団及び後援者の構成が広き基礎の上に出来ていたので、それぞれの縁故により順調に地盤の拡大が行われたのである。

ロンドン・ロスチャイルド家はフランスの参加と同時にパリ・ロッチルド家の希望もあって、発行団中に名を列することとなった。カッセル家は終に表面に現れなかったが、戦後の財政は戦時中より一層困難になるかも知れない、もし諸方面の行き詰った場合には自分が一肌脱いで尽力しようと高橋氏に語った。最初の発行団の次に後援者たる三家が控え、更に最後の用意としてカッセル家が控えていた。要するに高橋氏の計画は三段構えの陣法に類するものであった。果して明治四十年〔1907〕春の戦後募集に当っては、フランス側との交渉が紛糾し、ロスチャイルド家を含みたる英国発行団も躊躇逡巡した。その時高橋氏は彼等と手を切って別に計画する所あらんとする決心を示し、それによって英仏団を承服せしめた。別の計画と云うのは実現の必要を見るに至らずして済んだけれども、すこぶる飛躍的のもので、高橋氏の腹中においてはカッセル家に期する所のものがあったに相違ない。三段構えはこれを用いずして効を奏するの役に立ったのである。世間の批評は表面の発行団の構成、発行条件の得失等に集中したが、高橋氏の最大苦心の存する所は別にあった。条件を出来るだけ有利にするためにはもとより最善の努力をなしたのであるが、当時の外債募集は、出来るか、出来ないかの境目に立っていたので、売店で選択買いをする如き容易の業ではなかったのである。この間高橋氏は腹芸を演ずるに必ずしもあらかじめ政府の承認を求めず、深刻なる責任上の覚悟を以て進んだ。最後に従来の英仏関係者と手を切って、別の計画を立てんとするときには、もし失敗すれば腹を切ると私に語った。

私はかくの如き舞台の楽屋にあって裏面の苦心の如何に大なるかを知り、何事も単に表面のみを見て軽々に批評を下すべきにあらざるを思い、仕事の大小にかかわらず邁進の気魄と共に周到なる用意の必要なることをつくづくと感じた。

なお私のいささか驚いたのは、対外任務を遂行するに対内関係の甚だ難しいことである。全く想像していなかった訳ではないが、実際は想像以上であった。高橋氏においては、中間報告が極めて少なく、相手方との交渉が一段落に達したときに案を具して承認を求める。事後の説明はほとんど無い。人手が足りないので充分に届き兼ねたばかりでなく、それが高橋氏の流儀であった。その結果かも知れぬが、政府との意思疎通は充分でなかった。行詰りかけたときに、むしろ解任を請うと云う態度で押し切ったこともある。私は電信文の按配等で出来るだけ緩和に努めた。内では松方公及び井上馨侯の支持が有力であったらしく、桂総理大臣も結局高橋氏にやらせる外はないと腹を極《き》めていたようである。しかし私は、広き場面の仕事においては、相手に対する用意と同時に仲間の折合の肝要なることを痛感した。高橋氏も中間帰朝により意外の誤解のあったことを知って、その後は報告を詳しくするようになった。

高橋氏は着眼鋭利にして往々人の意表に出《い》で、又困難を冒して所信に邁進する勇気があった。そうして所信を表現するに概論的、総括的の言辞を以てした。故に言論はすこぶる放胆に聞えたが、実行の手段順序において極めて細心なりしことは上記の通りだ。又反対意見を猛烈に撃退する人だと云うのが、日本銀行及び横浜正金銀行の行員間の評判であった。私が随行を命ぜられたときにその点を用心しろと注意してくれた人もあった。しかるに私の実験した所によると、自分の見解と異った説を聞くときは即座に反撃するけれども、時を更《あらた》めて別の角度から進言すれば、前言を忘れた如く冷静に聴取し、採るべきものを採るに吝《やぶさ》かでなかった。単に機械的に事務を処理するだけでは、或いは長期の単独随行に堪えなかったかも知れぬが、私は終始愉快に、張合好く勤務することが出来た。始めの内は私を秘書（Secretary）と呼んでいたが、或る頃から助役（Assistant）として他へ紹介するようになった。

この三年間の外国勤務中に接触した人の数は随分多い。それもまた私の一生における収穫の一である。正金銀行支店長としては、ニューヨークに今西兼二氏、次いで一宮鈴太郎氏があり、ロンドンには山川勇木《ゆうぎ》氏、次いで西巻豊佐久氏、巽孝之丞氏があり、何れも外債関係において私の同僚の如きものであった。林董《ただす》伯及び小村侯には英国において、金子堅太郎伯には米国において近接した。高楠順次郎氏は末松謙澄子の随伴者としてロンドンにあり、私との交わりは益々厚くなった。日本銀行からは代理店監督役として吉井友兄《ともえ》氏、柳谷卯三郎氏及び小野英二郎氏がロンドン又はニューヨークに来た。監督役付書記の中では、後に朝鮮銀行副総裁となった横部実之助氏と昭和銀行頭取になった大塚伸次郎氏とが最も多く外債募集事務を手伝ってくれた。大分合同銀行頭取になった藤田軍太氏は高橋氏の最後出張のときに私と共に随行者となった。

高橋氏に随伴して接触せる外国人は英、米、独、仏金融界の巨頭を始めとしてすこぶる多数であるが、ここには私と特別の関係があった人だけを挙げる。先ずロンドン・タイムスの外報部長チロル氏及び編集次長キャッパー氏は私との縁故によって早く高橋氏と接触し、紙上において日本の外債募集を支持するの端を開いた。同紙の経済部次長ハートレー・ウィザース（Withers）氏はしばしば高橋氏及び私を訪問した。この人は後に『貨幣の意義』（Meaning of Money）と題する著書において英国金融市場と国際金融との関係を解説し、一躍世界的の名声を博したのであるが、外債募集の時から私と特に親密になり、その後交通を続け、パリ講和会議のときに牧野伯の依嘱を私から取次いで、戦後経済の見透しについて調査及び意見を提出してもらった。

後に香港上海銀行の取締役会長として国際金融上の大立物となったサー・チャールス・アディス（Addis）は当時まだ支配人級で、私と同程度の事務を取扱ったから自然懇意になった。同氏の地位の上るに随い、その連絡によって我が国際金融上の所作に便宜を得たことが多い。講和会議のときも、ジェノヴァ経済会議のときも、これと話合った。

ロンドンの株式仲買人と云うのは、資力においても、社会上の地位においても、中々有力のものであるが、日本の外債募集を声援した仲買人の中に、カッセル家の関係者ヘンリー・ラミー・ビートン（Beeton）と云う人がいた。この人が或る宴会の席で日本文化に関して私に質問した。多分月並の話題以外に社交を賑わす積りであったと思われるが、私の応答に感興し、なお詳しく訊きたいことがあると云って、しばしば往来するようになった。ケンブリッジ大学の出身で、英国社会諸方面の事情に通ずるの外、貨幣学上に一隻眼を有し、諸般思想上に造詣の深い人であることが後から判った。私は多年この人と交通を続け、又ロンドンに行くときは必ず往来を重ねて益を得た。

その他高橋氏の関係を端緒として接触又は交通を続け、私に益を与えた人は、米国における日本外債発行団の首脳者たりしクーン・ローブ商会シッフ氏、同商会の組合員ポール・ウォーバーグ（Paul Warburg）氏、米国ナショナル・シティー銀行のヴァンダーリップ（Vanderlip）氏、ドイツにおける日本外債の発行に主として斡旋したるハンブルクのマックス・ワールブルク（Max Warburg）氏、ロンドンのアンソニー・ロスチャイルド（Anthony Rothschild）氏等である。アンソニー・ロスチャイルド氏は一族中の年少者であったが、後にはその従兄たる家長を助けて業務上の実際首脳者となった。これ等の人々については後段に記述すべきことがある。

もう一つ、私にはこの外国勤務の副産物があった。それは美術、殊に絵画に対する趣味の発生である。ロンドン滞在中、忙しいときには三面六臂も欲しい程だが、必ずしも常に用事がある訳ではない。只何時電報が来るかも知れず、他からどんな交渉が起るかも知れないから、私は宿直者の態度で待っていた。宿所の自室で読書することが最も多く、短時間公園を散歩したが健康上何か変化を求める必要を感じた。国民絵画館が近くにあったので、用があれば直に呼びに来てもらう手はずを定めて置いて、そこで時を過ごすことも少なくなかった。芸術評論家として高名なるイー・ティー・クック（Cook）の同館案内書を読みながら一点毎に細かに観た。その案内書にはラスキンの所説が多く引用してあったので、その大著『近代画家論』に遡り、鑑賞の対象たる展覧品と照らし合わせながら読んだ。更に深く入ってラスキンの審美論について考えて見た。これが端緒となって他の審美学説をも窺い、その後は欧洲における他の絵画館の古画や時々の新作品を、普通の観光者以上の興味を以て鑑賞するようになり、帰朝後本邦及び支那の絵画を同一の態度で多少研究した。私の内面生活はそれだけ範囲が広くなったのである。

在外資金の処理

（一）在外資金の由来

明治四十年〔1907〕の春に外国から帰った後、私は先ず営業局調査役として、次いで新たに設けられたる外事部主事として、数年間外国関係の事務を担任した。戦後経営のために政府、公共団体、事業会社等の外債募集が引続いて行われたので、内に在って非公式にその相談にも与ったが、職務として取扱ったのは在外資金の処理である。我が国の在外資金利用は諸外国の魁をなしたるものにして、貨幣制度史又は通貨政策史上の顕著なる事実である。ケインズ、カッセル等の貨幣学の大家もこれを研究の対象としている程である。しかしてその端を開きたる三十余年前の時代は今を距ること既に遠く、記述が自由になったから、特に私の関係した事実をやや詳細に挙げることとする。

外債募集は窮極外国から物を輸入するために必要とせられるのであるが、我が国の実情においては外債手取金を以て直接に外国物資を購入する場合は少なく、起債者は外債手取金を為替銀行に売って国内円資金に換え、これを財政上又は事業経営上の支払に充て、その結果として起る貿易輸入決済のために為替銀行はその在外資力を使用すると云う道筋になるのが普通であった。小額の取引ならば、この道筋により起債者と為替銀行との間だけで決了するが、外債手取金が巨額である場合には、為替銀行は、外貨資金の代りに内地において交付すべき円資金を調達することの困難なるが故にこれを引受け得ない。そこで日本銀行が介在して外債手取金を買取り、内地通貨たる銀行券を発行してその代金を支払い、輸入決済のために必要を生ずるときに外国為替を売渡すことになるのである。日露戦争中の政府外債についても、その後の諸種外債についても、手取金処理のために日本銀行の介在を常とした。随って外貨資金の買取からその売渡までの間、日本銀行はこれを外国に保有する。それを在外資金と云うのである。かつてその一部を正貨準備に充当したこともあるので在外正貨と云う用語も出来た。

以上は外債募集によって起る取引の波動を、輸入決済に関する方面から見たのであるが、その波動には別に通貨政策上から見るべき方面がある。外債募集は窮極外国物資を輸入するために必要とせられるのであるけれども、日本銀行がその手取金を買受け、在外資金としてこれを保有することになれば、在外資金買受のために発行した銀行券が発行高の内に含まれているから、銀行券に対して兌換の請求を受けたときには在外資金を利用してこれに対処するの外はない。その点だけを見れば、在外資金を以て金本位制を維持するとも云い得るであろう。外債募集手取金が在外資金となるのだから、金本位制維持のために外債を募集したとも云い得るだろう。ここに外債募集と通貨政策との不可分関係を生ずるので、外債募集は両刃の剣だと云われるゆえんである。

金本位制維持のために外債手取金を利用するとして、その最も単純なる道筋は、日本銀行が買取りたる外貨資金を当該国の金貨又は金塊に換えて本邦に現送し、兌換を請求するものに本邦金貨を交付するにある。兌換請求の理由が貿易輸入超過その他国際収支決済のためであるならば、金兌換を受けたるものはこれを外国に現送する。この道筋によれば、外債手取金が金貨又は金塊として往復するのである。第一次世界戦争の前には、多数の国に金本位制が施行されており、殊に貿易及び金融上の主要国たる英米が実際金兌換及び金の出入を自由にしていたから、我が国も金の現送及び金兌換を現実に行わんとすれば、それはもとより不可能の事ではなかった。

しかしながら上記の道筋によって外債手取金を処理すれば、金現送のために費用を要し、その大部分は結局本邦側において負担すべきこととなる。

又巨額なる外債手取金をことごとく現送すれば覿面外国金融市場を窮屈にするから、更に外債募集を続行せんとする場合に都合がわるい。それでロンドン出張中の高橋是清氏からの進言もあって、外債手取金を外国に保有し、これを対外支払に充てることとなった。即ち日本銀行は外債手取金を政府から買取り、銀行券を発行してその代金を支払い、又は政府貸上金と振替相殺し、しかし貿易輸入超過決済のために対外支払の必要を生ずるときは、日本銀行において外国為替を為替銀行等に売渡し、外国に保有する資金を払出すと云う仕組である。この仕組は日露戦争後に多く行われた民間外債募集の場合にも適用された。

当時この仕組の採用されたのは、日露戦争中の外債募集に関し、金の現送を避ける内約が附いていたためだと風説され、これを信ずる人も多かったようだが、それは大いに事実と違う。英国の外債発行銀行団は急激なる金の現送により金融市場に波動を起すことをなるべく避けるように希望した。しかしながら金の現送を全く差控えると云うが如きことは先方も求めなかった。我が方としては、元来外債手取金の大部分は結局外国における支払に充てるべきものであるのだから、必ずしもこれを現送するに及ばない、支払の必要の起るまで外国に存置する方がむしろ有利である。その点において先方の希望と我が方の都合とが大体一致する。高橋氏は、その事情を言明した。しかしながら本邦資金を外国に存置することは非常の場合に蒙るべき危険を伴うのみならず、その頃はまだ国内兌換のために金を必要とすることもあるだろうと思われたから、現送に関して何等拘束を受けることは出来ないと念を押してあった。高橋氏の担任した募集にはさような条件又は内約は全く無かった。只我が方で差支えなしと認める限り、先方の希望をも参酌して外債手取金を外国に存置し、為替売渡の経路により漸次にこれを対外支払に充てたのである。

(二) 為替売渡相場の規準

その頃世界の為替決済はほとんど全くロンドンに集中されていたから、広く対外支払に充てらるべき在外資金はロンドンに保有するのが一番便宜であった。米仏独で募集された外債の手取金も大部分は程なくロンドンに移された。それは現送によらず為替作用で容易に出来たのである。そうして輸入超過決済のため、又は金本位制維持のために日本銀行で渡す所の外国為替は、その必要が何れの国に対する支払関係から起っても、ロンドン向とするのが我が方にも相手方にも便宜であった。この外国為替売渡は、私が外債募集のために外国に出張している内に日本で開始せられた。二度の中間帰朝に際し、その売渡の取扱方を訊いて見たところが、判然と定まった方針も標準もなく、我が対外為替相場が余りに低下に傾くときには、時々の状況に応じ、主として横浜正金銀行の意見を参酌して売渡すのであった。売渡先は外国銀行の本邦支店及び正金銀行自身であった。外国銀行の支店では随分勝手な要求を提出したらしく、某行の当事者は或る時相場の相談が調わなかったら、それでは金を現送輸出すると云って兌換を請求した。我が方でも全く金が無いのではないから、やむを得ずとして一旦金を引渡した。しかし急に評議が一変して、新橋停車場へ金を運ぶ途中から外国銀行の使を引戻し、先方の要求せる相場で外国為替を売渡し、金を戻納してもらったと云う珍談もある。必ずしも外国銀行の云うなりになったのでもないが、先方の腰の強いときはその要求を容れ、正金銀行も概してこれに均霑《きんてん》することになっていた。

私はこんな話を聞いて、何とか外国為替売渡の方針及び標準を立てなければならぬと思って、ロンドン滞在中に多少の調査を試みた。在外資金の利用はその後各国中央銀行操作の一として大規模に行われるようになったが、日露戦争の頃においては多少これを実行した国もあったろうと思われるけれども、それは単に補助的に利用すると云う程度に過ぎずして、その取扱は極秘にされていたようである。当時の英国は優越の債権国であり、ロンドンはほとんど唯一の為替決済中心地であったからイングランド銀行はその営業上の手心により世界の資金を呑吐すべく、もとより他国に特別の資金を設置してこれに頼るの必要はなかった。大規模に在外資金を利用して金本位制を維持したのは、帝政時代のロシアを除いては、多分日本が最初であったろう。交戦中及びその直後にロシアの実情を確かむる途はないから、私の調査には実例として参考にすべきものの収穫がなかった。只英領インド及び蘭領インドに施行されていた所の金為替本位制には幾分我が国の実情に似た点がある。これ等については公刊の文献も多い。私はこれを研究した。ケインズの Indian Finance and Currency は在外資金利用の根本趣旨を解説したものとして最も多く私を啓発した。しかしながら金為替本位制においては、金兌換を行わず、只金本位国に対する法定の為替相場を以て貨幣単位の価値とする。例えば英領インドの場合においては、為替上の英貨一シリング四ペンスがインドの貨幣単位たる一ルピーの価値となるのである。随って個々の取引において在外資金を売渡すに如何なる相場を以てすべきやと云う問題は起らない。しかるに我が国の貨幣制度は金為替本位ではなく、金本位であった。金二分の価値が貨幣単位一円の価値であった。金兌換によって通貨の価値と金の価値とが同一に維持される。在外資金を利用するにしてもこの制度は動かない。只金兌換の代りにロンドン向為替を売渡すのである。この代用は強制的でなく、相手方との商談によって協定しなければならぬ。随ってその相場を如何にすべきやと云う問題が起るのである。

私がロンドン滞在中の研究と帰朝後の実情調査とによって到達した所の結論は、金輸出現送点を大体の目安として日本銀行の為替売渡相場を考定すべしと云うにあった。当時円貨とポンド貨との金比価は二シリング零ペンス十六分の九で、現送費用を大きく見積れば、輸入現送点は二シリング零ペンス八分の七、輸出現送点は二シリング零ペンス四分の一となる。これが当時日本銀行における仮設的計算であった。普通の市場取引における為替相場は時々国際収支の状況によって両現送点の間を上下し、我が支払超過が巨大にして市場の相場が輸出現送点を突破せんとするに至れば、金輸出現送を目的とする兌換請求が起る。日本銀行の為替売渡はその代用たる操作であるから、輸出現送点を目安として相場を考定するのが合理的である。現送も為替も、ロンドンにおける実収が同一の計算になるならば、電信で即時にポンド貨を受取る為替の方を有利とすべきはずである。輸出現送点に該当する相場を、相手方において不満とすべき理由はないのである。

しかるに為替売渡を日本銀行に請求する外国銀行支店は、金兌換の請求を差控えるのを日本に対する好意なりと自称し、その好意の代償としてなるべく有利の為替相場を獲得せんとした。中間にあって日本銀行の相談に与る横浜正金銀行は、為替銀行の買持外貨余剰を他銀行に売却する場合、即ち市場の銀行間取引と、日本銀行の為替売渡とには大いに趣旨の異なるものあるを重視せず、日本銀行は外国に巨額の金を保有しているのだから、そんなに相場を厳しくしなくも好いではないかと云う気持であったらしい。要するに、市場相場に引付けて在外資金売却相場を決定するように助言した。日本銀行側においても、為替相場を低くするのは対外信用上面白くないから、在外資金を利用する以上は相場を高く維持する手心を以てすべきであると云う意見もあった。それで徹底せる方針はなく、個々の場合に対処したのである。概して輸出現送点より余程高い相場で売渡して来た。

　右の内、外国銀行支店の態度については今日となって最早何等の言議をも必要としない。日本銀行側の一部における意見及び正金銀行の気持については、当時私の考えた理義を述べて置きたい。第一、国際収支の改善によって為替相場の高くなることは望ましいが、輸入超過の時において金輸出現送点まで為替相場の下落するのはやむを得ない。只輸出現送点を割るに至れば、金本位制を傷つけるから、在外資金の利用はこれを防止するの趣旨を以てなすべきである。第二、在外資金は豊富なりといえども、それは貿易によって獲得したのでなく、外債募集によって調達したのだから、為替銀行の買持剰余の如く寛大に処分すべきでない。第三、相手方にとって金輸出よりも有利なる相場で為替を売渡せば、金輸出の引合わざる市況の下においても、為替の買人は出て来る。されば国内保有金と在外資金とを併せたる我が対外資力はそれだけ早く消耗する。第四、在外資金による決済を金輸出以上に便宜にすること、及び為替相場を不自然に高く維持することは、貿易上輸入を奨励し、輸出を阻害するに等しい。外債募集は結局必要なる物資を輸入せんがためであるけれども、為替取引上において輸入に便宜を与えれば、不必要なる輸入もこれに均霑《きんてん》する。金輸出現送点を割って金本位制を傷つくるに至らざる限り、為替相場の低きは国際収支改善のためにむしろ望ましい。

(三) 外国銀行との対抗

私はこの意見を提げて、大蔵省及び日本銀行の内に唱え、正金銀行と折衝した。正金銀行は日本銀行と外国銀行との間に介在し、日本銀行のために助言してくれたには違いないが、計算上の利害は外国銀行と一致する立場にある。その時正金銀行側において主として交渉の相手となったのは山川勇木氏と戸次兵吉氏とであった。高橋是清氏は日本銀行副総裁で正金銀行頭取を兼ねていたが、両行間の事件に関しては自ら進んで意見を表明せず、部下の交渉に任せ、最後の決断を松尾総裁に待つと云う大体の態度であった。或る時高橋氏は私に向って雑談的に、正金銀行との交渉が大分猛烈だそうだが、なるべく円満にまとめてくれと云った。私はこれに応えて、「正金銀行が日本銀行よりの為替買受者である場合に、相場の高低による損益の上から云えば両行の利害が反するけれども、私は日本銀行の区々たる利益を主張するのではない、我が国の経済政策の一部として考えているのだから、もしその見地よりして教えらるべき点があるならば、充分承りたい」と云った。高橋氏は「今そんな難しい話をするのではない」と云って打切った。

先ず私の意見に同意を表したのは大蔵省理財局の国庫課長長島隆二氏であった。最後に松尾総裁は私の意見の合理的なることを認めた。しかしながらこれを実行に移すには、正金銀行だけを外国銀行支店より不利な立場に置く訳に行かぬから、先ず以て外国銀行支店を承服せしめなければならぬ。私は、現送点の計算をなるべく先方に有利なるように緩和し、これを以て強く押せば、最初は意地ずくで多少の現送をするかも知れぬが、結局折れて来るに違いないと論じた。松尾総裁は、道理はその通りだが、かつて外国銀行支店では手を焼いているから軽々に着手し得ないと云う。それでは、在外資金の一部を金に換えて本邦に現送し、国内金保有高を充実し、外国銀行支店が金兌換を請求しても不安なくこれに応じ得るようにして置いて、しかして後強硬の態度を以て外国銀行支店に応接しようと云うことになった。現送費を掛けるのは馬鹿馬鹿しいようでもあるが、経済政策を妥当に遂行するためには、それが必要であった。又国内金保有高を相当に充実して置くことは、非常の場合の準備として万全の途である。

かくして比較的短期間に当時としては巨額の現送を行った。我が国では東洋方面の特殊事情による金兌換が常にいくらずつかあったので、それによる内地金保有高の減少を補うために外債手取金の内を少しずつ現送し来たったことはあるが、国際収支決済のために必要とせらるべき大口の金兌換は在外資金を利用する外国為替の売渡を以てこれに代用して来た。しかるに大口の金兌換請求にも応じ得る力を備えて置かなければ、相手方に乗ぜられて自由の操作をなし得ないことを体験したから、現送によって内地金保有高を大いに増加し、金兌換でも外国為替でも相手方の選ぶ所に任せ、その代り為替売渡の相場を我が方の判断によって決定すべき地歩を占めたのである。

右の準備の出来た後、某外国銀行支店から為替売渡を受けたいと云う請求のあったときに、我が方からその相場を指定した。それは現送点の計算を妥当に緩和したもので、先方にとっては現送よりも有利たるに違いないと信じた。しかし従来よりも余程不利であったので、先方はこれを拒絶して、兌換を請求し、横浜まで金を運んで行った。しかるにその翌日更にほぼ同額の為替売渡を請求し、相場は日本銀行の指定せる通りで宜しいと云う。その請求にも応じたところが、為替の代金を払込むに当って、前日兌換を受けた金貨を提供した。さきに我が方で一旦拒絶した先方申出の相場を復活して金を戻してもらったのに反し、今度は先方から金を戻して、一旦拒絶した我が方主張の相場を容受したのである。

これで日本銀行が金兌換の代用として外国為替を売渡すときには金輸出現送点を規準として相場を決定すると云う方針に当該外国銀行支店を承服せしめ、それが慣行として一般に適用されることとなった。この方針は、大正六年〔1917〕の金輸出禁止により現送点と為替相場との関係が切断せらるるまで基本的に持続せられた。時としては特殊の理由により為替相場を高く維持するための手心を加味し、必ずしも現送点の計算に依らずして外国為替を売渡したこともあるが、それは我が方の自主的発動にして、外国銀行支店に引摺らるると云う形は、上記の経緯により全く無くなったのである。なお現送点の計算については、時の事情と当該銀行の立場とにより多少の差異を生ずべき余地が残るので、香港上海銀行は或る時自行の実際取扱振りを詳しく開示して懇談したから、我が方でも、好意を以てこれを考慮に入れた。同行が為替取引範囲の広いため、金銀現送の年額巨大にして運賃、保険料等の上ですこぶる有利の立場にあることは諒とすべく、その実情を知ったのは、上記の折衝の副産物として我が国のために益があった。

なお在外資金売却相場の決定方が前記の如くに落着したことは、我が国の外国為替相場の建方の上に一時期を画したとも云える。日清戦争後高橋是清氏が横浜正金銀行の役員となった頃においてさえ、香港上海銀行の横浜支店は我が為替市場において指導的の地位を占め、正金銀行は香港上海銀行の動向を推察し、これを酌量して自行の相場を立てると云う実情であった。これは私が高橋氏から聞いた直話である。高橋氏はこれを遺憾として、その在職中正金銀行の立場を強化するように苦心工作したそうである。日露戦争になってから、政府が巨額の外債募集金を収得し、正金銀行を経由してこれを処理したので、我が貿易の発展と相俟って正金銀行の為替市場における実力大いに増進し、漸次香港上海銀行に代って指導的立場を占むることとなったのだが、本章に述べたる在外資金売却相場の決定はその段階の一である。外国銀行支店の要望する相場で在外資金を売っていた間は、それが輸出現送点に代るべき相場の限界点となるので、正金銀行もこれに追随するの外はない。しかるに日本銀行が独自の見解に立脚する計算を以て在外資金売却相場を決定するようになったので、為替市場を指導すべき基礎条件の一が我が方に帰した。日本銀行は在外資金の売却によって為替市場と接触するようになり、必ずしも正金銀行の助言のみに依らず、外国銀行にも引摺られずに売却相場を決定したから、為替市場における有力の要素となった。しかして日本銀行はその見解を立つるに当り、なるべく正金銀行と協議を遂げ、取引の実行を正金銀行に委任したから、正金銀行の指導的立場はそれだけ向上したのである。

なお貨幣制度上における在外資金の理論については拙著『通貨調節論』中に詳説してある。

事務細片

（一）国債発行方法

第二次桂内閣の下における明治四十三年〔1910〕の四分利国債発行は、外資輸入のため我が金融市場の緩和せるを機として五分利国債を借換え、国庫の負担を減じ、金利水準の低下を図ったものである。尚早論も中々有力であったらしいが、時勢先導の意味を以て断行に決し、未熟の市場及び投資界を先導するのだから、発行の方法に新機軸を出さなければならぬと云うので、ロンドン市場の発行方法を大いに採り入れることになったと聞いている。それまでの我が内国債発行には判っきりした応募誘導方法の仕組はなく、只一般に募集を公開し、財界有力者にはそれぞれの事情を酌量して特に応募勧誘の内談をするのであったが、政府及び関係銀行家は高橋是清氏からロンドン市場における下受の方法を聞き、大体これに倣わんとしたのである。私は当時外事部主事の職にあったが、右方針の決定せられた後、松尾総裁及び高橋副総裁の内命により、引受銀行団の依嘱を受けてその構成を助け、日本銀行国債局と団との間を斡旋することとなった。団中の銀行家には渋沢栄一子、添田寿一氏、安田善次郎氏、園田孝吉氏、豊川良平氏、早川千吉郎氏、池田謙三氏、小山健三氏、志立鉄次郎氏、町田忠治氏等が頭株としていた。池田成彬氏、串田万蔵氏等は営業部長として議に参した。

事情が違うからロンドンの方法をそのままに適用することはもとより出来ない。その時に出来た仕組は、一般応募の結果を見た上で、不足の残額を引受団が引取ることとし、あらかじめ団内各行の負担割合を定めて置いて、その負担に属する引取の条件は日本銀行との契約により一般応募よりも有利にするのである。しかして引受銀行団が発行を声援し、応募を勧誘すれば、有力銀行の資力と一般市場及び投資者の資力とを併せて吸収し得るだろうと云う見込であった。実際さような効果はあったに違いないが、我が国の一般投資界にはまだ資力が充実していないので、引受銀行団の負担として引取るべき分は随分大きかった。又団中の銀行は各自の関係筋に応募を勧誘してもそれが直接に自行の負担を減ずることにならない。主としてこれ等の理由によりこの方法は最初から円滑に行われなかったが、一般応募の条件よりも特別引受者の条件を有利にすると云う仕組はこの時から国債発行上に公認されたのである。民間の起債方法は益々この線に沿うて発達した。

民間起債においては、主として証券業者が発行団たる金融機関との間にあらかじめ協定する特別の条件にて社債等を引受け、これを広く販売するのだから、その関係は単純であった。即ち一種の取次販売にして、各自売行の見込あるだけを引受ければ宜しい。それで発行毎に条件を如何にすべきやの問題はあるが、仕組は大体円滑に実行されたのである。しかるに国債発行においては、日本銀行が政府のために発行を取扱い、引受銀行団の各銀行は、一般応募を勧誘すべきと同時に、自己資力を以て奮発して発行国債を保有すべきことを期待されているのだから、その関係はすこぶる複雑であった。引受団を単なる取次者として取扱うべきでないから、やはり一般応募の不足残額を引受団で負担する下受の方法を曲りなりに続けた。しかし発行毎に種々の問題が起って、その都度臨機の解決を試み、最初の仕組が段々に歪められた。何とか仕組を立て更《か》えなければならぬと云う感想が日本銀行にも引受団にも高まったので、私は大正六年〔1917〕営業局長勤務のときに取次と下受とを折衷せる方法を立案した。それは引受団との下受契約を廃し、その代りに団中各銀行をして額を定めて応募を予約せしめ、予約による応募には一般応募よりも有利なる条件を与え、各行の勧誘による応募は銘々の予約額内に組み入れ得ることとしたのである。同時に日本銀行の取引先銀行は、引受団に加入せざるものといえども、応募予約をなし得ることとした。即ち引受団は発行条件の内示を受くる点において特殊の立場を有するだけで、条件公表後一般募集開始までの間に予約をなし得る範囲は広くなった。日本銀行はその広い範囲に向って勧誘をなすべき便宜がある。又予約の外に証券業者等に手数料を交付して応募取次をなさしむる途も拡大した。かくしてあらゆる方面の資金を吸収せんことを期したのである。この案は先ず理事木村清四郎氏の賛成を得て重役会を通過した。始めは仕組が込み入っていると云う非難を受けたが、慣れるに随って円滑に施行され、昭和七年〔1932〕日本銀行引受発行の方法に転換するまで継続した。

国債発行の取扱に関連して私に証券市場及び投資界の事情を説明し、最も多く益を与えたのは株式仲買人小池国三氏であった。

(二) 為替送金の便法

私は先ず国債局長として、次いで営業局長として日本銀行の取引先及び一般公衆と広く業務上の接触をもつようになってから、通貨政策上及び金融政策上の趣旨方針に反せず、又信用を維持するための堅固なる取扱振りを侵さざる限り、出来るだけ相手方の便宜を図ることを心掛けた。取引の実体においては必ずしも相手方の希望に従う訳に行かぬが、手続上の事については、充分に相手方の都合を参酌すべきだと思った。日本銀行は経済界及び一般社会に欠くべからざる通貨を発行するの特権を行使し、全く他に競争者なき立場にいるのだから、事務上の手続の如きは、相手方において大概日本銀行の要求する通りに追従してくれる。しかしながら日本銀行側においてこれに陶酔して独善、無反省に陥ってはならない。殊に過去に必要の理由があって出来た慣行でも、事情の変化にかかわらず徒らに固執すべきでない。時宜に従い真実の得失を計量して妥当の取扱方に改めなければならぬ。この心持を以て自ら督励し、私の地位において出来るだけこれを他に及ぼさんことを努めたのである。

右の一例として記憶に残っているのは、当座勘定付替の問題である。従前取引先銀行が日本銀行本支店所在地間の為替送金を依頼するときは、甲地の日本銀行における当座勘定に対して小切手を振出し、これを代金として乙地への為替を取組み、乙地においてその為替金を受取り、これをその地の日本銀行における当座勘定に振込むのであった。これを甲地の当座勘定から乙地の当座勘定へ付替えることにすれば、両地において取引先の手数が大いに省ける。私が営業局長に就任してから間もなく、右当座勘定付替の方法を開始してくれぬかと云う相談を手形交換所委員長池田謙三氏から受けた。市中銀行間においては数年来これを実行して大いに便宜を感じていると云うことであった。私はもっともなことだと思って、先ず関係局に合議して見たところが、それは既に幾度も請求されたが、取引先の手数が省かれるだけ日本銀行の内部における手数が煩雑になるから承諾しないことに極《き》まっているのだと云う。市中銀行では営業競争上各自の取引先の便宜を図る必要があるし、銀行仲間としては為替を依頼することもあり、依頼されることもあるので、結局手数が平均するが、日本銀行は依頼されるのみの立場にいるのだから、市中銀行間に行われる方法を採用するには及ばないと云うのがその理由であった。段々調べて見ると、内部の手数は幾らか増すに違いないが、反対の理由とすべきとは思われなかった。そこで私は事務の実情を具して関係局及び重役会を説いた。細事ではあるが、取引先に対する態度の問題に触れるから、熱心に主張したところが、営業事務の上で営業局長が差支えないと云うからその意見を納れようと云うことになって、規程の変更が行われた。その後年処を経て当座勘定付替は日本銀行事務上の常識となった。

(三) 利率裁量の権限

事務上の案件で、もう一つ挙げて置きたいことがある。日本銀行の局長、支店長等の委任権限は随分厳密に規定されていたが、私はなるべくこれを広く解釈した。権限内の案件といえども、重役会の方針に従って裁量すべきは勿論であるが、自ら裁量範囲を狭くして責任を避けるのは事務を活かすゆえんでないと思った。その一例は貸出に公定歩合以上の高率を適用する規程の運用である。規程には高率適用の趣旨及び限界を定めてあるが、その外に細かい指令がないから、規程の限界内における実行上の裁量は当務者に任せられたものと私は解釈した。しかるに私が営業局長に就任したときには、調査局長が支店長等の協議に応じて作成した細かい取扱方が累積していて、それは重役会に報告してあるから、強制力のあるものと看做されていた。私はこれに反対して、その取扱方なるものは重役会の指令でないから参考の目安たるに過ぎないと解釈し、本支店の歩調を整えるためになるべくこれに従うべきも、場合によりては必ずしもその拘束を受くべきでないと主張し、終に重役会に経伺して私の意見を確認してもらった。実際強き警告を与うるの必要を感じたときには一般の取扱方よりも手心を厳にし、情状酌量すべきものあるときにはこれを寛にしたことがある。

通貨政策上の心構え

通貨政策に関する私の所見は、通貨の本質及び職能に関する研究と共に、拙著『通貨調節論』、『通貨問題としての金解禁』、及び『金本位制離脱後の通貨政策』に詳述してある。その思想は日本銀行勤務の諸段階における体験を経て成熟したのであるが、その萌芽は直接日本銀行に関係なき政治、社会及び経済の思索中に早くより発生し、営業局長に就任した頃には既に大体の方向があった。常に広き社会の問題の一部としてこれを商量したのである。

私の所見は何々主義とか、何々説とか云う如き標語を以て表示し、又は簡単なる言辞に要約し得ない。元来通貨の処理に固定の尺度を設け、これを普遍的に応用することは期し難い。只通貨政策の一般的目標と、時々の事情に応じてこれに対処すべき心構えとを考えて置くべきのみである。その一般的目標は、通貨及び資金を供給すると同時に通貨の信用を維持するにありと私は信ずる。通貨の信用が全く失墜するのは稀有のことだが、絶無ではない。物価の連続的激騰はその先駆をなすものである。たとい通貨の信用を傷つけるに至らざるも、物価の甚だしき変動は経済の運行及び国民の生活を不安にするから、通貨政策上出来るだけその防止に努めなければならぬ。それには通貨発行権による資金の供給を妥当に節制しなければならぬ。しかるに資金の供給は多いだけ目前便利であるに違いないから、通貨政策の一般的目標の二方面は往々にして互に背反する。その間妥当なる調和を工夫するのが通貨政策上の心構えであらねばならぬ。調和折衷の按配は時々の事情に応じて変化すべく、それによって一般的目標の下における一時的の特別目標が定まる訳である。時としては二方面中何れかの一方に偏倚し、極端の場合には他方を閑却することもまたやむを得ぬであろう。如何なる場合に如何に按配すべきやについて普遍的の規準は立て難い。それで複雑なる商量を要することとなるのである。

私の諸著は右商量の基礎たるべき資料を整理し、その道理を解説したのであるが、余りに多岐に亘るからここに反復しない。只上記の一般的目標は時々の事情に対応すべき指針であるから、なお少しくその意義を敷衍して置きたい。

中央銀行の運営上、何よりも先に記憶して置かねばならないのは、中央銀行の職能中には普通の銀行と軌を一にせざるもののあることである。普通銀行の資源は主として預金として社会から吸収したものであるから、資力のある限りこれを何かに運用することが銀行自体のためにも必要であるし、又運用によってこれを社会に還源することが公益上からも望ましい。只その資源に限りがあるので運用が掣肘される。しかるに通貨発行の権能を有する中央銀行の源は、無限ではないが、普通の銀行に比すれば絶大であるから、用途さえ妥当であれば、いくらでも資金放出をなすべきであると云うのが広く流布する感想であった。しかしながらこれは中央銀行の職能と普通銀行の職能との間に差異のあることを無視したものである。中央銀行の資源は社会から吸収するものでなく、通貨発行権によって自ら創造するのであるから、その放出については直接用途の得失以外に、通貨増発の広汎なる影響の得失を考えなければならない。中央銀行は広い意味において銀行業であるけれども、普通銀行とは大いに職能を異にするので、狭き意味において一国内に同業者と云うべきものはない。普通銀行の規準を以て中央銀行を律せんとするものあるが故に、しばしば見解の紛糾を来たすのである。

中央銀行が通貨及び資金の大供給者たることは何人にも判る事実だから、一般世間はこれを認め、これを重視する。政治上の理由又は経済上の事情によりその供給の豊かならんことは常に要望せられる。しかるに通貨の信用が如何にして維持されるか、又物価と通貨との間に如何なる関係があるかは日常表面に見えないから、全然これに気付かない人が多い。多少の理解はあっても目前の事情に囚われてこれを度外視せんとする人もある。私の掲げたる通貨政策の一般的目標はこの偏倚偏重に対して反省を促すのである。しかしながら他方には、通貨の信用の維持を至上とし、これがためには何事をも犠牲とすべきように考える人がある。更に甚だしきに至っては、金本位制の如き特定の通貨形態を不可欠とし、他の事情を顧慮せずしてこれを固守せんとするものもあった。これまた偏倚偏重と云わねばならぬ。私の支持せんとする通貨政策の目標は何れの偏倚も不当なることを指斥しているのである。元来通貨は国力の実体でもなく、それ自身のために存在するにもあらずして、国家経営、国民生活、経済活動等に奉仕すべきものであるから、目的観から云ってもこれを至上とすることは許されない。又実際の作用から見ても、通貨政策上の施為によって他の方面を自由自在に引き廻すことは出来ない。通貨の作用はむしろ一般国情に順応するの外なきものである。只原則としては通貨の信用の維持が国力の運営を円滑ならしむるために望ましいから、これを相当に重視して他の事情との調和を図るべきと同時に、これを顧慮するのいとまなき緊切の場合あることを記憶すべきである。

日本銀行は、財政の処理、産業の幇助、財界の救済等のため寛大なる資金の供給を要望されることが多い。行内においても個人としては気前好くこれを応諾して活躍すべしと云うに傾きたる意見を持した人もあったろうが、大体においては、中央銀行の資金放出は軽々になすべからざるものだと云う空気が優位を占め、常規による放出の門戸を狭くし、臨機特別の貸出等には手続を極めて慎重にして、世間及び相手方の要望に対処した。特別の取扱は、事情やむを得ずと云う理由を附して決定する慣行であった。かくの如くして通貨発行権の行使は自然に節制され、結果においては概して中庸の宜しきを得たようである。当事者各自にはそれぞれの理由があって、これを綜合せる決定がこの結果をもたらしたに違いない。しかしながら全体としては外部に対して説明すべき理由が薄弱である。それで、資金放出の要望を充分に満たさないときには、頑迷だとして非難され、事情やむを得ずとして資金を放出した結果が後に物価等の上に面白くない影響を生ずるときには、放漫であったとして非難される。いずれも腹芸で押切るの外はない。勿論中央銀行の施為には、直に外部に対して説明すべからざるものが多いけれども、少なくとも自覚的にはもう少し理由を徹底して置きたいと、私は思った。只伝統によって門戸を狭くするのでもなく、やむを得ざるによってこれを広くするのでもなく、何れの場合にも時宜に応ずる妥当の理由に立脚したい。例えば中央銀行の資金放出を商業金融に限ると云うが如きことは、近時の実情において到底具現すべからざることとなるが故に、徒らにその建前を固守して多くの例外取引をなすよりも、実情に応じて取引方法を拡げる方が合理的であろう。産業金融の如きも、固定に陥らざる限り、その疏通を図るは中央銀行の考慮すべき所であろう。臨機特別の取扱は、やむを得ざるが故にこれをなすにあらずして、その時の状況に鑑み、妥当の理由あるや否やによって決定すべきであろう。さすれば必要の場合には責任を以て理由を説明し得るであろう。私はこれを志して通貨政策を研究したのである。微力にして所見の具体化したものは尠《すくな》いが、多少空気の転換に貢献したと信ずる。

外債政策の行詰り

私が営業局長に就任したのは世界戦争開始の前年の末に近い時であったが、その頃日露戦後の経営が正に一転機を画せんとして、国内及び対外の両方面に警戒すべき事態が現れた。即ち日露戦争後は諸般の経営を遂行するために大いに外資を輸入したのだから、国内金融は事業の勃興及び景気の発揚にかかわらず概して静穏に経過し、時に緩慢の徴候を呈することさえあった。しかるに外債の根拠たるべき経済開発の可能性には、外国側から見れば一応の限度なきを得ない。又外国市場も国際政治上の不安のために窮屈になったので、我が国の外債募集は漸次困難になって来た。さりとて朝野の経営計画は急転回をなし得ないから、資金の調達に焦慮するものが多く、金融の趨勢は繁忙に傾いた。これに対処すべき日本銀行の施為につき、私は営業局長としての地位相応に新鮮の興味を以て努力したが、この方面において特筆すべき重大の案件はまだ生起しなかった。他方対外関係の方面においては急に何等かの措置を要する問題が迫っていた。

日露戦後の経営において貿易上の輸入超過を外債によって賄ったことは「在外資金の処理」の章に述べた通りである。しかるに外債の募集が困難になっても、国内の事業計画及び国民生活は急に縮小しないから、輸入超過は依然として続いた。これを決するには、在外資金及び内地保有正貨を以てするの外はない。輸入超過の結果は正貨準備の減少として現れた。即ち日露戦争中に八千万円台に落ちた所の正貨準備は、その後外債募集金を以て補充された結果一時二億四千七百万円にまで達したが、大正二年〔1913〕六月末には二億千九百万円に下った。これに対する兌換券発行高は三億七千百万円にして、準備率の外観においてはまだ心配するには及ばない。しかしながら正貨準備外に保有せる在外資金の減少は更に著しかった。しかして外債による補充の途が絶えんとしつつあるので、この勢いが進むときには対外仕払の困難を来たし、延いて兌換制度の維持が不可能になるだろうと云う悲観説も唱えられ、何人もそれを国家の重大事として対策の必要を痛感したのである。貨幣制度の変更によって国家経済の面目を一新すると云うようなことは当時全く考慮に上らず、如何にして兌換制度を維持すべきやと云うことが単一の問題であった。さすれば対策としては貿易上の輸出増進による正貨の吸収と輸入防遏による正貨支払の節約とによって国際収支を改善するの外に妙案のあるべきはずなく、内外諸般の施為をこれに集中すべきであった。直接、間接これに関連せる案件はすこぶる多岐に亘ったが、ここにはその詳説を省く。対内的金融政策の方針を括言すれば、引締りの傾向に対し特に人為的の緩和策を講ぜずして大体自然の趨勢に任せると云うに帰するが、これは金本位制の下における定石である。只対外関係において、正貨払出上の手続につき、調査局長片山貞次郎氏と私とが一致して、多少の特色ある意見を主張した。その梗概は左の通りである。

戦後経営のために外資を利用し得たときにおいては、「在外資金の処理」の章にも述べた通りに、政府及び民間の外債手取金の大部分を一旦日本銀行の保有としたから、政府の海外支払に要する外貨は右保有金の内を以て賄い、為替市場の取引外に置かれていた。随って為替銀行は各自の取扱に係る輸出手形手取金の全部を輸入資金に充て、なお足らざるときには在外資金の売却を日本銀行に求め、又は正貨を輸出する実情であった。しかしながら既に外資輸入が困難となった上は、政府の海外支払資金も早晩輸出貿易手取金の内から供給を受くるの外なきに至るべきはずである。必要に迫って急転回を余儀なくせらるれば、その際に混雑を起こすであろう。又政府の海外支払を為替市場の外に置けば、為替銀行の輸入貿易金融がそれだけ楽に出来るから、自然輸入に便宜を与えることになるだろう。それは輸入防遏の方針に反することである。されば日本銀行在外資金のまだ比較的豊富である内に政府の海外支払を為替市場の取引中に混入せしむる趣旨を以て、横浜正金銀行の輸出手形手取金の内からその資金を供給せしむるの途を開くべきである。これが私達の主張であった。大正二年〔1913〕における輸出は六億三千二百万円、輸入は七億二千九百万円にして、政府の海外支払は、公表の計数なきを以て今これを精確にし難いが、私の記憶によれば五千万円ないし六千万円であった。即ち私達の案を徹底せしむれば、輸出手形手取金の約一割を政府海外支払のために先取りすることとなる。横浜正金銀行は我が国にある内外為替銀行中の最大有力者であるけれども、輸出手形の全部を取扱う訳でないのに、政府及び日本銀行と特殊の関係ある故を以て、政府海外支払資金の供給を全部負担せしめられることになれば、同行にとりては随分苦しい事に相違ない。果して同行側では強硬に反対した。日本銀行側においても、私達の案は難きを強うるものだと云う意見があった。そこで両行の間に自由話合を行って帰着点を求むることとなった。横浜正金銀行側における相手は主として副頭取井上準之助氏であった。

私達の案に対する正面の反対理由は二つあった。第一、為替業は輸出入を併行的に扱うことを必要とすると云う。必要とまで押進めては誇張だが、なるべく併行的なるを望ましいとすることはもとより首肯せられる。しかしながら日本銀行の在外資金が無くなれば、否でも応でも、輸出手形手取金の内から政府海外支払を調弁しなければならぬ訳で、情勢はそこへ進みつつあるのだから、あらかじめその実行に着手して急変を避ける方が宜しいと、私達は主張を敷衍した。第二、輸出手形手取金の内から先ず以て政府海外支払金を提供し去れば、輸入資金の不足は一層甚だしくなって、それだけ多く在外資金の売却を求め、又は正貨を兌換輸出しなければならぬこととなる。さすれば正貨保持の見地において格別得る所はない。もし又横浜正金銀行において在外資金の売却請求及び正貨輸出を差控えるならば、これを遠慮せざる外国銀行支店が輸入手形を多く取扱うこととなり、横浜正金銀行の立場を不利にすると云う。私はこの反対理由を首肯しない。もし諸方面における国際収支改善の方策が効を奏せずして、輸入超過が持続するならば、兌換停止に至らざる限り、在外資金の売却又は正貨輸出によって収支の差額を決済するの外はない。横浜正金銀行に対しては、政府海外支払資金提供の負担をも考慮に入れて、決済上の便宜を与うることが当然である。只国際支払の重要一部たる政府海外支払を為替取引の外に置けば、国際収支の大勢を為替市場に反映せしめず、本邦為替銀行と外国銀行支店とを通じて不当に輸入の便宜を大にすることとなる。この状態を改めんとするのが私達の案の狙う所である。外国銀行といえども、在外資金の請求又は正貨の輸出は最後の手段とするのであるから、輸入為替の取扱が横浜正金銀行から彼等に移る傾向を呈すれば、それだけその手許が窮屈となって輸入防遏の一助たるべきはずである。

日本銀行と横浜正金銀行との自由話合は右の如き商量の線に沿うて行きつ、戻りつ、数ヶ月に亘った。終に大正三年〔1914〕七月の十何日において、横浜正金銀行は暫定的に一ヶ年千五百万円だけ政府海外支払資金を輸出手形手取金の内から提供すべきことに意見の一致を見た。即ち最初片山氏と私との主張した趣旨が原則として認められ、漸次これを実現すべき端緒に就いたのである。その日井上氏は午後早くから日本銀行に来て円卓会議に列し、午後八時過ぎに会談を了した。

しかるにその翌月の始めに世界戦争が勃発し、国際貿易も国際金融も一時全く混乱に陥ったので、横浜正金銀行はその一旦諒解せる所を実行し得ず、日本銀行もこれを諒した。次いで形勢一変し、我が輸出貿易の躍進を見て、政府及び日本銀行の保有する在外資金が大いに増加したから、その内を以て政府海外支払資金に充つるの旧態に戻り、開戦直前に大苦心を経て成立せしめたる取極《きめ》は無用に帰した。しかしながら私達の主張せる趣旨が一旦両行の間に認められたことは無意義でない。十余年の後、金解禁の実行に当り、同様の問題が提起せられて、横浜正金銀行は多少の難色を示したが、紛糾なく政府海外支払資金の調達を引受けた。時勢の変化もあったが、議論は既に尽きていたのである。その時井上準之助氏がさきに正金銀行副頭取として反対したことを、大蔵大臣として強く主張したのは奇縁と謂うべきである。

第一次世界戦争中の金融通貨政策

（一）ロンドンにおける短期借入金の処置

外債による日露戦後の経営が漸次行詰りに向いつつありしことは前章の中に述べた通りである。大口の長期外債募集が困難になってから、金融業者の中にはロンドンにおける各自の取引先銀行から短期の融通を受けてその資金を日本に為替送金し、これによって国内金融の疏通に資するものが多くあった。それ故に大正三年〔1914〕八月世界戦争の勃発したときには、如何にしてロンドンにおける短期借入を返済すべきかと云うのが当面急切の問題となったのである。

開戦の前にロンドンは国際金融の中心として大なる役割を演じていた。同時に英国はほとんど総ての国に対して受取勘定超過の立場にあったから、世界中からロンドンに為替送金して債務の弁済に充つるのが常態であった。為替送金をなすには、為替の売手、即ちロンドンにおいて資金を渡してくれる相手がなければならぬ。平生はその相手を見出すことがすこぶる容易で、大概円滑に需給の平均を得る。それを国際金融の中心たる働きと云うのである。かくの如き状態が数十年間続いてその働きが益々盛んになっていたところに、国際金融上の警戒又は準備をなすのいとまなくして戦争になったので、ロンドン向の為替取引は一時停頓した。その事情は単に疑惧の結果と云うよりも一層複雑であった。後にはロンドンに資金を保有することの安全を疑惧するにより為替取引が不円滑になったが、開戦直後の停頓には別の原因があった。疑惧のためにロンドンから資金を引揚げんとするのとは反対に、債務弁済のためにロンドンへ送金せんとするものが多かったのである。しかして国際金融上ロンドンに資金を保有することの最も便宜なるは数十年来の体験であるから、偶々ロンドンに資金を保有するものはこれを大切にする気分が濃厚で、前途の見透しが着かなければ一層これを手離すことを惜しみ、随ってロンドン向送金需要者の相手方となって為替を売るものがなくなった。為替に代るべき金の現送は海上危険の測り知るべからざるために一時全く杜絶した。英国自体の金融業者も外国からの送金による仕払を受けることが出来ないので、新たに融通を与うる余裕が少なくなったのみならず、自己の債務を果たすにさえ窮屈を感ずるに至った。つまり外国からの送金困難により、その影響が将棋倒しのように金融界の全面に及んだのである。そこで一時仕払猶予令が施行されることになり、これが解かれた後もロンドンへの送金は当分窮屈の状態を脱し得なかった。

ここにおいて開戦前ロンドンの取引先銀行から短期融通を受けていた我が国の金融業者は順次その期限の近づくに随い、平生の如くこれを更新継続するの困難なるべきを懸念し、しかして普通の為替送金によってこれを弁済するの途なかりしにより、日本銀行から在外資金の売却を受けんことを希望するものが多かった。日本銀行は真に事情のやむを得ざるものありと認めた場合にはその希望に応じたが、もとより豊富の在外資金を保有していた訳ではないから、なるべくその使用を節約しなければならぬ。希望者の側では、ロンドン市場において日本の信用を失墜するの惧れある大事件だとして昂奮する。私は営業局長としてこれに応接した。当時我が国の対外支払能力は枯渇に近づき、短期融通によって一時を過ごしつつあったのだから、その大部分を急遽に返済するには実力上の困難があったに違いない。しかしながら開戦後当分ロンドンに送金することの不自由は実力の如何にかかわらず何処にも共通に起ったのだから、我が国に限ってそんなに心配するには及ばない。手続上の送金不自由を理由として融通の更新継続を交渉すべきである。やむなくんば担保を処分してくれと云うまで腹を据えて交渉したら、先方も大概我が方の希望を容れるであろう。担保は概して日本筋の英貨債券又は日本政府の内国債であったから、急にこれを処分して債権を回収することは容易でない。随って市場の落着くまで融通を延期する方が債権者にとりても有利なるべきはずである。私はこの筋合を説いて、冷静に交渉を試むることを勧めた。日本銀行が在外資金売却の請求に充分応じないから、この勧告に従うの外はない。中には甚だしく不安を感じ、私の勧告を乱暴だと非難するものもあったが、交渉の結果は案外良好で、ロンドンの債権者は大概気易く融通の延期を承諾した。市場の落着いた後は、先方も概して従来通り取引を持続することを希望した。かくの如くして時を経過する間に、戦争の結果として日本の輸出貿易が躍進し、外貨資金の獲得が増加したから、ロンドン市場の短期融通を返済することは楽々と出来るようになった。その種の融通を必要とする理由もなくなったのである。

右に述べた所は、今から顧みれば一挿話たるに過ぎざる如く思われるけれども、日露戦後経営の対外的行詰りが第一次世界戦争の勃発によって切迫し、その戦争の進行によって好都合に転回するに至るの間、難関通過の苦心の如何なりしかを語るものとして意義を認むべきであろう。

(二) 世界為替市場の混乱と我が国の為替相場

開戦直後世界為替市場の混乱に際し、我が国が如何に対応したるかは、「在外資金の処理」の章の在外資金処理と共に、貨幣制度の大いに変化したる今日においてもなお歴史的の興味が多い。通貨及び為替に関する一般研究の資料たるべきものである。

問題の核心は対外為替相場の基準を如何にすべきやにあるが、この点について往々誤解があるから、先ずその意義を明らかにして置かねばならぬ。為替相場の基準と云うのは、諸外国に対する為替相場を建てるに当り、先ず某一国に対する相場を考定し、これを基準として他の諸国に対する相場を算出するのである。某一国に対する相場を他の諸国に対するものの基準とするので、我が国通貨価値の基準とするのではない。我が国通貨の価値は、主として我が方における貨幣制度の運営及び一般経済状態によって決定せられ、これを外国通貨と対照するときに為替相場として現れる。その基準なるものは、諸外国に対する関係を妥当に調整するための便法に過ぎない。為替本位と称する制度は一国通貨の単位を外国通貨により制定するので、この場合にも基準と云う言葉が用いられるために混同誤解が起るのであろうが、我が国は未だかつて為替本位制を採りたることなく、私の関知せる限り、事実においても外国の通貨を我が国通貨価値の基準としたことはない。

近頃の如く国際経済圏の割拠対立が顕著である場合には、一般に為替相場を調整するの必要は減少し、随って為替相場基準の重要性も稀薄になったが、世界的に経済活動を進めんとする時代においては、基準により為替相場を調整することが、貿易その他国際取引を円滑にするために最も便利であった。そうして英相場を基準とすることが世界一般に便利とする所であった。窮極の原因は英国の経済的優越にあったに違いないが、直接の動機は何れの国も取引上これを便利としたことである。我が国も開国以来その慣行の内に入った。日英米の三角関係を以て例示すれば、先ず日英相場が相互需給の関係により決定せられたる上、その相場によって百円をロンドンに送金し、これに該当するポンドを更に英米相場によってニューヨークへ送金すれば何程のドルに代るかを算出する。それによって日米相場が定まる。これを為替相場の裁定と云うのである。実際の相場は日米間需給の関係によって裁定相場を離れることがあるけれども、その差が甚だしきに至ることはない。何故かと云えば、もしその差の甚だしき相場を主張するものがあるならば、これを不利とする相手方は日米直接為替によらずしてロンドンを経由して米国に送金し得るからである。かくして諸外国に対する為替相場がほぼ共通に調整されるのである。そうして日英米に金本位制が有効に施行されているならば、基準たる日英相場も、中間の英米相場も、裁定による日米相場も、各現送点を甚だしく逸脱することはない。さようの逸脱の場合には、為替取引の代りに金の現送が行われるからである。当時の平価即ち貨幣の金比価は日英一円に付き二シリング零ペンス十六分の九、英米一ポンドに付き四ドル八七セント、日米百円に付き四十九ドル八五セントにして、現送点はこれに僅少の運送諸費用を加減したものである。

開戦直後には、前段にも述べた通りの事情で、世界の諸方面より英国への送金需要が多く、海上輸送は危険でもあり、急の間に合わないので、英米為替相場は一時七ドルにまで暴騰した。ポンド貨の値がドル貨に比して高くなったのである。もし平時の裁定計算を我が為替相場に適用すれば、大幅に対米を引上ぐるか、大幅に対英を引下ぐべき筋合であるが、当時は全く混乱の状態で、実際の取引は極めて少なく、裁定計算も実際当てにならないから、大体開戦直前の相場に据置き、只我が仕払超過の状態にあることを考慮して、対英、対米共に小幅の引下を行った。差向き英米間の大動揺を無視し、不徹底ながら静観警戒の態度を執ったのである。

しかるにやや時を経るに及び、英米為替相場は、開戦直後と反対の方向に動き、甚だしき低落を示した。これは一時に輻湊した対英送金の需要が一応片付きたる上、軍需品購入等のために英国が仕払超過の状態に転じたからである。開戦の翌年、即ち大正四年〔1915〕に入ってから乱高下の裡に現送点を下廻り、下半季には最高四ドル七七セント、最低四ドル五一セントに落ちた。この時に至っては、為替相場は動揺せるも取引は大体故障なく行われ、金の現送も不安ながら全く不可能でもなかったから、最早英米相場の動向を無視して我が国の為替相場を建てる訳に行かない。裁定計算の作用が復活したのである。しかして英米相場下落の原因が英国の仕払超過にあることを見ても、又金本位制の施行が英国よりも米国において比較的有効なることを見ても、我が国としては基準を米国に移すのが合理的であったろうと思われる。そうすれば、日米相場を大体従来の見当に据置き、日英相場を大幅に引上ぐべきこととなる。それは円貨の価値がポンド貨に対して騰貴したと看るのである。我が輸出貿易は既に大進展に向ったから、右の如き相場の建て方は国際収支の状態とも一致する。しかるに市場における相場の動きは反対の方向を採り、日英相場を大体従来の見当に据置き、英米為替の低落に準じて日米相場を大幅に引下げた。即ち大正四年〔1915〕六月に、対英は二シリング零ペンス十六分の七、日米は四十八ドル四分の三であった。円貨の価値はポンド貨に対して変らず、ドル貨に対して下落したと云う見地の表現である。それが貿易状態の正しき反映であるや、否やはしばらく措くとしても、対米四十九ドル以下は現送点を既に下廻るものであるから、日米平価を全く無視したもので、我が国貨幣制度の上から見れば甚だ不体裁である。体裁論は構わぬとしても、為替相場の不合理なるために実際米国へ向け金の輸出現送が起った。金輸出額は戦前の大正三年〔1914〕一月より八月までの間最低三十五万円、最高二百二十二万円に過ぎなかったのに、大正三年〔1914〕九月より大正四年〔1915〕十月までの間最低百十万円、最高七百九十八万円に上った。開戦直後にはロンドンにおける短期借入金返済等の必要もあったから、金の流出も怪しむに足らぬが、その後輸出貿易の増進にもかかわらず、大正四年〔1915〕の中頃に至ってその勢いが停止しなかったのは、どうしても国際収支の状態からは説明が出来ない。そこで私は為替相場再検討の必要を日本銀行の内部で唱え、大蔵省及び正金銀行に向って非公式に論議を試みたのである。私の主張は、先ず日米関係を考慮して対米為替相場を建て、これを基準として対英相場を裁定すべしと云うにあった。世間でも金流出の原因について囂々たる議論があったが、為替相場基準の点に触れるものはなかった。私は内部審議に附してある意見を他に漏らすべきでないから、苦笑して世間の論議に応接した。

もっともその頃はまだ大蔵省又は日本銀行から立ち入って為替相場に関与する慣行はなかった。只大体の趣旨につき正金銀行と協議し、又在外資金の処理方によって為替相場に影響を与うることを期したのみである。為替銀行に云わせれば、相場は市場の需給によって定まるので、大勢は人為を以て如何ともすべからずと云う。我が国の為替銀行は、多年の慣行により、日英相場を基準とすることは動かすべからざるものと思い込み、中にはこれを為替の原理と云うものさえあった。英系銀行がこの見地を支持するは云うまでもない。私に云わせれば、それは原理ではない。数十年来の世界情勢の下における適用である。開戦後相当の時期に情勢の変化を認め、これに対応すれば、単に為替相場上の原因により金の流出を見るが如き奇態を生ずるには至らなかったであろう。既に発生した状態を急激に転回するのは、出来ることでもないし、望ましいことでもないが、過去の慣行に膠着する偏見を改め、漸次に舵を採り直すべしと云うのが私の具体的主張であった。

為替市場の慣行以外に、私の主張に対する反対意見は、日米相場を現送点の見当に据置き、これを基準として日英相場を引上ぐるは、我が為替相場の位置を一般的に高くするものにして、それは輸出貿易奨励の見地から不利益だと云うにあった。しかしながらその時の我が輸出貿易進展には物資需給上の強力なる原因があるのだから、合理的なる為替相場の上騰により阻害されることはなかろうと私は主張した。

要するに議論は二つに分れて、ぐずぐずに時を過した。理事片山貞次郎氏は、私を支持する方に傾いたようであった。その内に一つの驚くべき事実が現出した。それは、やむを得ずと称する理由を具して日本銀行から金の兌換を受け、これを米国に現送しながら、他方ロンドンにおいて在外資金を日本銀行に売却すべく提供し来たったもののあることである。それは外国銀行ではなかった。ここにおいて為替相場の不合理なることが実証されたのである。為替相場の上では対英、対米が裁定計算により調整されているけれども、米国まで為替によらずして金を現送すれば、百円に付き日米相場と日米間現送との差額約一ドルが利益として浮く。これを米国で在外資金として売却しては余りに露骨だから、更に英国に為替送金して提供したのであろう。日英相場は日米相場と均等に調整されているから、ポンド貨を売っても日米間現送の利益はそのままに収められるのである。大蔵省も、日本銀行も、正金銀行も、この金輸出者の所為に憤慨し、それから私の主張が、単なる学究説又は体裁論でないとして傾聴されるようになった。廉立った決定を見た訳ではないが、趣旨は関係者の間に諒解された。差向き在外資金の買受は必ずしも市場の為替相場によらず、特に事情を考慮して相場を決定することとし、間隙に乗ずるの余地なからしめた。

かくして漸次舵を採り直す心構えになった処に、実勢の大波が来て、議論の有無にかかわらず問題を解決した。即ち我が輸出貿易は益々増進し、米国も戦時景気による物資大需要のため我が国に対して輸入超過となり、他国向の我が輸出にしてニューヨークにおいて決済せられるものも増加し、需給の関係により日米為替相場は上騰せざるを得ないようになった。もしその際米国が金の輸出を自由にするならば、為替相場は平価より少し高き現送点の見当に止まり、我が国への金流入が起ったであろうけれども、米国においてなるべく金の流出を避けんことを希望し、終に輸出禁止を行うに至りたるを以て、日米為替相場は現送点を遥かに突破して、五十二ドルを超えた。為替相場が現送点見当に進んでから、勿論我が国よりの金流出はなくなった。日英為替も同じ事情による需給の関係から上騰に向い、二シリング二ペンス十六分の五に達した。しかして英国は大正四年〔1915〕末より英米為替相場を四ドル七五セント見当に維持安定したるが故に、裁定計算は簡単になり、実際上基準が何れにありたるかは格別重要の問題ではなく、日英、日米概して併行的に上騰したのである。只対英相場を原理的に基準とすると云うが如き観念は何時となく消失した。

英国は戦時中金本位制の形体を維持し、只手心を以て金の輸出を制限していたが、戦後大正八年〔1919〕正式に金本位制を離脱した。ほぼ同時に米国は戦時中に停止したる金本位制を回復した。その時から我が為替相場の基準は端的明白に対米に移った。大正十四年〔1925〕英国が金本位制を再建してから、英米は貨幣制度上同等になったが、貿易決済上の便宜のために、英相場が基準として漸次重きを加えつつあった。昭和六年〔1931〕英国が再び金本位制を離脱したときに、為替相場は直に対米に移った。米国が昭和八年〔1933〕の恐慌後貨幣制度を不明瞭にしたとき、英相場が基準に戻った。これ等の場合に、基準が何れにあるかを如何にして判定すべきかと云うに、或る変動の起った際、その直前における日英相場を一応そのままに据置き、その後英米相場の動きにより日米相場を裁定算出すれば、即ち日英相場が基準となったのである。基準たる日英相場は一応据置くけれども、必ずしもこれに固定するのではない。一般の事情により変動の可能性はある。

これが通貨価値の基準と異なる点である。変動した日英相場から日米相場を裁定算出すれば、やはり日英が相場の基準である。

以上は私の日本銀行在職中に起った変動について云うのである。その間日本銀行と正金銀行との間に為替相場について協議する慣行が成立したが、協議は簡単に済んだ。或る時は夜中に外電を接受し、翌朝出勤前に正金銀行頭取児玉謙次氏と電話で方針を決したこともある。基準移動は既に為替市場の常識となったのである。当初の議論を顧みて隔世の感なきを得ない。更に経済圏の割拠により事情の変化しつつあるに当り、旧慣墨守の警しむべきことを思うべきである。

(三) 産業の振興と金融の疏通

世界戦争中には、勃発直後金融の硬化を防止するに努めたるを始めとし、続出せる波瀾による金融界の不安、株式市場の混乱等に対応する施為が多くあった。個々の案件は、取扱方について微妙の注意を要したが、大勢に影響を及ぼす程度に至らずして逐次に経過した。只全局に亘る問題は、戦争の刺戟によって躍進せんとする産業のために如何にして資金を調達すべきかと云うにあった。

当時多くの方面から日本銀行に希望する所は、産業資金のために大いに門戸を開放すべしと云うにあった。直接産業資金の貸出を求めたものは少なかったけれども、種々の方法により他の銀行等を経由し、日本銀行から産業資金を供給すべしと云うのが普通の要望であった。日本銀行は容易に逢い難き好機において金融上我が産業の伸張を幇助するの切要なるを認めた。日本銀行の資力を以てその需要に応ずるのが最も捷径であることも明らかである。しかしながらその頃は臨機の暴利取締以外に行政的物価統制と云う如き通念はない時代で、物価の調節を通貨政策上の職能に帰するのが通念であった。産業資金は固定を免れざるものであるから、通貨発行権による日本銀行の力を無制限にこれに振り向ければ、通貨の大増発を来たし、物価の暴騰を誘うの危険がある。又戦争による刺戟は恒久的なるを期し難いから早晩反動の来るべきことを記憶しなければならぬ。産業資金の調達が余りに容易に出来れば、不健全なる設備の膨脹を来たして反動の惨害を一層甚だしくするであろう。自国の軍事行動のためには、後日の困難を顧慮するのいとまなく、目前焦眉の需要に応ずべき場合もあるだろうが、主として外国に物資を供給するための設備には、将来の推移につきて慎重の注意を払わなければならぬ。日本銀行はこの見地よりして産業資金のため一般的に門戸を開放することを避けた。日本銀行には資力上の制限がほとんどないから、一たび門戸を開放すれば、適度に止むることはすこぶる難しい。普通金融機関は、預金を主たる資源とするものといえども、妥当の割合を産業資金に向ける余地はあるはずで、その範囲において貸出先を鑑別すれば、量と質との程好き調合を得るであろう。日本銀行は自ら門戸を開放する代りに、他の金融機関が各自の責任を以て妥当の方法によりて産業資金の調達に当り得るように極力金融疏通の途を講じた。要するに、預金の支払その他金繰上の必要あるときに日本銀行から融通を受くるの途を従来よりも大いに拡大したのである。一例を挙げれば、日本銀行に担保品として提供し得る社債、株式等の範囲を大いに拡張したのはこの時からである。それ等の施設に伴い、経済活動の進展に応じて通貨発行高の増加することは当然の成行きで、日本銀行は強いてこれを避けようとはしなかった。

日本銀行のこの態度に対し、世間では不満足を表するものも、賛成を表するものもあったが、日本銀行の内部においては格別の論議もなく、大体従前の通念によって、当面の案件を処理した。もし産業資金のために日本銀行の門戸を開放したならば、一時の金融には便宜であったかも知れぬが、戦時中の物価騰貴及び戦後の反動は一層甚だしかったであろう。私は当時の日本銀行の態度が妥当であったことを信じ、又営業局長として執行に当った。しかしながら大綱の決定に関し、特に私の回顧中に挙ぐべき経緯はない。

只国内金融に関する事項の内で、私がいささか特別の関係をもったのは銀行預金協定の問題である。従前東京及び大阪の大銀行の間には預金利率について道義的の申合せがあったけれども、何等制裁が伴わないので、単に大体の標準を掲げるに止まった。戦時中産業資金等の需要が盛んなるに対し、日本銀行は前記の如くなるべく一般金融市場の力を以てこれを賄うように誘導したから、各銀行は預金吸集に一層力を注いだ。

その上に預金額の大小を以て銀行の成績を表示するものとする気分が濃厚にあったので、預金増加の競争のために、大銀行中においても利率引上の傾向が著しくなった。申合せに加入せざる多数の銀行においてはそれが一層甚だしかった。その結果、一般金利は昂騰して、或いは堅実なる事業の金利負担を過重ならしめ、或いは銀行資金が不健全なる方面に流れる。そこで日本銀行は有効なる預金協定を設定すべきことの勧誘に乗り出したのである。

私は大正七年〔1918〕の四月に理事に就任し、その後間もなく毎月一、二週間ずつ大阪に出張滞在することとなった。当時大阪の経済界は日本銀行理事の常駐を希望したのだが、日本銀行ではとりあえず出張を頻繁にすることとしてこれに応じ、最初に土方久徴氏がこれに当り、同氏が日本興業銀行総裁に転出した後を私が承けたのである。出張滞在の目的は一般連絡を緊密にするにあったが、丁度預金協定の問題が起っていて、その取扱方が微妙であるから、私はこれに関する大阪側との交渉に当った。誰にも趣旨において異議はないが、有力銀行の首脳者は制裁を付することを好まない、申合せの精神を強化するに止めたいと云う腹であったらしい。しかしながらそれでは従来の経験に徴して有効を期し難い。幾度か会合及び個別懇談を重ねた上、三十四銀行頭取小山健三氏が先ず賛成を表明し、東西銀行の間で具体的方法を考案しようと云う処まで漕ぎ付けた。結城豊太郎氏は大阪支店長としてこの件に尽力した。東京では主として木村清四郎氏が交渉に当り、併行的に進んだ。有力大銀行とその外の銀行との関係を如何にすべきやが一番難しい問題で、そのために全部の企図が破壊されんとする形勢を呈したこともあるが、甲種と乙種とに区別し、利率を異にすると云う趣旨で交渉がまとまった。乙種の筆頭たるべき豊国銀行頭取生田定之氏がその間に周旋尽力した。かくの如くして出来上ったのが、その後永く存続する所の預金協定である。

なお日本銀行神戸支店は、私の大阪出張中に発案したものである。重役会では、大阪神戸が余りに近距離なるの故を以て、容易にその必要を認められなかったが、当時海運及び貿易上神戸の経済取引が驚くべく増大し、諸般の指数は京都を超えて名古屋に伯仲し、殊に阪神間現金輸送の毎日巨額なるに鑑み、日本銀行の支店設置により便宜を図るの妥当なるを私は主張した。通貨発行の過大を招致せざる方法にして金融の疏通に益ある施設は大いに進んで実行すべしと云う私の持論に立脚したのである。

大阪出張中前浪速銀行頭取永田仁助氏が細大懇切に斡旋し、有益なる助言を与えられたことを特に銘記して感謝する。日清戦争の際広島において相識となり、日露戦争中ロンドンにおいて交を厚くしたる宇都宮太郎氏（大将）が師団長として大阪にいたのも好縁であった。

（四）輸出貿易上の金融

戦時の国内金融は規模が拡大されただけで、概してそれまでの通念に従って処理されたが、躍進する輸出貿易上の金融を如何にすべきやについては、新たなる考案を必要とした。貿易上の金融も国内金融と不可分の関係があることは云うまでもなく、只叙述の便宜上これを別にするのである。

為替銀行は、各自の取扱う輸出入手形をなるべく平均せしめ、輸入手形の代金を取得して輸出手形の買入資金に充てるのを業務の常道とするものであるが、戦時の大輸出超過に際会しては、輸出手形の方が多いので、外国には資金が累積し、国内では輸入手形代金の収得が少ないので金繰が窮屈になった。当分は日本銀行が為替銀行の外貨資金を買取り、通貨を発行してその代金を交付したから、為替銀行の立場においては、輸入手形代金の収得と同じになった。日本銀行は在外資金を通貨発行の基礎として又将来に亘る対外支払準備として保有したのであるが、その累増に伴う通貨発行のために、通貨膨脹の弊害を生ずべき惧れなきを得ざるに至った。更に通貨発行の基礎としての観点に即して考うるに、世界的情勢の不安なる時に当り、在外資金を引当とする部分の過大なるは金本位制の下における通貨の信用を堅持するゆえんでない。在外資金を金貨又は金塊に換えて国内に輸送することも試みたが、途中敵艇の攻撃に逢って沈没したので中止した。

ここにおいて私は何時までも在外資金の買取を続行して宜しきやと云う疑問を起し、先ずこれを日本銀行内に唱えた。副総裁水町袈裟六氏と理事木村清四郎氏とはこれに共鳴した。両氏の如きは夙《つと》に私と同様の見解に達しておりながら、老成の先輩としてこれを表明すべき時機の熟するを待ったのかも知れない。当初行内には、正貨充実を望ましいとする見地からの反対もあったが、形勢の進むに随い、大体の意向は一致した。勿論別に代るべき方法を講ぜずして突如従来の慣行を改めることは出来ないが、在外資金の買取値段を少しずつ安くするように舵を採った。為替相場の上で云えば、円に対するポンド及びドルの量を多くすることである。そうすると、為替銀行側では、日本銀行が最早在外資金の買取を喜ばざるものと解し、それは輸出貿易の伸張を阻害するものだと云って苦情を申立て、輸出業者もこれに共鳴して囂々たる物議を醸した。新進為替銀行の当事者中には、在外資金に関する理論を珍しそうに二時間以上に亘って私に講釈してくれたものもある。私は議論で対抗するよりは円滑なる実行を遂げんがために辛抱に辛抱を重ねてこれを聴いた。輸入超過の大勢下において、偶々為替銀行の手許に外貨資金の余剰が出来るときは、日本銀行は喜んでこれを買取り、在外資金として保有した。久しからずしてこれを使用すべき機会が来るのだから、在外資金の買取は多々益々弁ずと云うべきであった。日露戦争後多年これを慣行として貿易金融上の通念となっていたので、論者はこれを強調したのである。しかしながら大勢一変して輸出超過旺盛となりし時期に至りては、通貨の状態に及ぼすべき影響を考慮に入れなければならぬ。私はこの筋合を説明して諒解を求めたが、為替銀行及び輸出業者の内には昂奮して日本銀行を非難するものもあった。

なお一層視野を広くすれば、当時の輸出超過連続につき、通貨関係の外に、物資との関係からも、別に考慮を要する点があった。即ち当時輸出超過の結果としてややもすれば国内物資の不足を来たさんとする傾向を呈したことである。それは国内の生産力が有利なる輸出の方面に向けられ、輸入される物資がこれに伴わなかったためである。その一例たるべき米価の騰貴は、大阪等において暴動を惹起するに至ったが、その原因は、好景気による米需要の増加があると同時に、農業経営上輸出生糸の生産に重きを置き、米穀の生産をやや疎んじたることにあったと思われる。さようの情勢であるから、もしそれが更に進展するならば、輸出超過必ずしも喜ぶべきにあらずと云う見解が成立したかも知れない。私は世上の非難に対し、さようの窮極的推理も一応商量した。しかしながら当時の実情はこれを主張すべき程に進んでいない。やはり我が商品の販路を拡張し、将来のために対外資力を充実することに重きを置く所の常識に従って施設をなすべきであると思った。日本銀行全体の見解も同じであった。それで、輸出貿易の進展を阻害することなく、同時に日本銀行の在外資金保有を過度ならしめざるように、対策を工夫することとなったのである。

その対策の第一は、為替銀行をして、国内金融市場における借入金により、出来るだけ外貨買持をなさしむることであった。これには為替銀行側に苦情もあったが、相当程度に実行された。日本銀行は為替銀行振出手形の再割引につき特別の便宜を与えてこれを助けた。輸出貿易に起因する手形たることを証明するために日本銀行が検印したので、スタンプ手形として市場に流通した。第二は、政府預金部資金を以て在外資金を保有することであった。右の両方法は世間の既存資金を吸集利用するのであるから、日本銀行がそのために通貨を発行する場合の如き影響を生ぜずに済むのである。第三は、交戦国をして、我が国における物資購入代金に充つるため、短期円貨公債を我が市場に発行せしめたことである。さすれば差向き為替及び在外資金の関係を離れて我が輸出を持続し得る。露、仏、英の三国はこの方法を利用した。我が方では、国債引受団銀行が主としてこれを引受け、日本銀行はそれ等の公債を担保品として認むる等の方法により消化を幇助した。世界戦争中日本が一時債権国となったと云うのはこの事である。要するに交戦国に信用を与えて我が輸出を可能ならしめたのである。その興信は一回限りのものであり、切替継続されたものもあるが、皆滞りなく相当の時期に返済された。それだけ国力を将来に繰越した訳である。

第四の対策は理事木村清四郎氏の発案せる政府内外債の借換であった。即ち内国国債を発行し、その手取金を以て為替銀行から在外資金を買取り、その在外資金を以て外債を償還すると云う仕組である。その国内通貨の状態に対する関係は、預金部買取の場合と同様であるが、対外資力の上から見れば少しく趣を異にする。預金部の保有する在外資金は、他日必要の場合に直に利用し得るように留保されるのであるが、在外資金を外債償還に使えば消えて仕舞う。遠い将来における我が債務を軽減するの利益はあるけれども、戦争終熄の後には久しからずして対外資力の欠乏を感ずることになるかも知れないから、在外資金を期限到達前の外債償還に使用するのは惜しいとも考えられる。この見地よりして内外債借換には、始め日本銀行内にも、政府にも、世間にも反対意見があった。その得失は判然黒白に分つことの出来ない問題であったが、私は主として国内通貨政策上の見地より木村氏の発案に賛成した。対外資力の方面から考えても、かつて夢想にも及ばざりし程の在外資金が特に工作努力を要せずして蓄積されつつあるのだから、その一部を以て将来の債務を返済して置くことは必ずしも不可ならずと思料した。内外債の借換は立法事項なるが故に、政府の決意と議会の協賛とによって成立すべきものであったが、先ずこれを推進すべく日本銀行の意向を定むるに付き私は木村氏に共力し、政府等との交渉には同氏が主として当った。中々容易でなかったが、終に決定を見るに至ったのである。かくして、輸出貿易の手取金を以て外債償還に充てた高は約二億円であった。しかしてその結果について後から振返って見るに、戦時中に蓄積された所の正貨及び在外資金の大部分は戦後の輸入超過によって必ずしも有効ならざる用途に消耗された。輸出減退の時期に入っても輸入力なお存したるが故に、国内産業の規模は縮小すべきときに縮小せず、反動の禍根を一層大にした観がある。されば戦時中の輸出手取金の一部を、在外資金として蓄積する代りに外債償還に振向けたのは、むしろ国家の利益であったと思われる。

上記の如く、戦時中の輸出超過による外貨資金を処理するために種々の新考案が施行されたけれども、これを日本銀行に買取って在外資金として保有する普通の処理方法も全く杜絶されたのではない。新考案の実行力にはそれぞれ金額の制限及び時期の不便が伴うので、日本銀行は輸出貿易金融に支障を生ずることなきように随時必要に応じて在外資金を買取ることを拒まなかった。只国内通貨発行高の過大に赴くことを出来るだけ防止せんがために、他の方法を併用すべく工夫したのである。

本章に挙げた所の方針及び諸般施設の結果として通貨の状態はどうなったか。まとまりを付けるためにその要項を摘記して置こう。日本銀行券の発行高は開戦当時即ち大正三年〔1914〕八月の三億五千八百万円から休戦当時即ち大正七年〔1918〕十一月の九億三千七百万円に増加した。増加率は大きいけれども、諸般の経済指標に対比して均衡を失したとは云われない。他方、政府及び日本銀行の保有する国内正貨及び在外資金は大正三年〔1914〕末の三億四千百万円から大正七年〔1918〕末の十五億八千七百万円に増加した。この計数はその後更に増加した。その増加は日本銀行券発行高の増加よりも遥かに著しい。この外に為替銀行等の保有する外貨買持も尠《すくな》くなかった。これ等対外資力の増加は一時的の原因によるものであるから直にこれを国内に反映せしめて通貨発行高を増加せしむべきでないと云うのが、日本銀行の見地であった。私も地位相応にその具現に努力する機会を与えられたのである。

なお在外資金の処理に関連して記憶に残すべき一の事件がある。戦時中在外資金を獲得することは容易になったが、これを正貨として国内に輸送し来ることはすこぶる困難であった。しかるにロシア帝政倒壊の直前に当り、イングランド銀行はその債権の代償としてロシアの保有する巨額の金の譲渡を受け、これをウラジオまで運び来たった。そうして日本軍艦を以てこれをカナダに輸送することを我が政府に依頼した。日本銀行はこれを仲介して政府の許諾を得、その条件として輸送さるべき金の一部を日本銀行に譲受けることにイングランド銀行の同意を得た。即ち我が方に受取るべき金を敦賀に陸揚し、その対価として日本銀行がロンドンにおいて保有する在外資金の相当額をイングランド銀行に引渡したのである。かくして国内正貨を大いに充実し、戦時の不安にかかわらず我が金本位制度を堅固にすることが出来たのである。ウラジオからカナダへの輸送は二回に行われた。第二回目には既に露国新政府が成立して積出を阻止せんとしたが、間髪を容れざるの間にこれを遂げた。イングランド銀行総裁カンリッフ（Cunliffe）は一生中の最大快事の一として喜んだと云うことである。金を輸送する我が軍艦の司令官は井出謙治氏（大将）であった。

パリ講和会議

（一）財界よりの推薦

私が日本銀行理事に任命されてから国内勤務の期間長からざる内に、大正七年〔1918〕十一月休戦の後、講和会議における本邦全権委員の随員としてパリに出張することを命ぜられた。講和会議には経済上の案件が多く上程されるだろうから、民間経済上の業務に従事しているものをも公式に参列せしむべしと云う世論が高く唱えられ、政府もその希望を容れて農商務大臣山本達雄氏がその人選に当り、山本氏は更に東京手形交換所委員長池田謙三氏、東京商業会議所頭取藤山雷太氏及び和田豊治の三氏に推薦を依嘱し、三井合名会社理事福井菊三郎氏、大阪日本棉花株式会社社長喜多又蔵氏及び私がこれに挙げられたのである。その外に日本郵船会社社長近藤廉平氏は、船舶損害賠償の問題に関係ある故を以て、逓信大臣の指名により私共三人と同一の資格を与えられた。何れも「被仰付」の辞令を外務省から伝達された。私は日本銀行に在職するが故に指名されたのであろうけれども、右の如き推薦の経路によったので、日本銀行は只その職員の受命を承諾したのである。大蔵大臣高橋是清氏は日本銀行の監督者でもあり、私と個人的の関係も厚いから、何か私の心得べきことを示されたいと申出《い》でたところが、会議に関しては特に註文すべきこともない、只今後の世界経済の動向に注意せよ、又先年の外債募集当時の友人との交を一層敦くするように努めよとの希望を聞かされた。

全権委員として日本から出掛けるのは西園寺公望公（当時は侯）と牧野伸顕伯（当時は子）とであったが、私は先発の牧野伯の一行に加わった。拝謁及び御陪食を仰せ付けられたのはこの時が始めてである。十二月十日日本銀行員下村如道氏を随行者としてサンフランシスコに向て出発し、年末年始にかけて数日間ニューヨークに滞在した。牧野伯は私が松方公の外遊に随行したときのオーストリア駐箚《ちゅうさつ》公使で、私はその時から知遇を受けて来た。船中で伯は、会議はどういう風に進行するかまだ判らないが、とにかく種々の人に接して四囲の空気を察し、これを自分に知らせてくれと私に希望した。

(二) ニューヨーク金融界の意気込み

ニューヨークで私は先ず高橋氏関係の旧知と日本銀行資金預け先銀行の首脳者とを歴訪し、それ等から更に紹介をもらって出来るだけ広く対人接触に努めた。同志社出身者たる浜岡五雄氏が日本銀行代表としてニューヨークに駐在していて種々便宜を図ってくれた。旧知の内でクーン・ローブ商会の社主シッフ氏は、その本邦渡来のときから既に私と個人的親交が出来ていた上に、高橋氏の近状を伝えたので大いに喜んだ。氏はドイツ系の人なるが故に、すこぶる遠慮していたが、自分は米国人としてこの国に無条件忠誠を尽すと力強く弁明した。ナショナル・シティー銀行頭取ヴァンダーリップ氏は、高橋氏関係の頃にはまだ支配人級の人であったが、その後声望隆々たる金融界の巨頭となっていて、この時から私と親交の間柄となった。日露戦争当時からの面識たるコンマース銀行の頭取アレキサンダー氏(Alexander)は日本縁故者たるを誇りとして私に接した。ファースト・ナショナル銀行重役も私を歓待してくれたが、その内には後に頭取となり、銀行界の長老として仰がれたベーカー氏(Baker)がいた。以上が日露戦争中の本邦外債関係者である。新たなる接触はニューヨーク金融界の広い範囲に渉った。ニューヨーク連邦準備銀行は世界戦争開始後に創立され、発券銀行として既に日本銀行と密接の関係があるので、私はその幹部と個人的にも交を結ぶべく努めた。総裁として令名嘖々たりしストロング氏(Strong)が病気のため地方に静養していて面会し得なかったのは残念であったが、取締役会長に似た地位のジェイ氏(Jay)、副総裁ケース氏(Case)等とは将来まで交通を続ける関係が出来た。モルガン商会は、日露戦争の際には日本外債の引受に参加しなかったが、その後日本との関係を生じ、世界戦争中英国の対米金融を一手に引受けて、国際金融上に圧倒的の勢力を振っていたから、私は日本銀行のためにこれとの関係を一層親密にするに努めた。社主モルガン氏及び対外方面の主任者ラモント氏（Lamont）は旅行中であったが、ポルター（Porter）、モーロー（Morrow）等の重役と会見を重ねた。その外著名の人にして後まで接触の続いたのは、チェース・ナショナル銀行の取締役会長ヘバーン氏（Hepburn）及び政府の臨時職員として戦時の為替調整を担当せるケント氏（Kent）である。これ等の人々は国際金融上における日本の実力の増進したことを激讃し、日本との関係を益々濃厚にせんことを希望し、私に対する接遇は何れもすこぶる懇切であった。これはニューヨークにおける日本の在外資金が豊富にして、これを数多の銀行、信託会社等に分けて預けてあったためであるに違いないから、私はその好意を感謝しながら、利害関係者の言として控え目に聴いて置いた。只戦後日本が更に外債を必要とする時期に入ったとき、米国金融界との関係を利用するにいくらか役に立ったと思う。

私がニューヨークにおいて会談した人々の意見を綜合するに、戦後には復興事業及び新たなる発展のために世界経済が活躍を続けるであろうと云うことにほとんど一致していた。慎重に留保を添える人と無条件に発揚する人との別はあったが、大体の傾向は同じであった。そうして米国は主として資金供給者として、しかしながら又同時に事業の経営にも参加して、大いに世界経済の発展に貢献するであろうと云う意気込みであった。露骨に表現すれば、米国が経済的に世界の覇者となると云うのである。これは米国が巨大の天然資源と、戦勝者側として有する勢威と、最大の債権国となった所の実力とを背景とする抱負に立脚するものであった。

次に米国大統領が国際連盟案を講和会議に提出するであろうと云うことが当時既に世上に伝えられ、牧野伯は特にその成行きに関心をもっていたから、私もこれに対する米国人の意向を探知すべく努めた。私の接触したのは主として金融界の人々であったが、その方面において国際連盟を熱心に賛成するものは一人もなかった。これを大別すれば、全然意見の表明を避ける人と、まだ国際連盟なるものを理解せずと云う人と、さようの理想境の実現するはずはないと云う人と、米国が国際政治の渦中に投ずるを不可として国際連盟に反対する人とであった。私は相手たる人の党派上の立場を克く知らないので、誰に対しても同じ様に質問を出して見たのだが、受けた応答は右の如くであった。時の進むに随い、民主党側はウィルソン大統領の方針に沿うて国際連盟を支持するようになったが、終に共和党の猛烈なる反対により、国際連盟規約を含む所の条約の批准が否決されたのも偶然ではなかったと思われる。

これ等大体観の外に、種々具体的事項に関する情報もあったが、余りに煩瑣に渉るから、ここに挙げない。私は細大の所聞を全権部に口頭報告し、その内適当の廉を日本銀行及び大蔵大臣に電報した。これはニューヨークに始まり、パリ、ロンドンにおいて続けた所である。

(三) パリにおける遭遇

パリには大正八年〔1919〕一月中旬に到着した。欧洲駐箚《ちゅうさつ》大使にして全権委員として講和会議に参列したのは、珍田捨己、松井慶四郎、伊集院彦吉の三氏であった。西園寺公は後れて到着したが、私は会議の関係において始めて公に親接する機会を得たのである。私の受けた一般的感想は、公の着後全権部の訓令又は指示が一層力強くなったことである。私が単独に公から聞いた言葉で最も深い印象を残したのは、我が国の利益を擁護すると同時に世界のために寄与する意気を以て事に当れと云うことであった。

経済財政方面の専門家としては、ロンドン駐在財務官森賢吾、横浜正金銀行ロンドン支店長巽孝之丞、三菱銀行ロンドン支店長菊池幹太郎、三井物産会社ロンドン支店長南条金雄等の諸氏が参加した。青木得三氏、青木一男氏なども大蔵省系としていた。日本銀行員では、ロンドンから杉浦畊作《こうさく》氏、パリ駐在の安倍四郎氏及びスイス駐在の田中鉄三郎氏が私を助けてくれた。外務、陸海軍諸省の人々、その他公私の立場においてパリに集った数多の人々と、或いは旧交を厚くし、或いは新交を結ぶの機会を得たことは私の今に至るまで幸いとする所である。同志社の先輩横井時雄氏は私が流行感冒に罹って重態に陥ったとき、安倍四郎氏と共に看護等の手配を裁量し、私の精神に力を附けてくれた。万一の場合に遺骨を携えて帰るのは自分だと云っていたそうである。治療に力を尽してくれた壁島海軍軍医、那波陸軍軍医と横井、安倍の二氏とに対し、私は深き感謝を銘記する。私が病を押して軽挙せんとするのを那波軍医が叱咤制止してくれなかったならば、私の生命はその時に亡くなったかも知れない。加藤恒忠、立作太郎、奈良武夫、山川端夫、岡実、畑俊六、野村吉三郎、有田八郎、吉田茂、芦田均の諸氏とはこの時から続いて懇意になった。

一月終り頃に会議が開かれて見ると、多数の委員会が設けられて、先ず専門的に諸般の事項を審議することとなったので、随員をはじめ、臨時に嘱託を受けた人達が、それぞれ委員会に出席せしめられた。私には賠償委員会を振り当てられたが、日本側の主席は大蔵省直系の最高級者たる森賢吾氏であった。しかして私は二月上旬より約一ヶ月に亘り、病気のため肝要の時期に欠席したので、特に私の関与したとして挙ぐべきものはないが、委員会の決議には参加した。

私は元来委員会の専門的審議よりは、一般情勢の観察の方に多く関心をもっていた。殊に戦後における世界経済の動向を測量することに重きを置き、先ずニューヨークにおいて試みた如く、従来の縁故と日本全権の随員たる立場とを利用するに努めた。もし又戦後の世界経済の機構又は運営につき協定をなさんとする気運があるならば、我が国としては自国の発展に重点を置くことは云うまでもないが、これと相容るべき範囲において広い見地から折衝誘導に参加すべき機会もあるかと思って、胸中独り考慮を廻していた。戦時中に伸張した我が通商上の立場と対外資力の蓄積とは、これに役立つであろうと期待した。しかるに、戦後の貿易、国際金融等を如何にすべきやと云う問題は一応講和会議の内議に上ったけれども、各国の主張が甚だしき自己中心主義に傾き、到底有効なる協調に達すべき見込なく、労働規約の外は単に抽象的の希望を表明するに過ぎなかった。即ち私をして、戦後一層深刻なる国際経済競争が続行されるであろうことを思わしめたのである。我が国がこの情勢に対応する覚悟を定むべきことは当然の帰結であらねばならぬ。

右の次第で、私がもしやと思って待構えた所の場面は出現しなかったけれども、会議の傍において、一の面白いことがあった。三月の始めに、病気回復して委員会に出席するようになってから間もなく、米国全権の随員として来仏中の連邦準備院副総裁アルバート・ストラウス（Strauss）氏は私と巽孝之丞氏とを午餐に招いて、同じく随員たるモルガン商会のラモント氏と共に私達を迎えた。ストラウス氏の云うには、実は或る問題について非公式に日本側の事情及び意見を聴きたいので、あなた方二人が一番適当な相手だと教えられ、深井さんの病気回復を待っていたのだと。そうして左の質問を出した。米国はなるべく早く金輸出禁止を解いて金本位制に復帰すべき意嚮を以て調査及び準備に着手しているのだが、それについて解禁後日本はニューヨークにおいて保有する資金を金に兌換して輸出するであろうか。英仏は今米国に対して債務国であるから、問題とするに及ばない。その他ニューヨークに資金を保有する諸国の内で、その金額から見て、日本が一番重要であるから、先ずその意嚮を知りたい。これがストラウス氏の聴かんと欲する所であった。当時日本のニューヨークにおける保有資金は、政府及び日本銀行の在外資金と為替銀行の買持とを併せて数億ドルに達していたであろう。急にこれを引出して金輸出に向けられるようでは解禁を躊躇せざるを得ないと云う事情であったらしい。巽氏は正金銀行の立場において一局部を知るのみであるからと云って私に応答を譲った。私は電報で東京に質してから精確に返事をしようと云った所が、先方はそれにはまだ早い、今は方針未定だから、一己の見込だけ話してくれ、間違っても責任を負わせないと云う。この問題の資料たるべき事項は、私が戦時を通じて鞅掌し来たった所で、政府及び日本銀行の意向をほぼ間違いなく想像し得べき自信があったから、直に次のように答えた。目下日本がニューヨークに保有している資金は戦時輸出等による受取勘定超過の結果として出来たものである。それに対して内外金融上の処置は既に講じてあるのだから、将来は別とし、今直にこれを引揚げて現送する必要はないと思う。むしろ他日輸入超過の場合に米国において仕払に充てるのが便宜である。但日本は今なお受取超過を続けていて、その新たなる収得資金を外国に留置することが段々困難になりつつある。殊に在外資金を引当に通貨を発行するに対し非難もあるので、今後外国において収得する資金は日本へ現送しなければならぬことになるだろう。これが私の返答の要領であった。米国の金本位回復は差向き我が国の貿易のためにも、世界経済のためにも歓迎すべきことと私は思った。我が国の国際金融上の立場において、将来に亘る拘束を受けることは避けなければならぬけれども、解禁直後において米国の事情を斟酌することは、我が国にとって不利はない。それで私見として右の如く答えて置いたのである。ストラウス氏は、克く理解が出来た、これから他の国の意向も探り、いよいよ成案を得た上は公式に日本に交渉すると云って、私の返答の予期以上に率直明瞭なりしことを謝した。私は応答の次第を直に日本銀行に電報したが、承認もなく、訂正の指令もなかった。ストラウス氏は数週の後、解禁準備のために帰国すると云うことを私に挨拶した。米国の解禁は私の帰朝前に実行されたが、その前日本銀行に交渉があって、私がストラウス氏に内示した所と同じ趣旨の回答が発せられている。日露戦争に際し高橋是清氏が外債募集のために苦しむのを審《つぶ》さに見た私は、この遭遇によって感慨無量であった。

パリ滞在中の風変りと云うべき遭遇は、米国共和党より特派されて講和会議の推移を観察しながら同党の主張を宣揚しつあったチャンラー（Chanler）と云う人との接触であった。旧知の米人にして英米仏言論界の裏面に連絡の多いフルラートン（Fullerton）と云う人の紹介で会見したのだが、そのチャンラー氏はパリに住居を構えて門戸を張り、諸方面の人々と接触して気焔を揚げていた。ウィルソン大統領を支持する民主党側の意嚮は公式に代表されているから私は反対側の空気を察することも何かの役に立つだろうと思ってこれに応接したのである。チャンラー氏を繞る連中のウィルソン反対は実に猛烈で、殊に国際連盟を含む所の条約批准は決して上院を通過させないと豪語していた。これ等の人々の言説を背景に置いて、講和条約に関する新聞報道を読み、さきにニューヨークで聞いた所と思い合わせるとき、その豪語も全く無根拠とは云い難いように感ぜられた。私は或る時その感想を同僚間に漏らした所が、条約批准の否決は米国憲法上有り得るけれども、大統領が国論を察し、自信を以て調印せるものを破棄すると云うが如きことは夢物語に等しいと一蹴された。しかるにその夢物語が終に実現したのである。

もう一の面白いことは、中華民国全権委員の一人たる施肇基氏との関係であった。或る宴席で氏は私に近づき来たって旧知の挨拶を述べたが、私の方に記憶がない。全権委員からさようの挨拶を受けるのは光栄だが如何なる因縁かと率直に訊いて見たら、先年ジェンクス（Jenks）教授に随行して日本へ行ったときに世話になったと云う。それで私は直に思い出した。ジェンクス教授は米国の経済学者で、中華民国幣制改革の立案を依嘱され、日本側の意見を聴き且つ協力を求めるために東京に来たのであった。日本側では委員を設けてこれに応接し、日本銀行の調査役たりし私は大蔵書記官神野勝之助氏と共に幹事を勤めた。ジェンクス教授の秘書には、その教え子だと云う青年支那人がいて幹事たる私達と共に事務を取扱った。松尾日本銀行総裁の催した晩餐に招待を受けたが、燕尾服を持たないのでどうしようかと私に相談したこともある。その青年が、全権委員として講和会議に臨んだ施肇基氏なのである。それから旧交を温め、後年のワシントン会議の時にもまた友人として接触を続けた。

（四）戦後の観測

戦後景気の観測はこれをニューヨークに始めて、パリ、ロンドンに続けた。欧洲においては、戦争による大惨害に近接し、又戦勝国といえども財政上の困難甚だしきものありしが故に、ニューヨークにおいて聞きたる如き単純なる楽観説はなかった。しかしながら大体としては、戦時中欧洲以外の地域に現れたる如き景気が戦後も或る程度一般に続行するであろうと云う見透しに傾いていた。その理由は、戦時景気の原因が軍需品の需要にありし如く、戦後は戦時中に抑えられていた一般消費の復帰と復興及び新設事業の計画とによる物資の需要が旺盛になるであろうと云うのであった。中には、ドイツから賠償を取るから、戦勝国側は好景気を呈するだろうと云うが如き子供らしいことを云うものもあった。以上は私がパリとロンドンとにおいて接触した諸国、諸方面の人々の間における流行的気分を要約したものである。ロンドンの某市中大銀行の首脳者にして、戦後の経済的大発展を期待し、大英国がその先頭として活躍するの抱負を語るのもあった。その口調は、米国と大英国と置き換えただけで、ニューヨーク経済界の人々の自任せる所に似ていた。かくの如き一般の楽観気分に対して、他方には歴史と常識とに訴え、大破壊の後に好景気の来るはずがないと云うものもあった。更に細かく考えて、今までの歴史上に無かった社会問題が今度の戦後の経済を一層紛糾せしむるだろうと懸念するものもあった。ドイツ賠償については、講和会議中既にその実行可能を疑うものもあり、又それが戦勝国の企図する通りに実行されるならば、ドイツは結局貿易上の輸出超過によってこれを仕払うの外はないのだから、ドイツの苦痛であると同時に、戦勝国側工業及び貿易に不利なる影響を与えるであろうと推論する人もあった。その他概念的に戦後の反動を避け難しとする感想は種々の人から聞いたが、主として国際金融上の見地よりその理由を認識し、確信をもっていると思われたのは、ロンドンの市中金融業者にしてイングランド銀行の重役たるグレンフェル（Grenfell）と云う人であった。この人は流行的戦後楽観説の根拠に甚だしき欠漏のあることを指摘したのである。即ち楽観説の根拠は、軍需品の需要に代って平時消費品及び復興資材の需要が起るであろうと云うにあったが、甚大なる軍需品の調達を可能ならしめたのは、交戦国の財務的信用膨脹に供給者側が協力順応したためであって、戦争の末期には既にその限度に近づきつつあったのだから、同じ作用が戦後復興のために発揮されることは望み難い。なるほど消費品及び復興資材に対する欲望は大きく発露するであろうけれども、これを果すに必要なる購買力が伴わない。それだから戦時中生産設備を拡大したものは、その生産力を有効に使用すべき途なきに苦しみ、戦争によって疲弊したるものは欲望急切なるもこれを充たすの手段なきに苦しみ、一方における生産力の余剰が他方の物資欠乏と対立し、その均衡の回復には相当の時を要すべく、その間は一般の不景気を免れない。これがグレンフェル氏の私に語った推論の要旨である。私はその意見に重きを置き、これを詳しく東京に電報して置いた。戦後数年間の実際推移は全く氏が予見せる通りであった。

英仏の旧知を尋ねることは高橋是清氏の希望でもあったので、私は大概これを果した。そうして観測上にも益する所が多かった。日露戦争当時高橋氏の主たる相手たりし人にして既に故人となったのも多かったが、パリ・ロッチルド家の長老エドモン・ド・ロッチルド男（Edmond de Rothschild）、パリ取引所理事長ヴェルヌイユ氏（Verneuil）ロンドンのカッセル氏、ベーリング商会のレヴェルストーク卿（Revelstoke）、アンソニー・ロスチャイルド氏、元パース銀行の取締役シャンド氏（Shand）香港上海銀行のサー・チャールス・アディス等は、高橋氏の助役たりし私の再来を喜び、大いに歓待してくれた。私は日本銀行金の預け先たる諸銀行の首脳者を歴訪した。その内特に胸襟を開いて意見を交換し得たのは、ウエストミンスター銀行の会長リーフ氏（Leaf）、ミッドランド銀行頭取ボルデン氏（Borden）、モルガン商会のパリにおける代表者カーター氏（Carter）等である。イングランド銀行総裁カンリッフ氏とは講和会議の委員会で顔を合わせ、フランス銀行では副総裁ピカール氏（Picard）と特に懇意になった。私の個人的友人たるチロル、キャッパー、ビートン、ウィザースの諸氏とは益々交を深くした。ロンドン・タイムスの外報部長スチード氏（Steed）は、私の第一次洋行の時の知人でその後出逢わずに過ぎたが、講和会議の時には、ロイド・ジョージ氏と肝胆相照の社長ノルスクリッフ卿を背景としてパリに駐在し、単に言論界におけるのみならず、国際政局裏面の一有力者と称せられていた。横井時雄氏がこれと親善であったので、私も旧交を復し、しばしば会談した。同志社における先師グリーン先生の息ジェローム・グリーン氏（Jerome Greene）が米国側の随員として私と同じ委員会に列したのも面白い奇遇である。氏はその後米国の金融業者リー・ヒッギンソン商会の重役となって対外投資の線に働き、日本の電力社債等を引受けることに尽力した。私の視察観測はこれ等の人々との接触から資料を得たのだから、特にその名を挙げる。その外、各国の巨頭を始め儀礼の交換だけでも好い思い出の種として記憶に残っている人はすこぶる多い。

私は会議関係の事項に直接濃厚の関係をもたなかったけれども、重要問題の経緯は内部から聞知していた。周囲における情報及び資料の蒐集には多少獲る所があったと思う。又自己修養に益する所の多かったことを幸いとする。会議後ロンドンに数週間滞在した上、再び牧野伯と同船で、インド洋航路により大正八年〔1919〕九月十一日に帰朝した。出発の時の日本銀行総裁は三島弥太郎子、副総裁は水町袈裟六氏であったが、帰朝の時には三島子既に歿し、井上準之助氏が総裁、木村清四郎氏が副総裁であった。

ワシントン会議とジェノヴァ会議

(一) 軍備制限会議の側面

講和会議の次には戦後国内金融政策に対する私の関係を挙ぐべき順序であるけれども、それは後に一括することとして、先ず中間における二つの国際会議の記事を挿む。

第一次世界戦争終結後約二ヶ年を経たる大正十年〔1921〕の夏頃、米国は政治及び経済上の問題を議するために大規模の国際会議を開催するの意嚮ありと新聞に伝えられた。戦後明朗なる新情勢が出現するであろうと云う講和会議当時の一般希望は裏切られ、国際関係の不安、軍備の競争、賠償問題の紛糾、通貨及び国際為替の混乱、各国経済の不振と云うが如き暗雲が濃厚であったので、新しき国際協定によってこれを打開せんとするのが米国の企図する所であろうと想像された。我が政府に対しても内交渉が進められたらしく、段々明瞭になった公式の議題は軍備制限と太平洋を繞る政治問題とに限られ、会議の名称は軍備制限会議と云うことになったが、これに関連して、もしくは別の会議によって経済問題が取り上げられるであろうとの噂も残っていたので、総裁井上準之助氏は、日本銀行からも誰かその会議に参列することを希望し、外務省に交渉して同意を得た。そうして私が最適任者として推薦された。この時私は戦後の国内金融政策の方に重い関心をもっていたので、外国出張を好まなかったけれども、井上総裁の懇望を排し兼ねてこれに応じた。それで講和会議のときと同じく本邦全権委員の随員を仰付けられた。全権委員には海軍大臣加藤友三郎大将(後に男)、駐米大使幣原喜重郎氏(後に男)及び徳川家達《いえさと》公が先ず任命せられ、後に幣原氏が病気に罹ってから、外務次官埴原正直氏が加わった。随員中で私に似た立場にあったのは横浜正金銀行取締役小田切万寿之助氏であった。日本銀行からは石川守一氏が私に随行した。私は、通貨、為替、通商等の経済問題につき井上総裁、大蔵大臣高橋是清氏等と協議を遂げたる上、加藤全権等に少し後れて、十月十三日横浜を出帆し、サンフランシスコを経て十一月初にワシントンに着し、間もなく総理大臣原敬氏の遭難及び高橋氏総理大臣拝命の報に接した。原氏の喪失は到米の本邦側と米国の当局とに一時大なる衝動を与えたが、高橋氏の就任により政策上に変化なかるべきことが期待されて安心を得た。法制局長官横田千之助氏は本邦政界と遣米代表部との連絡をとるためにワシントンにいたが、原敬氏の後継として高橋氏を希望する意見を東京に電報したと私に語った。

会議は予定の如く専ら軍備制限及び太平洋問題を議題とし、それが中々円滑に進捗しないので、米国政府は他の問題を交えて一層紛糾を来たすことを好まないと云う態度を宣明した。それで直接会議に関する私の用向は全く無くなったのだが、折角出掛けたものだから、会議に上る問題の研究と一般経済情勢の観察とに力を注ぎ、ワシントン、ニューヨーク間を往来した。他邦の人に接するに当っては、出来るだけ我が国の立場を説明するに努めた。本邦会議事務局の依嘱により数個所に出張して講演もした。首席全権加藤大将が最後に如何なるまとまりを付ける腹であるかは私の知る所でなかったが、対支事項及び軍備事項につき日本の希望する所と、主張すべき筋とは自ら明らかであったから、その理由を強調するのが私の一貫せる態度であった。在米日本人の間には妥協により早く解決すべしとの説を口外するものもあったが、私はこれと歩調を異にした。米人側から我が譲歩を促すものもあったが、私はさようなことを軽々に語るべからずとしてこれを抑えた。内面折衝の経過はどうあろうとも、側面ではかくの如き意気を示して置くのが、最善の結果を得るゆえんだと、私は信じたのである。この線に沿うたる私の言説に最も好く耳を傾けてくれたのはニューヨーク連邦準備銀行総裁ストロング氏であった。同氏は日米関係の円満を切望し、私に友誼的の助言を与えた。同時に国際金融上日本の地位のすこぶる有力なることに米国政府の注意を惹き、善処を進言しつつあると私に語った。一度ストロング氏の依頼によりその意見を加藤全権に伝えたとき、深沈不動を常とする加藤大将が椅子から立ち上って返辞を述べた。

ストロング氏は大正三年〔1914〕米国準備制度創設の時、比較的後進者にして一躍要地に抜擢せられ、金融界旧勢力の間に新制度の権威を確立するの容易ならざるを思い、私的利害の関係により指斥を受くるの間隙なからしめんがため、所有資産中金融政策の影響を受くる株式等を就任前に処分した。その結果、戦時景気の発揚に際し大いに資産を増殖するの機を逸したと云う。この意気を以て公職の運営に当り、国内的にも世界的にも、連邦準備銀行の地位を重からしめた。日本銀行との間に資金委託運用の契約を結び、貿易金融上の相互便宜に資したるもこの人の発案であった。

私が講和会議から帰った後、氏は病気のために日本に来遊し、その時私はしばしば接触を重ね、経済上の意見交換から始まって、私には一身上の事情まで打ち開けられる間柄となった。このストロング氏が私の渡米を歓迎し、ワシントン政府部内及び上院の友人の多くに紹介してくれた。それで私に対人接触の途が開けた。連邦準備院幹部員たるハムリン、ミラー（Miller）の二氏は私のために懇切に斡旋してくれた。ハムリン氏は私が松方公に随行したときからの旧知で、交際の範囲がすこぶる広く、ワシントンの種々なる方面に紹介してくれた。婦人達は会議参列のために来た他邦人を各自の交際圏内に引寄せたがっていたらしく、縁より縁を延いて私の接触圏は拡大された。私もワシントンでは閑だから相当の人からの招待には快く応じた。意図する所の目的に役立つこともあったが、従前知らなかった米国の世相を視察することに興味を感じたのである。それまで私が知る所の米国人は概して国際金融関係者、外交家、学者等で視野の広い人達であったが、この度は米国気質に固まった人達と接触して私の米国に対する理解が深くなった。ワシントンで上院議員が各州の代表として幅を利かせることも兼ねての想像以上で、有力議員は大統領以外の誰よりも高く自らを標置し、婦人の交際上では上院議員の縁故者たることが著しく称揚される。これまた他に見ざる特異の風景であった。

ニューヨークでは従来の友人、知人と会談を重ねたる外、新しい相識も出来た。ナショナル・シティー銀行のヴァンダーリップ氏は退隠し、ミッチェル氏（Mitchell）が代って頭取となっていたが、同行は極東に為替業務を拡張しつつありし故に話題が多かった。この時ミッチェル頭取の如何なる人なるかを知ったことは、後年我が国と同行との間に複雑なる交渉を生じたるとき、参考として多少の便宜があった。モルガン商会には当時日本に対する業務上の懸案があったので、私は特に井上総裁の伝言をラモント氏に寄せ、その進行を図った。クーン・ローブ商会の老主ジェコッブ・シッフ氏は既に歿し、その子モルチマー・シッフ氏が社主となっていて、頻りに日本に対する業務関係を回復せんことを希望した。同社は日露戦争当時日本政府外債の主たる引受者なりしも、その後モルガン商会がこれに代ったのである。同社の重役として明治三十八年〔1905〕以来の旧知たりしポール・ウォーバーグ氏は、実務家にして経済学上の造詣深く、連邦準備制度の創設に参画して功績を挙げ、講和会議の時には連邦準備局の幹部員としてニューヨークを離れていたために私と出会しなかったが、この度は国際手形引受銀行の取締役会長としてニューヨークに在り、通貨及び為替の問題を主題として、広く国際情勢につき研究的に私と語り合った。なお関心を同じくする人達を集め、晩餐会を催して意見交換の機会を作ってくれた。参会者中には、後に大統領の派欧特使として名を挙げた所のノルマン・デヴィス氏（Norman Davis）もいた。ウォーバーグ氏は連邦準備院の幹部を退いてからも、なおその顧問として毎月一回会議に出席するので、その度毎に一般の情勢を私に通報してくれる関係がこの時から出来て、私もしかるべくこれに応酬し、氏の死去するまで続いた。ニューヨーク連邦準備銀行では、前掲の総裁ストロング氏、後に総裁に昇った当時の副総裁ハリソン氏（Harrison）、その他の重役と午餐を共にしたる外、ストロング氏とは全く他人を交えずに自宅の晩餐及びクラブの午餐の前後長く懇談を重ねた。講和会議のときに重要な談合をしたストラウス氏は既に連邦準備院を退いて金融業に従事していたが、ニューヨークで会見して互に快く曩時《のうじ》を語りながら現在の時勢について意見を交換した。

　上記の如き経路によって一般観測及び我が国の立場の説明をなしつつある間に、国務次官フレッチャー氏（Fletcher）は、英国がワシントン会議とは別に国際経済会議の開催を発議するらしい、米国は多分参加しないだろうけれども、これに対して関心をもち、好意を表すると云うことを私に話してくれた。直にその情報を日本銀行及び大蔵省へ電報して置いたところが、その後に井上総裁から電報が来て、英国の発案による国際会議に日本も参加すべきことになったから、私にはその方へ廻るように用意せよと云う大蔵大臣の内命を伝えた。私は、講和会議のときには、経済上の国際協定を夢みて、日本がこれに対し重要の役割を演じ得るかと思ったけれども、その後の世界情勢の推移及び米国における見聞により、会議において有効なる国際協定を達成する望みの少ないこと感じたから、余りこれに気乗がしなかった。又今回の経済会議には欧洲諸国の事情に精通せる財務官森賢吾氏が全権委員に加わると云うことだから、そうすれば私に格別の用もあるまいと思って、私はワシントン会議の終了と共にもしくはその前にでも帰朝を許されたいと電報で申出《い》でた。しかしながら高橋総理兼大蔵大臣も井上総裁も重ねて私の参列を要望したので、一旦外国に踏み出した上は仕方がないと覚悟してこれに応じた。それが多分大正十一年〔1922〕の一月中であったと思う。欧洲における会議の開催にはまだ余日があるので、私はそのためにする準備の意味も加えて一層米国における観察に力を入れた。

米国において接触した諸方面の意嚮及び公開の論議を綜合するに、一般には先ず通貨の整理及び為替の安定により経済の回復を図るべしとする感想がすこぶる強く現れていた。欧洲は物資不足に苦しんでいるのに、米国の余剰物は売れないで不景気に悩む。つまり前章に述べたグレンフェル氏の言が正に的中したのである。それには広汎深刻の原因があるのだけれども、端的に眼に見える所は、欧洲諸国の通貨価値が下落したので米国品をそちらへ持って行けば高価になる、又為替相場が甚だしく動揺するので取引の希望はあっても為替の出合が付かないと云う点にあった。そこで、一方における余剰の物が他方における欠乏を充たすために売れないのは、通貨及び為替の上に欠陥があるからだと云う皮相の結論に到達したのである。

この見地より通貨整理及び為替安定を企図する人々の内にも二つの流派があった。一つは根本的に世界の通貨制度を変革し又は目前の難関を突破するために暫定的便法を講ぜんとするものである。この傾向は米国

における のみならず欧洲方面にも現れて、珍説妙案が続出していた。かような時節に常套として擡頭する国際通貨説を始めとし、国際銀行設立案、ヨーロッパ合同準備銀行案、国際実物決済案、国際貸借決済用短期証券発行案、国際信用評定機関設置案等が唱道せられた。私が米国で意見を交換した人々の内で、この種の傾向の代表者と云うべきは上院議員キング氏（King）と通貨監理長官クリッシンガー氏（Crissinger）とであった。キング氏は主として自説を宣揚しただけであるが、クリッシンガー氏は私の経験から何等か参考となるべきものを聴きたいと真率に希望した。この人はハーディング大統領と郷里を同じくし、田舎の小銀行頭取から一躍中央の要職に就いたのだそうで、急激なる立場の変化を自白し、知識を求むる心構えが熾烈であった。私は当時の実情において通貨又は為替の方面に経済回復の即効薬を求むるは恐らく見当違いなるべく、もし米国の物資を外国に輸出せんと欲せば、相手国購買力の助成を切要とし、その方法は米国より資金を貸与することと、米国がそれ等の国の特産物を寛大に輸入することとにありと云う平凡なる筋合を説いた。そうして日露戦争より世界戦争に亘る日本の体験を例示した。クリッシンガー氏は、この体験における外資輸入、在外資金、貿易決済及び産業振興の関連性に深く感興したものの如く、殊に在外資金の利用は全く初耳だと云って、細かに質問を重ね、役所では時間が足りないとて、相客なしの私邸晩餐に私を招いて緩談した。爾後何年か先方が職を去るまで交通を続けた。

同じく通貨及び為替の方面に重きを置くとは云え、上記の傾向と趣を異にする今一つの流派は、世界的金本位制の再建に熱中するものであった。ニューヨークのいわゆる高等金融に従事する人々は概してこれに傾いていたが、私の接触圏内における顕著なる代表者はストロング氏であった。同氏は識見と経験とにおいて経済問題の要諦に透徹していたから、もとより通貨の整理を経済回復の即効薬と考えたのではない。根本的の解決は産業及び貿易の実体における推移に待たなければならぬことと、当面の国際的不均衡を匡すには米国より資金供与をなすの外なきこととを充分に理解していた。只同氏は堅実なる経済回復の端緒として先ず通貨整理に着手すべく、通貨整理には一時の事情に立脚して根本的変革を試み又は便法を講ずるよりも、長き試錬を経たる金本位制の再建を目標とすべきことを主張した。資金供与は当面の急務なるも、それは通貨の整理と併行しなければならぬと云う意見であった。そうして既に金本位制に復帰せる米国の外、差向き金本位制を再建し得べき可能性を有するのは英国と日本とであるから、三国率先して範を示し、以て他を誘導したいと熱望した。私は、金本位制の再建を目標とし、これに向って歩を進むべき方針を立てることには同意である、又金及び在外資金の保有高から見れば日本は金本位制再建の条件を具備していると思われるけれども、国際収支の状態が安定していないから、軽々にこれを断行することは出来ないと、留保の立場を明白にして置いた。とにかく日米英の間に今後緊密に意見を交換して行きたい、イングランド銀行総裁にもその旨を通じて置くとストロング氏は云う。世界的大勢の推移に通ずる途の広きはもとより望むべきことで、そのために何等の拘束を受けるのではないから、私はこれを諒承した。

その他ニューヨーク金融界の意嚮を察するに、外国への資金供与については、米国にとりて多少苦き経験もあったにかかわらず、講和会議の頃に発生した意気込みがなお盛んに続いていた。これは米国の輸出貿易振興のためにも必要なので、その後ドイツ復興の援助を主とし、諸方面に向って発動実現した所である。世界の景気もそれによって一時回復したのである。我が国もそれによって便宜を得た時期があった。大債権国となった所の米国が関税低下等により外国物資の輸入を寛大にすることは、窮極米国の輸出貿易のためにも有利であるし、国際的不均衡を匡すには最も有効なる方途と思われたけれども、米国には自国産業保護を重んずる伝統的の思想が蟠居して、何人の話を聞いても、中々転廻の気運は窺われなかった。それで米国は債権国たると同時に輸出超過を続け、金の大集積を見るに至ったのである。

もう一つ滞米中の事項にして直接日本銀行の在外資金運営に関するものがあった。英米為替相場は既に著しく低落していたが、ニューヨークで諸方面の話を聞くに、更に低落を免れざるべき模様であったから、私はその所感を日本銀行に電報し、在英資金につきて妥当の措置をなすべきことを進言した。その意見が容れられて或る効果を収めたのである。

米国における行動は大体上記の如くにして、私は欧洲の経済会議に参列するため、二月十八日ニューヨークを出発して先ず英国へ渡った。米国滞在中日本銀行の代理店監督役永池長治氏及び正金銀行ニューヨーク支店長一宮鈴太郎氏は私のために種々便宜を与えてくれた。日本銀行員武井理三郎氏、柏木純一氏及び岡本兵太郎氏は私の事務を助けてくれた。大蔵省系の財務官田《でん》昌《あきら》氏並びに富田勇太郎、神鞭常孝、及び川越丈雄の三氏は私と同じく会議関係者としていた。外務省系、陸海軍系には旧知も多く、新知も多く出来た。海軍の加藤寛治、山梨勝之進両氏とはこの時から続いて懇意になった。渋沢子爵の一行、団琢磨男を首班とする一行、岡実氏、小崎弘道氏、綱島佳吉氏等の旧知、新知が多くワシントンに来たり合わせて賑わしく往来した。

（二）ジェノヴァ会議の通貨問題

英国の発案せる経済会議は、その構成、場所及び議題の範囲について英国と仏国との間に容易に意見がまとまらなかったために、遷延して四月の十日からイタリアのジェノヴァで開催されることになった。我が国の全権委員は駐英大使林権助男、駐仏大使石井菊次郎子、及び財務官森賢吾氏であった。私は林大使の一行に加わって六日ロンドンを出発した。会議の始唱者は英国であったけれども、英、仏、伊、日、白の五国が共同主催者として正式に他国を招請することとなった。これに参列したのは三十一ヶ国で、米国はその内に入らないが、ドイツとソヴィエトとが被招請国として参加したのは、講和会議以後の時勢の変化を示すものとして注目に値する。それまでにも国際経済会議と称するものがブリュッセル等に開催されたが、その委員は各国政府から任命されただけで、政府を代表するのではなく、只審議研究を遂げて参考に供することを本来の建前としたものである。この度の会議には参加国政府の全権委員が参列するのだから、重要性は遥かに大きい。私と同じく民間人にして随員として会議に参列したのは大倉組の門野重九郎氏と正金銀行ロンドン支店長大久保利賢氏とであった。日本銀行員岡田才一、島居庄蔵の二氏はロンドンから私に随伴して事務を助けてくれた。大蔵省の大久保偵次氏、荒井誠一郎氏等とは仕事を共にし、外務省の佐藤尚武氏、武者小路公共子等とはこの時から懇意になった。

ジェノヴァ会議は国際経済会議と云う名称で催されたけれども、多分に政治性を帯びていた。最初英国の意図する所には、戦争債務の処理方を決定し、更に進んで欧洲経済復興の援助を米国に求むること、ドイツ賠償問題及び対露債権問題の処理を促進し、独露両国を世界の経済圏内に引戻すこと等を含んでいたらしい。しかるに米国は必ずしも経済的援助を辞せざるも、国際政治の渦中に入ることを避け、自発的に動くの立場におらんことを欲して会議に参加せず、仏国はドイツに対し圧迫の手を緩めざらんがために、賠償問題を議題とすることに反対し、独露の二国は会議に参加して置きながら、開会後間もなく、即ち四月十六日において、出し抜けに単独協定を結んだ。それは世界戦争に起因する両国間の懸案を解消し、将来における相互援助を約したものである。随ってドイツは対露債権を議題とする議事には参加しないことになる。加之《しかのみならず》右の協定が国際会議に参列する両国全権委員によって、ソヴィエト委員の旅宿において調印されたことは、会議を愚弄し、主催国に反抗の態度を示すものであった。仏国側は甚だしく憤激して一時決裂の形勢を呈し、英国側殊に首相ロイド・ジョージ氏の隠忍自重と鞏靭なる努力とにより辛うじて会議を続行したが、政治問題の妥結は到底望まれなくなった。それで意義ある仕事としては、通貨の整理を主とする経済問題の審議のみが残されたのである。

ジェノヴァ会議の通貨決議は、参加国を拘束する正式協定となるに至らなかったけれども、全権委員が政府を代表してその趣旨を是認したもので、爾後約十年間世界の通貨整理を指導したと云い得る。その条項に現れた所とその背景たる時勢とについては、拙著『通貨調節論』及び『金本位制離脱後の通貨政策』中に詳論してあるが、私がその成立に如何なる関係をもったかは今まで公表してないから、ここにはそれを述べることを主とし、これに伴って必要ある限り決議の趣旨を簡短に説明することとする。

世界戦争によって破壊されたる通貨制度を如何に整理すべきやの方針につき、私はワシントン会議のために日本を出発する時から、大体の腹案を定めていた。それには、世界的大勢を考慮に入れたけれども、主とする所は、我が国情に応じ妥当の進路を採り得るようにすることであった。金本位制は、通貨の状態を堅実に維持するには適当の制度であったと思われるけれども、通貨発行の条件が窮屈にして融通性が少ない。それで世界戦争の如き大事に逢着して崩潰し去ったのである。我が国もその例に漏れない。その後は多数の国において通貨の発行が無軌道に陥り、国内経済の不安定と国際為替の混乱とを招来した。この状態を匡正すると同時に従来の金本位制の窮屈を免れる途はなかろうかと云う一般の希望に併行し、通貨理論の研究と新貨幣制度の工夫とが行われたのである。しかして通貨の価値が必ずしも金に依存しないと云うことは大体学界の認むる所となったけれども、金に拠らざる制度を如何に構成すべきやについては、議論も帰一せず、信頼すべき実行的の提案もなかった。かくの如き時勢の中において私の考えた所は、暫定的の珍奇なる便法を試み又は新制度の確定を急ぐよりも、差向き運営上の妥当なる心構えに重きを置くべしと云うにあった。金本位制の束縛なきに乗じ、目前の便宜のために通貨の発行を放漫にする風潮を生じたのであるが、これを妥当に節制すべき新制度も案出されず、単に節制の必要を説いてもその規準を示すにあらざれば効がない。さりとて金本位制への復帰は中々容易でない。只金本位制に信頼し、その回復を希望する一般の感想はすこぶる濃厚に存続していたから、金本位制への復帰を通貨整理の目標として掲揚し、これに向って準備を進むべきことになるならば、それが一つの規準となって自ら通貨の発行に節制を加え得るだろう。放漫なる通貨の発行を要望するものに対しては、それが金本位制回復の準備と相容れざるを理由として了解を求め得るだろう。しかしながら真にやむを得ざる場合に処すべき融通性も残っているから、実情に応じて妥当なる通貨政策の実験をなし得るだろう。貨幣制度の確定は、その実験を経たる上で各国の事情に従うべきこととするのが得策であろう。右の趣旨を以て金本位制への復帰を標榜するには、目前の便宜のためにその緩和改造を工夫するよりも、一応厳格なる金本位制を目標とする方が宜しかろう。

私が、ニューヨーク連邦準備銀行総裁ストロング氏の金本位制回復説に対し、前段に述べた如く応酬したのは、大体上記の見解を腹中に持っていたからである。ジェノヴァ会議の開会を待ってロンドンに滞留している間に、イングランド銀行総裁ノルマン氏（Norman）とも通貨制度及び通貨政策に就いて意見を交換した。米国のストロング氏から前触れがあったので直に快く会談が出来た。イングランド銀行は国際会議の表面には出ないが、ジェノヴァにおいて審議せらるべき通貨問題については、内面において英国政府より協議を受け、立案に参加していると、ノルマン氏は云った。同氏はなるべく多数の国がなるべく早く金本位制に復帰することを希望したが、これに伴って通貨政策上の妥当なる心構えの必要なることを認め、殊に中央銀行間の協調を重視した。

会議においては、果して英国側より通貨問題審議の端緒とすべき覚書のようなものが配布された。各国代表部の中には政治家、銀行家等の外、スウェーデンのカッセル教授の如き名声の高い学者もあって、種々の意見が参考として提出せられ、外部からも意見又は試案を寄せるものが多くあったが、一つも正式には取り上げられず、英国側の覚書から出発して、種々の方法により審議を進め、各国政府に勧奨する事項として最終の決議が成立したのである。その眼目と云うべきは、紛々たる世上の論議を截断し、金本位制の再建を通貨整理の目標として掲揚したことである。只その実現は各国の事情によるべきものとして、時期及び方法の画一を期待しない。これまでは私がノルマン総裁と話し合った所に近似する。それから実行の方法に関する事項中新規の考案と云うべきものが二つあった。第一は金本位制の再建に当って貨幣単位を切下げても差支えなしと云うこと、第二はいわゆる金為替本位の趣旨を加味すること、詳言すれば正貨準備を国際金融中心地に保有し、通貨の金価値を維持するために在外資金を利用するも差支えなしと云うことである。以上の二点は金本位制の緩和であるけれども、一は或る国にとり実情やむを得ざるもの、一は従来既に実例もあることだから、ここに要約した最終決議の文言を以てすれば、金本位制の回復を可能ならしむるための一般的指導観念として首肯し得る。只審議に上った原案の微妙なる措辞及びその含蓄において、或いは誤解により通貨政策上に好ましからざる影響を与え、或いは我が国にとりて迷惑となるかも知れぬと思われる廉があった。

私はその懸念を抱いて修正の必要を感じたのである。委員会及び本会議における公式の折衝は森賢吾氏の専ら担当する所であったが、私は本邦代表部の内議において所見を主張した。私の主張は措辞の含蓄を考えて文言を修正せんとするのだから、さようの細かい点で審議を紛糾させるのは面白からずと云う反対論もあったが、私は影響の及ぶ所の重要なることを説明して所見を固執した。そうして本邦側の態度は大体私の意見の通りにまとまった。フランス側の意嚮も私と同様に傾いていたので、私は非公式にこれと連絡を採って促進を図った。全権委員の一人たるフランス銀行副総裁ピカール氏は講和会議の時からの知人であったから、私のために便宜であった。かくして会議の最終決議において私の主張の眼目が取り入れられた。修正の点を文言に即して挙げるのは余りに煩瑣であるから、只その狙い所の何であったかを左に略述する。

審議の対象となった所の新規考案は、趣旨において金本位制の本質を動かすものでないが、措辞の上において、金本位制を大いに改造し、これによって実行上の困難を除去し得るが如き感想を誘起すべき懸念があった。それでは通貨政策上の心構えを妥当の方向に転回するの効が少ない。又誤解により軽々に金本位制の再建に着手して頓挫するの惧れもある。しかるが故に、私は決議案全部に亘り出来るだけ措辞の調子を改めんことを希望した。更に新規考案の各目に入り、前記第一点の貨幣単位切下については、通貨膨脹の激甚なりし諸国に関する限りその不可避なることを認むるは当然なるも、審議中の案文には切下それ自身を善き事として勧奨するが如き臭いがあった。その結果軽々に切下を行うことを怪しまざる如き風潮を生ずるならば、一旦金本位制を再建してもこれに対する信用を確保し難い。又我が国としては全然独自の裁量をなすべき立場におりたい。しかるが故に、切下を原則として勧奨するにあらずして、場合によりては強いてこれを嫌忌するに及ばないと云うだけの意味であることを明示したいと希望した。第二点の在外資金利用は、我が国も久しく実行し来たりたる所にして、金本位制の再建に伴い、多くの国がこれを利用すべき実情にあることは疑いない。その実情を認めるのは宜しいが、金本位制の基本は金兌換に置かねばならぬ。在外資金を以てする金為替の売却は場合によりその代用たり得るに過ぎない。金為替売却を原則として、通貨発行の準備を外国に保有するときは、一国の貨幣制度が他国に依存することとなる。これは通貨に対する信用を鞏固に維持するゆえんでない。殊に我が国では、正貨準備の一部を外に保有することを不可なりとする意見があって、世界戦争により内地正貨の充実を見てから、これを廃止したと云う近い歴史がある。しかるに審議中の案文には正貨準備の外国保有及び在外資金の利用を貨幣制度上の原則として勧奨するが如く響く所の文言があった。もとより強制力をもつものではないが、この際我が国の立場においてそのままに賛同するのは妥当でない。恐らくは国内の誹議を免れぬであろう。我が国としては将来更に在外資金の利用を拡大することがあるかも知れぬが、それは全然自主的に裁量するのでなければならぬ。この見地よりして私は案文の修正を希望した。第一点においても、第二点においても、わずかの辞句変更で、積極的勧奨にあらずして単に差支えなしと認むる趣旨なることが明らかにされたのである。ついでに、通貨決議に関するフランス側の立場を察するに、同国は通貨の状態が英国に比して劣るけれども、他の前交戦国程に甚だしく悪化したのではないので、厳格なる金本位制に復帰すべきことを標榜して現下の信用を維持せんことを希望したらしい。又在外資金利用のため発行準備を国際金融の中心地に置くとすれば、その中心地がロンドンたるべきは自然の帰趨として看取されるので、フランスは対抗意識からこれを好まなかったらしい。それで私の所見と方向を同じくする点が出来たのである。

なお通貨決議は、直接貨幣制度に関する上記事項の外、金本位制再建の条件として財政、経済及び通貨政策上戒慎すべき事項を挙げた。何れも適切にして、通貨の整理は貨幣制度の形体よりもこれ等政策に係る所が多いと思われる。只問題は実行の如何にあって、趣旨に異論のあるべきはずがないから、審議は円滑にまとまったのである。中央銀行間の協調もまた通貨決議において重視せられ、これがために中央銀行会議の開催をイングランド銀行に依嘱することが決議に載っている。通貨決議の外、貿易、交通等に関する決議もあったが、重要の点について各国の意嚮が帰一せず、対立の気分の強きことを思わしめた。その後の実績に徴するに、通貨決議程の効果はなかったようである。

（三）中央銀行間協調と欧洲の情勢

ジェノヴァ会議は五月中旬に終了した。私は会議中に一度ローマを視察し、会議後仏英独に数週間滞在して、新旧の友人知人と接触を重ね、日本銀行の取引先銀行首脳者に挨拶する間に、出来るだけ世界経済の趨勢を観測するに努めた。仏伊共に戦争の直接結果たる疲弊の色が濃厚に見え、英国は全世界に亘る貿易不振の影響を受けて沈滞の状態にあった。パリもロンドンも講和会議の直後における繁華の光景は消失し、私が知る所の戦前に比してすこぶる陰鬱になっていた。戦後活躍の期待が一時の夢と化し去りたる経済情勢を象徴するものであろう。普通の経路による回復の容易でないことは何人も認むる所であった。フランスは巨額のドイツ賠償を獲得して回復の緒に就かんことを期したるものの如きも、その実行には確たる見込がなかった。英国は欧洲の復興と世界の一般的開発とのために米国資金の援助を誘導し、その結果として起るべき貿易の増進により自ら伝統の地位を回復せんことを希望するものの如くであった。通貨の整理に熱中したのも、これにより米国の資金援助を出来易くすることが動機の一つであったかも知れない。イタリアは経済的疲弊の上に社会不安が既に濃厚であった。黒シャツ団の行列はジェノヴァの街で一度実見した。わずかに数十人の小群で、私には当時その意義を覚知すべき由もなく、只社会不安の徴候として心に留めただけであるが、後から思えばそれがムッソリニ氏の率ゆるファシスト運動の初端であった。ドイツは戦争により国力を消耗したる上、賠償の部分的仕払等により国民生活の甚だしき窮乏を来たしたるも、工業設備の破壊を免れてその用途を転換したると、通貨価値下落による輸出貿易の旺盛とにより、一部の製造業者、貿易業者、金融業者等は好景気に浮かれていた。それに自暴自棄的の目前消費も伴って、一般的窮乏と一部の安価なる豪奢とが併存する奇異の状態であった。

以上は私の感受したる経済上の大体観にして、これに政治上の不安を併せて考えるときは、前途の暗澹たるものあるを覚えた。我が国の針路についても、この世界的情勢に深く鑑みる所なかるべからざるを思った。

今からその後の推移を顧みるに、主として米国の放胆なる資金援助を契機として、一時世界的景気の回復を見たるも、根底の堅実性を欠きたるが故に、久しからずして再び大破綻を呈するに至ったのである。

右の如き一般観察の外、私の対人接触中に特記すべき一、二の事項がある。会議後の英国滞在中私はイングランド銀行ノルマン総裁との会見を続けた。同氏はジェノヴァ会議から依嘱された中央銀行会議開催の件を如何に処理すべきやと思案しつつあって、日本銀行の協力を求むる必要上、頻りに私に相談を持ち掛けた。自分が中央銀行協調の肝要なることを力説したので、国際会議の肝煎連中は実行の責を中央銀行会議に移さんとしたのらしいが、自分の希望せる所は重要なる中央銀行当事者間の了解と相互信頼とによる協調を意味するので、広く中央銀行会議を開催し、形式的の決議をすると云うが如き意図はなかったのである。しかしながら既に依嘱を受けた上は何とかしなければならぬ。米国連邦準備銀行とは実際打ち開けた話し合いをなし得べき関係にあるけれども、公式の会議となれば果して参加し来るか、どうか、判らない。しかし米国側の参加なくしては会議を開いても無意義だから、極力これを誘う積りである。次いで国際金融上重要の地位にあるのは日本銀行だから、その日本銀行が先ず参加の意向を表明してくれれば進行上大いに便宜である。ノルマン氏はかくの如く私に懇談した。中央銀行会議の発案者は、主として米国を対象とし、欧洲復興及び通貨整理のために都合好き金利政策を米国に希望したるものと察せられたるも、一たび会議の決議を経れば、日本銀行もその適用を受けることになるから、私は軽々に意思表示をなし得ないと思った。しかるが故に、中央銀行会議への参加は議題の範囲及び決議の目標をあらかじめ明らかにしたる上、東京における決裁を待つべき案件だとして即答を避け、自発的の協調は辞する所にあらざるべきも、日本には大いに特殊の事情があるから、会議に参加し、その決議により一律に拘束を受けることは受諾し得ないかも知れぬと附言した。それから議題たるべき事項について意見を交換し、日本の迷惑となることのないように了解を遂げたる上、電報を以てイングランド銀行総裁の希望を日本銀行総裁に伝達した。その回答は、私が帰途に就いた後、在ロンドン日本銀行代理店監督役中根貞彦氏を経由して電報せられ、趣旨において同意すると云うことであった。しかしながら終に米国の参同が得られなかったので、中央銀行会議は実現しなかった。随って結果のなかったことであるから、議題の内容に関する話合はここに挙げない。只ノルマン氏と私との会談は当時における国際情勢及び日本の地位を反映するものとして興味があると思う。出来得べくば日英の金本位制復帰を同時にしたいと云う話もあったが、私は米国においてストロング氏に応酬したるときと同じ心組を以て、予見の困難なることを明らかにして置いた。ノルマン氏が私に対し胸襟を開きたる優待振りは日本及び日本銀行を重視せるに出《い》でたものとして受取ったが、この時の接触により私のために個人的親交の端を開き、その後交通を続けた。氏には、自見を強調して相手に迫る半面と、相手の立場を酌量して懇切を尽す半面との併存することを私は面白く感じた。

　なお中央銀行間協調の件に関して日本銀行のために一の副産物があった。ノルマン総裁は中央銀行会議の成行き如何にかかわらず日本銀行との関係を密接にせんことを希望し、如何にして内密の電報通信をなすべきやと相談した。それについて過去の歴史に遡って見るに、高橋是清氏が日本銀行副総裁にして外債募集のためにロンドンに滞在したときには、政府より特派財政委員の資格を与えられ、又必要の場合に横浜正金銀行のロンドン支店を指揮すべき委任も受けいたので、個人としては高橋氏、財務機関としては日本銀行がロンドンにおいて最も顕著なる存在であった。しかるにその後政府より財務官を駐在せしめ、日本銀行では代理店監督役のみを置くことになってから、財政に関する事項は財務官の所管に属し、日常の資金運転等は正金銀行の名を以て取扱われるが故に、日本銀行の駐在員の仕事は内部において代理店たる正金銀行を監督するに止まり、外部の接触は少なく、イングランド銀行との交渉も儀礼的に過ぎざる如き実情となっていたのである。そこでノルマン氏の懸念する所とは、中央銀行の通信を為替銀行たる正金銀行に知られては困ると云うにあった。私はこれに対し、代理店監督役の職掌を説明し、国際金融上の方針は日本銀行幹部と監督役との間で決定せられ、代理店たる正金銀行は決定されたる取引を執行するだけの立場にあるのだから、監督役を経由すれば秘密の漏れる惧れはないと答えた。ノルマン氏はそれでもなお不安を去らず、監督役は代理店の電信暗号を使用するのか、それとも日本銀行幹部と通信するために専用の電信暗号を持っているのかと訊いた。私は余り質問の細かいのに驚いたが、むしろ豪放の人として知られるノルマン氏にかくの如き一面のあることを見るのはすこぶる面白いと思った。勿論専用の電信暗号を持っていると答えたら、それで始めて安心したものの如く、今後は監督役と懇談するから、往来を繁くしてくれと云った。その後監督役の存在がイングランド銀行の眼中に濃厚となり、日本銀行は頻々重要の情報を受け又は意見の交換を行い得るようになった。国際経済変転の急激なる際、その益を受けたことはすこぶる多い。

ジェノヴァ会議において、私の公式的外部接触は前にも述べたように甚だ狭小であったが、参列者の一人たるドイツ・ライヒスバンク総裁ハーヴェンスタイン氏（Havenstein）は或る日控室の混雑中に高く私の名を呼んで出会し、ノルマンから貴下の名を聞いて逢いたいと思っていたが、自分は急用で帰国することになったから、会議後ドイツ視察に来てくれないかと云う。私も兼ねて望む所であったから直に応諾した。ロンドンでノルマン氏と別れるときに、ドイツを経て帰ると告げたら、中央銀行会議の件についてハーヴェンスタインとも協議したいのだが、まだ文書を以てするには早いから、自分の意中をしかるべく伝えて置いてくれと云う依頼を受けた。ノルマン氏と私との談合には日本の特殊事情を含むので、もとより全部他に示すことは出来ない。この依頼は日本銀行を重視し、私にも花を持たせるための姿態であったろうと思う。ベルリンでは先ずハーヴェンスタイン総裁を訪問し、ノルマン氏の伝言を端緒としてドイツの一般事情を聴取した。当時マルクの価値は一ポンドに付き千二百マルク見当に下落していたが、ライヒスバンクでは格別これを重大視する様子もなく、又防止策の計企もなく、只内外政治上の情勢による不可避の成行きとして拱手看過するものの如くであった。普通大銀行の首脳者の内には、一ポンドに付き二、三十万マルクまで下落するのは遠くあるまいと放言するものもあった。マルクの完全崩壊を経た後から振り返って見れば毫も不思議のことではないが、当時私は意外の感に打たれた。惟《おも》うに、講和条約の重荷に堪えず、マルク価値の崩落により戦勝国の反省を促して、ドイツの負担を緩和せしめ又は復興援助に乗出さしむる意図があったのか、しからざれば全く自暴自棄に陥ったのであろう。或いは外国人を相手としてポンド為替、ドル為替等を買い、マルクの下落する毎に利得を得たと誇称するものもあり、或いはマルクの下落は輸出貿易を増進するから今後なお歓迎すべしと公言するものもあった。それが相当責任の地位にある財界人の口から出たのである。他方一般国民は物価の騰貴と物資の欠乏とによって沈淪しつあった。私はまさかマルクが完全崩壊にまで至るだろうとは思わなかったけれども、今まで想像しなかった桁外れの大下落を来たすことは必至だと観察した。そうして政治的、社会的に何等かの変動なくしては済まないであろうと云う感想を抱いた。

ドイツには日露戦争当時の知人もあったが、世間に現れて残っているのはハンブルクのマックス・ワールブルク氏のみとなった。これは有力なる個人銀行家にしてドイツが日本公債の発行に参加せるときの最大功労者である。講和会議のときに財務専門家としてヴェルサイユに来たけれども、敵国人たるが故に交通の自由がなかった。私は今度のドイツ行において何人よりも先に会いたいと思って、英国から裏路の北海を渡って直航し、ベルリンの前にハンブルクに着いた。氏は歓喜の暗涙を催して高橋氏の近状を聴いた。応接室の正面に高橋氏の写真が掲げてあった。正金銀行支店長園田三郎氏の語る所によれば、私の訪問を受けてこれを掲げたのではなく、常時のままだと云う。ワールブルク氏は語った、自分は数多の国のために公債発行等の仕事を遂げ、相手として交渉した人はすこぶる多く、それぞれ顕要の地位に就いた人も少なくないが、個人的に親敬することの最も深きは高橋氏である、交渉中に直言すべきでもなく、その後手紙に書くべき機会もなく、今貴下に向て吐露することを禁じ得ないと。私は帰朝の後これを高橋氏に報告した。御蔭で私もワールブルク氏から厚き歓待を受け、なお同氏は新政府と密接の関係にあったが故に国情観察のためにも有益な資料を与えてくれた。

ベルリンからの帰途、少しく迂回してチェコスロヴァキアを見物した。土地の豊饒なること、工業の盛んなることは汽車中からも明らかに看取され、首都プラハの街上で見る所の民衆は質素剛健らしく、流石に新興国中の尤たる意気を示していた。観光旅行中にも私は端なく外務長官ベネス氏（Benes）に想到した。同氏は講和会議のときに、私と同じ委員会にも列したが、風采はむしろ揚らず、汚れて古き不恰好のモーニングを常に着て、建国運動中の苦闘を偲ばしめ、溌剌たる言動を以て小国代表者中に群を抜いていた。ジェノヴァ会議においては、開催前議題の範囲につき英仏間の意見をまとめるために斡旋したと云うので声望頓に高く、端然たる服装に国力の進展も窺われ、悠然として大国代表者に伍するの地歩を占めた。私とは深き接触を生じなかったけれども、この人にして真にこの国を象徴すると感じた。その後大統領に進んでから更に国難に際会し、力尽きて異邦に亡命するのやむなきに至ったのはまことに数奇の運命である。

チェコスロヴァキアを最後として私は再び独仏を通過し、マルセイユより乗船して大正十一年〔1922〕八月十一日に帰朝した。ロンドンでは中根貞彦氏、ベルリンでは大使日置益《えき》氏、日本銀行駐在員宗像久敬氏、ハンブルクでは園田三郎氏の斡旋によって便宜を得た。殊に宗像氏は有力者の間に友人が多く、大いに私の視察に益した。プラハでは代理公使田村幸策氏の接遇を受けた。ロンドン監督役附の貞弘重進氏は会議後の大陸旅行中私に随伴してくれた。

戦後の財界救済

世界戦争中に飛躍的活況を呈したる我が経済界は、休戦後大正八年〔1919〕の始めまで一時沈滞に傾いたけれども、戦後好景気の持続を期待する世界的風潮の影響を受け、久しからずして再び昂進に転じた。物資需要の方向は違っても、全体の需要は減少することなかるべしと云う見込の下に、諸般の設備を転換又は拡大せんとするものが多かった。貿易は大正八年〔1919〕の始めより既に輸入超過の大勢に転じ、戦時経済の変化を示したけれども、貿易外収支はなお受取超過を続け、且つ在外資金の蓄積ありたるが故に、事業計画のために必要なる物資を輸入することは楽に出来た。金融は事業資金の需要多くなりたるため、戦時の末期において既に引締りに傾いたけれども、大正八年〔1919〕秋における米国の金輸出解禁後は為替銀行等が金を輸入してこれを日本銀行に売って通貨に換えたるが故に、日本銀行券発行高は激増し、金融の繁忙ならんとする趨勢を仲和した。かくの如き事情の下において、事業計画は縮小すべきときに縮小せず、過去の利潤による一般消費は減退すべきときに減退せずして益々上進した。その需要に応ずるための産業、商業もまた繁昌した。これが我が国におけるいわゆる戦後景気の様相である。

　しかしながら世界を通じて経済の実体は変化しつつあった。戦後景気の持続を期待する風潮の中においても一抹の不安気分はあった。我が国では或る種の輸出品が不捌となって関係者の損失を来たしたるを発端として、事業の困難を感ずるものが漸次に多くなり、株式市場は衝動敏感にして往々混乱に陥り、銀行資金が不堅実の事業に固定しつつあると云う疑惑の下に預金取付は諸方に頻発した。これ等の波動の起る毎に、政府又は日本銀行においていわゆる救済のために臨機の処置を講ずるを常とした。しかして不安の底流は一掃せられざるも、一旦波動の鎮静したる上は、目前国内消費力の旺盛なるに牽引せられ、なるべく従来の産業規模を維持せんとする未練が残ったようである。大正九年〔1920〕春の財界動揺の如きは随分激甚であったにかかわらず、大体の気分転換を実現するに至らずして、その後も一進一退の波状を繰り返した。けだし戦時中救済によって一時の蹉跌《さち》を突破し、活躍を回復し得たる実験に鑑み、戦後も同様の効果を収めんことを夢み、根本の事態に大変化のありしことを忘れたのである。

　この間私は推理的概観によって夙《つと》に戦後反動の免るべからざるを思い、殊に講和会議の際における観察によりこれを確認したるが故に、戦後浮動的景気の発揚を抑え、妥当なる整理緊縮を誘導するの必要を感じ、金融政策上その方向に舵を採るべきことを力説した。変転の際における不安と損害とを軽減するため、又は存続の妥当性ある事業の破滅を防ぐために臨機の処置を講ずることは回避すべきにあらざるも、徒らに従来の規模を維持し又は目前の無事を希求するために救済に乗り出すは、却って後難を大にするものであろうと将来を憂慮した。この大体方針は独り私の思付きではなく、日本銀行幹部のことごとく一致する所であった。休戦当時の総裁三島弥太郎子及び副総裁水町袈裟六氏とは戦時の末期より既にこの趣旨を話合い、大正八年〔1919〕春以後の総裁井上準之助氏及び副総裁木村清四郎氏とは、同年秋私の帰朝後に話合った。特に正式の決定があった訳ではないけれども、何人の異議もなくむしろ当然のこととして全行の空気が成立したのである。しかして一般施設に関する限り右の趣旨が実現している。日本銀行公定金利の動きは最も克くこれを象徴するものである。即ち最低割引日歩は戦時中数次の低下を経て一銭四厘となっていたが、休戦前の大正七年〔1918〕九月よりその方向を転じ、数次の引上を経て大正八年〔1919〕十一月には二銭二厘となった。金の輸入による通貨の増勢に対しては、別に方法を講じて出来るだけその影響を仲和するに努めた。日本銀行から産業資金を供給すべしと云う要望は戦後にもあったが、一般的にはこれに応じなかった。井上総裁は種々の機会において前途を警戒し、整理の必要を説いた。

かくの如く大体の通貨政策は私の賛同せる方針の通りに実行されたけれども、財界に破綻の危惧あるときは、これを救済するために特別の方法を講じ、一事件毎に歩を進めて益々深入りをすることとなった。方針が変った訳ではないが、目前に現出せる一事件だけについて見れば、これを救済するのは日本銀行にとりて堪え得ざる程の負担でもなく、それだけで通貨の状態を悪化させるとも云い難く、しかして破綻の暴露は周囲の動揺を起こすことあるべきを以て、この際事情やむを得ずとして特別の救済貸出を行った次第である。特別の貸出とは、常規の範囲を超え、通貨の健全性を維持する見地から好ましからざるもので、概して固定に傾き、場合によっては日本銀行の損失を招くべき危険を包蔵する。これを累積すれば全局に悪影響を及ぼすことを免れないが、さようの措置を原則として認めるのではなく、個々の案件を対象として決定するのだから、目前の事情に重きを置いて主張する人があれば、直接その案件に関する限り角を立てて反対すべき理由が充分でない。それで一件毎に引摺られて行く。一時的の原因から起る預金取付の如き場合には、特別貸出によって破綻を防止するのが妥当であり、又そのために大なる弊害を残すこともなくして済むだろうけれども、一般経済情勢の大いに変化する時において、救済に救済を重ねて行けば、容易に止るべき所を知らない。終には財界の救済を日本銀行の主たる仕事と看做すが如き感想を世間に生ぜしむるに至った。そもそも救済と云うのは奇妙な用語で、これを受けるのは恥ずべきはずであるのに、恬としてこれを要望するものあるが如き風潮となった。救済の直接対象は金融界であったが、中には株式界又は商工業経営者の救済を目的として金融機関を経由したのもある。実際世界戦争後当分の間、日本銀行史の主要部分は財界救済の占むる所であったと云い得る。茂木商店及び七十四銀行の場合の如く、日本銀行が多大の援助を与えたるにかかわらず、損失の余りに巨大なりしため、終に破滅を免れなかったものもあるが、概して破綻を防ぎ、表面の鎮静を保ち得た。この間日本銀行の一挙手、一投足は財界の重視する所にして、或る意味において日本銀行にとりて華やかな時期であったかも知れない。特別施為の正式決定は勿論重役会議に附せられたが、その大綱は井上総裁の方寸に出《い》で、理事麻生二郎氏が主として実行に当った。

戦後に行われた財界救済の得失については、種々の見地より異なりたる判断が下されるであろう。一方において救済の功徳を極言すれば、戦時に膨脹せる経済設備の全面的崩潰を免れ、その後の伸張に資すべき基礎を残したのはこれがためだと云い得るだろう。他方において、我が国が世界的反動の襲来後なお当分消費の減退を見ず、生産規模の部分的拡大さえ行われたのは、戦時中の蓄積による対外資力を使ったためであると同時に、皮下注射的救済の連続したるためである。それは目前吉事のように思われたが、畢竟国力を無駄に消耗し、事業上の損失を増大し、一層困難なる整理の問題を将来に残したのである。もし適当の時期に妥当の整理を遂げ、国力を留保して置いたならば、回復進展のために一層有利であったかも知れない。しかしながら回顧的にかくの如きことを商量しても詮がない。要するに特別施為の必要なりしことは疑いなく、問題はその程度及び対象の如何にあったと思う。とにかく無限に救済を続け得るはずもなく、余りに救済に依頼する気分を増長せしむるのは事業の経営を堅実にするゆえんでないから、私は妥当に方向を転換すべき機を摑みたいと思って注意を怠らなかったけれども、肝要の時に外国出張などもあったので、格別の役には立たなかった。例えば後日公知の問題となった台湾銀行に対する鈴木商店関係の特別貸出は私の不在中に端を発している。帰朝後井上総裁から特に弁明的報告を受けたが、木村副総裁はこれについて多く語ることを好まなかった。その他救済処置の契機、経緯、挿話等に面白い種が多いけれども、それは私の回顧録に入るべきものでない。かくの如くしてずるずるに昭和二年〔1927〕の大詰まで行ったのだが、なおその前に関東大震火災と云う一幕がある。

関東大震火災

大正十二年〔1923〕九月一日関東大震火災のとき、日本銀行の重役中東京にいたのは井上総裁と私とだけであった。私は理事室の席に在って最初の大震動を受けた。椅子にいたまま机に体を支え、室内ではシャンデリヤの大きく動くのを見、外には物の崩れ落ちる音を聞いて、これは大事だと感じた。一寸書類を整理してから、廊下に出たが、何の異変もない。露台から外を眺めて、崩れたのは行外の家屋であることを認めた。間もなく井上総裁が応接室から出て来て私と一緒に諸部局の報告を受けたが、行内は何処にも大なる破損なく、事務は平生通りに執行し得ると云うことであった。そこへ山本権兵衛伯から使が来て急に井上氏を招いた。伯は加藤友三郎男の薨去後大命を受けて組閣中であったから、井上氏に入閣を求むるのであろうと直に想像された。格別差迫った行務もないので井上氏は招きに応じて出掛けて行った。

その日は土曜日であったから、午後に一般の業務はない。只地震が正午近くに起ったので、手形交換の結末がまだ付いていなかった。これを処置するのが当面の急務であった。銀行業務の手続を知る人は直にその理由を認めるであろう。まだ交換尻を日本銀行に払込まないものが多かったから、正規の手続によれば交換不成立となるのである。しかしそれでは災害の最中各銀行に大なる混雑を加えることになるから、日本銀行では仮に交換が成立したものとして各銀行との関係を処理することにすべきだと、井上総裁の意見を待たずして私は決心した。それは交換所の規則に反することだから、なるべく交換所委員長の了解を得、且つ後日整理の責任を執ってもらいたいと思った。営業局調査役田中鉄三郎氏がその交渉に当ったが、交換所委員長池田謙三氏の居所を探すに手間取って、ようやく夕方に決了した。

井上総裁は日本銀行に帰って私と共に部局長等と協議し、月曜日より臨機処置を要することあるべき事項を予想して手はずを定め、なお日曜日にも参集して、事態の推移に応じ遺漏なきを期すべきこととした。火災は諸処に起っていたけれども、日本銀行は耐火の設備が充分だと信じていた上に、一方は外濠に面し、近傍は概して石造の建築であるから、火災の迫り来る様子はなかった。夕刻に至り、最早処置すべき用事もないので、多数の臨時宿直員と守衛小使の全部を留めて警備に当らしめ、井上総裁も私も一応退行した。帰宅して見たら、私の住宅に格別の被害はなかった。

しかるに翌二日の未明に、日本銀行から急使が来て、火災の本館に及んだことを報じた。私は直に有合せの朝食を喫し、近所の井上邸に馳せつけて打合を遂げた。井上総裁は万一の場合のため陸軍工兵の派遣を頼んで置くが宜しかろうと云ってその手配に廻り、私は真直ぐに日本銀行へ向った。途中宮城前芝生に避難者の充満するのを見た。呉服橋に近付いたら、日本銀行の閉鎖された窓の隙間から細い煙の出るのが見えたので、今更ながら悲痛の感が胸に迫った。呉服橋の一端には数人の家族らしい一群の屍体があった。日本銀行の正門に倚って死んでいるのも一人あったので、行員ではないかと特に心を痛めたが、後に点検の上行員はことごとく無事なりしことを確かめた。前夜日本銀行の前庭に避難した人が多かったから、その中の一人が火に襲われて逃げ得なかったのであろう。

外濠側の面に近寄って見ると、銀行の内部には処々赤い火炎がきらめいている。消防車が一台、濠の水を窓から中に注いでいたが、建物が広いから効果が少ない。行員も段々参集して多数になったが、何等手の下しようがない。井上総裁は少し後れて来着し、工兵も程なく来て、午後までいてくれたが、消火のために建物の一部を破壊すると云う如き必要はなくして済んだ。とにかく消防車の数を増して火の手を抑えるの外に手段はない。それを頼むには、なるべく地位の重いものが宜しいと思って、私は警視庁消防係との交渉を引受けた。日本銀行の自動車はことごとく焼けて仕舞い、私の自動車はその時別の行用に使われていたので、帝国劇場の傍らにあった消防仮屯所まで徒歩で行く。こういう時は身辺を荘重にしなければいけないと云う井上総裁の注意で、庶務係渡辺次郎氏及び守衛小使等を伴い、肩書付の名刺を出して懇請した。消防車は三台あったが、消防手は疲れはてているし、日本銀行はもう駄目じゃありませんかと云って中々乗り出してくれない。私は更に語を尽して曰く、日本銀行は石造で内部が細かく仕切ってあるから、火の廻りが遅い、今の内肝要の部分を消し止めれば明朝開店が出来る、もし開店が出来なかったら、全経済の停止で官民共に災害の手当にも差支えるから是非奮発を願いたいと。頭らしい人はこれに感奮したものの如く、それじゃあやりましょうと固い決心を示して起ち上り、消防手を指揮して後から行くと云う。私達は、後からでは困る、支度の出来るまで待って消防車の隅に乗せてもらって行くと頑張り、居催促で、三台に同乗して日本銀行に着いた。

消防手は長い水筒を窓から差入れ、これと共に火中に入込んだ。しばらくにして頭らしい人が出て来て、廊下は防火衣なしに這入れるだけに鎮火したから、どの室が大切なのか、責任者の指示を得たいと云う。この時井上氏は「俺が這入る」と云って先に立ち、私と営業局書記平林襄二氏とがこれに続き、斜に渡した板伝いに館内に入った。私はその時指に微傷を負い、ハンケチで血を抑えながら廻り歩いた。廊下はまだ焼けるように熱く、上階に注がれた水が熱湯のしずくとなって落ちて来る。貴重の有価物は地下の金庫に格納してあるので心配はないが、業務に必要なる各局の常用帳簿等を保全することが私達の希望する眼目であった。消防手は全力を尽して働いてくれたが、聞けば昨夜来飯を喰べないと云う。そこで井上邸と私の宅とにあるだけの米をたき出して自動車で運ばせた。次いでガソリンが足りなくなったと云う。そこで又自動車を走らせて両家の車庫にあるガソリンを全部取り寄せた。午後二時頃に至り、火は消え切らないけれども、最早燃え広がる惧れはなく、指示された場所は安全になったと云う報告を消防手から受けた。消防係の人達は、日本銀行の救火が災害の手当及び一般経済の進行に大関係のあることを理解して、真に献身的に努力したのである。私は深く感謝して忘れない。

当時この消防指揮者の名を訊いて置かなかったのは私の手落で、後から警視庁に尋ねたけれども判明しなかった。相当の手続きを経て謝意を表したいと申出《い》でたので、却って遠慮されたのらしい。しかるに今年の八月、朝日新聞が非常時の心構えのために参考たるべき資料として震火災の思い出談を私に求めた。その記事が縁となって、その時の指揮者は第一消防署消防司令岩佐義一氏たりしことが判った。来訪を受けて見ると、話が私の記憶に合致する。多年その名を逸して遺憾とせる日本銀行の恩人に邂逅し得たのは私の欣喜する所である。先着していた一台の消防車にも感謝するが、私の懇請に応じて三台を加え、消火を有効にしたのは実にこの岩佐氏である。

井上総裁は鎮火の模様を大蔵大臣に報告するために出掛けた。その留守に後藤新平伯が来て私に会い、井上さんは山本内閣の大蔵大臣に推薦されたから早速組閣本部に来るよう伝えてくれと言い置いた。井上総裁はこれに応じて日本銀行を去り、その晩親任式があって、震火災の混雑中日本銀行には総裁がなくなって仕舞い、五日夜市来乙彦氏が総裁に就任するまで、私一人で臨機処理の責任を執った。

三日の月曜日に開店して業務の執行に故障なからしめんとするのが、井上氏も私も焦慮する所であった。二日の中に翌日の開店如何を問合せるものがあったから、私は事務方の見込を聞いた上、定刻開店を言明し、諸般の手はずを整えて薄暮の頃に帰宅した。途中丸の内の明治屋食料店に群集が寄り、戸を破って闖入せんとし、警官がこれを制止しつつあるのを見た。麻布今井町の角で抜刀自警団の誰何を経て、宅へ帰り着いて見ると、近所では朝鮮人襲来の噂があり、麻布連隊の構内に避難する人が多いと云う。私は疲れてもいるし、事態の真相も判らぬから、宅に安居することとした。夜が進んでから、井上新大蔵大臣が親任式の燕尾服姿で私の宅に見え、新内閣員身辺危険の警報があるから、今夜はここに泊めてくれと云う。勿論歓迎。それから井上氏は、連隊に避難している夫人を探しに出て、二人揃いで平服に着換えて再来した。翌日になると、前日炊出しをしたのでもう私の宅には米がない。新大臣には直に特別配給があったそうで、米と罐詰の副食物とを私の方へ分けてもらった。水道は断絶し、私の宅には井戸があったので、水を井上邸に供給した。ガソリンも残りが少なく、すこぶる心細かったが、辛うじて日本銀行まで行き、行員を日本石油会社に派し、何とかならぬかと交渉してもらったら、同志社出身の先輩にして同社の専務取締役たる津下紋太郎氏が深井さんにガソリンの不自由はさせぬと受合ってくれた。

三日の朝早く出勤して見ると、前日考えて置いた手はずの内、一つ違ったのがある。地中金庫室の外壁と中央要部との間の廻廊に消防の水が流れ込んでいて金庫を開くことが出来ない。火災後で水をかい出す道具が充分になかったため、残念ながら定刻開業が出来ず、正午頃まで待ってもらった。しかしとにかくその日の中に現金を払い出し、取引も行って、日本銀行は震火災による機能停止を免れた。市内及び近県の銀行は大概閉店し、地方との通信は絶えたから、銀行に対する取引は僅少に過ぎなかった。国庫金の排出、及び東京市金庫取扱銀行に対する預金仕払を主とし、山の手等の非火災地区に支店を有する銀行へも現金を供給した。中には当座勘定の状態が不明であるため、割引融通を必要とし、正式の手続を経る訳に行かないので、責任ある当事者の一札を取って便宜を与えたのもある。平生の取引先にあらずして、賃金仕払等のために小券を必要とし、大券を持参して引換を依頼するものもあった。これ等に対しては常時の慣行に拘らず直に応諾した。庶務関係の交渉も多くあった。私は営業局及び文書局の係員と共に玄関前に臨時席を設け、なるべく自ら外来者に応接して事を捌いた。その間流言蜚語盛んにして、実際多少の兇暴行為もあり、焼原の某銀行構内にある金庫を破らんとするものがあったとのことで、火災地区の銀行等は甚だしく不安を感じ、日本銀行から政府に具申せんことを希望した。よって大蔵省を経て内務省の配慮を求めると同時に、陸軍側に交渉を試みた。陸軍側との交渉に当ったのが島居庄蔵氏で、保護を要する事情の急切なるを強調した結果、直に一隊の兵が派遣された。日本銀行の近辺に銀行等が多いから、日本銀行を駐屯所としてその方面の一般警備を厳にしたのである。

上記の如き当面措置を処弁しつつある間に、井上大蔵大臣から善後の金融対策に関して協議を受けた。井上氏は差向き仕払猶予令を布かなければなるまいと口を切った。私もそう思っていたので直に同意を表した。この点期せずして意見の一致を見たのである。休業銀行をしてなるべく早く開店せしめなければ、諸取引が凝滞して災害の救済にも差支え、経済活動の復興に歩を進めることも出来ない。さりとて無条件に銀行業務を再開すれば、たちまち預金仕払金の枯渇を来たすであろう。仕払資金を拵えるために手形を取立てようとしても実際不可能である。取立を強行すれば手形債務者を破産に陥れるだけである。そこで或る時期の間手形債務も預金債務も共に仕払を猶予し得ることとし、只預金債務については相当の除外例を認める。銀行はその除外例に属する仕払をなすだけの資金を用意すれば開店が出来る。その程度の資金調達に日本銀行が特別の便宜を与うることは出来るだろう。かくして預金の制限仕払により資金疏通の端を開き、漸次に金融機能の回復を図ると云うのが仕払猶予令の趣旨であった。仕払猶予令には緊急勅令を必要とするので、政府は直にその準備に着手した。立案中、猶予令の施行区域を全国としなければ、金融界が跛行となって困るであろうと云う説もあったが、これを全国に及ぼせば、地方によっては徒らに平地に波を起す如きものであるから、直接被害地及びその影響の甚だしかりし関東地方だけに限ることとなった。私は局限施行説に賛成したものである。

なお私は仕払猶予令と共に、政府が日本銀行の損失を補償する方法を立つるにあらざれば、善後処置を充分にし得ないだろうと進言した。勿論この際通貨の状態を偏重すべきではない。日本銀行の貸出が固定するのもやむを得ない。預金の制限仕払に要する資金の程度ならば、日本銀行独自の力を以て援助するも差支えないが、仕払猶予令の期限をなだらかに経過して金融の疏通を回復するには、猶予令の適用を受くる債務即ち震災手形に融通性を与うるため日本銀行においてこれを再割引しなければなるまい。それは随分多額に上るであろうし、既に損害を蒙っているものに融通を与えるのだから、窮極日本銀行の損失にするものもあるべきことを覚悟しなければならぬ。又さようの手形を割引することが果して法規上妥当なるやとの疑義もある。これが日本銀行損失の補償を必要とする私の理由であった。井上大蔵大臣はこれに耳を傾けたが、直に同意することを躊躇した。

市内の諸銀行からは、怱々の際何等意見も出ず、差向き如何なる順序を経て開店すべきやの見当も付かない。ひたすら政府及び日本銀行の指示を待つ状態であった。大蔵大臣と私との間に大体前記の緊急方針を協議した後、火災を免かれた大蔵大臣官邸に銀行首脳者の懇談会を催し、預金仕払制限の下になるべく早く開店するの準備をなすべきことを勧告した。

以上が五日までの経過である。六日には市来新総裁の登行あり、木村副総裁も伊香保から帰って出勤した。七日には理事川田敬三氏も帰京した。それからの推移は大概広く知られているので、特に私の回顧として加うべきものはない。七日に仕払猶予令が発布され、日本銀行は災害地銀行業の再開及び開業後の資金疏通を援助するため寛大なる手心を以て特に融通をなすべきことを声明し、午後より夜に亘って主なる銀行の当事者を一行ずつ招致して、開業に必要なる資金額及びその調達方法を協議した。在京の日本銀行重役は皆列席して即座に決定した。大蔵大臣は損失補償の問題を念頭に置いて先ず日本銀行の実行振りを見る積りであったか、銀行局長松本脩氏をして臨席せしめた。個別会見を終ったのが翌日の午前三時頃で、私の自動車に松本氏を乗せ、芝二本榎の邸に送って私の宅へ帰るまで、数個所で警備の兵に誰何された。

八日から月末までの間に、東京及び近県の休業銀行はほとんど全部開店した。段々日本銀行の施為を進めて行くと、どうしても損失補償の必要なることが明らかになったので、九月二十七日に至って、震災手形再割引に対し、一億円を限り日本銀行の損失を補償するの法令が発布せられた。補償に限度はあるが、融通の全部が損失となる訳ではないから、実際の割引は補償限度を超えて多くなし得る。日本銀行に持ち込まれる額には時々増減があって、季末貸借対照表に計上されている最高は一億七千七百万円であるが、震災手形として認められたものの額はなお多かったはずである。この外になお種々の手段も実行されたのであるが、とにかく震災手形令を中心として善後策を講じ、金融界復興の端緒を開き得たのである。当初その運用上の按配は木村副総裁の裁量によるもの多く、営業局長永池長治氏が事務を執行した。関係規定の立案には調査局長堀越鉄蔵氏が力を効《いた》した。麻生理事は海外出張中、理事浜岡五雄氏は大阪駐在であった。

日本銀行本館の火災に罹った経路については、直後出来るだけ調べて見たが、夜に入ってから烈風中に近隣が全焼し、日本銀行では先ず附属家屋を襲われ、本館には屋根の一部から火が入り、内部で漸次諸方へ広がったものらしい。宿直員は長く本館内に留まって消火及び重要物の保護に努めた。現に置場を移したので焼失を免れた書類があった。屋根が比較的脆弱であったのは、築造の当時近隣の建物に比し遥かに高いので、飛火の危険を充分に考慮しなかったためであろうかと思われる。

地震の起ったとき、私の家族、妻と娘とは葉山にいた。四日にその無事なりしことを伝聞し、五日には横須賀よりの海軍御用船により使者が妻の手紙を持参し、私の方から無事を報ずることも出来た。汽車が通じて家族の帰京したのは十七日であったと思う。

金融界の推移と共に、身辺の事件を細叙したのは、当時の一般状況を推想する資料たらしめんがためである。

昭和二年の金融界大動乱

昭和二年〔1927〕の金融界大動乱は明治以来の金融市場における最大の事件であろう。その前後に亘る推移は戦後反動期以来の一般経済事情を反映するものとしてすこぶる意義が深い。故に私が如何なる見地を以てこれに対応したかをやや詳しく記して置きたい。

記述は先ず震災後の経過から始めなければならぬ。東京を中心とする金融の停頓及びその影響による全国金融の不円滑は震災手形令による特別融通その他日本銀行の臨機処置によって一応打開されたけれども、経済活動の大勢は萎靡沈滞の様相を示すことが著しくなった。惟《おも》うに、戦後の反動は、我が国の関する限り、過去蓄積の対外資力利用によって緩和されて来たが、もとより世界的潮流の影響を免れ得べきはずなく、漸次不況に向いつつありし時に当りこの大災害を受けたので、これを契機として人心は不安に陥り、実情の困難が暴露されたのであろう。即ち貿易上の輸入超過は大正十二年〔1923〕に五億三千四百万円、大正十三年〔1924〕に六億四千八百万円と云う空前の巨額に達し、その後も当分方向を転換せず、政府の災害善後公債、公共団体公債、民間事業公債等の外国に募集されたるもの尠《すくな》からざりしといえども、大輸入超過を決済するには足らずして、既に豊富とは云うべからざる在外資金に喰込みたる上、内地正貨の現送輸出をも必要とするに至った。随って為替相場の動揺甚だしく、大正十三年〔1924〕末には一時対米三十八ドル台にまで下った。物価は災害直後多少の騰貴を見たるも、久しからずして警戒人気のために低落に転じ、復興需要を見込みて過大の仕入をなしたる輸入業者、製造家、商人等の損失を醸し、事業の経営は一般に困難となった。金融は堅実なる資金需要の減退せるため一般に繁忙を訴うることなく、市中商業手形割引歩合の如きは大正十四年〔1925〕より低下に向いたるも、無謀の計画をなすもの又は窮境を脱せんと焦慮するものが金利の高きを厭わずして融通を求め、預金者中には銀行経営に疑いを抱いてややもすれば預金を引出さんとするものありしが故に、底流すこぶる不穏にして安定を欠くの状態であった。

一般の情勢がかくの如くであったから、銀行預金の取付、事業家及び商人の破綻等は間歇的に続出した。日本銀行は、震災直後において、一局部の破綻のために全体の動揺を起すことを避けんがため、震災手形令の適用を受くるもの以外にも、従前の慣行に輪を掛けて救済に努めた。そのために自ら犠牲を払うに至ることあるべきを覚悟した。これは私も方針として賛成した所である。

しかしながら情勢の進むに従い、世間の日本銀行に期待する所は益々大きくなり、日本銀行には財界の救済を一手に引受くるの責任ありとするが如き言議をさえ聞くに至った。救済を受けんとするものの実情を調べて見ると、その窮境に陥った原因は戦時中の規模を縮小するの必要に遭遇したためと云うよりも、むしろ戦後の無謀なる企画経営に出《い》でたと云うべきものが多かった。又必ずしも震災の影響によると云うべからざるものが多かった。要するに世界的反動期に入ってから、我が国の特殊事情により、大勢に逆行する方向に進み過ぎた結果であると云うことが明らかに判った。ここにおいて私の心境は震災前の立場に返り、方向転換の必要を更に痛感した。それは日本銀行の自衛とか、通貨の状態の保全とか云うことのためばかりでなく、経済の堅実性を回復するために必要としたのである。将来の一般発展を順調ならしめ、又非常の事変に対処するの素地を固くするために、整理を遂げ、心構えを改めて置かねばならぬ。整理の際に或る程度の救済的施為を伴うのはやむを得ない。突如一切の救済を打切ると云うが如きことはもとより出来ないが、心構えを改むるには救済の容易に頼むべからざることを知らしめなければならぬ。私はこの見地よりして、救済の対象、程度及び方法を慎重に鑑別すべきこと、並びに救済を妥当なりとする場合にも、必ずしも日本銀行の独力を以てこれに当るべきではなく、利害関係者をしてこれに協力せしむべきことを希望した。関係者の協力は戦前及び戦時中にはしばしば実行された所であるが、戦後に至って全く日本銀行に委せられた実情である。又重大なる事態に対しては政府が相当の措置を講ずるにあらざれば、日本銀行の独力を以て収拾し得ないだろうと思った。

　前記の希望は、震災後の或る時期から機会ある毎に徐々に話し合ったのであるが、日本銀行内の空気も同じ方向に傾いて来た。救済のために放出する金額が段々巨大となり、これに伴う損失の危険も日本銀行が軽易に負担し得ざる程度に到ったので、従来の態度について考え直すこととなったのである。又金本位制回復の希望が濃厚になったので、その準備工作として通貨の発行に節制を加えなければならぬと云う観念が強くなった。従前世間では、日本銀行に救済を要望するに当り、日本銀行には預金の取付を受ける懸念がないから、いくら固定的に資金を放出してもよいではないかと云う人もあって、これに応酬するには複雑なる通貨論を以てしなければならなかったのである。しかるに金本位制が有効に施行されることとなれば、日本銀行は常に金兌換の請求に応ずる用意をして置かねばならぬ。日本銀行に対する金兌換の請求は普通銀行に対する預金仕払の請求に該当するものであるから、日本銀行も資金の放出を慎重にしなければならぬと云う理由が端的に了解せらるべきはずである。かくの如くして救済に対する日本銀行の心構えは漸次に変化し、世間においてもこの問題について理解が深められた。更に進んで日本銀行の営業が堅実味を欠くと云う批評も起った。その結果が直に著しく実際に現れた訳ではないが、救済の対象について調査を慎重にし、鑑別を試みるようにはなった。趣旨実現の場合も絶無ではない。銀行の救済に関し、他の銀行等の協力によって処置することがいくらか出来るようになった。政界有力者の斡旋濃厚なりしにかかわらず、その要望の全部を応諾せず、他の協力を条件とし、日本銀行の関与する範囲を局限したこともある。大正十四年〔1925〕二月高田商会の破綻に瀕するや、主として関係諸銀行の側から日本銀行の援助を請求し、井上準之助氏も熱心なる斡旋者の一人であった。同氏は山本内閣辞職の際大蔵大臣を退き財界世話役と称せられていたのである。この時も日本銀行は関係諸銀行の協力を条件として相当の考慮をなすべき意思を表示した。大蔵大臣浜口雄幸氏も介在して関係銀行側に勧説したが、協力の程度について意見の一致を見るに至らず、終に破綻を暴露することとなった。日本銀行は斡旋者から非難されたが、世間では格別の言議もなかった。

上記の如き一般趨勢の中において、鈴木商店との関係に淵源せる台湾銀行救済の問題に逢着したのである。台湾銀行の一般営業振りについてはここに言及しない。只鈴木商店との関係は公知の事実である。そうして既に整理が済んで台湾銀行の営業振りも改まっているから、今では全く過去の歴史に属する。

何時頃からのことであるか知らぬが、戦後財界の変兆を呈した時において、台湾銀行は既に鈴木商店に対して特殊の金融便宜を与うる関係に入っていた。固定貸も多い上に、運転資金の必要を他で充たし得ないときは台湾銀行においてこれを供給しなければならぬ。しからされば過去の債権を不安にすると云う腐れ縁であった。その鈴木商店が、甚だしく手を拡げて貿易及び企業の上で不如意に傾いたので、台湾銀行は困難を感じたのである。大正十一年〔1922〕に日本銀行が台湾銀行に与えた正規外臨機融通は、この種の取引の一口としては空前の巨額であった。それが固定した上に、その後更に累加した。日本銀行の立場においては、台湾銀行の破綻が金融界及び一般財界に激甚なる影響を及ぼさんことを慮って、これを防止すべき措置を講じたのであるけれども、台湾銀行と鈴木商店との関係においては、鈴木商店の救済であった。同商店はそれで一時の小康を得たのであろうが、これを契機として整理縮小に向う模様はなく、むしろ更に転換拡張の機会を狙うものの如くであった。随って金繰は益々窮屈となり、震災後にまで同様の状態を続けたのである。

鈴木商店の金融方法は、常時台湾銀行より便宜を受くるの外、手形仲買人を経由して短期の単名手形を売るのであった。その買手は全国都鄙の銀行中に多くあった。期日に手形を切替得ないときは、新しい手形を他の銀行に売る。何れの銀行にも手形の売れないときは台湾銀行に融通を求める。台湾銀行は所要資金を調達するために短資（コール）を他の銀行から借りる。短資返済の必要に迫るときは日本銀行に融通を求める。手形の期日も短資の返済請求も、貸手の都合上月末にまとまる傾向があるので、月末には日本銀行の台湾銀行に対する融通が膨れる。これがほとんど年中行事のようになったのである。この月末融通には、最初正規の担保を提供させたし、越月後には回収されていたから、形の上では格別差支えがないように見えるけれども、根本の実質においては、鈴木商店は短期手形の繰廻しによって固定的資金の需要を充たし、その尻を台湾銀行の短資吸収で賄い、更にその尻を日本銀行の融通で引受けるのだから、その微妙のからくりの停頓するときは、日本銀行の融通が固定することを免れざるものであった。

上記の金融方法は時を経るに従って段々窮屈となり、越月後の緩和も鈍くなった。つまり鈴木商店単名手形の信用が減退し、台湾銀行への短資放出についても不安の感が濃厚になったのである。年末の窮屈は殊に甚だしく、大正十五年（昭和元年）〔1926〕十二月下旬には台湾銀行が鈴木商店に対する特殊金融を打切るの決心を一応表明した程である。しかしながらその結果鈴木商店が直に破綻すべきことは明白であり、台湾銀行は新しい負担を避けても、過去の貸出の上に起る所の損失は却って大きい。これに対応する準備なくして突如鈴木商店との関係を打切り、その破綻を暴露すれば、台湾銀行もまた恐らく破綻を免れぬであろう。金融界及び財界一般への影響も激甚であろう。故にとにかく年末を無事に過すだけの手段を講じ、越年後台湾銀行整理案と鈴木商店に対する関係とを考慮すべきこととなった。これには大蔵大臣片岡直温《なおはる》氏等の切なる勧説もあった。台湾銀行は財界の動揺を防ぐために犠牲を払って鈴木商店への金融を続けると云う立場を取らんとしたが、日本銀行はこれを首肯せず、財界への影響は日本銀行において考慮に入るべきことだけれども、台湾銀行においてこれを理由とすべきでない、同行はこの際自衛のために必要を感ずべきはずだと主張して、これを納得せしめた。日本銀行の主張は将来台湾銀行に対する措置を講ずるに当り裁量の自由を留保せんがためであった。とにかく台湾銀行は一応の決意を翻し、鈴木商店への金融を続けることとなった。さすればその資金を調達しなければならない。それは出来るだけ市場短資によるべきだが、及ばざる所は日本銀行から融通した。その担保は最早正規のものだけではなかった。

昭和元年〔1926〕末の台湾銀行に対する融通は、同行の整理案を立つべきこととせる一時の措置であった。その整理は数年来の懸案にして、通貨発行権の統一と云うが如き制度上の大問題を含む理想案と、政府又は日本銀行よりの援助を契機として刷新を図らしめんとする弥縫案との間を彷徨し、適切なる結論に到達し得なかったものである。昭和二年〔1927〕に入ってから、この件の審議が繰返されたけれども容易に進捗しない。政府は極力援助の意向を表明した、又私はその誠意を信ずるけれども、具体案になると、法規の関係等が中々難しい。台湾銀行は日本銀行より新たに多額の固定的融通を受け、これを以て鈴木商店の金繰を安定せしめ、単名手形又は短資吸収によって市場を煩わすことを免れんことを希望した。それで一時の効果はあるだろうが、鈴木商店が果して経営振りを妥当に改めるか、どうかは疑問である。同店首脳者変更の問題も絡んで、当人は一応納得したが、意外の方面にこれを庇護する意向があって、事態がはっきりしない。それはとにかく、差向き資金援助をなし得るものは日本銀行の外にない。日本銀行はさようの計画に独力を以て乗り出す訳に行かない。台湾銀行整理の案件がかくの如く低迷している間に、同行及び鈴木商店の金融は益々窮屈になった。日本銀行は台湾銀行に対する月末融通を続けたが、所要金額は嵩む一方であるのに、担保として採納し得べきものはいよいよ乏しくなりつつあった。

しかるに台湾銀行の状態悪化と時を同じくして、三月初旬から金融界に動揺を生じ、東京における中流の銀行にして仕払の困難を感ずるものが出て来た。日本銀行は正規にかかわらず担保となし得る物のある限り援助を与えたけれども、終に臨時休業のやむなきに至ったものもある。これ等銀行破綻の原因を達観すれば、戦後反動期における不妥当の運営に淵源し、中間弥縫の曲折を経て、来たるべきものが終に来たったと云い得るだろう。しかしながらその直接原因は、議会における震災手形善後処理法案の審議に関連して某々銀行の内情が世上に伝えられ、預金者に危惧の念を生ぜしめたためである。その善後処理と云うのは、震災手形を所持する銀行に従前以上の便益を与えんとしたもので、私は金融界安定のために妥当の計企であったと信ずる。只窮極国庫の負担を増加することになるかも知れないと云う点があったので、果して政府提案の如き処置を必要とする事情ありやと云う質問を惹起し、これに関連して某々銀行の内情が風評の的となったのである。最初に休業を発表した東京渡辺銀行は、片岡大蔵大臣が議会で同行の名を指したからやむを得ないと宣伝したらしく、私はその説を度々耳にしたが、それは真相でない。片岡氏が如何にも不謹慎の人のように伝わっているのは気の毒だから、この機に私の知る所を述べて置きたい。同行は或る日の交換尻を日本銀行に払込むことが出来ないので休業すると日本銀行に申出《い》でたのである。日本銀行からそれを大蔵省に報告し、大蔵省から議会内の大蔵大臣に伝えた。その紙片が答弁中の片岡氏に届いたので、氏は、議員諸君が余り論議を紛糾させるためにこんなことになると警告したのである。大蔵大臣が事前に銀行の内情を暴露したのではない。却《かえって》説《とく》挿話から本筋に戻れば、上記諸銀行に対して起った所の不安は台湾銀行に対して一層強く当る。それで同行及び鈴木商店の金繰は三月中旬以降ほとんど行詰りの状態に陥ったのである。

日本銀行幹部はこれに対処するの方針につき連日評議を重ね、春季皇霊祭の休日にも市来総裁の私邸に会合した。これより先木村清四郎氏は大正十五年〔1926〕十一月に副総裁を辞し、土方久徴氏がこれに代って就任した。台湾銀行問題の切迫してから評議に参加したのは市来、土方両氏をはじめ、麻生、浜岡、川田の三理事と私とであった。評議に上った一つの点は、日本銀行は既に台湾銀行に対して巨額の貸出があるから、これについて起るべき損失を防ぐために、徹底的に同行を援助しなければなるまいと云うのであった。私はそれを主たる考慮の事項とすることに反対した。今までの貸出には担保があるから、処分に時を要するだろうが、全部損失となるはずはなく、たとい損失は多くなっても、まだ日本銀行の資産状態を危くするには至らない。この上に益々薄弱なる担保を以て貸出を重ねれば、それこそ日本銀行を危うくすることとなるだろう。これが私の意見であった。次の点は、台湾銀行の破綻は特殊銀行たるの故を以て国の信用にも関係するし、この際金融界及び財界への影響甚大なるべきを以て、極力同行を擁護しなければならぬと云うのであった。これには何人も異議がない。只問題は、日本銀行が独力を以てこれに当るべきや、又当り得るやと云うにある。私は、日本銀行としてなすべき所をなすべきと同時に、政府において大決心を以て方策を立つべき筋であると主張した。この上更に多額の融通を台湾銀行に与えんとすれば、鈴木商店の単名手形を引受けるの外はない。同店の資産は既に台湾銀行を経由して、過去の貸出の担保として日本銀行に差入れてあるから、その手形は日本銀行にとって価値がないのである。政府は日本銀行の損失について責任を以て考慮すると言明しているから、それで宜しいではないかと云うことも誰かの話頭に出たが、従来例のある如く単に尽力の約束だけでは安心されない。法規上の根拠ある具体的方法を定めてもらわなければならぬと云うのが重役多数の意向であった。只如何にしても台湾銀行を見離すことは出来ないと云う気分を表す人も無いではなかった。しかして市来総裁は大体の趣旨を領するも、しばらく結論を留保し、自分に任せてくれと云うことで、一応評議を中止し、焦眉の急を要する資金は担保を掻き集めて融通を続けて行くこととした。

その間諸方から日本銀行に対する運動があり、井上準之助氏なども斡旋に乗り出した。台湾銀行調査会と云うのも制定されたが、かくの如き機関で迅速に徹底的実行案の立つことは期し難い。委員の中には個人的意見として日本銀行の応急措置を希望する人が多いと私は伝聞した。それ等の人々は、日本銀行の台湾銀行に対する臨機融通が既に如何に巨大であるか、又当面の難関を切抜けるだけにでも今後の所要金額の如何に巨大であるかを知らなかったのであろう。

私は市来総裁が如何なる具体案を提出するだろうかと、やや不安の感を以て待っていたが、数日後に現れて来たのは、向後台湾銀行所要資金を供給する条件として、正式損失補償を政府に請求すると云うのであった。しかしてその方法は政府の立案すべき所であるが、緊急勅令によることが出来るだろうと云う。私は当時法制上の取扱方に不案内であったが、実質は兼ねて私の希望せる所に一致するから直ちに賛成し、他の重役の意見も完全に一致した。その方法の確立するまでの間、日本銀行の責任を以て必要の援助を継続すべきことは同時に覚悟する所であった。この意見を政府に申出したのは四月の初頭であったと思う。政府にはすこぶる難色があって、市来総裁及び土方副総裁が正面交渉に当り、数日間の曲折を経たが、両氏は一筋に主張を堅持し、終に政府の同意を得た。市来総裁は四ヶ年に近き在職中ほとんど自己の所見を発揮したることなく、重役会の評議の成行きに任せて来た人だが、この台湾銀行問題の結末において始めて重要なる裁断を下し、総裁としての存在を明らかにした。その所断に対する批判は区々にあり得るだろうが、無為の総裁たりしと云う世間の盲評は当らない。

緊急勅令案提出後の経過は世間に知れ渡ったことで、特に私の所見又は関係事項として加うべきものは多くない。提案は四月十七日に枢密院で否決され、若槻内閣は辞表を捧呈した。その後片岡大蔵大臣は日本銀行に臨んで諸大銀行の首脳者と懇談し、新内閣は台湾銀行に対して必ず何等かの措置を講ずるであろう、憲政会はこれを支持するから、それまでの間日本銀行と諸大銀行との協力により同行を援助すべきよう勧説に努めたが、何等具体案を得るに至らなかった。三月中の数個中流銀行休業により一般に銀行に対する疑惧を生じていた上に、鈴木商店の単名手形買入又は台湾銀行への短資放出により脅威を感ずる銀行が多数あったので、緊急勅令案否決の報と共に全国に預金取付が起った。平生最大有力銀行中に数えられたるものまた必ずしもこれを免れず、中流以下には臨時休業を発表するものが続出した。戦後反動期以来の禍根を包蔵するものも尠《すくな》くないので、玉石の鑑別容易ならず、もしそのままに放置するならば、金融機能の停止のみならず、その破壊を見るに至るべき情勢であった。これを世上金融動乱と呼称したのである。四月二十日に成立した田中内閣には高橋是清氏が大蔵大臣となった。政府は先ず応急措置として、全国銀行に勧説し、二日間一斉に自発的臨時休業をなさしめ、二十二日短期仕払猶予緊急勅令を布き、その猶予期間中臨時議会を召集して、台湾金融機関のために二億円、一般銀行のために五億円を限り、日本銀行の損失を補償するの法律案を提出し、五月八日その可決公布を見た。既に全国金融動乱を惹起した上は、台湾銀行に対する特別融資だけではこれを鎮静し得ないので、別に一般的特別融通法を必要としたのである。枢密院が若槻内閣の緊急勅令案を否決し、田中内閣の提案を可決したのを、世間で態度豹変と云うものがあるけれども、両者は内容において、国庫の負担を伴うと、しからざるとの別があり、又全然法的根拠を異にするものであった。若槻内閣案は憲法第七十条により、財政上必要の処分として日本銀行の損失を補償せんとするもので、その適用は議会を召集し能わざるときに限る。田中内閣案は憲法第八条により、公共の安全を保持し又はその災厄を避けんがため法律に代るべきものにして、議会閉会中ならばその適用が起り得るのである。若槻内閣案に該当する部分は臨時議会の協賛を経て成立したのである。若槻内閣案に類似せる先例があったと云う説もあるが、私はその当否を知らない。上記は只外に現れた形に即して両案の区別を挙げたのである。

台湾銀行は巨額の特別融資を受けて根本的整理の緒に就いた。一般銀行中の業態薄弱なるものは、特別融資により動乱後の預金仕払資金を調達した。換価容易ならざるも、いやしくも価値ある物件又は債権ならばこれを担保として日本銀行から融資を受け得るのが特別法の効果である。鈴木商店は没落を免れなかったが、台湾銀行は救済された。一般銀行界については、預金仕払資金の調達と云う直接目的に関連し、日本銀行は特別融資の条件として、銀行の合併、減資、重役私財の提供、預金の一部切捨等を勧説し、薄弱銀行の整理を促進した。一般特別融資の貸出は昭和三年〔1928〕五月までに行われたが、その上半季末の日本銀行貸借対照表に計上された金額は台湾銀行分の外、六億七千九百万円であった。それで銀行に関する限り、戦後反動期以来の不良状態は概して一応整理せられ、金融界も事業界も大動乱の実物教訓を経て大いに覚醒し、経営及び技術の向上によって堅実なる発達を期するようになった。憲政会内閣によって着手され、政友会内閣の下に実現した補償法融通は確かに我が財界の改善に資益したのである。只その施行の際、必ずしも妥当の理由あるにあらずして濫りに均霑《きんてん》を計企するものもあったので、鑑別に慎重の注意を要した。その裁量に訴うる所の陳情又は要望が蝟集した。大蔵省及び日本銀行の職員中から委員が任命されてこれを審査したのだが、日本銀行側で主として裁量に当ったのは井上準之助氏であった。市来乙彦氏は特別融通法の公布せられた後間もなく五月十日に総裁を辞し、井上氏がこれに代ったのである。理事麻生二郎氏及び永池長治氏は取引の細目を処理した。私は審査委員会に列し、最後の決定には勿論参加したけれども、中間の応接交渉には濃厚の関係をもたなかった。

補償法融通は金融界動乱を鎮静し、財界建直しの途を開くに効があったけれども、なるべく国庫の損失を少なくするように融資を回収し、同時に財界の堅実なる進展を誘導するのが、後に残された所の大なる課題である。しかるに井上氏は融資貸出を了りたる後幾ばくもなく、昭和三年〔1928〕七月に突如として辞職した。そうして土方副総裁は総裁に、私は副総裁に任命された。これより先、高橋大蔵大臣は特別融通法の施行後間もなく、昭和二年〔1927〕六月に辞職し、三土忠造氏がこれに代った。高橋氏が老軀を以て後輩田中義一男の下に大蔵大臣に就任したのは、金融界動乱鎮静のために挺身したので、応急措置と基礎工作との成りたる後、その信任する後進に地位を譲りたる心事は諒とすべきものがある。井上氏が特別融資の実行に強く自己の方針を発揮した上、その終りを完くすべき地位に留まらざりしは如何なる事情があったのか。浩瀚なる伝記にもこの疑問は解けていない。

なお金融界動乱の際における一事故を附記して置きたい。諸銀行は手許現金を豊富にせんがため、担保のある限り日本銀行から融通を受けたるが故に、予備兌換券の不足を告げ、これに対処する方法につき、複雑なる考案が二、三提出されたが、終に簡単なる様式の二百円券を急造するに決した。これに着想したのは文書局長清水賢一郎氏で、その案が出て見ると、それまで複雑なる考案に二日間も時を費したことが馬鹿馬鹿しく思われた。印刷局は一昼夜で間に合せてくれた。それで、営業上の取引は出来ても渡すべき現金がないと云う奇態を免れたのである。

金解禁の失敗

金解禁の計企は、これを貨幣史上の一過程として見れば、最早現下の視野における実際問題と絶縁しているけれども、我が国経済情勢の推移の一節として見れば、今後において参考とすべき重要の意義がある。金解禁に関する貨幣制度上の理義及び我が国における表面的経過は拙著『金本位制離脱後の通貨政策』中に詳述してあるから、これを重複しない。ここには私がその経緯中に如何なる関係をもったかと云うことを主たる観点とする。もっとも今なお公表すべからざる廉もあるので委曲を悉《つく》す訳に行かないが、多少の補遺は出来るだろう。理解を便にするため先ず簡略に経過の大要を挙げることとする。

我が国は、大正六年〔1917〕世界戦争中に金の自由輸出を禁止して実際上金本位制を停止した。戦後大正八年〔1919〕に米国が金本位制を回復するや、我が国においても大正十年〔1921〕の秋頃より解禁説が擡頭し、世界の諸主要国において逐次金本位制の再建せらるるに伴い、大正十三年〔1924〕以降財界の一部にはその希望が漸次濃厚となり、賛否の論議錯綜して一進一退した。政界もまたこれに呼応して、有力政党の嚮背は時により区々に動いた。政友本党も、憲政会も、政友会も各自少なくとも一度は大いに金解禁に傾いた。昭和二年〔1927〕の金融界動乱が一応鎮静したる後、財界は粛整に向うと同時に沈滞の状態に入り、その打開策として考慮せられたる案件中に金解禁もあった。或る人は堅実なる進展の基礎として貨幣制度の安定を希望したのであろう。他方には、徹底せる理解に立脚するにあらずして、只沈滞を脱せんがために局面の変化を希望するものもあったろう。昭和三年〔1928〕十月二十二日東京及び大阪の手形交換所社員銀行が即時金輸出禁止解除を政府に建議したのは、少なくとも銀行界多数の意見が明白に決定したことを確かむるものである。中には依然尚早論を唱えた人もあるが、多数はこれを圧倒した。その時の手形交換所委員長は東京において三井銀行の池田成彬《しげあき》氏、大阪において住友銀行の八代則彦氏であった。産業界にも解禁賛成者はあったが、その一般の空気は判明を欠き、翌昭和四年〔1929〕五月政府に解禁意向ありとの風説により株式界の動揺を見るや、日本経済連盟会は井上準之助氏、郷誠之助男、及び団琢磨男に依嘱して政府を訪問せしめ、財界不安の原因は政府の金解禁に対する態度にありとして説明を求めた。しかして三土大蔵大臣は、出来るだけ無理のない状態の下において解禁を実行せんとするものであるが、軽々に実行は出来ぬと回答した。これまでが解禁前記である。

次いで同年七月には、その前憲政会と政友本党との合流によりて成りたる民政党党首浜口雄幸氏が内閣を組織し、井上準之助氏を大蔵大臣に据え、本腰を入れて金解禁に着手した。即ち七月九日に発表された政綱中、近き将来において金解禁を断行せんことを期すと声明し、十一月二十一日に公布された大蔵省令を以て、翌昭和五年〔1930〕一月十一日より金輸出の取締を撤廃すべきことを公布した。東京、大阪、名古屋の有力銀行代表者は同日直に金本位制擁護に協力すべき旨の申合せを発表した。これを世間で道義的支持（モーラル・サッポルト）と呼んだのである。この時に至っては最早産業界にも反対を公言するものはほとんどなかった。少し前に金解禁の影響を懸念して大蔵大臣の意向を質すの役割を勤めた井上準之助氏が自ら大蔵大臣として実行に当ったのだから、以て事情の変化を想像し得るであろう。金解禁反対者と看做されたる井上氏の大蔵大臣就任は世間の意外とせる所にして、金解禁にけちをつけるために利用されたが、同氏の言説を仔細に点検すれば、その反対は無準備、無用意の金解禁を不可としたるものにして、浜口内閣の緊縮方針により必要の準備を整え得ると云う意見に到着したと説明されている。

かくて金解禁は予定の日から実行されたが、劈頭より海外送金の需要意外に多く、そのために金の流出又は在外資金の売却を必要とし、海外送金の結果たる通貨の収縮と解禁に伴う緊粛政策の強行とにより財界の不景気は益々甚だしくなりたるが故に、久しからずして我が国金本位制の維持続行に疑念を抱き、又はむしろその打切を希望する気分を生じた。目前金の輸出を不便とする事情ありしが故に、昭和五年〔1930〕八月一日より横浜正金銀行は政府の旨を受けて特に外国為替を売買し、他日その差額決済のために必要なるだけの金を輸出すべきこととした。市場ではこれを為替統制売と呼んだのである。この方法により送金需要の取扱方を円滑にし、時には買戻しも出来て、それだけ金の輸出を減少し得たのであるが、貿易尻決済の必要以上に送金の需要絶えず、昭和六年〔1931〕九月二十一日英国が金本位制の再離脱をなすや、横浜正金銀行の統制売を請求し来るもの激増し、当分はこれに売り応じたけれども、その額益々嵩大するを以て、漸次にその取引を縮小し、不徹底に形勢を観望することとなった。統制売の対象は主として米国向為替であったから、その買方行為を世間でドル買と呼ぶようになった。その間政界及び財界において金本位制維持に反対する気勢はすこぶる高くなった。政府は維持続行の決意を表明して金融界及び産業界の協力を求め、十一月六日に至り、池田成彬氏、八代則彦氏、郷誠之助男、及び稲畑勝太郎氏を代表とする有力者は政府の意を体して擁護申合せを発表し、新たに海外送金を計企するものは跡を潜めたけれども、大勢に益する所は多くなかった。十一月十日政友会は金輸出再禁止を決議した。これより先、昭和六年〔1931〕四月浜口総理大臣は遭難後の健康回復充分ならざるを以て辞職し、若槻礼次郎氏がこれに代り、大体旧閣員を以て、内閣を組織したのであるが、その後金輸再禁止問題の切迫せると時を同じくして、内務大臣安達謙蔵氏が他党と協力して政局を一新せんことを主張し、閣内の意見一致せざりし故に、十二月十一日若槻内閣の総辞職となった。新内閣の総理大臣は政友会総裁犬養毅氏、大蔵大臣は高橋是清氏にして、十三日組閣後直に金輸再禁止を断行した。これが金解禁失敗の経過である。

私の金本位制再建に対する見解は、ニューヨーク準備銀行総裁ストロング氏及びイングランド銀行総裁ノルマン氏の内議に応答した通りである。(「ワシントン会議とジェノヴァ会議」の章参照)。ここに我が国の現実問題に直面して、いささか重複に亘るけれども、如何にその趣旨を応用すべきかを述べて置きたい。私は世界戦争後の実歴と学界における貨幣理論の研究とにより、金本位制が不可欠でもなく、金科玉条でもなく、又制度としての弱点もあり、実行上の困難もあることを認めた。しかしながら経済活動の一般的基礎として通貨の価値を安定せしむることを目標とすれば、金本位制に優る所の実行的代案は容易に発見されない。他方資金供与の便宜に重きを置くの見地よりして、金本位制の束縛を脱却し、通貨の発行を放漫にせんとする傾向が盛んになった。しかるに世間一般には、資金供与の便宜を希求しながら、なお通貨の基礎として金に信頼する伝統的の感想が強い。しかるが故に、私は、金本位制への復帰を通貨政策の目標として掲揚し、これによって通貨の発行の放漫に流るるを抑え、しかも金本位再建の実行を急ぐことなく、金本位制の束縛を受けずして必要なる資金需要に応ずるの余地を存し、その間に実験を重ねておもむろに貨幣制度の帰趨を考定すべしと云う見解に立脚したのである。ジェノヴァ会議前後の見聞により、金本位制の回復を希望するものも、その条件たるべき外交、財政、通商等の事項について充分の自信なきを看取し、益々ここに述ぶる所の感を深くした。随って我が国における金解禁の論議においても、私はこの心境を以て応接した。殊に解禁の国内経済に及ぼす影響を緩和せんがために通貨の発行を寛大にすべしと云う考え方は甚だしき矛盾にして、私の首肯し得ざる所であった。それならばむしろ解禁を尚早とすべきである。昭和二年〔1927〕の動乱鎮静後は不良銀行が一応外科的に整理せられ、金融も緩慢に傾いたから、解禁実行にはむしろ順便になったとも云えるが、他方補償法融通により巨額の日本銀行貸出が固定したので、解禁に伴う通貨調節を妥当にすることは一層困難となったのである。

私の腹中は累記の如く複雑であった。昭和三年〔1928〕十一月大阪経済会の依頼によって講演したときも、同十二月在野の民政党総裁浜口氏の希望によりその私邸で会談したときも、右の含蓄を以て措辞を慎重にした。大阪経済会における講演は当時の私の立場を検証すべきもので、拙著『通貨問題としての金解禁』中に全文が収めてある。しかしながら私が種々の機会に言明したる所を簡単に表現すれば、通貨調節の見地より金本位制の回復を目標とし、只その実行に当りては一時の苦痛を忍ぶべき覚悟を必要とするが故に、その時期については経済の実情と人心の趨向とを慎重に考慮しなければならぬと云うに帰する。されば、時期の決定につき自ら如何なる判断を下したるべきやはしばらく措き、世論が大体解禁要望に一致し、政府が断行に邁進することとなりたる上は、その達成に最善を尽すのが、私にとりて当然の途であった。昭和四年〔1929〕七月二日浜口内閣の成立した後、一日を隔てたる四日の夜、井上大蔵大臣の希望により、同氏と土方総裁と私との三人が土方邸に会合し、政府が断乎として金解禁に決したことを聞いた。土方氏も私も、政府の方針と決心とを詳しく聴取したる上、これに賛同した。爾来準備期より実行期に亘り、日本銀行関係の重要事項につき三人で熟議を重ね、井上邸に近い私の宅もしばしば会合処となった。実行の順序方法については必ずしも全部一致し得なかったが、私は所見を以て貢献を期すると同時に、強いてこれを固執して摩擦を生ずることを避け、政府の最後決定に順応して出来るだけ円滑なる執行に努めた。只諒解を遂げたと思う事項に意外なる思違いの点が残って、すこぶる当惑したこともある。外部に対する行路の崎嶇たりし上にこの内面的苦悶も加わって、鬢髪の霜は急に著しくなった。只土方総裁と私との間に毫も扞格のなかったのは欣快とする所である。

解禁準備期において、政府は趣旨を大衆に徹せしむるため、内務大臣を長とする委員を設けて全国へ派遣したが、私はその中間報告会に臨み、委員中に、解禁による好景気の出現を説いて喝采を博したことを語るものの多きに驚いた。席上直に、それでは実施後に失望させるだろうと注意して置いたが、委員たる人々にさえ解禁の意義の理解されていないのを心細く思った。つまり将来に亘り経済を順調ならしむる端緒であると云うことを穿き違え、一時的にはむしろ不景気を忍ばなければならぬことを忘れたのである。一般の期待がかくの如くであったとすれば、実施後久しからずして不人気を招いたのも怪しむに足らぬ。政府の公表した政綱説明にはもとよりさようの錯誤はなかった。しかしながら金の流出に対応し、金本位制の維持に必要なる通貨政策を充分に採り得なかったのは、錯誤に基く人気の動きを顧慮したためだと云わねばなるまい。

七月初旬政府が金解禁の方針を決したとき、我が為替相場は対米四十三ドル見当であった。解禁の暁には平価四十九ドル八十五セント見当に回復すべきことが明白であるから、解禁近きにありとの見透しが出来るならば、市場に外貨売が続出して、為替相場は急激に昂騰するであろう。それでは経済界の諸方面に多大の衝撃を与えるから、政府及び日本銀行において市場の外貨売に買向い、為替相場の急騰を抑え、漸次に買相場を引上げ、相当の期間を経て平価に接近したる後、解禁を実行することとした。その準備工作は順調に予期の効果を挙げ、為替相場の漸騰と同時に政府及び日本銀行の在外資金は増加したのである。しかしながら十一月下旬に解禁実施日が公表せられ、為替相場が四十九ドル見当に達した頃より市場に外貨買が出現し、政府及び日本銀行は相場の逆転を防ぐためにこれに売り向って在外資金を使用した。前の買相場と後の売相場との差額は政府及び日本銀行の損失となり、市場にはそれだけ利得したものがあったはずだが、それは経済界の激変を避けるためにやむを得ざりし政策上の犠牲として、格別驚くべきことではなかった。

昭和五年〔1930〕一月十一日に解禁の実施せらるるや、国内需要による小口の兌換請求は僅少であったが、内外の銀行中、外国送金のために兌換現送する代りとして、在外資金の売却を受けんとするものが多かった。何れも相当の大口である。私は主としてこれに応接したのだが、解禁の劈頭において冷水を背に浴びせられるようの衝撃を受けた。それは請求に驚いたのでなく、その理由の甚だ意外なりしためである。何故にこの際外国送金の必要があるのかと訊いて見ると、請求者は同じように、外国における借入金弁済のためだと云う。詳しい計表を示したものもある。目前又は近き将来の貿易決済のために必要とするならば、一応諒とすべきであるが、直前数ヶ月の間、外貨を売る余裕のあったものが、借入金弁済のために急に送金を必要とするのは不可解である。ここに想像を廻らすに、さきの外貨を調弁するに借入金を以て、解禁後の昂騰せる為替相場により送金弁済すれば、そこに覿面差益を生ずる。又外貨売と借入金との間に直接の関係はないとしても、平生輸入資金に充つべき輸出手取金を外貨売に振向け、輸入金を調弁するために別に借入金を以てしたとすれば、結果は同一である。後に世上の注意を惹いたドル買の利益は、解禁中の相場で外貨を安く買い、再禁止後の相場で高くこれを処分するにあったが、解禁直後の外貨買は、解禁前の相場で外貨を高く売って置き、解禁後の相場で安く買埋めたのである。私は何れの場合にも専らかくの如き動機で取引が起ったとは思わない。個々の銀行の手許においては、特殊の金繰事情によってその必要を生じたのであろうと善意に解釈する。只市場の大勢としては、解禁末期の難局に類似せる状態が解禁の初めにおいて既に伏在したことを否定し得ない。随って道義的支持の効力について考えさせられたのである。私が取引応接中に感知した所は、当時土方総裁と井上大蔵大臣とに報告しただけで深く胸中に秘した。そうして兌換制度復帰の上は、正貨を引渡すか、又はその代りに在外資金を売るのが当然で、これを渋れば直に解禁の実効を疑われるから、気前よく外国送金の需要に応じた。只参考のために理由を質問しただけである。

それから外国送金の方法として、正貨を渡すべきか、在外資金を売るべきかについて更に紛糾が起った。在外資金の売却を以て正貨兌換に代用するのは、久しく我が国の慣行であり、又世界の金本位制再建に当りその方法が広く行われるようになったけれども、日本銀行の立場において正貨兌換よりも在外資金売却を便とする理由は、外債によって金本位制を維持せんとする場合に主として適用されたのである。我が国が金解禁を計企したときには、最早外債によることを意図したのではない。又世界戦争中に蓄積し得た所の在外資金は既に大部分消尽した。只戦後の現送輸入によって増加した国内正貨が十億七千万円残っていた。解禁後の金本位制はこれを主たる基礎として運営するの外はなかったのである。しかしてその兌換券発行高に対する割合は八割見当の高きを占めていたから、相当の正貨輸出があっても通貨政策上には差支えない。財政経済上の施設によって国際収支を改善し、正貨の輸出を防止するように努めなければならぬが、請求に対しては正貨を引渡すの覚悟を要する。もしその覚悟が出来なければ金解禁に乗り出すべきでない。これが私の内部審議において力説した所であり、又当局諸方面の諒解を得たと自ら信じたので、解禁後正貨の流出を見ても必ずしも驚くべきでないことを準備期の或る機会に外部の或る方面に予告して置いた。しかるに我が金本位制の維持は金為替本位の趣旨、即ち在外資金売却の旧套によって行われるだろうと云う感想が依然濃厚に世間に存在した。井上大蔵大臣の言辞にもさようの解釈を誘起すべき嫌いがあった。そこで外国送金を必要とするものは、道義的支持の精神により正貨兌換の請求を遠慮する、只在外資金を売ってもらえば宜しいと云う。ここにおいて私は驚いたのである。道義的支持と云うのは、なるべく外国送金の必要を少なくするように各自の営業を按配するのでなければ意味をなさない。送金需要者の立場において、現送点見当の為替相場で在外資金を買受けるのは、正貨兌換を受けるよりむしろ有利であるのだから、正貨兌換の請求を遠慮するだけでは、何の犠牲もなく、金本位制維持の役にも立たない。ここに大なる錯誤のあったことを発見したのである。在外資金も皆無ではなく、送金需要者中に現送では間に合わないと云うものもあったから、解禁直後混雑を惹起することを避けて在外資金を売却した。しかしながら在外資金の売却は便宜日本銀行の任意に裁量すべきもので、必ずしもこれを応諾し得ないと説明し、漸次その売却を控えた。その代り正貨兌換は日本銀行の義務であるから、請求があれば文句なくこれに応ずると言明した。それは意外だと云いながら、正貨兌換を受けて現送するものもあった。井上氏は在外資金の豊富でないことを知っているから私の応接態度を是認したが、正貨流出を甚だしく憂慮した。兌換請求は道義的支持に反するとしてこれを非難する声が世間に揚った。市場では、政府の意嚮が正貨現送を阻止するにあると伝えて兌換請求を遠慮する模様であった。しかして日本銀行はこれに代るべき在外資金を自由に売却しないので、日本の金解禁は単に名目的に過ぎないと云う疑惑が起り、市場の為替取引において現送点を下廻る相場が現出した。これを訂正するために横浜正金銀行をして売り向わしめたのがいわゆる統制売の発端である。類似の操作は過去においても種々の場合に利用されたことがあるのだから、特に新規の工夫でないが、八月一日よりこれを常設の方法としたので統制という名称が出来る程に世間の注目を惹いたのである。実質においては日本銀行の在外資金売却に近似する。それで市場は兌換の請求を避けながら金の需要を充たし得たのである。横浜正金銀行において統制売為替の結果自ら送金の必要を生ずるときは、兌換によって正貨を現送するのだから、結局正貨の流出を抑える役には立たないが、金為替本位の趣旨によって金本位制を維持すると云う世間の期待に適合する形を採り、正貨の現送よりも在外資金の取得を便とする市場の希望に応じたのである。この操作を日本銀行自ら行わずして、政府の命により横浜正金銀行に担当せしめたのは、市場に密接せる立場において売為替に対して買埋をなすべき便宜があり、随って幾分か正貨の流出を減少し得べきためであった。私の自説によれば、国内正貨を基礎として金本位制を維持するの常道は、外国送金需要の起る事情の源に遡り、金融及び一般経済上の施為を以て対処すると同時に、送金需要の起りたる上は兌換の請求を応諾して金本位制の権威と信用とを擁護するにある。しかしながら我が国では解禁の観念上に種々の錯誤があったので、常道によらんとすれば摩擦を大にすべきことを発見したから、私もやむを得ずとして統制売の便法に賛成し、その施行に努力した次第である。

日本銀行の在外資金売却に代るべきものとして統制売を行うのならば、これを直物取引のみに限るべきではなかったかと云う批評が後から起った。しかしながら統制売が常設となったときには、我が国金本位制の持続について既に多少の疑惑を生じていたので、為替相場が先物から崩れんとする形勢が見えた。それに対応するには先物をも売ることを必要としたのである。又先物を売って置けば、市場の模様により買戻の便宜も多い。とにかく統制売は一応好結果を挙げた。市場の疑惑もこれによって大いに緩和し、昭和五年〔1930〕の年末に近づいて金融のやや繁忙となりたるとき、資金を国内へ取寄せるために、先の買為替を売戻すものも相当多くあった。続いて昭和六年〔1931〕の秋までは大体円滑に進行し、正貨の流出も不安を醸す程の巨額には到らなかったのである。

しかるに九月における英国の金本位制再離脱後、統制売の激増するや、その巨額なる代金を横浜正金銀行に払込む必要のために、通貨の収縮、金融の繁忙を来たし、先物買約束をなしたるものにして、受渡資金に窮し、契約解除を交渉するものが多くなった。年末に近づくに従いその事情は益々甚だしくなるべき形勢を示した。ここにおいて新規買人は屏息したけれども、契約解除には面目の問題も伴うが故に、過去の取引における買方と売方との間に対抗意識を激成し、政争と絡み合って、一層局面を紛糾せしめ、最初統制売を歓迎したる方面において今更これを非難するものあり、その開始されたるときの事情を知らざる一般社会にはこれに共鳴するものもあった。私は財政上経歴の古き某長老から統制売を非難する意味の質問を受けた。その人は私の説明を了解したけれども、最初在外資金売却の要望に順応して設けられた所の方法が終には却って摩擦を甚だしくする原因となった。随って金本位制維持の操作を単なる経済問題として冷静に取扱うことが出来難くなったのである。

しかしながら金本位制の維持を不可能ならしめた所の主たる原因はもとより操作方法の末節に存するのではない。最も大きく摑めば、金本位制の再建を試みて失敗した世界的潮流の線に沿うたのである。我が国に特有の事情としては、一般社会が金本位制回復の意義と条件とを理解せず、むしろ錯覚に近い期待を以てこれに乗り出したことである。これがために施行後久しからずして不人気を招来した。同時に操作方法の直截簡明ならざりしため、早くも前途維持の確実性に対して疑惑を生じた。再禁止の希望と期待とが合流して、当時の国際収支上からは説明すべからざる外国送金の需要が起った。最初は主として将来の支払のためにあらかじめ手当をする程度であったろうと思われるけれども、時を経るに従って資本逃避の形跡が現れた。それが英国の金本位制再離脱後急激に進んだのである。

英国の再離脱は世界的潮流の転換であるから、我が国もその時直に思切るのが賢明であったろうことは、回顧的判断として議論の余地がない。もし又我が国が、多数の国の如く、英国に保有する在外資金を基礎として金本位制を維持するのであったならば、直に英国の施為に倣うの外はない。しかしながら我が国では国内保有の正貨を基礎としていたので、その額は解禁当初に比して減少したけれども、まだ豊富であった。しかして貿易状態は改善してほぼ国際収支の均衡を得ていた。これ等の事情を綜合すれば、純粋の通貨政策上の問題としては必ずしも金本位制の維持を不可能と断じ得ない。しかしながらもし維持を続行するとすれば、そのために採るべき通貨政策上の手段は、一方外国送金需要の具体化せるものに対し躊躇なく応諾すると同時に、他方金融を引締めて、正貨兌換又は為替買入のために提供すべき国内資金の調達を困難ならしむるの外はない。これは、前にも述べた通り、私が金本位制の下における通貨政策の根本義として兼ねて言説し来たりたる所である。他の事情によりこの根本義の適用を緩和することもまた従来考慮し来たった所であるが、英国再離脱後の情勢に対応して効果を発揮せんとするならば摩擦を押切って徹底的にこの根本義を強行しなければならぬ。果してそれが出来るであろうか。私はこれを個人の意見として井上氏の参考に供した。この通貨政策上の見地と広汎なる政治経済上の事情とを綜合して解禁続行か拋棄かを決定すべきであった。単一なる通貨政策上の問題に止まらないから、その所断は主として政府に係っていた。金解禁を重要政綱として起った所の内閣が軽々にこれを拋棄し得ないことももまた諒としなければならぬ。とにかく政府が固守の方針を堅持したから、横浜正金銀行は統制売を続行した。日本銀行は金融引締の方針を執ったけれども、それは既に不景気に苦しむ所の財界を一層不景気にするものであるから、政府の態度は判明を欠いた。金利引上の傍らに産業資金の供与によって金融を緩和せんとするが如き矛盾もあった。当時の外国送金需要は金利採算を超越しているのだから、金利引上だけではこれを阻止し得ない。資金調達を困難にする程度まで行かなければ有効でないのだが、政府が不景気を懸念するので、そこまで徹底し得なかったのである。別の原因もあったに違いないが、金本位制堅持の方針に伴うべき通貨政策上の理義も充分に体認されないので、外国送金需要は滔々として進み、統制売の先物契約は累増した。ここに至っては最早通貨政策上からも正貨準備の前途を慮って再考せざるを得ない。十月四日、井上氏から私邸緩談を希望されたのを幸いに、私はその頃大勢一覧のために毎日作成していた計表を携え、これを井上氏に示して考慮を促した。二人対坐約二時間、雑談と沈黙との方が長く、その間互に含蓄を以て意見を交換した。私の意のある所が果して通じたるや否やを知らない。

その後の二ヶ月は混沌紛糾の中に過ぎた。統制売為替は、英国再離脱後も金本位制維持の決心を強く表明するため、従前通り長期契約を応諾し、翌年に亘るものも尠《すくな》くなかったが、段々期間を縮め、次に先物契約を廃止し、終に直物取引をも喜ばざる態度を示した。買方においても、世間の烈しい非難を受けて大いに遠慮するようになり、中には外国銀行支店を利用するものもあって、或る時から統制売の直接相手方はほとんど外国銀行支店のみとなった。国内金融は日本銀行の方針によって引締りに向った上、外国送金の巨額なりしために甚だしく窮屈となり、送金希望者も統制売を請求する資源の枯渇を感ずるに至ったらしい。かくして新規統制売はほとんど跡を絶った。随って表面は静かなる曇天とでも云うべき状態に入った。しかしながら通貨政策上には統制売先物契約の重圧があり、金本位制維持に対する一般の人気及び自信は日々に薄くなった。年末までには統制売為替の買戻しが相当に出来る見込があって、これに望みを掛けた向きもあるが、それで大勢を挽回する訳には行かなかっただろう。且つその買戻しに関連して対抗意識の紛糾を起したことは前記の通りである。しかして政界の底流は益々険悪にして終に十二月中旬の内閣更迭となった。

私は十一日の早朝七時半頃井上氏から参集を求められ、横浜正金銀行副頭取大久保利賢氏と同席で、内閣総辞職切迫の内報を受けた。土方総裁は前夜より発病し、正金頭取児玉謙次氏は旅行中で、何れも参会し得なかったのである。私は直に金輸再禁止の急速必至を覚悟した。日本銀行としては当面の動揺を防ぐべき措置と将来の政策転換とを主として考慮すべきであるが、横浜正金銀行としては統制売勘定の経過又は残高を政府に確認してもらって置かなければ後で迷惑するだろうと思って、これを大久保氏に注意した。児玉頭取は午後に帰京して右確認を求むる手続に着手し、井上氏の希望により日本銀行がこれに介在することとなった。辞職直前に後継内閣を拘束するが如き処置をなすことは出来ぬが、在任中の事実だけは確認して置こうと云うのが井上氏の意嚮で、理財局長富田勇太郎氏及び国庫課長青木一男氏と正金銀行と日本銀行との間で形式及び文言を考案した。最後の会合は十二日の夜に入ったので私の宅においてし、出来上ったのは十二時過ぎであった。青木氏はこれで大臣の承認を得ることを受合うと云って去った。翌十三日早朝私は日本銀行の当該事務方に電話し、定刻前出勤を求めて正式文書の作成発受を急ぎ、正午頃にこれを結了した。その夕刻犬養内閣の成立を見、同夜中に金輸再禁止となった。

我が国金解禁の計企及び失敗は、世界的潮流と方向を同じくしたのであるし、大体において国論の推移を反映したのであるから、やむを得ないとも云われるであろうが、結果から見れば徒らに巨額の正貨を失ったので、まことに遺憾である。私は単純なる解禁賛成者ではなく、又従たる地位にあって所見を充分に具現し得なかったのであるけれども、実行期の画策施為に熱心参与したるものとしてその責任を避けることを敢えてしない。財界の心理と政界の動機とに対し深刻の接触を経験したのは、自己錬成上の所得である。只人生再び同様の場面に立ちて過去の経験を利用する機会はないであろう。

新政策に関する高橋大蔵大臣との交渉

もし民政党内閣が存続したならば、金輸再禁止を避け、金本位制を維持し得ただろうと云うことが、当時或る方面に唱説されたけれども、私はこれに共鳴し得ない。真に有効なる金本位制の維持が一般の情勢上不可能の状態に近づきつつあったことは、前章の記述によって推想されるであろう。政治上の事情は只これを促進したに過ぎない。彼の時強いて金本位制の形態を保存せんとするならば、兌換及び金輸出の方面に直接制限を附することを避け、為替取引の方面に峻厳なる管理を行って間接に金輸出を抑えるの外はない。為替管理は金本位制を離脱せる国の慣用する所であるが、金本位制の形態を保存しながらこれを行わんとすれば、為替相場が現送点の束縛を受くる点において運用の不自由がある。結局実益のない中途半端の制度に終ったであろう。

金解禁政策が、単に政治上の理由のみならず、一般の情勢上から持続し得ざることとなったとすれば、実際問題として見透しの出来る限り、金本位制回復の計企は終止したものと思わなければならぬ。金本位制の回復が一般社会の希求する目標である間は、その実現の容易ならざるにかかわらず、金と通貨との連繫を利用して通貨の堅実性を維持するのが順調なる経済発達のために最善の途であろう。これが私の狙い所であった。しかしながら世界的には英国の金本位制離脱により、我が国においては金解禁の失敗により、人心が既に金本位制を去った上は、むしろ早く金に対する執着を脱却し、他に通貨政策の規準を求めなければならぬ。私の見解はここに転換した。通貨政策の新規準については兼ねて商量したる方向もあり、後に拙著『金本位制離脱後の通貨政策』中に論述した如く結晶したのであるが、変転の際直に世に示すべき形体にまとめ得た訳ではなく、内閣更迭の混雑中にこの種の論議を提起すべきでもない。只応急の措置については、躊躇なく日本銀行の態度を表明するの必要があると思った。そこで前章に述べた所の為替統制売に関する必要の処置を済ませた後、直に病気引籠中の土方総裁と協議し、その同意を得たる趣旨を携え、大蔵大臣候補者として喧伝せられる所の高橋是清氏と会見した。それが昭和七年〔1932〕十二月十三日の午後三時頃であった。私は先ず政変の方向について尋ねたところが、高橋氏は、もとより未必であるが、もし犬養に大命降下すれば、自分は大蔵大臣に推薦されるはずであると云う。私は、それならば、極めて急を要することとなるが故に、仮定的に聞いて置かれたいと前置して左の二点を進言した。

一、過去の政策の得失はしばらく論議の外とし、人心今日の如きに至りては到底金本位制持続の可能性なき故、金輸再禁止の断行一刻も早きに如かず、組閣の上は夜中にても直に発令せらるるを可とすること。

一、今日の情勢にては金輸再禁止のみを以て局面を収拾すること困難なるべきが故に、もし憲法上可能ならばなるべく速やかに緊急勅令により兌換を停止せらるるを可とすること。

私は右二点が土方総裁と私との合同意見なることを明らかにし、焦眉の案件として考慮を求めた。しかして後別に一己の意見として左の二点を参考に供した。

一、金輸再禁止後は、通貨の価値を妥当に維持し、通貨に対する信用の動揺を防ぐために通貨政策上一層慎重の注意を要すべく、原則としては金本位制の束縛なきに乗じて通貨発行の節制を忽《ゆるが》せにすべからざること。

一、為替相場の成行きによりては法制による為替管理の必要あるべきこと。

私見の二点は直に案を具して即決すべきものではないが、金輸再禁止に伴い、問題として早く念頭に置いてもらいたいと思ったのである。なお私は為替統制売の経過大要を高橋氏に話し、今後の処置如何によりては我が国金融機構の重要なる一角に損傷を来たすの虞れあることを指摘したが、この問題に深く立ち入るべき時でないから雑談の程度に止めて置いた。

却説《かえってとく》何故に第一点の進言を急いだかと云うに、政友会の方針は既に判っているけれども、もしその実行に少しでも間隙があれば兌換の請求が殺到するであろうことを懸念したのである。前内閣の下においては、金本位制支持の立前から兌換の請求が遠慮されていたのだが、既に政策の変更が期待せられ、しかして法制上の手続が遅延するならば、その間隙を利用せんとするもののなきを保し難い。高橋氏は直にその情勢を理解した。金輸再禁止は貿易行政上の施為として大蔵省令で出来ることなので、組閣の当夜実行されたのである。進言第二点の兌換停止について、高橋氏は大いに躊躇した。なるべく緊急勅令によることを避けんとする政治上の理由もあったろうが、制度の形式上全く金と通貨との連繫を絶つことを好まない心持が主として動いたようである。なるほど大正六年〔1917〕より金解禁までは、金輸禁止だけで大体政策上の目的を達した。それは貨幣制度に関する知識が一般に普及せず、人心また静穏にして政策に共鳴したためである。又最初は為替相場が平価見当にあったから、兌換により大なる利益を得ることもなかったのである。しかしながら為替相場の下落に伴い、輸出以外の理由を具して金兌換を受け、密輸出を敢えてするものもあった。しかるに金解禁を繞る研究、論争及び対抗を経て知識も普及し、人心も険悪になった後であるのみならず、為替相場の下落は必至であるから、もし兌換の途が開けているならば、金の密輸出又は貯蔵による利益を狙うものが続出するであろう。道義的共鳴に訴え又は兌換取扱上の手心によってこれを抑えんとすれば甚だしき紛糾を醸すであろう。私はこの事情を詳説し、高橋氏もやむを得ないとして一応趣旨を認めたが、組閣後更に私を招き、金の輸出と共に貯蔵を禁ずれば兌換を停止しなくとも好くはないかと云う意見を以て審議を反復した。私は、それなら実行の出来ないこともないが、やはり兌換の目的を訊き質す際に紛議を生ずるだろうから、むしろ簡明に兌換停止を行うに如かずと答えた。高橋氏はなお実質上停止に斉しくとも、どうかして停止と云う文言を避けんことを希望した。そこで静かに考えて見ると、金輸禁止と云うのも実は通俗の呼称で、法規上は輸出に政府の許可を要すと云うのであるから、兌換もこれと同じく許可制にすれば、高橋氏の趣旨も具現し、法制上の形も整備する。この気付が大蔵省側から出《い》でたので問題は解決した。只兌換については、停止でも、許可制でも、法律の変更になるから緊急勅令を以てしなければならぬ、よって政府は直にその手続の進行に着手した。高橋氏が金解禁の政策を打破しながら、金と通貨との連繫に執着することの濃厚なりしは私の意外に感じた所である。

日本銀行が金輸禁止の即行と共に兌換停止を必要としたのは、前記の如く、制度変更の際に兌換請求が起って徒らに正貨準備の減少を来たさんことを懸念したからである。随って緊急勅令の発布は早いだけ都合が好い。その手続は十三日の夜に開始されたが、枢密院の議を経るには少なくとも三日を要すると云う。幸いに日曜日が中に挟まるので日本銀行の営業時間は少ない。高橋氏を始め大蔵省側はなるべく兌換の少なくて済むように取扱ってくれと云う。私ももとよりその心組でいたのだから、夜中電話で出来るだけの当該事務担当者を私の宅に召集し、深更に及ぶまで協議を続けた。政変の際であるため警察の注目する所となり、会合の理由を訊問されたと云う如き挿話もある。取扱の方針は、要するに、兌換請求者を強制することなき程度において一応氏名及び金の用途を質問するのである。請求受付の窓口は只一つとした。十四日の朝から果して多数の兌換請求者が押掛けて長い列を作った。これに対する応接を主として担当したのは出納局長賀集《かしゅう》亮二氏で、その態度及び判断の妥当なりしために何等の事故も起らず、兌換の口数は多かったが、金額は私があらかじめ大蔵省側に示した見込よりも少なくて済んだ。十七日には緊急勅令が発布されて、金解禁善後の法制は一応整備した。

組閣前参考に供した私見の中、通貨政策の大体方針に関する件については、高橋氏もその趣旨の当然なるを認めた。為替管理については、格別高橋氏の関心を惹起せざりしものの如く、何等意向の表示を受けず、私はむしろ冷淡に聞き流されたように感じた。為替統制売の善後処理については、私の注意が高橋氏の念頭に留まったものの如く、その後実行に当り一時関係者間に意見の紛糾もあったが、高橋氏の妥当なる裁量によって終に円満なる解決を告げ、私の憂慮したる如き事態を生ずることなくして済んだ。但しその結了には相当長き時日を要したのである。

金解禁の終止より再禁止の直後に亘り、土方総裁の病気のため私が当面応急の措置を代行したのであるが、総裁は十二月二十一日より出勤して行務に当った。

応急措置の一応片付きたる後、高橋大蔵大臣は一夜私を表町の邸に招き、最近内外経済上の推移につき概要を語り聞かせんことを求めた。昭和二年〔1927〕退職後は再び政界に立つの意なく、万事無頓著に過ぎ来たりたるを以て、今後の政策方針を立つるに当り、先ず過去に関する知識を補充するの必要を感ずると云うことであった。私は、日本銀行の調査機関により記憶を整理したる上にあらざれば、自信を以て応答する訳に行かない、大蔵省にも立派な調査機関があるのだから、大蔵大臣としてはこれを利用する方が妥当であろうと思って、固く依頼を辞退した。しかるに高橋氏は、今から調査するのでは間に合わない。又調査機関の資料では活きた知識が得られない、不精確でも好いから印象のままを聞きたいのだと云う。そこで私は記憶に残っている顕著の事実を挙げ、なるべく順を追うて経過の大筋を浮き出させるように努めた。その間私の関知せる裏面の事情も交えた。話し出すと間もなく、少し待ってくれと云って、書斎から用紙とインキ壺とペンとを持ち出し、八十歳を超えた老蔵相が要領筆記を始めた。演述一時間四十分と私の覚帳に書き残してある。筆記は細字で大型洋紙二枚に充ちた。後から色々の質問も出た。その間私は逸すべからざる機会と思って、組閣前参考に供した所見を敷衍せんとしたところが、高橋氏は、今夜は少し疲れたからこれで止めよう、なお訊きたいこともあるし、君の意見も遠慮なく出してもらいたいから随時打合せてくれと云った。翌日大蔵大臣の出勤がないと聞いたので、夕刻帰宅の途中立ち寄って夫人に尋ねて見たら、昨夜の長い御話で疲れたと見えて今日は休んでいますが、病気ではないから明日は出勤するでしょうと云うことであった。私は深く高橋氏の熱意に感激した。これを端緒として高橋氏に対し、個人的意見を開陳し得る機会が多くなった。又一般政策進展の重要階段においてしばしば高橋氏から参考としての意見を求められた。容れられたのも、容れられなかったのもあるが、話はすこぶる自由に出来た。但し直接日本銀行の職責に属する案件については、もとより行内審議の結果を具現するに努めたのみである。

私は日露戦争中外債募集の任務に随伴してから、高橋氏の厚き眷顧を受け、親しくその言動に接して修養にした所はすこぶる多く、広汎なる内外の時勢に関して教えを受くると同時に卑見を呈し、又山本内閣総辞職の後高橋氏が続いて政界に留まるべきや否やにつき、側面親近者としての冷静な判断を求められたこともあるが、実は日本銀行に関係ある政策上の意見を以て高橋氏に深く接触したことは多くなかった。高橋氏の日本銀行在職中は私の地位が低く、その後政治家としての高橋氏に対し、日本銀行の案件について漫に私見を呈することは私の敢えてせざる所であった。なお通貨政策の方向に関して私の所見は必ずしも高橋氏と一致し得なかったのである。しかるに金解禁終止後において高橋氏から意見を求められることが多くなったのは如何なる因縁であろうか。惟《おも》うに、金解禁中は兌換制度維持の必要上大体の方針として通貨の発行を抑制しなければならなかった。その結果として金融は緊縮に傾き、末期に至って梗塞の状態を呈した。これを打開することが金輸再禁止主張者の希望する重点の一であったので、政策転換の結果として世間の期待する所は反対の極端に走る。騎虎の勢い、通貨の価値と信用とを維持すると云うが如きことは全く閑却されるかも知れない。私はこれを懸念し、その重大性を痛感したるが故に、平生の流儀を破って、組閣前高橋氏の考慮に訴えたのである。しかるに高橋氏は前記の如く直にその趣旨を是認し、且つ金輸再禁止後もなるべく金と通貨との連繫を保存したいと云う意向であった。しかしてその後の接触により私の感受せる所によると、金を基礎とせざる通貨の価値と信用とを維持するには妥当なる通貨政策を以てするの外なしと云うことに早くも着眼したらしい。通貨政策上産業発達の幇助に重きを置くは高橋氏の持論であった。そうして通貨に対する信用が伝統的に鞏固なりし我が国情の下においては深くこれを顧慮するの必要を感じなかったのであろう。しかるに金解禁の紛争後は通貨の信用の動揺なきを保し難き情勢を直視し、これを防止する方面にも重きを置くに至ったのであろう。私は通貨の信用を維持することが原則として経済発達及び生活安定の要件たることを信じ、金本位制離脱後においては、生産力と通貨との均衡を主たる目標として通貨の運営を按配すべしと云う見解に傾いた。ここに高橋大蔵大臣のために多少の貢献をなし得べき因縁を生じたのであろうと思う。高橋氏は、産業と通貨との関係を種々の機会に種々の方面より考慮したる外、世界戦争後のドイツの実例を大蔵省の資料によって研究し、通貨の安定が社会秩序の維持のために必要なることを痛感したと、後日私に語った。

実際高橋大蔵大臣の財政経済政策は、金解禁政策の結果たる方向を革《あらた》めながら、急激なる変動を避けて徐々に進行した。産業振興の幇助を主眼として、通貨の補充、金融の緩和、低金利の誘導等に力を注ぎたるも、一部の要望に迎合し、通貨の発行を放漫にして目前の効果を急ぐと云う如きことはなかった。兌換券保証発行の限度を拡張し、限外発行の税率を低下し、必要に応じて容易に通貨を増発し得る途を開いたけれども、その運用はこれを日本銀行の裁量に任せて慎重を期した。世上には高橋大蔵大臣の施為を不徹底なりとして非難するものもあったが、貨幣制度上の大なる変動ありしにかかわらず、その際経済上、社会上の混乱を醸すことなかりしは、高橋氏の慎重なる用意に負う所が多い。しかして産業は漸次回復進展を続けた。

金解禁により過度に縮小したる通貨を妥当に補充するの手段は最も苦心の存したる所にして、弱体産業に日本銀行から直接資金を供与するのが最捷径であったが、それには悪影響の憂慮すべきものがある。健全なる資金の需要は産業振興の後にあらざれば起らない。先ず生産力の活動を促すために日本銀行資金の放出により一般購買力を増加することが必要なのであった。これに関連して、商業手形融通に直接進出を試むることが何時も問題になるけれども、多年に亘る金融市場の慣習を破り、一般銀行と競争するの得失も考え物である上に、到底短時日に著しき効果を期し難い。むしろ日本銀行の国債売買によって金融市場との接触を密にすることが機宜の処置である。他日売買併行し得るようになれば尚更結構であるが、当面買の一方で資金放出の目的を達する。とにかく通貨補充の必要に応ずる程度において国債を買入れれば宜しいのである。実際日本銀行は金融の状況と取引先銀行の事情とにより多少の国債を買取った例もある。私はこれを参考に供した。高橋大蔵大臣は頻りに日本銀行と金融市場と密接するの必要を切言するので、私は国債売買即ち市場接触であると弁じた。この考え方を更に押し進め、日本銀行の国債引受発行を創意的に工夫したのは高橋大蔵大臣である。私の所説たる国債買入の代りに新発行国債の引受となったので、通貨補充の見地よりして帰する所は同じである。そうして、通貨補充の外に、満洲事件のために必要とする国債の発行を容易ならしむると、金利水準を低下するとに効があった。即ち一石三鳥の妙手であった。日本銀行は大蔵省側から協議を受けてこれに同意したが、同時に通貨補充、金融緩和の目的を相当に達した上は、引受国債を売出して通貨の回収を図るべきことを主張した。日本銀行の国債引受に「一応」と云う条件が附せられたのは、この主張の趣旨が認められたのである。日本銀行の国債引受発行は昭和七年〔1932〕の下半季から実施されたが、年内既に金融緩和の効が現れ、市場に余裕を生じたので、実際引受国債の売却が出来るようになった。これがいわゆる国債の消化で、爾来財政及び金融上の一指標として世間の重視する所となったのである。

日本銀行国債引受発行の方法は著しき効果を挙げたが、高橋氏は当初よりこれを一時の便法と称していた。即ちこれを財政の常道とするではなく、金融梗塞の結果国債公募の困難なる際に財政上の必要を充たすと同時に、日本銀行資金の注入により購買力を増加し、萎靡せる産業に刺戟を与うるための臨機処置に過ぎないと云う意味である。産業の振興に伴う政府歳入の増加と財政の調整とにより、漸次に歳入の欠陥を減少し、日本銀行の引受による国債の発行を解消せんことを期した。国民資力の増進により公募が出来るようになれば国債の発行は必ずしも避けるに及ばない。又担税力の増大したる上は増税も考慮すべきである。只当面の目標としては国力の培養と財政の調整とに重きを置かざるを得ない。国力の培養にはあらゆる努力を集注した。財政調整の一端は国債発行漸減の方針に現れた。高橋大蔵大臣の財政計画には、日本銀行の国債引受発行と国債発行の漸減とが最初から趣旨として併行していたのである。昭和九年〔1934〕度及び十年〔1935〕度の予算編成にそれが実現した。世上ではわずかに数千万円の金額が歳計予算上の重要問題として取扱われたるを見て、軽重の錯誤だと嘲笑するものもあったが、高橋氏としては、比較的僅少なる計数に拘泥したるにあらずして、財政計画の骨子たる方針を固守したのである。

又世上では、日本銀行引受国債の消化の順調なるを見て、その影響の憂慮するに足らざるを説くものもあった。即ち日本銀行が国債代金として放出する資金は恒久的に循環して日本銀行に帰還すべきが故に、引受発行は多々益々弁ずと云うが如き論法であった。これに対する検討は微細に亘るにあらざれば徹底し難いのでここに言及しないが、高橋氏は、日本銀行の国債引受を続行して止まる所がなければ、何時かは通貨の状態を悪化するであろうと主張して、財政計画の方針を革むることを肯んじなかった。これは私の共鳴する所であった。

しかしながら高橋氏はもとより観念論に立脚する人ではない。金輸再禁止後における財政経済政策の期する所は、通貨制度の方向転換に際して先ず局面を収拾し、紛糾動揺を防いで堅実に財界を立て直すことであった。更に将来に向ては、国家の進路に非常の努力を要するの時機あるべきを思い、基礎的国力を整備し、余裕を留保することを期したのである。私はこの心構えをしばしば高橋氏から聞いた。過去の一時期における政策はこの見地より批判せらるべきである。もし高橋氏が国際政局の進展に応じ、統制経済によって国力を発揮すべき時機に際会したならば、その着眼は如何なる方向に動いたであろうか。これは別問題として残るべきはずである。戦時財政上の非常手段として中央銀行の通貨発行権を使用するは避くべからざる所にして、その際政府貸上金又は公募国債背負込の形を以てこれを負担するため摩擦を起すのが最も多い例であるのに、日支事件の拡大により巨額の国債発行を必要とするに至るや、日本銀行国債引受発行の方法既に存したるが故に、その利用を拡大するだけで摩擦なく戦時財政に移り得た。高橋大蔵大臣が一時の便法として条件付に創始した所の方法が、戦時財政の要目として、長きに亘り効果を発揮するのも奇縁と云うべきであろう。重大なる非常の時機においては通貨の状態よりも更に重しとすべきものがあるに違いない。随って高橋氏の当初考えた如く、日本銀行の国債引受発行を条件付に限ることは出来ない。多少の悪影響もやむを得ないとすべき場合があるだろう。実際甚だしき悪影響なく数年を過ごしたのは幸いとすべきであるが、それ故に当初の懸念が無用であったとは云えない。悪影響の顕著ならざるは、物価の公定及びその他の統制により自然の動向を牽制中和し得たからである。そこに大なる事情の変化のあることを認めなければならない。

金利水準の低下は高橋氏が産業振興の方策として重きを置いた施為の一である。私も進んでこれに同意した。金解禁政策の結果として起った金利の暴騰を整理するの必要ありしことは云うまでもなく、元来我が国の金利水準は異常に高くして産業発達の妨害となっていたのだから、金本位制の束縛を脱したる機会にその低下を図るは当然である。国債の引受発行により日本銀行から資金を放出して金融を緩和すると同時に、郵便貯金及び国債の利率を低下して市場を誘導するのがその手段であった。公募の場合には市場金利を参酌して国債の利率を定めなければならぬが、日本銀行引受発行なるが故に、国債の利率を妥当に定めてその影響を市場に及ぼすことが出来たのである。その利率は先ず五分より四分半に、次いで四分に低下せられた。日本銀行の割引歩合はこれと併行し、昭和六年〔1931〕末の日歩一銭八厘より昭和八年〔1933〕七月の一銭まで引下げられ、市場も漸次これに追随した。産業資金の利子負担も主要諸外国に比し、ほぼ均衡を得る程度となった。ここにおいて高橋大蔵大臣は金利問題を再検討したのである。国債の引受発行による日本銀行の資金放出を一時の便法なりとすれば、産業資金の源泉は長くこれに依存すべきにあらずして、窮極国民の資金蓄積に待たなければならぬ。資金蓄積の動機を維持するには相当の利子所得を以てしなければならぬ。零細なる資金蓄積者の利益を擁護することは社会政策上からも必要である。既に産業資金の利子負担が大いに軽減せられた上は、翻って資金蓄積の方面を考慮しなければならぬ。又金銭資産に相当の利潤を保障することは通貨の価値と信用とを維持するためにも必要である。これ等諸点の検討に私も参加せしめられたのであるが、一般経済上の施設により自然に低金利の進行を図る方針は変らないけれども、国債利率を更に低下して市場を牽引することはしばらく見合せることに決定した。これに対する世評は区々であったが、主要の論点は当時の事情の下において財界の安定に重きを置くの当否と云うことに帰すべきであろう。

外国為替の問題も、経済発達の素地を固むる政策の一部として綜合的に考慮せられたものであるが、記述の便宜上しばらくこれを引離して置いた。旧貨幣単位による金本位制の回復が失敗に終った上は、為替相場の下落は避くべからざる所であるのみならず、或る程度まではこれを希望すべき理由もあった。しかしながら当時の事情において、もし自然の成行きに放任するならば、為替相場の下落は何処まで行くか判らない。その停止する所を知らなければ、通貨の価値と信用との失墜を来たすであろう。私はこれを憂慮したる故に、為替管理に関する意見を組閣前高橋氏に述べて置いたのである。その後早き機会において同趣旨を重ねて詳述したので始めて問題として考慮を払われるようになった。只財界及び政界の一部においては、一途に為替相場の下落を歓迎する空気が濃厚にあった。或いは感情的にこれを痛快なりとし、或いは漠然として変化を喜び、或いは景気好転の契機としてこれに望みを掛けた。殊に金解禁中買為替に向ったものにとりては、なるべく下落の大なるを利益とすべき明白の事情があった。しかして何れも公に理由として唱うる所は、輸出貿易のために為替相場の低きを便利とすると云うにあった。高橋氏は為替相場の激甚なる下落を好まないが、特に人為的の工作を加えずとも、国際収支の出合により、自然に国力相当の位置に落着くだろうと云う見解であった。これは外国為替の一般理論で、もし資本逃避さえなければその通りになるべきはずである。しかしながら通貨価値の不安定に伴う資本の逃避は世界戦争後の顕著なる事実にして、我が国でも金解禁の紛争を繞って資本逃避を敢えてする気分が濃厚になった。もし為替相場が一層下落を続けるであろうと見込を付けるものが多ければ、正常の国際収支関係を逸脱せる外国送金の需要が起り、それが更に為替相場下落の原因となって重畳進行する。国力相当の位置と云う限度は立たない。その結果通貨の信用は脅威される。輸出貿易は一時これによって便宜を得るであろうけれども、甚だしきに至れば、多量の輸出物資を少量の輸入物に換えることに帰する。それは即ち国力の消耗である。この勢いを阻止すべき手段の一は、在外資金の売却によって為替相場を維持し、買方の思惑を圧倒するにあるが、金解禁中の為替統制売が失敗した程だから、到底これを実行すべき余力はない。この際為替相場の崩潰を防ぐの途は為替管理のみである。以上は私が種々の機会に高橋大蔵大臣に呈した意見の綜合である。その間為替相場は動揺裡に急激の落調を示し、対米四十ドルを割ったのは金輸再禁止直後で、昭和七年〔1932〕上半季中最低二十六ドル二分の一まで下がった。高橋大蔵大臣はこの実勢に鑑みて為替管理の必要なることを認めたが、この点においても実行はすこぶる慎重に漸進的であった。即ち先ず制定されたのは資本逃避防止法で、資本逃避の取締に関する限り政府は広汎なる権限の委任を受けた。それは昭和七年〔1932〕七月一日から施行されたが、省令による実際の取締には権限の小部分を行使したのみである。なるべく取引の自由を制限せず、為替業者及び一般の自粛に待つと云う趣旨であった。それで露骨の資本逃避は抑えられたが、脱け途は多くあって、為替相場の落調は止まない。私は為替管理の強化を主張し続けた。しかしながら摩擦を避けるためにはやはり漸進の方が好かったのであろう。

高橋大蔵大臣は、昭和七年〔1932〕晩夏の頃より静養のためと称して長く葉山に滞在したが、実は政策について想を練る積りであったらしい。私には何でも意見のある所を詳しく文書にまとめて見せてくれと希望した。私は、養嗣子たる実孫が瀕死の病態にあったので、なるべく宅にいるのが都合よく、さりとて絶えず看護の必要もないから、その隙を利用して長文を綴った。外国為替に関するものを送ったのは九月二十二日、即ち孫の死ぬ四日前であった。資本逃避の取締を一層厳重にすべきこと、単に直接の資本逃避のみならず、為替取引の全面に亘って取締を要すること、政府の指令又は当業者の申合せにより為替相場の規準を定むべきこと等を主要の点とし、理由と実行方法とを具して述べてある。単なる法令又は申合せによって為替相場を安定せしむることの出来ないのは、物価の場合と同じく一般の道理である。しかしながらそれは取引の自由を前提とするからである。既に管理を必要とする実情にあるならば、規準の範囲においてのみ取引を許すの程度に自由を制限しなければならぬ。即ち統制経済の一部となるのである。我が国の為替管理は日支事件後に亘り、大体この線に沿うて進行したように思われるが、昭和七年〔1932〕十一月二十五日関西銀行大会において高橋大蔵大臣が為替取締を強化するの決意を声明したのはその第一歩であった。同月中旬為替相場が対米二十ドルを割ったので、もし当業者等の自制により下落の勢いを止め得るにあらざれば政府は法制及び実施の手心を峻厳に革《あらた》めてこれに当るべしと云うのであった。この声明は大いに一般の自制を促し、又政府の強硬なる決意により最早甚だしき為替相場の下落なかるべしと云う見据がついたので、思惑の動機も減殺された。為替相場はこの時よりして対米二十ドルを少し超ゆる位置に一応安定し、事実上規準に似たものが出来た。次いで昭和八年〔1933〕三月資本逃避防止法の代りに一層広汎なる外国為替管理法が制定せられ、爾後数次の法律改正と実施の強化とにより管理の進展を見た。為替取引は甚だ窮屈になったが、為替相場の下落により通貨の価値及び信用を脅かさるる危険はなくなったのである。

ロンドン国際経済会議

（一）受命の経緯

昭和八年〔1933〕四月十一日の夕、私が国際法学会の研究会に出席していた時、高橋大蔵大臣から電話で至急来邸を求められた。その用件は、石井菊次郎子が政府を代表して米国政府との会商及びロンドン国際経済会議に臨むに付き私にも同行を望むと云う斎藤総理大臣及び内田外務大臣の意嚮を伝えるのであった。石井子が特に私を指名したのだと附言せられた。高橋氏自身はどう思われるのかと訊いたところが、自分も無論希望すると云う答えであった。私の資格については、正式会議開催のときは全権委員の一人たるべく、もう一人の全権委員はロンドン駐箚《ちゅうさつ》大使松平恒雄氏であると知らされた。私はしばらく確答を留保して置いて、翌日内田外務大臣の直談を聴き、関西へ旅行中の土方総裁と電話で打合せ、その同意を得たる上、受諾を回答した。

ロンドン会議の計企は、当時既に我が国の新聞にも伝えられ、通貨の整理、為替の安定等を主たる議題とするものの如く窺われた。私はジェノヴァ会議以来の内外情勢により、これ等の問題について有効なる国際協定に達することは恐らく不可能であろうと云う予感をもったので、自ら会議に臨むことを躊躇する気分もあった。しかしながら内田外務大臣の話を聴いて見ると、今度の会議はすこぶる大規模の盛儀となるらしく、我が国はその中に大国たる地歩を占め、国際連盟脱退にかかわらず、依然国際問題に寄与するの意気を示したい、会議の成果は如何にあろうとも、右の趣旨に相応する態度を以て善処するには、議題たる問題に理解ある人を要する、石井子が希望の同行者を指名したのもこれがためである、と云うことであった。私が果して期待に副い得るや否やは疑問であるが、内田氏の趣旨には共鳴した。又金輸出再禁止後我が国の為替相場の下落と輸出貿易増進とが併行せるを以て国際経済の脅威なりとするが如き風潮も外国の或る方面に見えるので、為替安定を名目とする協議には、我が国を拘束せんとする意図があるかも知れない。それには余程用心して応接しなければなるまい。これに当るのは意義ある仕事であるかも知れない。私は以上二つの理由によって受諾したのである。

国際経済会議には通商、交通等の議題が必ず上程されるであろうから、政府側の専門家は勿論、その外に、経済界からこの方面の有力者を参加せしむるの望ましいことを、私は内田外務大臣及び石井子に注意した。そうして門野重九郎氏を推薦した。同氏も全権委員となることを私は期待したのだが、それは政府の都合で実現せず、顧問と云う資格で実際全権委員同様内議に参加すべきこととなった。

出発前私は政界、経済界及び言論界の人々に出来るだけ広く接触して、外交及び国際経済に関する諸方面の意嚮を察するに努めた。陸海軍の立場及び希望については、当局者より打解けた懇談を希望され、荒木陸軍大臣、柳川陸軍次官、小畑敏四郎氏、大角海軍大臣、高橋三吉氏（大将）、藤田海軍次官、寺島軍務局長、その他要路の人々と数次の機会に話合い、私の認識を深めると共に、この方面に多くの新面識が出来た。高橋大蔵大臣には具体的の問題を挙げて意見を求めたけれども、方針は既知の通りだから臨機裁量せよと云うのみであった。土方総裁とは問題の予想される限り打合を遂げた。

（二）ワシントン会商

五月四日石井子と同船で横浜を出帆し、サンフランシスコ経由で、二十三日ワシントンに着いた。最初から随員として一行中にあったのは、日本銀行調査局長洪純一氏、調査役北代誠弥氏、外務省の宇佐美珍彦《うずひこ》氏、久保田貫一郎氏、大蔵省の飯田九州雄氏、農林省の井出正孝氏、商工省の本郷寿次氏等である。駐米大使出淵勝氏、財務官津島寿一氏、大使館参事官武富敏彦氏、日本銀行ニューヨーク代理監督役岡田才一氏、横浜正金銀行ニューヨーク支店長園田三郎氏等は米国における諸般の要務に参加した。岡田氏は私のために諸般の資料をまとめて置いてくれた。津島氏は引続いて随員としてロンドンの会議に参列した。

世界情勢の最近経過並びに前記滞米諸氏の蒐集した情報を綜合すれば、今回の会議の発案せられたる事情はほぼ明瞭に推察し得る。世界戦争後における経済上の全面的困難は、他の関係において既に述べた如く、生産力の過剰に苦しむ国と、物資の欠乏に苦しむ国との間に有無相通ずる途のなかったことである。生産力過剰の側において最大有力国たる米国が世界経済復興のため大規模の資金供与に乗り出すに至って、右の難局を打開するの端が開けた。これに伴って貨幣制度の整理も大体ジェノヴァ会議の指示せる線に沿って進行した。英国は、通貨安定の結果世界金融の中心としての活動を再び盛んにし、外来資金を多く吸収し得たので、戦争による疲弊を突破して他国に資金を供与する余裕を生じた。資金を供与すると云うのは畢竟被供与国の購買力を増加し、これに対して供与国の物を輸出することになるのだから、生産力の余剰ありし資金供与国の貿易及び産業は活躍し、被供与国は物資の輸入により当面の欠乏を補い、又は生産設備の復興に資することが出来たのである。かくして世界経済は回復に向い、数年にして大景気を呈するに至った。米国がフーヴァー大統領の下に恒久の繁昌を誇ったのはその時である。しかしながら大量の国際的資金融通は必ずしも無限に重畳持続することを期すべきでない。資金供与が減退に傾くに至って情勢は再び悪化した。殊に短期資金の融通を受けていたものは継続不能のために先ず破綻を呈し、それが一般に不安を醸し、資金融通の停頓を招く契機となった。英国は資金供与国の側にありながら、その資源たりし外来資金の引揚に堪えずして、一九三一年（昭和六年）再建金本位制を離脱するのやむなきに至った。多数の国がこれに追随して通貨の再動揺となった。その結果として信用取引の不円滑及び貿易の不振は益々甚だしくなった。即ち国際的資金融通に依存せる好景気の終止である。単に好景気の終止であるのみならず、新たなる世界的大不景気の襲来であった。

この変転に際し、当面最も甚だしき苦痛を感じたのは、資金の供与を受けて来た国よりも、むしろ供与者たりし国であった。被供与国には対外債務の重圧が残ったけれども、それは当分不履行のままで過ごすことも出来た。新規融通が絶えたのと、自国産物の輸出が減少したので、従来の如く多くの物資を輸入し得ないけれども、生産設備の回復又は改善が幾分出来たから、概して世界戦争直後の如き甚だしき窮乏はなかった。資金供与国の側では、対外債権の全損又は凍結が多いために覿面に打撃を受けた。対外投資損失の結果たる国内購買力の減退と、国際信用取引の不円滑による輸出縮小とのために、物価は暴落し、産業は経営難に陥り、失業者は激増した。この共通の悩みの中にありて、英国の特殊事情は国際金融の中心として獲る所の利益が著しく減少したことであり、米国は対外投資損失の巨額なりしと、好景気の時期において拡張されたる厖大なる生産設備の不用に帰したるとにより、苦痛の程度が殊に著しかった。フランスは世界戦争後主として固有の自力を以て徐々に国内経済復興を進め、自国人在外資産の帰還するもの並びに外国より新たに資金を寄託するものの多かりし故に整理後の貨幣制度は比較的安定し、対外投資は特に政治上の理由を以てせる少額に過ぎなかった。それで再度の不景気時期に入っても、一般貿易不振の悪影響を受けただけで、直に甚だしき苦痛を感ずることはなかったようである。外国資金の融通を受けた側でドイツは特殊の立場にあった。融通を受けた額は最も多く、その一部を賠償支払に充て、残余を以て諸般設備の拡張に驀進した。当面の需要に応ずる生産よりも将来のための設備に重きを置いたようである。その計画が資金融通杜絶のために停頓したのだから打撃は大きい。それに貿易不振の影響も加わって、一時殷賑の観を呈したる方面の産業も挫折し、賠償支払の重圧なお解けずして、一般国民生活は益々困窮に陥った。日本は世界戦争中に蓄積されたる資力と新規の外資輸入とを以て国民生活の維持、産業経営の発達に資し、行路難関なきにあらざりしも、金輸再禁止後の為替相場下落により外国市場における日本商品が一時割安となり、不景気地方の廉価歓迎と照応したるため、例外的輸出貿易の躍進を見ることとなった。

以上が昭和八年〔1933〕の初頭における主要国経済の概観である。米国は経済力の根底に異変を生じたるにあらずといえども、当面の打撃甚大なりしために金融界の動揺を来たし、終に三月初の大恐慌となった。対外投資及び産業資金の損失に関する流説により全面的の預金取付が起ったのである。そうして通貨を保有するもまた不安を免れずとして金兌換を請求するものが多くなった。あたかもその際に就任したルーズヴェルト新大統領は応急の措置として一と先ず全国の銀行を休業せしめ、金の兌換及び輸出を禁止した。その後銀行は政府の援助の下に漸次に開店し、金に関する禁止事項はやや緩和せられたけれども、種々の制限が残って、たとい一時的にもせよ金本位制を離脱せる実状となった。この難局を打開するために、国内的施設の計企されたことは云うまでもない。これと併行して国際的方面に考案されたのが経済会議である。最初の首唱者はルーズヴェルト大統領で、英国は協議の上招請国たることを引受けたものと一般に信ぜられている。難局の真相は広く一般経済上に亘るのであるが、手近に見える所では米国における金融上、貨幣制度上の問題として爆発したるが故に、これを主たる議題とするように傾いたのであろう。

私は上記の大体観測に基き、如何なる交渉を受けるかを種々に想像しつつ米国側との会商を待ち構えたのである。ルーズヴェルト大統領は正式会議に先立ち、主要国の代表者と非公式の話合を遂げんことを希望し、日本は最初からその意中にあったのだが、旅程の都合で英仏等の後になったのである。

五月二十四日即ちワシントン着の翌日大統領を公式に訪問し、続いて午餐の接待を受けた。日本側の参列者は石井子と私との外に、出淵、津島、武富の三氏であった。ルーズヴェルト氏は夫人と共に玄関に出迎え、その場の写真を撮るとき、夫人も加わって群像の形を好くするように自ら配列方を工夫した。後は男だけの会となった。儀礼交換の言辞はここに挙げない。食卓で私はハル国務長官の右に席を与えられ、一時間余二人ともほとんど食を口にすることを忘れて話し続けた。日本の経済事情に関する一般的質問もあったが、ハル氏の主として期する所は、日米間に商議すべき要目を挙げ、社交の間に予備的交渉を試むるにあったらしい。私には大概予定の見解があったから即時相当に応答した。それ等の点については後に一括して述べる方が便宜である。なおこの時ハル氏の出した話題で、後の会商の具体的題目とならなかった一つの点は、国際通貨の設定は可能なりやと云うことであった。余りに講座的な問題であるが、訊く人が訊く人だから、簡単に片付けるのも失礼かと思って、金は国内通貨に似たる作用を国際的に演じつつあるけれども、制度として国際通貨を設定することはほとんど不可能ならんと云う見解を説明した。国際通貨設定説は、為替安定策の論議される際にしばしば擡頭するものであるから、当時も米国の一部にその説があったのかも知れない。ハル氏は自ら貨幣問題には初心だと笑って語った。次に私の方から出した話題の中にここに挙げて置くべきものが一つある。それは、国際経済の難局を打開せんとする場合に、貨幣、為替等の方面に万能薬を求めんとするの妥当ならざることである。貨幣制度の改善、為替相場の安定等にも努力すべきであるが、同時に経済の実体たる物資の生産及び分配につき各国の事情と国際的関係とを慎重に考慮しなければならぬ。私はジェノヴァ会議以来の推移に遡ってこの所見を開陳した。今度の経済会議を繞る一部の風潮に対していささか諷示する所あると共に、或いは後日我が国の為替上における立場を擁護するための伏線となるかとも思った。

ハル氏は私の趣旨を首肯し、自分も通商問題の重要なることを感じていると語った。

二十五、六の両日国務省で会商が行われた。日米双方からの参列者は数人ずつで、ハル長官が座長席につき、この非公式会商における言説は将来を拘束するものにあらずとして自由なる意見交換を希望し、貨幣、為替等の問題については、主としてジェームス・ウォーバーグ氏（James Warburg）をして米国側の発言たらしめると宣した。日本側では私と津島氏とがこれに応対し、通商問題は門野氏未着のため、出淵、武富の二氏が主として応対した。

右のウォーバーグ氏は、私が日露戦争の時に面識となり、軍備制限会議以来親交を結んだポール・ウォーバーグ氏（「高橋是清氏に随伴せる外国勤務」の章、「ワシントン会議とジェノヴァ会議」の章参照）の子で、父の青年秘書として私との接触もあった。ポール氏は銀行家として、又貨幣学の一権威として重きをなした人で、ジェームス氏もその伝統を承け、ルーズヴェルト大統領の智囊の一人として頭角を表したのである。私の着後直に旅宿に尋ねて来て、今度の会商では多分談議の相手となるだろうと挨拶してくれた。私はこれまでの国際会議で後方勤務のみに当って来たので、表面会議の席に臨むには少し気おくれの感があった。しかるに初舞台の直接相手方が旧知の人であり、且つ私は叔父さん格の立場におれるので、すこぶる楽な気分になった。これは全く思い設けざる仕合せであった。ウォーバーグ氏はその父と私との通信を整理していたこともあるそうで、会商の後、きょうは親爺の談義を聴くようだったと語った。

会商に現われた米国政府の意図は、為替の安定及び貨幣制度の整理改善により世界経済の回復発展に資せんとするにあった。金本位制の維持を目標とする点において依然ジェノヴァ会議の思潮を承くるものだが、これを一層実行し易きように革《あらた》めんことを期し、改正金本位制と云う呼称を掲げた。それが果して世界全般の実情に適合したるや、否やは、最初から疑問の存する所であったが、当時の米国の国内事情において一応この着眼を生じた経路は看取するに難くない。米国は拡大されたる生産設備を有効に働かせるために、資金の供給を豊かにして購買力を増加し、低落せる物価の回復昂騰を誘致するの必要を感じた。その手段として金に依らざる無節制の通貨発行を主張したものもあるが、ルーズヴェルト大統領は健全通貨を政綱の一として当選したのである上に、米国の金保有高は巨大であるから、通貨の金基礎を抛棄すべき理由が立たない。しかしながら多数の国が金本位制を離脱せる中に、米国がこれに固着するならば、国内物価騰貴の暁に、ドル貨の対外価値はこれに伴って下落せず、物価と為替相場との間に不均衡を生じて、米国の輸出貿易は衰退するであろう。それでは生産設備の利用が充分に出来なくなるから、これまた米国の苦痛とする所である。そこで米国自ら金本位制を緩和して、通貨の金基礎を維持しながら通貨の増発を容易ならしむると同時に、同型の貨幣制度のなるべく広く行われんことを望んだのであろう。そうしてその実現は早急に期し難い故に、差向き為替相場の協定により暫定的の効果を狙ったのであろう。世界経済の肝煎を以て自任する意気の発露たるにも相違ないが、米国のためにすこぶる都合の好い考案と云わねばなるまい。

為替相場の協定については、英仏が趣旨に同意したと云うことを米国側から聞かされ、国際経済上有力の立場にある日本がこれに参加すれば一層効果を大にするだろうが、意嚮如何と尋ねられた。具体的の方法如何と問い返したけれども要領を得ない、今後の協議に待つのだと云う。私は、一応為替協定相談の仲間に這入って置くのが、各国の事情及び意嚮を知るために便宜であるかと思ったけれども、引摺られて不利の拘束を受けてはならないし、協定不成立の責を帰せられるのも迷惑であるから、早く立場を明らかにするに如かずと決意した。兼ねて石井子から貨幣問題に関する限り裁量の一任を受けていたので、即座に応答した。日本は為替の安定を希望するが、如何なる点に安定せしむるを妥当とすべきかは未だ判定し得ない上に、国際収支の関係上協定の実行を確保すべき自信がないから、責任を以て正式参加する訳に行かない、只なるべく妥当の点に安定せしむるよう自発的協力を吝《おし》まない。これが私の表白せる日本の立場である。これに附随して、金輸再禁止後の我が為替の暴落は主として国際資金移動の関係による自然の成行きにして、輸出貿易増進を目的として計画的に下落せしめたものでないことを説明した。只為替相場下落の際国内物価がこれに伴って暴騰することなきように政策の舵を採って成功した。輸出貿易の増進はその結果である。しかしながら為替相場の下落による輸出貿易の増進は決して無限に持続するものでなく、貿易上需給の関係により妥当の点に帰着すべきはずである。もし何等か特殊の原因により為替相場の下落が累進するならば、それは国力の消耗を意味するものにして決して喜ぶべきことではない。我が国はこれを防止するために為替取締を行っているのである。私はこの筋合を力説した。我が国の輸出増進を為替投売なりとして非難する声は米国その他においてすこぶる高く、会商の席上では露骨の言及なかりしも、暗示的含蓄ありしが故にこれを弁明したのである。かくして我が国は為替協定問題と絶縁し、その後ロンドンへ持越されてからも正式の交渉を受けなかった。只自発的協力を辞せざる意向を表明して置いたので、これに関する協議の推移を側聞し得る立場にあった。

改正金本位制案の全貌は会商の席上に示されず、只その要点と思われるものが個々に話題として提出された。主として米国の事情に即して考案されたもので、これを実現すべき国際条約を結ぶ積りなのか、はた又ジェノヴァ会議の決議の如く、単に一般の規範として認められんことを希望するだけであるのか、判っきりした言明はなかったが、私は拘束力ある条約の成立することは到底あり得ないと思ったから、強いて米国政府の期する所を確かむることをなさず、又我が国の立場を表明する必要も感ぜず、単に金本位制に関する研究として最善の寄与をなすべきことを約し、話題となった米国側の見解に対し批判を加えた。ここに詳述するには及ばないが、一つの例は比例準備制の問題である。米国側はこれを理想的最善の通貨発行方法として前提しているのに対し、私はその弱点を指摘し、むしろ反対の傾向を示したので、大いに議論の花が咲いた。その他ワシントン会商の話題は大概ロンドン会議の議題となったのであるから、その時にまとめて言及するであろう。只銀に関する問題だけはここに挙げて置く方が便宜である。米国側は銀を発行準備に加えることを熱心に希望した。それは金本位制の建前から一般に推奨すべきことではないが、米国にはこれを重視すべき国内政治上の事情があると推察されたから、私は、一国の事情により準備中に僅少の銀を入れても差支えあるまいと軽く応酬して置いた。又米国側の銀準備説は銀価引上策の一部であるから、私は日本も対支貿易の関係上銀価に関心をもつということを抽象的に言明した。ロンドン会議において銀準備説を貨幣制度に関する決議中に取入れんとする米国案は他国の反対により終に消滅したが、審議の進行中日本側はこの問題に深入することを避けながら、大体ワシントン会商で私の執った態度を持続した。その間米国全権委員中の有力者にして銀支持者の魁たるピットマン氏（Pittman）は日本側の態度を徳としたるものの如く、私との接触も密になった。他の点で私の重きを置ける主張を米国側が意外に好意を以て考慮したのも幾分これに関係があるかと思われる。

会商を終えて暇乞の訪問をしたとき、大統領から私に、あなたの貨幣問題に関する意見の有益なりしことをハル長官から聞いたと云う挨拶があった。石井子はワシントンにおいても、その後ロンドン等においても、会商又は会議以外に、外交問題の上で重要の任務を遂げた。私にも我が国の一般的立場を宣明すべき多少の機会があった。しかしながらそれ等はここに収録すべきものでない。通商等の問題についてはワシントンにおいて出淵、武富の両氏、ロンドンにおいて松平、門野の両氏に重要の執掌があったことをここに一括して記して置く。

ワシントンでは旧知の人々を尋ねる時間の余裕がなかったが、出淵大使の夜会で大概面接した。明治三十五年〔1902〕以来の友人にして軍備制限会議の時に特に親切を尽してくれたハムリン氏だけには特に訪問して敬意を表した。

二十八日にワシントンを去ってニューヨークに行き、ここでは旧知と接触することを主たる日程としたが、既に死亡したるものもあり、経済界の変転により退引したるものも多く、残る所は少なかった。そうして金融界の人々は概して業務上の不評判又は政治上の圧迫のために気勢甚だ揚らず、殊に時勢を談ずることを避くるものの如く、指導者を以て自ら任ずる往年の意気は見るべくもなかった。随って私がこの方面より獲る所は多くなかった。モルガン商会のラモント氏は井上準之助氏の横死を悼んでその追懐を主たる話題とした。時勢に対する関心は満洲事件以来の日本の行動について現れたるのみ。私は辞を尽して我が立場を宣明するに努めた。連邦準備銀行総裁ストロング氏は既に歿し、副総裁として旧知たりしハリソン氏（Harrison）が後任となっていた。この人は為替協定に関する任務を以て、私と同船でロンドンへ行ったが、ニューヨーク港外自由の像の下を過ぐるとき、何処に自由があるかと私に語った。クーン・ローブ商会の幹部は全く新しき顔触となり、かつて日本来遊のときに面識となったストラウス（Louis Strauss）と云う若い人が主として業務を担任していた。この人は日露戦争当時の縁を復活し、日本の財務のために尽力する機会の来たらんことを希望した。新たに面識となった人々の内で主なるものは、シティー銀行の頭取パーキンス氏（Perkins）及びチェース銀行取締役会長オールドリッチ氏（Aldrich）氏である。パーキンス氏は日本の金解禁中シティー銀行の態度について非議ありしことを気に掛くるものの如く、日本に対する親善を表示するに努めた。オールドリッチ氏は対外投資の失敗を早く認めて整理を了したために声望を博し、政府との連絡もあって金融界に重きをなしていた。この人からは通貨問題に関する米国の国論の単一ならざることを聞かされ、ロンドン会議に臨んで参考として益する所があった。チェース銀行は他の銀行の振わざる際に日本との業務関係を一層濃厚にする意図ありしものの如く、ニューヨークにある本邦銀行商社の支店に対して懇切に便宜を図っていると聞いた。オールドリッチ氏は私と音信を続け、国際情勢に関して意見を電報し来たったこともある。

ジェローム・グリーン氏は対外投資失敗者の一人であるが、リー・ヒッギンソン商会没落の際進退の廉直公正なりしために世上の同情と尊敬とを保持した。在ニューヨーク日本協会が石井子と私とを接迎せる晩餐会で、来賓紹介の役に当り、私の経歴を述べる内に、深井氏は同志社教授たりし我が父の弟子であったと発表して聴衆を驚かした。ジェローム氏の長兄コロンビア大学教授エヴァーツ・グリーン氏（Evarts Greene）は、大正十二年〔1923〕父君の伝記編纂のために日本に渡来し、私もその時接触して多少の資料を提供したのであったが、この度再会して、コロンビア大学に日本歴史の講座を設くるの計画に関して相談を受け、取り敢えず在東京英国大使館のサー・ジョージ・サンソム（Sansom）に特別講演を依嘱することを勧め、帰朝後仲介してこれを果した。

米国の不景気は、生活の規模を小さくしたと語る人の多いこと、商業街の閑散なること、貸事務所に空室の多いこと、旅館室料の甚だしく低下したこと等、旅行者の眼にも直に看取せられる程であった。

ニューヨーク滞在中総領事堀内謙介氏の斡旋を蒙り、三井物産会社支店長石田礼助氏から貿易の状況について資料をもらい、見解を聴き、大いに益する所があった。

（三）ロンドン会議の通貨問題

六月二日ニューヨークを発し、九日ロンドンに着した。同船者中に元東京帝国大学教授たりし貨幣学者スプレーグ氏（Sprague）があった。ロンドン会議のため米国政府の顧問として行くのであった。私は敬意を表して接触を求めたが、氏は沈鬱にして多く語らなかった。そう云う性質の人だろうと思っていたが、後に顧問を辞したのを見れば何か立場の上に理由があったのかも知れない。

ロンドンにおける日本代表部では、大使館参事官加藤外松氏が事務を総括し、斎藤博氏、伊藤述史氏等が、任地より来たって参加したる外、逓信省の米田富士雄氏、日本銀行代理店監督役島居庄蔵氏、正金銀行支店長野原大輔氏、三井物産会社支店長島田勝之助、日本郵船会社支店長斎藤武夫氏、大蔵省駐在員木内四郎氏等がそれぞれ私の鞅掌せる事務を助けた。通貨問題の委員会は私と津島氏とで担当し、大使館書記官松本俊一氏は特に私のために会議上の用を弁じてくれた。

会議は十二日より開かれ、六十六ヶ国の全権委員を集め、英国総理大臣マクドナルド氏を議長とせる盛儀にして、英国皇帝の開会を以て始まり、各国代表の本会議における雄弁宏辞には聴くべきものがあったが、具体的案件を委員会で審議する段になっては、何れの方面も遅々として進まざるのみならず、何となく気乗の薄い感があった。通商については、世界的不景気の一原因が貿易の不円滑にあることを誰も認めるけれども、世界戦争後各国の生産設備が必ずしも天然の条件に拘泥せずして自給自足の方向に進み、しかして是非輸入を必要とする物のために対外購買力の獲得を切望するが故に、それぞれ自己の狭き立場において輸出の増進、輸入の防遏に熱中した。随って通商障壁の緩和と云うが如きことを広き見地より考慮するの余裕がなかったのである。通貨為替等については、議案の冒頭に、交換価値の国際的尺度として金を再建すべきことが掲げられ、次いで米国の提案と思われる改正金本位制に関する事項が列挙されていたが、既に金本位制の再建に見切を付けた国はこれに対して濃厚の関心なく、なお金本位制を維持する数国は、改正は現状の動揺を誘致するものなりとしてこれを喜ばず、何れの側も各自の国情に応じて自由に善処せんことを希望したものの如くである。ジェノヴァ会議において金本位制の再建に協力せんとする気分の濃厚なりしとは大いに趣を異にした。

開会の後幾ばくもなく、私はアストル夫人の園遊会で、第一次労働党内閣の大蔵大臣として声望を博したるスノーデン子と緩談する機会を得たが、子は経済会議に多くを期待せず、マクドナルドがどうして主催者たることを引受けたか、了解に苦しむと宣言した。ドイツ全権委員の一人たるライヒスバンク総裁シャハト氏は、自分はロンドンに来ているけれども会議には重きを置かない、会議の際を利用してドイツに対する外国債権者との協議会を催し、その方に力を尽していると私に語った。イングランド銀行総裁ノルマン氏は、会議とか、協議とか云うようなものに期待を掛けるのは政府者の流儀で、我々はそれを実効あるように助けて行かねばならぬと云った。以て会議の内外における空気を察すべきである。

私としては、会議に参列するの命を受くるときほぼ予想していた通りの事態になったのだから、今更驚くことはない。只内田外務大臣の当初希望せる如く大国の代表者として相当の地歩を占むるには、如何にすれば好いかと云うことを考えた。我が国にとりては、金本位制の回復が既に実際問題の圏外に去っているのだから、その改正案が如何なる形に協定されても切実の適用はない。只これを実施するの義務を負わざるように用心するだけで、改正案の趣旨及び条項については大勢順応で成行きに任せても宜しいのである。しかしながらそれでは会議における我が国の影が甚だ薄くなる。よって私はワシントン会商において執った態度を続け、金本位制を施行すべきものと仮定したる上、その本質及び形態に関する審議に積極的寄与をなすべく努力するのが最善であると決意した。通貨問題に関する委員会は応急措置と根本制度とを別々に審議するために二の小委員会に分れたが、私は右の決意を実現するの便宜上自ら根本制度の方面に当り、応急措置の方面は津島氏に依嘱し、重要の点について打合を遂げたのみである。同氏は銀の問題を日本の迷惑とならぬよう巧に捌いた。

金本位制の一般的実現性は乏しいが、金本位の意義を厳格に宣揚して置くことは、通貨政策上の心構えに資益する所もある。即ち私は、いやしくも金本位制を維持すべしとせば、その本質を傷つけざるように保存しなければならぬ、それが出来なくして姑息に名称に膠着せんがために通貨政策の目標を曖昧にするは却って宜しくないと云う見地に立脚した。これがジェノヴァ会議及び日本の金解禁に際して私の主張し来たった筋である。この趣旨がフランスを首とする残留金本位国の希望する所と期せずして方向を一にし、又米国側は好意を以て私の所説に耳を傾けてくれたので、大勢順応諸国の代表者からは徒らに論議を紛糾するものとして喜ばれなかったにかかわらず、大体私の希望する通りに原案を修正することが出来た。米国側の全権委員首席はハル国務長官で、会議の委員会において通貨問題の討議に主として当ったのは前記のジェームス・ウォーバーグ氏及び国際決済銀行の頭取たる米人レオン・フレーザー氏（Leon Fraser）であった。フランス側の主たる弁論者はフランス銀行副総裁シャール・リスト氏（Charles Rist）であった。英国側はむしろ冷静に傍観した。察するに、熱心に原案を支持するのではないが、なるべく無事に何等かの成果を得んことを希望したのであろう。小委員会の議長たりしオーストリア中央銀行総裁キーンボック氏（Kienbock）は好意を以て私のために発言の機会を作ってくれた。フレーザー氏もキーンボック氏も島居庄蔵氏との友人たる関係より日本銀行に親しみをもっていたので、私のために大いに好都合であった。その後キーンボック氏との交通は、オーストリアがドイツに併合された後、先方から絶えた。

審議の結果として成立した決議の形はすこぶる雑然たるものであったが、その内から抽出せる要点の意義は拙著『金本位制離脱後の通貨政策』中に詳述してある。ここに記すのは、その成立に至るまでの経過において私の関係した所を主とするのである。それは委員会席上の弁論と裏面の折衝とによって行われたのである。

交換価値の国際的尺度として金の再建せらるべきを認むること、即ち金本位制回復の希望は審議及び決議の総括前提であるが、小委員会全員の意向でその実現の時期は各国の事情によるべきことを附記したから、この点は特に私の関与を待たずして、何れの国にも自由の立場が確保せられた。

ロンドン会議の通貨問題中最も重要の事項たりし金本位制改正案に関し、私は三の点において進んで審議に参加した。第一点は比例準備制を通貨発行方法の規範として認むべきや否やである。原案は直言しないけれども、含蓄を以てこれを認むるものの如くであった。私はその得失の軽々に断定すべからざるを論じ、我が国にも比例準備制の主張者ありしにかかわらず、昭和七年〔1932〕の発行制度改正においてこれを採用せざりし来歴を述べ、敢えて他国の現制を批判するにあらざるも、これを一般規範として認むるが如き含蓄には賛同し得ずとして文言の修正を希望した。イングランド銀行が比例準備制を採用していないのだから、英国側も私の主張に反対であるべきはずがない。この問題は格別の紛糾なく私の意見が容れられた。

第二点は準備率の問題である。第一点の修正により比例準備制を一般規範とする含蓄は除去されたが、これを採用する国において準備率を如何にすべきやと云う問題が残る。世界戦争後の再建金本位制において比例準備制を採用せる国には法定準備率を最低四割と規定したのが多い。米国の原案はこれを二割五分に低下しようと云うのである。即ち同量の正貨準備を以て現在よりも多くの通貨を発行し得るようにしようと云うのである。この問題には慎重の考慮を要する点が多々あるのだが、とにかく金本位制の束縛を緩和して通貨発行力を拡大しようと云うのだから、放漫なる通貨発行を是認するものと解せらるる虞れがある。荘重なる国際会議の決議としてはかくの如き疑いを生ずることを避けるように注意しなければならぬ。通貨を金基礎に置く限り、正貨準備減少の場合に、単なる国際協定によって大衆の信用を繋ぐことは出来まい。最初原案趣旨の説明に現れたる如き心構えを以てしては、長く金本位制を維持することは期し難い。又一般に通貨の運営を妥当にするゆえんであるまい。故に私は一般通貨政策上の見地より単純に原案を賛成し難いと云う態度を宣明した。しかるに審議の進行するに随い、準備率低下案を支持する側の理由が変って来た。即ち最低準備率の低下は少量の正貨を基礎として多量の通貨を発行せんとする趣旨を以てするにあらずして、法定準備外に自由準備として正貨を保有するの余裕を大にし、主としてその伸縮によりて通貨を調節せんことを期するものなりと云う。元来比例準備制の最大弱点は、正貨増加の場合にその増加額の数倍に当る通貨の発行を可能ならしめ、正貨減少の場合には減少額の数倍に当る通貨の縮小を強制し、その変化の余りに急激なるにある。その急変による衝動を避くるには、法定準備外に自由準備を置いて緩和するの外はない。法定準備率低下の趣旨が自由準備の余裕を多くせんとするにあるならば、それは比例準備制の弱点を匡正するものであるから、私においても異議はない。只その趣旨は審議討論の間に浮き上がって来たので、恐らくは原案起草者の意図する所でなかったろうから、如何に原案文言を修正すべきやについて容易に委員会の意見がまとまらない。その間私は裏面で米国側と懇談し、原案の文言を多く改むることなく、但書を以て説明的に最後帰着の趣旨を掲記するの方法を示唆し、米国側よりこれを委員会に提出して何の紛糾もなく通過した。米国側は原案を維持したる面目を保ち、私は妥当なる趣旨の宣明を求むる立場において平生の所懐を披瀝する機会を得たのである。

第三点は内外に亘れる金の用途に関する問題である。世界戦争後は国際収支決済のためにする金の用途に重きを置き、金貨の国内流通を廃止するのが一般の慣行となった。しかしながら金兌換は金本位制の不可欠条件であるから、いやしくも金本位制を有効に維持せんとすれば、金兌換の自由を認めて置かねばならぬ。金貨兌換は廃止されても、金塊兌換がこれに代った。金塊は実際主として国際的用途に充てられるのだけれども、制度上用途の制限はない。しかるにロンドン会議に提出された所の金本位制改正案は、金の用途を通貨の準備及び国際収支決済のためのみに限るべしと云うのであった。即ち国内的用途としては準備として発券銀行に保有するに止まり、兌換は国際収支決済の目的を以てするもののみに限ることとなる。金節約の見地よりすれば、世界戦争後の慣行に一歩を進めたものであるけれども、兌換の目的を対外的用途のみに制限するが故に、国内的には通貨と金との連絡を絶つ。又兌換の目的の厳格なる鑑別は実際甚だ困難にして、これを官憲の認定に委するとすれば、兌換の自由はなくなる。それでは金本位制の本質を滅却するものではないか。私はこの質問を以て審議の端を開いたのであるが、金本位制の動揺を嫌う所のフランス側は私よりも一層熱心にこれを取上げて原案を批評し、兌換制限の問題が国際会議に上程されるだけでも現在の金本位制の信用を傷つくるものなりと極言した。又大債務国たるドイツ側は対外債務弁済のために現在保有正貨の使用を強制されるのでないかと云う疑念を抱きたるものの如く、強硬に原案に反対した。私は最初に口を切っただけで、他に熱中する人が出来たから、成行きを静観していたが、結局原案の厳格なる限定の文言は修正せられ、主として対外勘定の支払要求に応ずると云う意味に緩和された。つまり従前の慣行を認めてこれを強調するに過ぎなかったのである。

以上の諸点はワシントン会商においても話題となったのであるが、ここに一括した次第である。その後世界情勢の激変により金本位制の影は益々薄くなり、米国の態度もロンドン会議の中途より方向を転じ、国際協定に重きを置かずして無拘束に独自の政策を行うように傾いたから、金本位制改正案に関する審議討論の如きは、既に一場の昔夢となった。只当時の雰囲気中において貨幣制度及び通貨政策に関する理義を精錬したことには通貨政策上多少の意義があると思う。

通商等の方面においても我が代表部は訓令の趣旨に従って努力したが、通貨の方面と同じく、直に実効を期すべき会議の成果は多くなかった。その審議の経過に鑑みれば、国際的一般通商の疏通には大なる期待を掛け得ざる故に、今後貿易の進路として相互求償主義の適用に着眼すべきである。随って外に向っては政治関係と貿易政策との歩調を一にし、内においては輸出品の生産及び輸出入品の取引を妥当に統制しなければなるまい。私はこの所感を新聞に漏らしたために当時種々の世評を受けたが、ロンドン会議はほとんど成果の見るべきものなかりしにかかわらず、審議討論の間に現れたる時勢及び思潮の傾向には、実際政策のために参考として重視すべきものがあったのである。

為替協定の相談はワシントンからロンドンに持ち越されて英米仏三国の間に行われ、国際決済銀行頭取フレーザー氏が斡旋に努めたらしいが、国際会議の議題には上らなかった。日本はワシントン会商においてこれと絶縁したのであるが、これを公言することは関係国の迷惑となることであるから厳に沈黙を守った。この沈黙を、新聞通信の方面では、日本が協定を強いられて困っているがためと推察したらしく、私はしばしば揶揄を受けた。何も知らぬと云えば、除外されているのかと挑発して来る。これに応酬する間に私は一種の面白味を感じた。協定の相談は当初より難航で、米国の方針も種々に変転したらしく、終にルーズヴェルト大統領の反対声明によって終焉を告げた。その声明は為替協定のみならず、貨幣制度及び通貨政策上の協定をも一括して排斥するが如くに了解されたので、初めより曇天なりしロンドン会議の空気を甚だしく悪化せしめ、一時は文字通りの決裂を来たすかと思われる程であったが、それまでに各委員会の議了した案件を急遽にまとめて本会議の決議とし、七月二十七日無期停会と云う結末を告げた。決議の形の雑然たるのも、その効力の不明瞭なるのもこれがためである。外形上米国大統領の声明が会議中止の動機となったので、これを態度豹変として非難する声が高かった。実際米国は最初国際協定に望みを掛け、会議開催の発案者でありながら、後には独自に通貨政策等を決定するの自由を保持する方に傾いた。当初通貨問題に関する理解が不充分であったと云う批評は免れないだろうが、国情、国論、国際関係の紛糾せるに徴し、やむを得ざりしことを諒とすべき点もある。只その態度は余りに露骨であった。しかしながら国際協定の拘束を好まざるは、米国に限らず、何れの国にも共通であった。会議は、経路の如何にかかわらず、行着くべき処に行着いたのである。ロンドン会議の盛儀は会議外交の終幕たることを顕著に表現し、その後の国際情勢の動向を見せしむべきものであった。私はその暗示を深く心に印し、帰朝後講演等において公表することを好まなかったが、自己職責上の基礎資料とするの外、要路に所見を報告した。

（四）会議の周囲

ロンドン会議の一の特色は周囲の社交の盛んなりしことである。歴史上に有名なるウィーン会議の時に此すべき程ではなかったろうが、パリ講和会議及びジェノヴァ経済会議の周囲には縁故者間の社交ありしのみなりしと趣を異にし、英国皇帝皇后両陛下がウィンザー城の園遊会において各国全権委員に単独謁見を与えられたるを始めとして、会議参列者のために公私の晩餐会、午餐会、園遊会、茶会、接見会等が多く催された。英国の朝野が会議参列者を歓待して、なごやかな雰囲気を作るに努めたのであろう。ことごとく招待を応諾すればほとんど寧日がない。私は特別の因縁ある場合に出席したのみであるが、会議の関係者又は財界人の外に政治界及び外交界の人々とも接触し、見聞を広くする機会を得た。

旧友の内では、イングランド銀行総裁ノルマン氏と最も敦く交を重ねた。ジェノヴァ会議の前後における如き具体的の相談はなかったが、時勢の変化に深く感慨し、貨幣制度の安定せざるときは益々中央銀行間の友誼的協調を必要とすると云う見地から種々の懇談があった。ノルマン氏は傲岸にして面接を軽々しくしないと評判されているが、実は内部の仕事については信任せる担当者に簡単なる指示を与うるだけで、自分では外部の重要なる方面と接触することに時間の大部分を使うのだと云うことを部下から聞いた。予約面会はすこぶる多い。午餐の時を利用する。特に日を定めて招待することもあるし、特殊の関係ある連中には任意イングランド銀行重役の午餐に参加すべき一般的口頭招待を出してある。何か用のあるときそこへ行けば大概総裁に会える。私もこの度その連中に加えられた。ノルマン氏はこれを友人のクラブだと云い、自ら卓上の席を按配して来会者の談話を取持つ。これは氏の片影としてすこぶる面白いと思った。

新知の人々の内には、独仏伊各中央銀行の総裁シャハト、モレー、アッツオリニの三氏があった。当時はヒットラー氏が政権を獲てからわずかに数ヶ月の後なので、シャハト氏は国民社会主義国家の性質、経済政策の趣旨方針、通貨及び金融上の施設等を説明するためにあらゆる機会を利用せんとしたるものの如く、私に対する談話は詳細にして多少裏面の事情にまで遡り、将来の抱負と計画とを語った。その内容は、今日となっては格別珍しいものでもないが、ドイツ新政権の実状のまだ広く知られなかった時において私には有益の新知識であった。高橋大蔵大臣はその報告を端緒として、ドイツ研究に着手したそうである。シャハト氏は又日本とドイツとが国際上の立場において類似せることを切言した。即ち旺盛なる民族にして生活圏の狭く圧縮されていることを意味するのである。シャハト氏と前掲のイングランド銀行総裁ノルマン氏とは単に中央銀行の経営に跼蹐《きょくせき》する人ではない。表面上、一は政治上の一勢力たるを以て自ら任じ、他は政治と没交渉なることを殊更に標榜するの別がある。シャハト氏はその抱負を実現するために職域を超えて進出せんとし、ノルマン氏は自己職域の力を以て他を動かさんとする。しかしながら国家の動向、社会の気運、国際の情勢等に広く着眼して、或いはこれに順応し、或いはこれに影響を与えんことを期する点において両者に共通なるものがあるようである。これと対比するにフランス銀行総裁モレー氏（Moret）は全く別型の人で、中央銀行の職能に関して自ら固く執る所があり、時勢に容れられれば行動し、容れられなければ退蔵すると云う心境であったらしい。日本銀行引受による国債発行の方法は、私の外国巡遊中諸方で話題となり、大概の人は気軽にその妙案たることを称讃したが、モレー氏だけは決して可否を言明しない。非難もしないが、空世辞も出さない。只、今まで好成績であるのは結構だと、すこぶる深い含蓄を以て、何遍も同じ言葉で応酬する。微妙の案件につき妥当と信ずる表現を考定し得たときは、如何なる方角から話を進めても、これを繰り返して動かないのがこの人の流儀であることを会議の席上でも実見した。かくの如く篤実の情操と鞏固の意志とを有することは他に類が尠《すくな》い。イタリア銀行の総裁アッツオリニ氏（Azzolini）からは、新経済機構の特色たる業別組合の運営について実情の説明を聴いた。又外国為替及び在外資金の操作につき、総裁自らムッソリニ氏に報告し、その指揮を受けつつあると云うことで、ム氏が万能の人だと云う評判の虚ならざるを知った。私は右三総裁とロンドン会議及びバーゼルの中央銀行総裁懇談会で接触した上に、招待によって帰途ベルリン、パリ、ローマに往訪し、各々数時間に亘る緩談の機会を得たのである。

中央銀行総裁懇談と云うのは、毎月一回国際決済銀行重役会のついでに、その重役たる中央銀行総裁等が会合するのである。日本銀行からは、ロンドン代理店監督役が総裁代理として出席する例になっているのだが、私はロンドン滞在中臨時出席を希望されたのである。往復の時間を節約する必要から飛行機に乗る機会を得たのも仕合せであった。懇談は重役会の前日に開かれ、国際決済銀行に関する議案の下相談と同時に、諸般の情報交換及び打合をなすのである。席上の懇談以外に個別内談の便利もあり、外務大臣等が国際連盟の会議を利用して機密の打合を遂げたのに似た所がある。私の出席したときは、シャハト氏が他の質問に応じドイツの状況及び対外金融操作について多く語った。これに対応して深みのある意見を出すのは主としてノルマン氏であった。モレー氏は、直接自国に触れる話題で黙止すべからざる場合に、簡単に力強く発言する。他に多弁の人もあったが、その内容に聴くべきものは多くなかった。日本銀行の田中鉄三郎氏が国際決済銀行創立委員に列して有効に働いたことは関係者の記憶に留められ、現に総裁代理たる島居庄蔵氏は大国の総裁に伍するの地歩を占めていた。

英国における旧知の親しい人は既に多く亡くなり、又は社会から退隠した。サー・チャールス・アッディスは実務から離れたが香港上海銀行の故老として推されていた。アンソニー・ロスチャイルド氏は老成の域に近く一門の業務担当者として益々重きを加えたようである。

株式仲買人中の学識者たりしビートン氏は、非常の高齢にかかわらず、同好の仲間と議論を戦わして気焔を吐くことは旧に変らなかった。氏は私をアセニアム・クラブ（Atheneum）の臨時会員として推薦してくれた。このクラブは政派にも職業にも関係なく、質素ながら高雅の点においてロンドン随一と称せられ、会員には学芸を以て名をなした人が多い。拙著『通貨調節論』がかつて英国皇立経済学会の機関雑誌上に論評せられ、私もその学会の会員に入れられていたので、ビートン氏はこれを挙げて紹介したから、周囲との接触が早く出来た。会員中には英国の政治家、外交家、高級官吏も多いので、会議関係者中に旧知の尠《すくな》い私は、このクラブに出入することによって便宜を得た。

外国における友人中の最古者たる新聞人キャッパー氏は、子供のように思っていた私が国際大会議の全権委員だと云うことを驚喜し、徳富、高橋両氏の旧事を語って尽くる所を知らないが、時勢に対する感興は見られない程に老衰した。さきには郊外に相当の邸宅があったのだが、この度は老夫婦で高等下宿の三室に住んでいる。簡素に充実した装備で窮困の様子はないが、邸宅を維持するのは面倒だから売払ったと云う。これは英国社会の様相を象徴するものである。貴族富豪の殿堂は破棄せられ、ロンドンではその敷地に安っぽいホテル、アパート、貸事務所等が建てられ、郊外では広い外園にゴルフ場を開き、殿堂を遊散用のホテルに改造する。旧住者は大より中に、中より小に、順推しに居宅の規模を小にし、最後にはキャッパー氏の如く高等下宿まで行くのである。

日本銀行取引先の当事者にはなるべく接触したいと思ったが、日本の在外資金が尠《すくな》くなったので、その関係は旧の如く広くない。私が意見交換の機会を得た限りにおいて察するに、ロンドンの金融界は内外経済の前途に対して確たる見透しなく、警戒裡に善処を期するものの如くであった。社会不安と貿易不振とによる焦燥の気分は安価なる享楽街の繁昌と重厚味を減じた街頭風景にも見えた。ロンドンを去る前日、私は単身ウエストミンスター寺院の中を一巡し、ウエストミンスター橋を渡って対岸より議院の影の水に映るを眺め、幾度かの曽遊を回顧して別れを告げた。

帰途石井子と共にノルウェー、スウェーデン、デンマークを巡歴して未見の北欧三国に足跡を印し、パリに数日を過ごし、それから石井子と別れてベルリンに行き、ローマへの途中スイスを経て、ユングフラウに登山し、ナポリで再び石井子と一行になった。北欧では公使武者小路公共子、ドイツでは大使永井松三氏、参事官藤井啓之助氏、商務官長井亜歴山《ながいあれきさん》氏、正金銀行支店長中山長治氏、フランスでは大使長岡春一氏、正金銀行支店長平野珪蔵氏、イタリアでは大使松島肇氏の斡旋歓待を受けた。日本銀行駐在員小田切武林氏、白根清香氏はパリで、加納百里氏はベルリンで私の視察を助けてくれた。

独仏伊中央銀行総裁との会談は既記の通りである。ドイツは新政権既に樹立せられたりといえども、復興の成績は未だ多く進まず、ベルリンは惨憺たる落剝の光景を呈していた。一般の服装は敝破、店頭の売品は粗悪、享楽街は雑沓するも甚だしく趣味低級であった。ウンテル・デン・リンデンやフリードリヒ街で自動車乗降のときは、扉の開閉を助け、又は一茎の小花を提げて、数銭の救助を求めんとするものが必ず二、三集って来る。私は帝国盛時の記憶を呼び起こして暗涙を禁じ得なかった。只国民社会党の制服を着た人々の威勢好きと、労働者郊外慰安所の清快なるとは、何か死せざるものの残っていることを思わしめた。私はベルリンの外観によってドイツの印象を固定させたくないと思って、忙しい時間を割いてポッダムのサンスーシ宮に行き、フリードリヒ大王老後の幽玄なる風姿を写したる大理石像をしみじみと鑑賞した。

ドイツでは、政変後の事情が判らないので、シャハト氏の手引による外、余り対人接触を求めなかったが、別の縁故で会見した一金融業者も、新政権の現在方針によれば金融不安の懸念なしと語った。ライヒスバンク重役ドライゼ氏(Dreise)はさきの通貨価値崩潰時期の実歴者にして、その説明により私の兼ねて抱懐せる疑問を解いた。当時は不可避の事情があったに違いないが、政府及び中央銀行の施為により殊更にこれを激化したと云い得るようである。拙著『金本位制離脱後の通貨政策』におけるマルク崩潰の解説にはこの時に聞いた所を取入れてある。今後は過去の経験に鑑みて善処すると云うのがドライゼ氏の談話の含蓄であった。日露戦争当時日本の外債をドイツに紹介したマックス・ワールブルク氏には、ハンブルク通過のとき往訪の希望を通じたけれども秘書から不在と云う返事があった。或いはユダヤ人なるが故に時勢に憚る所があって、遠慮したのかも知れない。

フランスは本章の初めに述べた如き事情で、一般経済状態は比較的良好であった。少なくとも英米独程に悪くはなかった。深く観察すれば、産業の基礎は時勢の進展に伴わず、国内に政治上、社会上の不安もあり、外国資金の集来は強味であると同時に反動の禍因を包蔵するものであったけれども、国民は目前の順調なるに安んじ、各自職域の利害に没頭して生活の楽易を求むるものの如くであった。パリ街上の繁華と正貨保有高の激増とはこの国情を象徴するものであろう。新しき大建造の目立つものはないが、市街は一般に戦後の修備を遂げて美観を増し外国人誘引のためと称する享楽の設備は一層豪奢になった。要塞化されたフランス銀行の地下金庫室に金塊の充満するのを私は目撃せしめられた。そうしてフランスが金本位制の無条件維持に熱中し、ロンドン会議においてこれが変形改正の論議を喜ばなかったのは、この厖大なる正貨保有と関係のあることを私は実感的に諒解した。正貨保有高の増加も、現在の順調なる経済状態も、外国資金の集来に依る所が多い。外国資金の集来は貨幣制度に対する信用に起因するのであるから、仏国がその動揺を避けるに努めたことは当然である。しかしながら経済の実体、即ち旺盛なる生産力に立脚するにあらざれば、正貨の充実も貨幣制度の形体も頼むに足らない。モレー総裁の如きは決して正貨の豊富を誇らない。氏は正貨保有高増加の原因を考えて通貨の発行を慎重にしなければならぬと云う信念を持し、経済力の拡大が財政の膨脹に伴わざるを憂いて安んぜざる所あるものの如くであった。

イタリアは、何処へ行っても、外観の整備の著しきことを感じた。ファシストの統制は確かに行き届いている。一般に活気横溢と云う程ではないが、旧時の特徴たる街上漫歩漫談の群集がなくなったのは産業の振興を象徴するものであろう。北欧諸国は、軽度の社会主義政策実施により、貧富の懸隔少なく、各自業に安んじ、生を楽しみ、四隣の事変に交渉を感ぜざる桃源境の如く見えた。

以上旅中触目の感想は、その後の世界情勢の激動と照合して多少思い当る所の意義もあるから、ここに収録したのである。

ロンドンを出発したのが八月一日、ナポリで乗船したのが九月三日、途中エジプトに上陸してピラミッドを見物し、十月五日神戸に帰着した。

帰朝後正式拝謁の外に、会議及び周囲に関する所感の単独言上を仰せ付けられ、御下問も受けて、一時間半至尊に咫尺《しせき》するの光栄に浴した。イングランド銀行ノルマン氏はこれが新聞に報ぜられたのを見て、中央銀行関係者として同慶を感ずると云う手紙を寄せた。

ロンドン国際経済会議は、前述せる国内推移の途中に挿まれたのであるから、本章は「新政策に関する高橋大蔵大臣との交渉」の章に接続するものである。只段々時勢の進行するに随い、現今との関係が密接になるので、委曲を悉《つく》し難い点が多くなることを免れない。

日本銀行総裁として

昭和十年〔1935〕六月四日私は土方氏辞職の後を承けて日本銀行総裁に就任し、理事清水賢一郎氏が副総裁に進んだ。金輸再禁止後内閣総理大臣は犬養毅氏、斎藤実子、岡田啓介氏の三代を経たけれども、高橋是清氏は昭和九年〔1934〕の数ヶ月間を除くの外続いて大蔵大臣の地位にあり、日本銀行の職責たる通貨及び金融上の施為は大体高橋氏の財政経済上の方針と表裏をなし、相互の趣旨諒解を以て進行し来たったので、日本銀行総裁の更迭により特に変化を生ずべき事情はなかった。右の趣旨を要約再記すれば、金解禁の失敗による貨幣制度変更の際通貨価値の激動、及び通貨に対する信用の損傷を招かざるように努むることが最初当面の主要目標であった。これと同時に萎靡沈衰せる産業の復興を誘致せんがために、通貨の欠陥を補充し、金融の梗塞を解き、金利の低下を図った。国債引受発行は、金融上から見て、その手段の一であった。かくして一応金融疏通の達成された後は、適順なる国債の消化を誘導し、金融の放漫に流るるを防ぐために市場の遊金を吸収した。しかしながら妥当なる資金需要のために不消化国債の残ることはもとより厭わない。産業の発達、取引の伸張に伴って金融力の増加せんことを期したのである。又国債の消化により市場の遊金を吸収する上は、市場金繰の必要に応じて、国債担保貸出等の方法により日本銀行資金を供与するの途を広くしなければならぬ。これがために日本銀行の取引方法を種々の点において改正した。以上は私の総裁就任前後を通じ日本銀行の施行した要項である。通貨政策上の心構え及び通貨政策の方針については、今までに種々の関係において述べてあるけれども、断片的にして意を尽さざるの憾みもあるから、総裁として如何なる趣旨を以て処理に当りたるかを明らかにするために、重複に亘るかも知れないが、ここにまとめて挙げて置きたい。

私は、金本位制離脱後において、通貨及び資金と生産力との間に妥当の均衡を保つことが通貨政策の要諦であると信じた。金本位制の下においては、中央銀行に金兌換の義務があるから、過度の兌換請求の起らぬように通貨の発行を抑制しなければならぬ。あたかも普通の銀行が預金の取付を懸念して貸出を慎重にするのと同じである。金本位制離脱後においてはこの理由より来る抑制の必要がない。随って非常の場合には通貨の発行を大にしてこれに対応し得るの便がある、又必ずしもこれを回避すべきでない。しかしながら金本位制の束縛なきに乗じて、常時無節制に通貨を発行すれば、厳重なる一般経済統制の伴わざる限り、物価の騰貴を誘致し、それが重畳して止まざれば窮極通貨価値の崩落となる。しからば如何なる規準によって通貨の発行を節制すべきであるか。平時必ずしも理由を糺さずして中央銀行資金供与の途を専ら窮屈にし、事情やむを得ずと称する場合にのみ通貨の増発を敢えてすると云う受動的の態度を以てしても、一応通貨発行の節制となるであろう。しかしながらさようの盲目的施為が何時までも社会に容認せらるべきはずがない。故に私は何等かの規準を求めたのである。生産力活動の伸張は物資の増加を意味するが故に、これと併行して購買力が増加しても需給の均衡を破らない。即ち通貨増発は物価騰貴の原因とならない。勿論この関係は例外なく的確に実現するものではないが、大体の筋道として依拠し得るであろう。これに着眼して通貨政策の運営を工夫すべきであると、私は考えたのである。もっともこれは心構えに属することで、直に形態を具したる実行的規準として決定し得ない。只この心構えを以て諸般の案件を処理し、適用を重ねて趣旨を顕現せんことを期したのである。

通貨及び資金と生産力との均衡を保つと云うのは、中央銀行から直接に産業資金を供与するのとは別事である。生産力伸張の可能性あるにかかわらず、一般金融梗塞のために産業資金の欠乏を告ぐるが如き場合には、通貨の発行によって金融疏通の端を開くのが妥当である。金解禁失敗直後の情勢は正にそれであった。故に国債発行引受の経路によって中央銀行の資金を放出したのである。しかしながら生産力の伸張には他の条件もあるから、資金さえ出来れば必ずその効果を挙げ得るとは限らない。又その効果を挙げ得たとしても、直接の産業資金は概して長期に固定するものであるから、常道としてこれを累積すれば、通貨の発行によって創造された購買力が回収されずに幾回も輾々行使せられる結果、窮極需給の均衡を破ることとなるのである。故に産業資金は原則として国民の貯蓄による一般金融市場の資力に依らなければならない。中央銀行はその疏通を便にするために工夫を凝らし、必要の資金を放出すべきである。さすれば生産力の伸張に伴い、通貨の発行高も増加して両者の間に均衡を保つこととなるであろう。通貨には発行と共に回収の途がなければならぬから、中央銀行資金の固定は避けねばならぬが、理由なく貸出の門戸を狭くすべきではない。日本銀行には従前の慣行により、取引の相手方、種類及び方法について常規と云うようなものが出来ていたが、私は総裁に就任してから、その合理的妥当性に付いて検討を加え、いやしくも長期に固定するの懸念なき貸出であるならば従来の慣行に拘泥せず、なるべく需要に応ずるの方針を以て、或いは取引の方法を改め、或いは新例を開いた。条例定款の改正も審議に附して置いたが、従来のままでも解釈により実行し得る余地は相当にあった。幸いにして過去の不況時代に精錬せられたる生産設備がその効果を発揮し、輸出貿易の進展と相俟って、順調に経済力の伸張を見る時期に際会したるが故に、通貨及び金融の方面にも格別の波瀾なく、政策上の施為も上記の如き方針の下に大なる故障なく進行し得た。金融は緩和し、景気は堅調に好転し、通貨発行高は漸増に傾きたるも、物価は微騰に止まり、為替相場は低位ながら安定した。満洲経営の負担ありしにかかわらず、生産増進の結果国民生活は幾分向上した。しかしながら国家経営の前途にはなお開拓の境地が広い。しかして資金の調達さえ出来れば経済上何事でも達成し得ると云う感想の下に、日本銀行資金供与の拡大を希望し、通貨政策の飛躍的更新を主張する気分が世間の一部にあることを私は覚知していた。他の条件を顧念せざる資金全能の感想には賛同し得ないが、いやしくも資金によって調達利用すべき物資労力のある限り、非常時の対応策として多大の通貨発行に依拠する必要あるべきことは、私が著述等において幾度か言明した所である。金輸再禁止後数年間における通貨政策の趣旨は前掲の如くであったが、もとよりこれを不動の鉄則として普遍的に適用せんことを主張するものではない。

昭和十一年〔1936〕二月二十六日高橋大蔵大臣等の死歿より広田内閣が岡田内閣に代って成立するに至るまで、私は物情騒然の中において日本銀行の業務執行を常時と変ることなく平静にし、必要の向きには資金の融通及び隔地送金に付き特別の便宜を図る用意を整え、ひたすら金融界の不安を惹起することなきように努めた。幸いにして急迫の異変なく経過したが、その間諸般の情報により時勢転廻の気運の到来せることを看取した。新時勢に処するに新政策を以てすべきことは首肯するが、その下における通貨の方面には過去との関係の濃厚ならざる人が当るべきだと思ったから、新内閣成立の翌日辞意を決して新大蔵大臣馬場鍈一氏を往訪した。三月十日である。しかるに馬場氏は私に口を開くの間隙を与えず、昂奮して大命拝受の経緯を語り、熱意を以て私の協力を求めた。政策に変化はあるが、その推移に際しなるべく摩擦を避くるために、日本銀行幹部の異動なきを望むと云う理由であった。馬場氏は声を震わせ、眼に涙を浮べた。ここにおいて私は、もし世情安定のために一身が多少の役に立つならば、政変経過中の数日におけると同じ心持を以て当面に微力を効《いた》すのが、公人としての義務だろうと思った。それで辞意を表明することなく、何時まで勤まるか判らないが、段々政策の方針を聴取しつつ最善を尽すべきことを約した。

爾来私は常にこの立場を保持し、政策の執行を円滑にするに努めた。馬場氏の私に対する態度は慇懃にして、日本銀行の職責に属する案件については慎重に協議を遂げ、政府の施為も日本銀行の職責に関連する場合には必ず未定案を示して意見を求めた。日本銀行側の意見の容れられたのも尠《すくな》くない。国債利廻の低下を一応或る程度に止めたのはその最も著しき例である。又昭和十一年〔1936〕末短期資金市場の引締りを緩和するため、日本興業銀行を経由して預金部資金を放出したことにつき、世間の一部では、日本銀行が疎外されたものの如く喧伝したが、実は最初の大蔵省案は日本銀行より直接に預金部資金を放出するにあった。日本銀行は預金部資金の出動には賛成したけれども、平生短期資金取引に直接関係なき日本銀行がこれに乗出すのは、余りに市場の視聴を驚かし、事情の切迫を思わしむるので却って面白くあるまい。且つ公定歩合を掲示している日本銀行が、自ら市場を相手として公定歩合に依らざる短資の取引をなすのは、公定歩合の権威を薄くするものである。この理由を以て日本銀行は表面に興業銀行を利用する方が妙味のあることを進言した。大蔵省側には、日本銀行以外の機関を利用するの結果、資金固定に転化するかも知れないと云う懸念もあったが、馬場氏の裁断によって日本銀行の意見が容れられた。そうして預金部資金の取扱者たる日本銀行から資金を興業銀行に供与し、日本銀行監督の下に短期資金を放出せしめることとなったのである。只資金の出所は、市場が如何に想像しようとも、関係者からは発表しない積りであったのに、真相と違ったことが何処からか大きく新聞に伝えられたので、馬場大蔵大臣は日本銀行と協議の上実行したるものなることを特に説明した。この預金部資金放出の経緯は、以て他を類推すべきものであるから、小事ながらやや詳しく述べたのである。

馬場大蔵大臣の態度は、上記の如く懇切であったが、私は単に人心安定のための緩和剤たる自己の立場を理解していたから、進言はするが強く固執せず、大体政府の方針に順応した。その間何処かに早く私の退場を誘致せんとする画策もあったらしく、私に辞意があるとか、馬場氏が私を排斥せんとするとか云う噂が新聞紙上を賑わした。私はもとより快心の立場でないから、何時でも辞任すべき用意をなし、むしろその時期の早からんことを望んでいたけれども、機の熟せざるに漫に辞意を洩らす如きことはなかった。又馬場氏は、私の進退につき深刻なる新聞記事の出る都度、人を介して軽挙なきを望むの意を伝えた。それにもかかわらず自ら進んで波瀾を起すのは当初の応諾に背く訳だから、ずるずるに時を過ごした。そうしていやしくも職に在る間は一日も最善を尽すことを怠らなかった。世間にはこれをかじりつきの態度と解するものもあった。貴族院議員に推薦されたとき、辞職を促す謎だと書いた新聞もあるが、広田総理大臣は辞令を私に交付するとき、日本銀行総裁として益々努力せんことを期すると特に附言した。

しかるに昭和十二年〔1937〕一月二十三日夕刻広田内閣の総辞職となった。これで私の引受けた一幕は済んだ。私はその夜馬場大蔵大臣を往訪して辞表の執達を請うた。馬場氏は、私の辞職すべき理由なしとし、少なくとも次の内閣の成立まで待つが好かろうと云ったが、私には何としても同じような役を二幕続いて勤める意思がない。次の内閣の顔触を見てから辞意を決したように思われるのは迷惑であるから、広田内閣の辞職と同日付の辞表を受理してもらわなければならぬ。現内閣の事務執行中に聴許されればなお結構であるが、それが出来なければ次の内閣へ引継がれたい。私はこれを強請して馬場氏の承諾を得た。二月二日林内閣成立の直後、既に前内閣に辞表提出済なることを結城大蔵大臣に報告して速やかに手続の進捗を請うたが、極秘にして置いてくれと頼まれたので、相変らず職務を勤行し、二月九日に至って聴許の辞令を受けた。私を日本銀行に採用した山本達雄男、斡旋者徳富猪一郎氏にも事前に相談せず、事後最先に報告した。日本銀行在職は外形上三十六年余にしてここに終りを告げたが、私の心境から云えば、実行上在職の意義は昭和十一年〔1936〕二月において既に尽きたのである。

只昭和十二年〔1937〕一月二十七日、即ち私の辞表提出が秘密にされている間において、東京手形交換所の新年宴会が催され、例によって日本銀行総裁が挨拶の演説をなすべき機会があった。私はその時最早比較的自由の立場にあったから、自己の所見に立脚して、金輸再禁止後の我が経済界の推移を概説し、情勢変化の徴候を指摘し、将来に亘る所の考慮を示唆した。その要旨は、生産力の余剰を利用し、又は容易に生産力を増進し得る時機は既に去りつつあるが故に、今後一層生産拡充のために奮励努力すべきと同時に、総ての方面に亘る最も広き意味において物資使用の節約を心掛けなければならぬと云うにあった。通貨政策の上においては、国家経営上必要の場合に通貨発行権による資金の創造を回避すべきにあらざるも、なるべく生産力と通貨及び資金との均衡を保つために、国民貯蓄を奨励して、普通金融上の経路による資金調達力を増大しなければならぬ。生計上の消費節約もこれがために望ましいと云うことになるのである。この所説発表は当時世間一部の嘲笑を招いたが、私としては日本銀行在職中の最後の意義ある一場であった。その後久しからずして物資の上からも、資金関係からも、深刻に節約の必要なることが一般に認識されたのである。

貴族院から枢密院へ

私は元来計画的進路によって銀行業に就職したのではない。何か生業を必要とするのと、環境の許す場面に最善を尽すと云う実行的動機とによって日本銀行に落着いたのである。それだから日本銀行勤務中といえども、専業専門の境地に跼蹐《きょくせき》するを得ず、広く社会及び思想の動向に関心をもった。担任の事務、業務を処理するに当りても、日本銀行が公的機関であると云う点に重きを置き、これを最も広義に解し、限られたる取引関係者又は経済界と称する方面に対して便宜を図るのみならず、国家の進運、社会の康福のために広汎の貢献をなさんことを期した。この趣旨による施為は時として目前の便宜と一致せざるが故に、理論倒れだと云う批評を受けたが、世間の私に対する批評において理論と実際との対立と看做した所は、実は広汎の得失を主とするか、目前の利害を主とするかの別であった。実際の利害得失を離れた理論なるものを認めるのではないから、常道として重きを置くべき所も、時機によっては別の考慮に譲ることを躊躇しなかったのである。

かくの如く私の視野は狭くなかったと自ら信ずるけれども、三十余年間単一の職務に従事して来た結果、知らず識らずの間に偏倚の傾向を生じていたかも知れない。故に日本銀行退職後は、過去の残滓を洗滌し、省察を新たにして一層広く資性を修練せんことを希求した。これは世間に別の立場を得んがためではない。日本銀行は公的機関ながらその職能を遂行するには営業の経路を以てするので、私も勗《つと》めてこれに当って来たが、退職後更に営利の事業に就くが如きことは思いも寄らない。又ロンドン会議を経てから数次政界に転向するの誘引を受けたが、その器にあらざるを自覚して、これに応じなかった。さりとて高踏隠棲、徒らに閑を貪るも本旨でない。自己修養と共に、冷静に時務、時勢、思潮を研究し、自然に機縁の熟したるとき、所見を以て妥当なる方面の参考に供し、或いは立言を以て世論に問うのが、国民の一細胞として晩年応分の奉仕をなすべき途であると信じた。この心境は日本経済連盟会が私の退職を送るために催した午餐席上の挨拶に表白してある。そうして貴族院に席を有することは所期の実現に多少の便宜があるだろうと思ったのである。

貴族院議員に任ぜられたのは昭和十二年〔1937〕一月十二日で、翌年に亘り臨時議会を込めて四回の会期に臨んだ。表面に立つ気はないから、貴族院の本会議に列するの外、衆議院の本会議及び貴族院の各委員会を出来るだけ多く傍聴し、各派の人々に交を求めて専ら議政の要目と体様とを会得するに努めた。未知の世相に触れて益を得たことはすこぶる多い。一度研究会の幹部から推されて、増税案賛成の趣旨を演述するために本会議の壇上に立った。自ら好んで出たのでもなく、格別の意義もないが、短く終った在任中の思い出として残っている。

日本銀行退職後には講演又は新聞雑誌への寄稿を多く依頼されたが、特に所見の適切なるものなくして徒らに言議を弄するは好む所でないから、概して謝絶した。只前記の如く立言もまた奉仕の一途であると思っていたので、適当の機会に二、三度所見を発表した。大蔵省顧問を仰付けられ、その立場においても最善を尽すことを期した。その他政務に関係ある方面から特殊の案件に付き意見を求められたこともある。

しかるに昭和十三年〔1938〕十二月近衛総理大臣及び平沼枢密院議長より枢密顧問官に推挙したきに付き内諾を求むるの交渉に接した。私はかかる場合に即決即答を常とするのだが、余りに思い設けざることなので、一日の猶予を請うた。そうして考えて見ると、私が広く世間を対手として志した所を転じて最高の場面に捧げ得ることになるのだから、これより大なる機縁はない。よって、菲材忸怩たるものはあるが、もし御下命を受くるならば、微力を挙げて任に当るべきことを回答し、六日親任を拝した。貴族院議員、大蔵省顧問等は慣例に従って辞した。官歴に依らずして枢密院に列せしめられるのは極めて珍しいことだそうである。

日本銀行総裁退職の辞（講演）

東京手形交換所、東京銀行集会所連合会において

通貨発行の権能を持っております中央銀行は、一国に唯一つあるのみであります。アメリカは制度上、例外でありますが、一つが十二に分れているようなものであります。唯一つと申しますのは他の銀行とは職能を異にすると云う意味であります。資金を取扱うと云う点におきましては発券銀行も他の銀行と同業であります。私共も日本銀行におりました間は、その意味において皆様と同業であります。しかしながら中央銀行には他の銀行にない職能があります。むしろ他の銀行と異なる所の職能の方が発券銀行としては重いと私は考えております。皆様の御従事になっている銀行の中にも種々の種類がありますが、先ずこれを一括して、中央銀行以外の銀行の御業務と中央銀行の職能とは、同一に観ることの出来ない重要な点があるのであります。広い意味においては同業でありますが、他に類の無い事をやっているために、御理解を十分に願い得ない点もあったろうと思いまするし、又私の不束なるがために起因した事もありましょうし、ことごとく皆様に御満足を与えることは出来なかったかも知れませぬ。しかるにもかかわらず私共に対して御懇情を以て取引の相手となられ、私交上において御厚誼を尽されまして、私は総裁としての在勤中、取引の相手でありまする皆様と、私の従事しております日本銀行の間に、摩擦と云うが如きことを私の側において感じたことはございませぬ。職能の違いがあり、私の不束なるにかかわらず、かくの如くして私の在職中を過ごし得たことを深く感謝致します。決して一片の儀礼としてお礼を申すのでなく、真に私の在職中、皆様に対する関係において心持好く、少しの曇りもなく職務を尽し得たことを感じているのであります。

それからこの機会において甚だ恐縮でありまするが、私の在職中いささか苦心が何処に在ったかと云うことを、必ずしも御賛成は得ないかも知れませぬが、お聴置きを願いたいと思います。

この頃新聞雑誌の上におきまして——単に新聞雑誌でありますー——日本銀行の伝統と云うことが散見致します。私については日本銀行の伝統を維持し、それが善かったとも云い、悪かったとも云う。とにかく伝統

を維持したと称する新聞雑誌の記事があります。私に取ってはすこぶる意外の事であります。私は伝統を維持すると云うような考えを以て職務を執行したことは全くございませぬ。唯一つ誤解を生ずる原因であったかと思いますのは、私が新入行員に対しまして申しておりましたことは、あなた方は日本銀行に這入ったらば、先ず現在の日本銀行はどう云うものであるか、日本銀行の空気はどう云うものであるか、日本銀行の慣わしはどう云うものであるか、そう云う事を先ず能く知って、そうして一応はそれに同化することを努めてくれ、しかしそれはあなた方が仕事に就く順序として必要なのである、一応同化した上において更にその空気慣行と云うようなものを時勢に応じて一層好くして行くと云うことには貢献をしなければならぬのである、只学校から出て直ちに自分の独断の考えに合わないことは馬鹿馬鹿しいと云うような気分では困る、と云うことを申しておったのであります。その後半の事を聞かずに前半の事だけ聞きますと、日本銀行の伝統なるものがあって、日本銀行に這入る者はその伝統に従わねばならぬと私が申したように聞えたかも知れませぬ。しかしそれは前に申す通り、追って更に自己の所見を以て積極的に行動をして貢献をするために、先ず以て従来の事を理解し、これに一応同化すると云うことを最初の階段として求めたのであります。その今申しました中の前段の事が、伝統維持と云うような見方を私に対してする原因となったかとは考えますが、それ以外において私はそう云う風な観察を下される覚えは全くないのでありまして、すこぶる意外に感じております。私は伝統であるが故に何事をなす、伝統に反するが故に何事をなさぬ、そう云う風には決して考えておらなかったのであります。総ての業務の執行は、公的見地に立脚する所の利害得失の考慮に依るべきものであると私は思っておりましたし、今もそう思っております。利害得失の考慮の上において人に依り意見の異なることはやむを得ませぬ。殊に利害得失を狭い局部について見るか、広い局面に渉って見るかと云うことに依って一人の人でも異なった考えが立ちます。又短い時間に限って考えるか、長い時期に渉って考えるかと云うことに依って見解が違います。そう云うように見解の違いは、見解を立てる人の心から発するものもありまするし、その利害得失を広く長く見るか、狭く短く見るかと云うことに依っても生ずるのであります。

一人の人でも、或る時は焦眉の急に応ずるために将来を慮るのいとまなく狭い部分を主として見ることがあります。或る時は遠き慮りをなして将来に及ぼす影響に重きを置くために、目前の便宜を犠牲とすることもあります。殊に中央銀行の職能はその利害得失を考慮するに当って、時期の長短と場面の広狭に依る違いが大変に甚だしいと思うのであります。通貨を発行する権能を持っており、そうして只今の如く金本位に因る所の拘束がない制度の下においては、目前の便宜のために中央銀行が資金を出そうと思えば幾らでも出せるのであります。将来の事を慮らずして目前の事に都合の好いように、又広い影響を考えずに目前の狭い場面だけに都合の好いようにと思えば、ほとんど無限の資力を持っている所の中央銀行としては、これ程楽な事はないのであります。唯将来の広い影響を慮るが故に、そこに利害得失の考慮をなし、目前の便宜と遠大の得失とを考慮するに当って大いに問題がむずかしくなって苦しむ訳であります。私は伝統であるとか、もしくは伝統と云う名を附ける附けぬにかかわらず、何か一つの鉄則の如きものを定めて、適切なる実際上の利害得失を考慮せずして、その鉄則の如き定木に拠って事を判断する、そう云う事をした積りはないのであります。その最も極端なる例としましては、ヨーロッパの或る学者が世界大戦争中、主要交戦国が通貨の発行に由る信用の膨脹に依って軍費を調達したことの多かりしことを、貨幣制度の見地からして大変に悪い事をした、もしくは誤った事をしたと云うように申したことがあります。それは大戦争後そう遠くない時に唱えられたのでありまして、大戦争中の主要交戦諸国における財政及び通貨の当局者が馬鹿であった如くにその学者が申したのであります。私はかつて出版しました著述の中にこれを評して、かくの如きは固陋なる腐儒の言であると申して置きました。国命を賭する所の戦争に当り、興廃を決すべき一挙を前にしては、いわゆる焦眉の急の最も切なるものにして、貨幣制度の前途を考うるのいとまなきはやむを得ざる所であります。さりとて多くの場合においては通貨の運用上窮極貨幣の信用に及ぼすべき影響を考慮することを忘れてはならぬ。そのために目前の便宜を図ることを十分になし得ざるもまたやむを得ざる所であります。要は時勢に応じ適切妥当に長短広狭の利害得失を考慮すべきであります。私はさような心持を以てやっていたのであります。私は新聞雑誌の記事を深く気に掛けるのではありませぬが、私の心持を聴き置いて頂くに、新聞の記事の伝統と云う言葉に即して言うのが都合が好いように思ってここに申上げました次第であります。御懇情に甘え私の心境の一部を申上げました訳でありますから御諒承を願います。

（昭和十二年〔1937〕二月二十三日）

日本経済連盟会において

この度私は職務上の関係において皆様とお別れを致すことになりました。それをかくの如き盛儀を設けられてお送り下さいます御懇情に対して深く感謝致します。私のこの度の進退に付きましては、最早日を経ました今日、改めてその経過等をお聴きを願うには及ばないと考えます。私はその職におりましても格別効果も多くなく、しかして近来疲労を感ずることがすこぶる強かったので、内閣更迭の機会においてお暇を頂いたのであります。時勢、時局等には直接の関係はないのであります。前内閣も現内閣も好意を以て私の希望を容れられ、なだらかに波紋なく私の希望が達せられましたことを自ら喜び、これを左様にお扱い下さった両内閣に対して感謝している次第であります。私は今後は社会の微小なる一つの細胞として、社会一般の動向に関心を持つことは止める訳に参りませぬ。従って職務上の関係におきまして皆様とお別れを致しましても、私交上もしくは私の先頃までの職務の関係を離れたる一般関係において、皆様の御懇情、御啓発、御指導を今後とも賜らんことを切にお願い致します。これだけ申しませば、この席におきまする私のなすべき挨拶は済んだ訳でありますが、御懇篤なる座長からのお言葉を頂きまして、これだけで済ますのも何か水臭いようで、相済みませぬかと思いまするし、自分の気が少しく済みませぬ。それで甚だ恐縮でありますが、お別れのためのお催し、お送り下さる催しでありますから、この席において簡単に私の在職中の心境の一端をお聴き下さらんことをお願いしたいのであります。

今後は前に申しました通り単に社会の微小なる細胞として、社会一般の事に関心を持つと思いますが、日本銀行がかつて自分のおった所であるからと云う故を以て、これに対して特に濃厚なる関心を持つのではありませぬ。社会動向の一部として関心は持ちますが、特に私が前任者たる故を以てこれに関心を持つと云うような心境ではありませぬ。従って今後多く日本銀行の事について語るべき機会はないだろうと思います。社会一般のために重大なる関係を生じた場合には考える事もあり語る事もあるかも知れませぬが、多く語る機会もなかろうと思いますので、この送り下さる機会において過去の心境をお聴きを願いたい、こう云う訳であります。

私は中央銀行の職能について、鉄則とも謂うべきようなものがあるとは、かつて考えたことはありませぬ。中央銀行の職能についてのみならず、私は内容の不明確なる看板の如き用語を最も嫌う者であります。学問的に云えば、概念とかイデオロギーとか云うものは甚だ嫌いなのであります。それは宣伝のためには、そう云う看板のような内容の不明瞭なものが便宜である場合もありましょう。殊に大衆に訴えるにはこれを利用すべき場合もありましょう。しかしながら正確なる認識を得んとし、適切妥当なる実行をなさんとするに当って、概念もしくはイデオロギーに捉われると云うことは最も不利であります。それで伝統とか、更に少し具体的に云えば健全通貨であるとか、インフレーションであるとか、金融の基調であるとか、そう云う内容の不明瞭な言葉を使うことは、私は出来るだけ避けております。そう云う流儀でありますが故に、鉄則と謂うが如きものがあると考えたことはないのであります。総て時に応じ事に従って適切なる実質上の利害得失について考慮判断をすべきものと思っております。又そうして来た積りであります。その利害得失の判断について意見を異にする事がありますことは、これはやむを得ない所であります。切れ切れにしか申し述べることが出来ませぬが、先ずそれを一つとして申して置きます。

それから私が中央銀行の職能の執行に当って、素より例外を認めざる鉄則ではありませぬが、根本的に考えて置くべきものと思っておりましたことは、通貨に対する信用の動揺に因って物価の騰貴を来たす事のないようにしなければならぬと云うことであります。物価の変動は通貨以外の原因から起ることも多いのであります。その力の強いことが多いのであります。通貨の運用によりこれを左右すると云うことは出来難い場合が多いのであります。又或る時には物価は適当に騰貴する方が、経済界のためにも社会一般のためにも宜しいと云うことがあるのであります。しかしながら通貨に対する信用の動揺に因って物価の騰貴を来たすと云うことは、必ずしも或る一つの施設をしたから直ぐその後に来ると云う訳ではありませぬ、明白にその因果の関係を摑むことはむずかしいのでありますが、それに常に注意しておらなければ、何時かは憂うべき事態を生ずる、こう云うことを考えたのであります。日本は由来通貨に対する信用のすこぶる厚い国であります。しかるが故に今日まで色々な事が都合好く進行して参ったと思いますけれども、通貨に対する民衆の信用が厚いからと云って、それについてなすべき注意をなさなかったならば、その厚い信用も必ず動くことがないと云う保証は得られないのであります。この点については根本的に注意をすべきものだと考えております。日本銀行が今日金本位を停止されておりますときにおいては、印刷機械を動かしさえすれば幾らでも資金は造られるのであります。それを以て当面の便益を与えることが出来るからと云って、只今申上げました根本の考えなしに発行権を行使して行きますと云うことは出来ないと考えて、その間に妥当なる調和を発見せんことを常に苦心した訳であります。

それから私は日本銀行の取引を或る方面に限るべきものとは思っておりませぬ。日本銀行の条例解釈の許す範囲においては如何なる方面と取引をしても宜しいと考えております。又事実上種々の形式により種々の方面との取引が行われて来たのであります。唯一般的に注意すべきことは、日本銀行の資金は固定しないようにに注意しなければならぬと云うことであります。しかし先に申しました将来のために通貨の信用に動揺のないように注意すると云うことも、資金の固定しないようにすると云うことも、私は鉄則とは考えないのであります。事態に依っては更にそれより痛切なる事のために、その施設を重しとしなければならない事もあると考えているのであります。何れも鉄則の如く考えるのでありませぬが、根本的に一般にそう云う考慮を払わなければならぬとは思っている次第であります。

それから先に利害得失と申しましたが、これは無論日本銀行の私的経営上の利害を言うのではありませぬ。公益上の見地から言う所の利害得失であります。公益と云うことは私は中央銀行の職能を執行するに当っては最も広義に解すべきものと思っております。即ち社会一般の福祉を如何にすれば増進することが出来るかという意味における公益に立脚すべきであります。日本銀行の取引は金融の上においてするのでありますので、広義の公益と云うが如きことは、すこぶる実際に縁遠い事のように聞えるかも知れませぬが、国の通貨の発行権を行使するのでありますから、どうしても社会一般の事を考えなければならぬのであります。直接に取引の相手たる方面、もしくはそれと密接の関係ある方面のみの便益を図れば、それで宜しいとは考えられないのであります。先に申しました物価騰貴の如き――通貨の信用の動揺に因る物価騰貴の如きは直に社会一般大衆に濃厚なる利害関係を生ずるのであります。そう云うことを根本的、一般的には考えておらなければならない。こう云うのが私の心境であります。それだけの事をこの機会において聴いて置いて頂けば、誠に私は仕合せと思うのであります。見解の相違の生ずるのはこれはやむを得ないのであります。お別れに臨んで過去を語ることを御寛容下さって、お聴き下さったことを感謝致します。

（昭和十二年〔1937〕三月十二日）〔『人物と思想』所収〕

深井英五（ふかい・えいご／1871-1945）
第13代日本銀行総裁。1891年同志社卒業後、国民新聞社、民友社、大蔵大臣松方正義の秘書官を経て、1901年日本銀行入行。検査局および営業局の調査役、秘書役、外事部主事、国債局長、営業局長等を経て、18年理事、28年副総裁、35年総裁となる。理事就任後は日銀金融政策遂行の中心人物となり金本位制から管理通貨制へと向かう金融政策を運営。高橋是清財政の公債政策（日銀引受による国債発行と消化政策）に協力。パリ講和会議、ワシントン軍備制限会議およびジェノヴァ経済会議に帝国政府全権委員の随員として、ロンドン国際経済会議に帝国政府全権委員の一人として参列。38年日銀退職。その後、貴族院議員、枢密顧問官。著書、『通貨調節論』『通貨問題としての金解禁』『金本位制離脱後の通貨政策』『人物と思想』『回顧七十年』『枢密院重要議事覚書』他。

日本銀行・通貨調節・公益性
金本位制から管理通貨制への経験と理論

刊　行　2024年11月
著　者　深井 英五
刊行者　清 藤　洋
刊行所　書 肆 心 水

東京都渋谷区道玄坂 1-10-8-2F-C
https://shoshi-shinsui.com

ISBN978-4-910213-56-9 C0033

—既刊書—

満洲問題入門

植民・資本・政策・軍事

矢内原忠雄［著］

満洲国建国前後の問題の構造を多面的に明かす

ロシアの脅威に対する防衛として満洲に特別の勢力を張った段階から、中国のナショナリズムが高揚し、ワシントン会議においてアメリカ主唱の下に中国における「特殊権益」が否定され、日英同盟も廃棄された段階に至るも、いよいよ「特殊権益」の地歩を固める日本。あからさまな帝国主義的植民政策が行き詰まる時代において建国された満洲国を画期とする状況の諸問題。本体6900円＋税

ロシアの満洲と日露戦争

セルゲイ・ウィッテ、アレクセイ・クロパトキン、ニコライ二世、ウィルヘルム二世［著］

近代日本の進路における地政学的運命、日清戦争から日露戦争への経緯をロシア側から照らし出す

当時の満洲問題と日露戦争において第一義的な役割を演じた人物自身の状況認識と行動から明らかになる、日露戦争問題の本質。ロシア内部における主戦派と反戦派の対立関係、革命への趨勢が絡み合う複合的な状況。日本側からだけでは見えない歴史の多面的な実像。（大竹博吉編訳）本体6900円＋税

―既刊書―

明治二大外交　日英同盟と日露戦争

絡み合う欧米外交と日本外交

信夫淳平［著］

近代日本国家外交の頂点、その真実と意味

桂太郎首相と小村寿太郎外相の時代、第二次大戦敗戦までの20世紀前半の日本国家のありようと進路を決定的に方向づけた地政学的運命、日露の緊張関係を、外交の史実から詳細に描き出す。日本はいかなる状況の中、国際政治としてどこまで押し、どこで引いたか、臨場感ある駆け引きのディテール。

本体6900円＋税

大正日本外交史

覇道主義から大勢順応協調主義を経て協調破壊傾向へ

信夫淳平［著］

苦難と栄光の明治と、協調破壊で自滅の昭和との間

明治富国強兵の頂点たる自衛的日露戦争と、昭和軍国主義による侵略的戦線拡大との間に位置する大正日本外交の概要。第一次世界大戦に参戦し、国際政治において主要大国の席を得た大正日本外交の主要論点。同時代の国際法学者が、形式的拘泥の弊に陥りやすい外交官僚的視角をこえて、批評的に時代の動きを分析。本体6300円＋税

—既刊書—

座談会　明治大正外交官秘話

秋月左都夫／石井菊次郎／栗野慎一郎／幣原喜重郎／林権助／牧野伸顕／松井慶四郎／芳沢謙吉［著］

激動する初期日本外交の機微を明かす当局者の肉声

条約改正から日清戦争、日英同盟、日露戦争、第一次世界大戦前後まで、くだけた語りから当時の外交当局における支配的理解、共通の信念やセンスが見て取れる第一級の資料。国際連盟脱退の時局において示された、国際信義、国際条約の重視、誠実と穏健が近代日本の大をなしたという思想。

本体6300円＋税

開国と興国と外交と

松濤閑談

牧野伸顕［著］

牧野伸顕もう一つの『回顧録』

急速に近代化する日本国家エリートの視点とセンスと経験。 大久保利通の子として生まれ、10歳での岩倉使節団随行に始まり、早くから内務と外務の空気に触れて育った国家エリート中のエリートが語る、興味深い具体的事実の数々。官界・国際政治・皇室の事情に通じ、第一次世界大戦パリ講和会議では日本代表団事実上の首席として活躍。5.15事件、2.26事件でともに標的にされた重要人物が語り遺した近代化日本のリアルな風景。本体6300円＋税

—既刊書—

近代日本外交百年史

開国から国際連合加盟まで

外務省［監修］

外交当局の視点で示す一連の史実の有機的関係

近代から現代へ、国の根本的なありかたが常に国際関係に左右されてきた日本。開国による国際関係への参加から、百年を経て振り出しに戻った現代日本。その構造を形成した百年の外交の一つ一つの史実の有機的関係。満洲事変から日米開戦までについては三分の一の紙数を費やし特に詳述。

本体6900円＋税

攻める外交　加藤高明

脱元老支配と日英同盟による国際戦略

伊藤正徳［著］

小村寿太郎と双璧をなす近代化日本外交の雄、その思想と行動

主義主張の人、加藤高明。小村寿太郎と並び称された外交の雄の、今では多く知られざる外交の実際。「帝国」に栄光をもたらすとともに、結局は加藤の意図を超えた昭和期の戦線拡大による惨事へと到る対満蒙積極政策の道をつけた加藤の外交。その真実と意味を詳細に示す。本体6900円＋税

—既刊書—

伊藤博文の国際政治 上編・下編

春畝公追頌会（代表者金子堅太郎）［著］

近代日本最大の宰相、外交の覚悟と行動

内情と機微を語る伊藤博文ら顕官の書簡、公式発表や条約、講演や外交対話の記録等を多数収めた基本文献。欧米進出の脅威に曝され、憲法を制定し、条約改正を試み、日清戦争、日露戦争に勝利し、韓国併合へと至る、天皇主権による統一日本近代国家の国際的進路。その基本構造を、常に国家運営の中心にあった伊藤博文の主体性が浮き彫りにする。

各本体6900円＋税

伊藤博文を語る

人柄・政治・エピソード

金子堅太郎ほか［著］

親近者が語る人と政治の実像

伊藤博文の国家建設に部下として深く関与した金子堅太郎が語る、人間性と政治の両面から見た伊藤博文入門。憲法と議会をはじめ近代日本の根幹をなす各制度を、伊藤と共に設計した金子堅太郎、井上毅、伊東巳代治らの活動。その実像を伝える話としても貴重な歴史的証言が、天皇主権で国をまとめた伊藤たちの思想と行動、明治政官界の課題と空気をリアルに示す。本体5900円＋税

—既刊書—

近代日本新聞史

近代新聞の誕生から敗戦占領下での再生まで

伊藤正徳［著］

歴史の中の新聞、歴史を作る新聞

言論（主張）と報道（事実）と国の進路。近代化と民主化の中で新聞と記者はいかに輝き、資本主義の進展と戦争の中でいかに死んだか。新聞界の重鎮として要職を歴任した著者によるリアルな記録。新聞の必要性、存在意義とは——歴史が現在を問う。

本体5900円＋税

近代日本新聞史　内幕篇

読者・広告・経済・競争

伊藤正徳［著］

近代新聞の精神／日本新聞の現実——「社会の木鐸」から「飛ばし」「押し紙」「積み紙」まで

新聞が良くならなければ、社会は良くならない。——『近代日本新聞史』の続編として、新聞社の要職経験者が業界事情をさらにクローズアップして具体的、経験的に語る、生の現実。世界の中の日本の新聞、日本社会の中の新聞、そして新聞人の人生。

本体5900円＋税